REDE DICH ZUM ERFOLG

DALE CARNEGIE

REDE DICH ZUM ERFOLG

DIE KUNST, MIT WORTEN ZU ÜBERZEUGEN

Aus dem Amerikanischen
von Thomas Görden

WILHELM HEYNE VERLAG
MÜNCHEN

Herausgegeben von Michael Görden

Originaltitel: PUBLIC SPEAKING.
A Practical Course for Businessmen. Volume I and Volume II.

Umwelthinweis:
Dieses Buch wurde auf chlor- und säurefreiem Papier gedruckt.

Herstellung: Helga Schörnig
Satz: Schaber Satz- und Datentechnik, Wels
Gesetzt aus der 10,5/14,5 Punkt Rotis Serif
Druck und Bindung: Bercker Grafischer Betrieb, Kevelaer
Printed in Germany 2002

ISBN 3-453-21171-5

Inhalt

Inhalt

Mut aufbauen

1

Tausende von Menschen auf der ganzen Welt haben im Lauf der Jahre meine Kurse zur Redekunst erfolgreich absolviert. Nach den Gründen für ihre Teilnahme an den Kursen befragt, geben sie fast immer sehr ähnliche Motive an: Sie möchten Ihre Nervosität besiegen, fähig werden, klar und ruhig zu denken, wenn sie öffentlich sprechen müssen, und voller Selbstvertrauen und Zuversicht auch vor eine große Zuhörerschaft treten können. Den meisten ergeht es wie jenem Arzt aus Brooklyn, den wir hier Dr. Curtis nennen wollen. Er verbrachte den Winter in Florida, und das Trainingsgelände eines berühmten Baseball-Teams, der Giants, befand sich ganz in der Nähe seines Feriendomizils. Als begeisterter Baseball-Fan kam er oft, um ihnen beim Training zuzuschauen. Mit der Zeit freundete er sich mit der Mannschaft an und wurde schließlich einmal eingeladen, an einem Bankett zu Ehren der Giants teilzunehmen.

Nach dem Essen wurden mehrere prominente Gäste um »ein paar Worte« gebeten. Plötzlich, so unerwartet wie ein Gewitter, hörte Dr. Curtis den Gastgeber sagen: »Wir haben heute Abend einen Arzt unter uns, und ich möchte Dr. Curtis bitten, uns etwas über die Gesundheit von Baseball-Spielern zu erzählen.«

War Dr. Curtis darauf vorbereitet? Selbstverständlich. Er besaß die beste Vorbereitung der Welt: Er verfügte über drei

Selbstvertrauen
und Zuversicht

7

Jahrzehnte medizinischer Erfahrung. Er hätte auf seinem Stuhl sitzen und den ganzen Abend mit seinem Tischnachbarn über dieses Thema sprechen können. Doch aufzustehen und dergleichen öffentlich vor einem ihn erwartungsvoll anblickenden Publikum zu tun, war ganz etwas anderes. Etwas, das ihn vor lauter Aufregung erstarren ließ. Beim bloßen Gedanken daran begann sein Herz zu rasen und geriet ins Stolpern. Er hatte in seinem ganzen Leben noch keine öffentliche Rede gehalten, und in seinem Kopf breitete sich eine schreckliche Leere aus.

Was sollte er tun? Die Bankettgäste applaudierten. Alle starrten ihn an. Er schüttelte den Kopf. Doch das ließ den Applaus nur weiter anschwellen und steigerte die Erwartungen. Der Ruf: »Dr. Curtis! Sprechen Sie, sprechen Sie!« wurde immer lauter und drängender.

Die Angst zu versagen Dr. Curtis befand sich in einer schlimmen Zwickmühle. Er wusste, wenn er sich erhob, um zu sprechen, würde er versagen. Er würde keine fünf oder sechs vernünftigen Sätze herausbringen. Also stand er auf, kehrte seinen Freunden wortlos den Rücken zu und verließ den Raum als zutiefst beschämter und erniedrigter Mann.

Es ist nicht weiter verwunderlich, dass sich Dr. Curtis noch am Tag seiner Rückkehr nach Brooklyn zu einem meiner Kurse im örtlichen Y.M.C.A. anmeldete. Er war fest entschlossen, sich niemals wieder einer solchen Blamage auszusetzen.

Redekunst Bei Dr. Curtis handelte es sich um jene Art von Schüler, die jedem Lehrer Freude macht: Er widmete sich der Aufgabe mit unerschütterlicher Willenskraft. Er wollte lernen, ein guter Redner zu werden, und ließ sich durch nichts von diesem Ziel abbringen. Er bereitete seine Übungsreden gründlich vor, trainierte fleißig und ließ keine einzige Unterrichtsstunde aus.

8

Und es geschah, was in solchen Fällen immer geschieht: Er machte solch erstaunliche Fortschritte, dass sie seine kühnsten Erwartungen übertrafen. Bereits nach den ersten Stunden ließ seine Nervosität nach und sein Selbstvertrauen festigte sich immer mehr. Nach zwei Monaten hatte er sich zum besten Redner in der Gruppe entwickelt. Schon bald nahm er Einladungen an, bei verschiedenen Anlässen öffentlich zu sprechen. Er genoss jetzt die Freude, die sich einstellt, wenn man eine gelungene Rede hält, die Anerkennung und die neuen Freunde, die ihm sein erwachtes Vortragstalent einbrachte.

Ein Mitglied des örtlichen republikanischen Wahlkampf-Komitees hörte eine seiner öffentlichen Ansprachen und lud Dr. Curtis daraufhin ein, in der Stadt für die Partei zu werben. Wie überrascht wäre der Politiker gewesen, hätte er erfahren, dass dieser begnadete Redner noch vor einem Jahr, aus Angst vor Publikum zu sprechen völlig blockiert, in tiefer Scham aus einem Bankettsaal gelaufen war!

Mut und Selbstvertrauen für effektvolles öffentliches Sprechen aufzubauen und die Fähigkeit zu erwerben, beim Reden vor Publikum ruhig und klar zu denken, ist nicht halb so schwer wie die meisten Menschen glauben. Es handelt sich dabei keineswegs um eine besondere Gabe, die die Vorsehung nur wenigen Auserwählten zuteil werden lässt. Vielmehr ist es eine Fertigkeit wie das Golfspielen. Jeder Mensch kann seine ihm innewohnende Redekapazität erwecken, er muss es nur wollen.

Jeder Mensch kann gutes Reden lernen

Gibt es irgendeinen vernünftigen Grund, warum Sie, wenn Sie als Redner vor einem Publikum stehen, nicht zu dem gleichen ruhigen, klaren Denken in der Lage sein sollten, das Ihnen leicht fällt, wenn Sie unbeachtet am Tisch sitzen? Natürlich wissen Sie, dass es einen solchen Grund nicht gibt! Eigentlich sollten Sie sogar viel klarer denken können,

9

wenn eine aufmerksame Zuhörerschaft Ihren Gedankengängen folgt. Die Aufmerksamkeit dieser Menschen sollte Sie anregen und inspirieren. Die meisten geübten Redner können Ihnen bestätigen, dass die Gegenwart eines Publikums ein Stimulus, eine Inspiration ist, die den Verstand schärfer und präziser funktionieren lässt. In solchen Augenblicken können Gedanken, Fakten und Ideen in uns aufsteigen, deren wir uns zuvor gar nicht bewusst waren. Dann müssen Sie nur noch die Hand ausstrecken und nach diesen Einfällen greifen. So sollte Ihre Erfahrung aussehen, wenn Sie eine Rede halten. Und Sie werden diesen Zustand erleben, wenn Sie nur beharrlich üben.

Training beseitigt Redeangst

Sie können absolut sicher sein: Training und Übung werden bewirken, dass Ihre Redeangst sich in Luft auflöst und dass Sie immer mehr Selbstvertrauen und Mut gewinnen.

Glauben Sie nicht, Ihr Fall sei besonders schwierig. Selbst jene Menschen, die sich später zu den herausragendsten Rednern ihrer Generation entwickelten, wurden zu Beginn ihrer Karriere von dieser blinden Angst und Sprechhemmung geplagt.

Auch die kampferprobten Veteranen der politischen Arena haben immer wieder zugegeben, dass ihnen bei ihren ersten öffentlichen Auftritten buchstäblich die Knie schlotterten.

Als Mark Twain das erste Mal aufstand, um einen Vortrag zu halten, hatte er das Gefühl, sein Mund sei mit Wolle voll gestopft und sein Puls wolle einen neuen Geschwindigkeitsrekord aufstellen.

General Grant nahm im amerikanischen Bürgerkrieg Vicksburg ein und führte eine der größten Armeen, die die Welt bis dahin gesehen hatte, zum Sieg; doch als er das erste Mal eine öffentliche Rede halten musste, war er, wie er später zugab, vor Angst wie gelähmt.

Jean Jaures, zu seiner Zeit einer der machtvollsten politischen Redner Frankreichs, saß ein ganzes Jahr lang mit gelähmter Zunge in der Abgeordnetenkammer, ehe er den Mut aufbrachte, zum ersten Mal ans Pult zu treten.

Der spätere britische Premierminister Lloyd George gestand: »Als ich zum ersten Mal versuchte, öffentlich zu sprechen, befand ich mich in einem Zustand völligen Elends. Mir klebte wortwörtlich die Zunge am Gaumen fest, und zunächst brachte ich kaum ein Wort heraus.«

Charles Stewart Parnell, der große irische Politiker, ballte zu Beginn seiner Karriere bei öffentlichen Auftritten vor Nervosität derartig die Fäuste, dass seine Handflächen bluteten.

Der englische Staatsmann Benjamin Disraeli gab zu, dass er lieber einen Kavallerieangriff geleitet hätte, als zum ersten Mal eine Parlamentsrede zu halten. Seine Eröffnungsrede war ein grässlicher Misserfolg. Ebenso erging es General Sheridan.

In der Tat haben so viele später berühmte Redner des englischen Parlamentes bei ihrem ersten Auftritt versagt, dass es dort heute als schlechtes Omen gilt, wenn die Auftaktrede eines jungen Politikers ein Erfolg wird. Verzagen Sie also nicht!

Da ich inzwischen die Karriere so vieler Redner und Rednerinnen verfolgt habe und ihnen auf ihrem Weg ein wenig Hilfe leisten konnte, bin ich immer froh, wenn meine Schüler zu Beginn ein gewisses Maß an Aufregung und Nervosität verspüren.

Anfängliche Nervosität ist normal

Ein Redner trägt immer eine gewisse Verantwortung, selbst wenn er nur zu einem Dutzend Berufskollegen spricht. Das führt zu einer gesunden Anspannung und Erregung. Der Redner sollte angespannt sein wie ein Bogen, der einen Pfeil ins Ziel trägt. Der unsterbliche Cicero hat vor über zweitausend Jahren gesagt, dass alle wirklich großen öffentlichen Reden immer von einer gewissen Nervosität des Sprechers charakterisiert sind.

Dieses Gefühl erleben Redner auch dann, wenn sie im Radio oder Fernsehen auftreten. Es wird Mikrofon- oder Kameraangst genannt. Selbst große Stars wie Charlie Chaplin haben zugegeben, beim Betreten eines Rundfunk- oder Fernsehstudios ein Gefühl im Magen zu haben, als befänden sie sich auf stürmischer See!

James Kirkwood, ein berühmter Filmschauspieler und -regisseur, verfügte bereits über große Erfahrung als Bühnendarsteller. Als er jedoch nach einem Rundfunk-Liveauftritt aus dem Studio kam, wischte er sich den Schweiß von der Stirn und sagte: »Dagegen ist eine Premiere am Broadway ein Zuckerschlecken!«

Manche Menschen durchleben, auch wenn sie häufig öffentlich sprechen, vor jeder Rede einen kurzen Moment dieser Nervosität, doch ein paar Sekunden, nachdem sie ans Rednerpult getreten sind, ist sie wie weggeblasen.

Abraham
Lincolns
Lampenfieber

Selbst Abraham Lincoln befiel zu Beginn jeder Rede eine starke Hemmung. »Zuerst wirkte er immer sehr unbeholfen«, erinnerte sich sein Kanzleipartner Herndon später, »und er schien große Mühe zu haben, sich zu orientieren. Da war ein Anflug von Schüchternheit und Empfindsamkeit, der diese Unbeholfenheit zusätzlich steigerte. In solchen Augenblicken habe ich immer wieder großes Mitgefühl für Mr. Lincoln empfunden. Wenn er zu reden begann, klang seine Stimme zunächst schrill, dünn und unangenehm. Seine Haltung, sein dunkles, gelbliches Gesicht, so faltig und trocken, seine unbeholfenen Bewegungen – das alles schien gegen ihn zu sprechen. Doch nur für einen kurzen Moment.« Dann, nach wenigen Augenblicken, fand Lincoln zu Haltung, Wärme und Aufrichtigkeit, und seine eigentliche Rede begann.

Womöglich machen Sie ganz ähnliche Erfahrungen. Damit Sie aus dieser Schulung in gutem Reden den größtmöglichen Nutzen ziehen, und zwar rasch und effektiv, sind vier Dinge unerlässlich:

Erstens: Eine starke, unerschütterliche Motivation

Das ist weit wichtiger, als Sie vielleicht denken. Wenn ich als Ihr Lehrer Ihre Gedanken lesen und die Stärke Ihrer Motivation erkennen könnte, wäre ich in der Lage, mit Bestimmtheit zu sagen, wie rasch Sie Fortschritte machen werden. Wenn Ihre Motivation schwach und schwankend ist, werden Ihre Leistungen wenig überzeugend ausfallen. Wenn Sie sich der Kunst guten Redens aber mit Hartnäckigkeit und Entschlossenheit widmen, mit der Energie eines Terriers, der eine Katze jagt, wird nichts auf der Welt Sie aufhalten können!

Motivation

Daher sollten Sie sich mit echter Begeisterung dem in diesem Buch präsentierten Lernstoff widmen. Ziehen Sie so viel Nutzen wie irgend möglich daraus. Bedenken Sie, was es für Sie bedeuten wird, wenn Sie neues Selbstvertrauen gewinnen und die Fähigkeit erlangen, im beruflichen und gesellschaftlichen Bereich überzeugend zu sprechen. Bedenken Sie, wie sich diese Fähigkeit geschäftlich, im Portmonnaie, für Sie bezahlt machen kann und wird. Denken Sie an die gesellschaftliche Anerkennung, die sie Ihnen einbringen wird; an die neuen Freunde und den größeren Einfluss, die Sie dadurch gewinnen. An Ihre gestärkte Autorität. Gutes Reden ist ganz sicher die Aktivität, mit der Sie Ihre Autorität und Ihren Einfluss am schnellsten steigern können.

Gutes Reden zahlt sich aus

Der amerikanische Anwalt und Politiker Chauncey M. Depew hat gesagt: »Keine andere Leistung vermag einem Menschen so rasch beruflichen Erfolg und gesellschaftliche Anerkennung einzubringen wie die Fähigkeit, überzeugend und auf gewinnende Weise öffentlich zu sprechen.«

Philip D. Armour, der es zum mehrfachen Millionär gebracht hatte, sagte von sich: »Ich wäre lieber ein großer Redner gewesen als ein großer Geschäftsmann.«

Andrew Carnegies Lebensplan Praktisch jeder gebildete Mensch sehnt sich danach, sich in der Öffentlichkeit gut ausdrücken zu können. Nach dem Tod des großen amerikanischen Unternehmers Andrew Carnegie fand man in seinem Nachlass einen Lebensplan, den er im Alter von dreiunddreißig Jahren aufgestellt hatte. Darin ging er davon aus, dass er nach zwei Jahren in der Lage sein würde, ein Jahreseinkommen von fünfzigtausend Dollar zu erzielen; er setzte sich zum Ziel, dann für eine Weile dem Geschäftsleben den Rücken zu kehren, um in Oxford zu studieren, wobei er besonderen Wert auf die Entwicklung seiner Fähigkeit zu »gutem öffentlichen Reden« legen wollte.

Innere Zufriedenheit Denken Sie an die innere Zufriedenheit, die sich durch die erfolgreiche Anwendung dieser neuen Fähigkeit einstellen wird. Ich habe weite Teile der Erde bereist und dabei eine Menge gesehen und erlebt. Doch ich kenne kaum etwas, das einem Menschen eine größere Befriedigung schenken kann als die Erfahrung, vor einem Publikum zu stehen und den Menschen die eigenen Gedankengänge mitreißend zu vermitteln. Es verleiht Ihnen ein Gefühl von Stärke und Macht, und Sie werden anschließend stolz auf die vollbrachte Leistung sein. Durch gutes Reden werden Sie auffallen und großen Eindruck auf Ihre Mitmenschen machen. Es liegt ein besonderer Zauber in einer gelungenen Rede, und beim Redner stellt sich während seines Vortrages eine elektrisierende Begeisterung ein. »Zwei Minuten bevor ich beginne«, gestand mir ein Redner, »würde ich mich lieber auspeitschen lassen als das Podium zu betreten. Doch zwei Minuten vor dem Ende einer Rede würde ich mich lieber erschießen lassen als aufzuhören.«

In jedem Kurs gibt es ein paar Teilnehmer, deren Motivation zu schwach ist, so dass sie frühzeitig aufgeben. Daher sollten Sie sich gut überlegen, was der Erwerb der Fähigkeit guten Redens für Sie bedeutet – so lange bis Ihr Ziel Sie wirklich durch und durch gepackt hat. Sie sollten Ihr Training mit einer Begeisterung beginnen, die Sie durch jede Lektion trägt, bis Sie am Ende triumphieren. Erzählen Sie Ihren Freunden von dem Ziel, das Sie sich gesteckt haben. Nehmen Sie sich jede Woche einen Abend Zeit, um die Lektionen in diesem Buch aufmerksam durchzuarbeiten. Kurz gesagt, machen Sie es sich so leicht wie möglich, bei der Stange zu bleiben, und so schwer wie möglich, vorzeitig das Handtuch zu werfen.

Begeisterung entwickeln

Als Julius Cäsar von Gallien aus mit seinen Legionen in England landete, was tat er da, um den Erfolg dieser Operation sicherzustellen? Etwas sehr Cleveres: Er ließ seine Soldaten auf den Klippen von Dover Aufstellung nehmen, und als sie hinunter auf die Wellen schauten, mussten sie mit ansehen, wie sämtliche Schiffe, mit denen sie den Kanal überquert hatten, in Flammen aufgingen. Nun befanden sie sich in Feindesland, die letzte Verbindung mit dem Kontinent war zerstört, und es blieb ihnen nur eine Wahl: Vorrücken und Erobern. Und genau das taten sie dann. Warum machen nicht auch Sie sich in Ihrem persönlichen Kampf gegen Ihre dumme Angst vor dem öffentlichen Sprechen Cäsars Strategie zunutze?

Cäsars Trick

Zweitens: Klare Kenntnis des Themas

Wer sich nicht gründlich vorbereitet und keine klare Vorstellung hat, was er sagen möchte, wird sich vor seinen Zuhörern immer höchst unbehaglich fühlen. Er ist dann wie ein Blinder, der Blinde zu führen versucht. Unter solchen Umständen ist es kein Wunder, wenn ein Redner gehemmt und unsicher ist und sich seiner Unkenntnis schämt.

Genaue Kenntnisse

In seiner Autobiographie erinnert sich Theodore Roosevelt: »Als ich ins Parlament gewählt wurde, war ich der Jüngste in diesem Gremium. Wie allen jungen, unerfahrenen Abgeordneten fiel es auch mir schwer, überzeugend zu reden. In dieser Lage war mir der Rat eines lebensklugen alten Farmers von Nutzen, der, ohne es zu wissen, den Herzog von Wellington zitierte, der zweifellos ebenfalls irgendjemanden zitiert hatte. Dieser Rat lautete: ›Sprich erst, wenn du sicher bist, dass du etwas zu sagen hast, und genau weißt, was du zu sagen hast; dann sprich und setz dich wieder hin.‹«

Dieser »lebenskluge alte Farmer« hätte Roosevelt noch ein anderes Hilfsmittel zur Überwindung von Nervosität nennen können. Er hätte hinzufügen können: »Verlegenheit lässt sich gut überwinden, indem du vor den Augen der Zuhörer irgendetwas tust, als unterstützende Geste – du kannst einen Gegenstand hochheben, um ihn ihnen zu zeigen, ein Wort auf die Tafel schreiben, auf eine Wandkarte deuten, das Fenster öffnen, Bücher oder Papiere hin- und herschieben – eine körperliche Handlung, die dir hilft, dich etwas wohler und entspannter zu fühlen.«

Natürlich ist es nicht immer leicht, eine Entschuldigung für solche Verlegenheitsgesten zu finden, aber von Fall zu Fall können sie wirklich sehr helfen. Sie sollten sie aber nur bei Ihren ersten öffentlichen Auftritten anwenden. Wenn ein kleines Kind laufen gelernt hat, klammert es sich schließlich auch nicht mehr am Stuhl fest.

Drittens: Mit Selbstvertrauen agieren

Der berühmte amerikanische Psychologe William James schrieb Folgendes: »Handlungen scheinen Gefühlen zu folgen, doch tatsächlich gehen Handlung und Gefühl miteinander einher. Indem wir unser Handeln verändern, das ja in stärkerem Maße der Kontrolle des Willens unterworfen ist, können wir indirekt auch unsere Gefühle verändern.

Der Königsweg zu heiterer Gelassenheit besteht also darin, dass wir, wenn uns diese abhanden kommt, bewusst eine gelassene Haltung annehmen und so handeln und sprechen, als wären wir tatsächlich heiter und ruhig. Wenn das nicht zu heiterer Ruhe führt, wird in dieser Situation auch nichts anderes Abhilfe bringen.

Wenn wir uns also mutig fühlen wollen, müssen wir so **Mut erzeugen** handeln, als wären wir mutig. Wir müssen darauf unsere ganze Willenskraft konzentrieren. Dann ist es sehr wahrscheinlich, dass sich unsere Angst in Mut verwandelt.«

Befolgen Sie Professor James' Rat. Um Mut zu entwickeln, wenn Sie vor ein Publikum treten, müssen Sie so tun, als seien Sie bereits mutig. Selbstverständlich wird dieser Trick nur dann funktionieren, wenn Ihre Rede inhaltlich gut vorbereitet ist. Wenn Sie wissen, was Sie sagen wollen, sollten Sie kühn auftreten und tief Luft holen.

Das ist ganz wörtlich gemeint: Bevor Sie Ihren Vortrag **Tief durchatmen** beginnen, sollten Sie unbedingt dreißig Sekunden lang tief atmen. Diese erhöhte Sauerstoffzufuhr wird Sie energetisieren und Ihnen Mut verleihen. Der große Tenor Jean de Reszke empfahl, so tief zu atmen, »dass man sich auf seinen Atem setzen kann«. Dann verschwindet die Nervosität.

Wenn ein Junge des Peuhl-Stammes in Afrika die Mannesreife erreicht und sich verheiraten möchte, steht ihm zunächst ein Geißelungs-Ritual bevor. Die Frauen des Stammes versammeln sich und singen und klatschen zum Rhythmus der Trommeln. Mit entblößtem Oberkörper muss der Kandidat vortreten. Dann wird er von einem Mann mit einer Peitsche geschlagen, grausam ausgepeitscht wie ein Feind. Sein Rücken wird mit blutigen Striemen gezeichnet, die lebenslange Narben hinterlassen. Während dieser Geißelung hockt ein Stammesältester vor dem jungen Mann und beobachtet genau, ob der Prüfling sich bewegt oder auch nur die kleinsten Schmerzenszeichen von sich gibt. Um die Prüfung erfolgreich zu bestehen, muss der Aspirant nicht nur die Schmerzen ertragen, sondern dabei auch noch einen lauten Freudengesang anstimmen.

Tapferkeit wird bewundert

Zu allen Zeiten haben die Menschen auf der ganzen Welt Tapferkeit bewundert. Wie heftig also Ihr Herz auch hämmern mag, gehen Sie mutig ans Vortragspult, bauen Sie sich dort unverzagt auf wie einer dieser gegeißelten jungen afrikanischen Männer und tun Sie so, als ob Ihnen Ihr Auftritt zutiefst Freude macht.

Richten Sie sich zu Ihrer vollen Größe auf und schauen Sie Ihrem Publikum in die Augen. Sprechen Sie mit einer Autorität, als würden alle diese Leute Ihnen Geld schulden. Stellen Sie sich vor, dass dies tatsächlich so ist. Dieser psychologische Trick wird Ihre Selbstsicherheit spürbar steigern.

Verlegenheitsgesten vermeiden

Vermeiden Sie es, nervös an den Knöpfen Ihrer Jacke zu nesteln oder mit den Händen herumzufuchteln. Wenn es ohne nervöse Verlegenheitsbewegungen gar nicht geht, nehmen Sie die Hände hinter den Rücken, verknoten Sie die Finger unter dem Pult, wo es niemand sieht – oder bewegen Sie Ihre Zehen.

Im Allgemeinen ist es eher ungünstig, wenn ein Redner sich hinter Mobiliar versteckt. Doch bei Ihren ersten Auftritten kann es beruhigend sein, hinter einem Tisch zu stehen, an dem Sie sich abstützen oder festhalten können. Sie können aber auch eine Münze fest in der Hand halten.

Wie schaffte es Theodore Roosevelt, seine charakteristische Kühnheit und Selbstsicherheit zu entwickeln? War er von Natur aus mit einem wagemutigen, kühnen Geist ausgestattet? Keinswegs. In seiner Autobiographie gesteht er: »Da ich ein ziemlich kränkliches und linkisches Kind gewesen war, steckte ich als junger Mann anfangs voller Selbstzweifel und litt unter Nervosität. Ich musste mich selbst schmerzhaft und mühevoll schulen, nicht nur meinen Körper, sondern auch meine Seele und meinen Geist.«

Glücklicherweise hat er uns berichtet, wie ihm diese Wandlung gelang: »Als Junge las ich in einem von Frederick Marryats Abenteuerromanen eine Passage, die mich tief beeindruckte. Dort erklärt der Kapitän eines britischen Kriegsschiffs dem Helden, wie man Furchtlosigkeit erlangt. Er sagt, anfangs sei jeder Mensch ängstlich, wenn er etwas Neues beginne. Daher komme es darauf an, sich selbst so gut im Griff zu haben, dass man handeln könne, als habe man keine Angst. Wenn man dies lange genug praktiziert, wird es wahr. Man gelangt also zu echter Furchtlosigkeit, indem man Furchtlosigkeit praktiziert, auch wenn man sie zunächst gar nicht wirklich empfindet. (Ich gebe dies mit meinen eigenen Worten wieder, nicht in der Sprache Marryats.)

Roosevelts Rezept: So tun als ob

Dieser Theorie bin ich gefolgt. Anfangs fürchtete ich mich vor vielen Dingen, von Grizzlybären über ›bösartige‹ Pferde bis hin zu Revolvermännern. Doch indem ich so tat, als hätte ich keine Angst, verschwand meine Angst mit der Zeit tatsächlich. Die meisten Menschen, die diese Methode ausprobieren, werden feststellen, dass sie ziemlich gut funktioniert.«

Auch Sie können diese Erfahrung machen. Marschall Foch sagte: »Angriff ist die beste Verteidigung.« Gehen Sie Ihre Ängste also frontal an. Bekämpfen und besiegen Sie sie bei jeder sich bietenden Gelegenheit.

Zuerst müssen Sie sich über Ihre Botschaft klar werden, darüber, was Sie Ihren Zuhörern mitteilen wollen. Denken Sie von sich als der Kurier, der diese Botschaft überbringt. Dem Kurier wird im Allgemeinen wenig Aufmerksamkeit geschenkt. Die Botschaft ist es, auf die die Welt wartet. Konzentrieren Sie sich auf die Botschaft. Seien Sie mit ganzem

Glauben Sie an Ihre Botschaft!

19

Herzen bei dem, was Sie mitteilen wollen. Glauben Sie daran, und sprechen Sie dann mit Wissen und Autorität. Wenn Sie diesen Weg gehen, werden Sie schon bald alle Furcht überwinden, Herr der Lage und Meister Ihrer selbst sein.

Viertens: Üben! Üben! Üben!

Übung macht den Meister

Der letzte Punkt, den ich hier anführe, ist ganz entschieden der allerwichtigste. Auch wenn Sie alles bisher Gesagte wieder vergessen, sollten Sie an eines immer denken: Der erste, beste und nie versagende Weg, ein guter öffentlicher Redner zu werden, ist: reden. Nutzen Sie jede Gelegenheit, Ihr Redetalent zu erproben und zu festigen. Üben Sie, so oft es geht. Ohne Übung geht es nicht.

»Jeder Anfänger«, warnte Roosevelt, »leidet unter Lampenfieber. Damit ist ein Zustand intensiver nervöser Erregung gemeint, der nicht unbedingt mit Ängstlichkeit einhergehen muss. Lampenfieber kann einen Menschen packen, wenn er zum ersten Mal vor einer großen Zuhörerschaft sprechen muss, wenn er zum ersten Mal auf Hirschjagd geht oder zum ersten Mal in die Schlacht zieht. Gegen Lampenfieber hilft nicht Tapferkeit, sondern Nervenkontrolle. Man muss sich selbst dazu erziehen, stets einen kühlen Kopf zu bewahren. Dies schafft man nur durch ständiges Üben. Indem man sich beständig in Selbstbeherrschung übt, gelingt es schließlich, die Nerven völlig unter Kontrolle zu bekommen. Das ist weitgehend eine Frage der Gewohnheit; entscheidend sind unablässiges Bemühen und der wiederholte Einsatz von Willenskraft. Wenn ein Mensch aus dem richtigen Holz geschnitzt ist, wird er mit der Zeit immer stärker werden, solange er sich nur beharrlich genug darin übt.«

Bleiben Sie also bei der Stange.

Doch nun wollen wir uns einmal ansehen, wo denn nun eigentlich Ihre Redeangst herrührt. In seinem Buch *Die*

Schule des Denkens schreibt Professor Robinson: »Angst entsteht aus Unkenntnis und Unsicherheit.« Anders ausgedrückt: Angst resultiert aus einem Mangel an Vertrauen.

Und wodurch wird dieser Mangel an Vertrauen hervorgerufen? Er entsteht daraus, dass Sie nicht wissen, was in Ihnen steckt. Und Sie wissen deshalb nicht, was in Ihnen steckt, weil es Ihnen an Erfahrung fehlt. Wenn Sie erst einmal auf eine Reihe von Erfolgserlebnissen zurückblicken können, werden sich Ihre Ängste in Luft auflösen. Sie werden verschwinden wie Nebel unter den warmen Strahlen der Julisonne.

Erfolgs-erlebnisse kontra Angst

Eines steht fest: Der einzige allgemein anerkannte Weg, schwimmen zu lernen, besteht darin, sich ins Wasser zu stürzen. Sie haben jetzt lange genug gelesen. Legen Sie also das Buch erst einmal beiseite und wagen Sie einen konkreten, praktischen Schritt vorwärts.

Wählen Sie ein Thema aus, vorzugsweise eines, über das Sie relativ gut Bescheid wissen, und entwerfen Sie dazu eine dreiminütige Rede. Üben Sie diese Rede ein paar Mal allein. Halten Sie sie dann, wenn möglich, vor der Gruppe, für die sie bestimmt ist, oder, wenn Sie gerade an einem Rhetorikkurs teilnehmen, vor den anderen Teilnehmern. Legen Sie Ihre ganze Überzeugungskraft und Energie in Ihren Vortrag hinein.

Dreiminütige Übungsrede

ZUSAMMENFASSUNG

1   Die Fähigkeit zu gutem, überzeugenden öffentlichen Reden ist nicht schwer zu erlangen. Es handelt sich dabei keineswegs um eine Gabe, die die Vorsehung nur wenigen Auserwählten vorbehält. Jeder Mensch kann diese in ihm schlummernde Fähigkeit wecken und nutzen, wenn er den Wunsch dazu hat.

2   Viele erfahrene Redner können vor einer großen Zuhörerschaft klarer denken und besser formulieren als in einem Gespräch unter vier Augen. Die große Zahl der Zuhörer wirkt auf sie stimulierend und inspirierend. Diese Erfahrung werden auch Sie machen, wenn Sie die Lektionen dieses Buches praktisch anwenden und umsetzen. Schon bald werden Sie jeder neuen Rede mit freudiger Erwartung entgegensehen.

3   Glauben Sie nicht, Ihr Fall sei außergewöhnlich schwierig. Viele später berühmt gewordene Redner litten zu Beginn ihrer Karriere an starken Hemmungen und lähmender Redeangst.

4   Auch wenn Sie häufiger Reden halten, ist es durchaus möglich, dass Sie vor einem Vortrag eine leichte Hemmung und Nervosität befällt. Doch schon wenige Sekunden, nachdem Sie zu sprechen begonnen haben, wird diese Nervosität verschwinden.

5   Um den größtmöglichen Nutzen aus diesem Buch zu ziehen und rasche Fortschritte zu machen, sollten Sie die folgenden Grundsätze unbedingt beachten:

a   Arbeiten Sie die einzelnen Kapitel mit dem starken, unerschütterlichen Verlangen durch, ein guter Redner oder eine gute Rednerin zu werden. Rufen Sie sich immer wieder lebhaft vor Augen, welche Vorteile Ihnen dieses Rede-Training bringen wird. Widmen Sie sich mit Begeisterung Ihrem Ziel. Denken Sie an die finanziellen und gesellschaftlichen Vorteile, die Sie durch gutes Reden erlangen werden, und an Ihre größeren Einflussmöglichkeiten. Von der Stärke Ihres Willens hängt es ab, wie rasch Sie Fortschritte machen werden.

b   Bereiten Sie sich stets gut vor. Nur wenn Sie genau wissen, was Sie sagen wollen, werden Sie selbstsicher und überzeugend auftreten können.

c Handeln Sie voller Selbstvertrauen. Folgen Sie dem Rat von Professor William James, und tun Sie bei öffentlichen Auftritten so, als ob Sie sich mutig und frei von Furcht fühlen. Wenn Sie sich darin beharrlich üben, wird die Furcht schließlich verschwinden oder sich zumindestens beherrschen lassen. Theodore Roosevelt überwand damit seine Angst vor Grizzlybären, bösartigen Pferden und Revolvermännern. Und Sie werden auf diese Weise Ihre Angst vor dem Publikum überwinden.

d Üben Sie! Das ist der wichtigste Punkt überhaupt. Angst resultiert aus einem Mangel an Selbstvertrauen. Und dieses mangelnde Selbstvertrauen resultiert daraus, dass Sie nicht wissen, was in Ihnen steckt. Sammeln Sie also Erfahrungen. Wenn Sie erst einmal auf eine Reihe von Erfolgserlebnissen als Redner zurückblicken können, wird sich Ihre Angst in Luft auflösen.

Selbstvertrauen durch gute Vorbereitung

2

»Der beste Weg zu gesundem Selbstvertrauen besteht darin, sich zu dem Thema, über das Sie gern sprechen wollen, so gut vorzubereiten, dass ein Scheitern Ihres Vortrags praktisch ausgeschlossen ist.«

Public Speaking Today, Lockwood-Thorpe

»›Vertrauen Sie ganz auf die Inspiration des Augenblicks‹ – dieser fatale Rat hat schon viele hoffnungsvolle Karrieren frühzeitig beendet. Der sicherste Weg zur Inspiration ist eine gute Vorbereitung. Ich habe viele couragierte und fähige Männer scheitern sehen, weil es ihnen an Fleiß fehlte. Rhetorische Meisterwerke werden Sie nur vollbringen, wenn Sie Ihr Thema meisterlich beherrschen.«

Lloyd George

»Ehe ein Redner sich vor ein Publikum wagt, sollte er einen Brief mit folgenden Worten an einen Freund schreiben: ›Ich muss eine Rede zu einem bestimmten Thema halten und gedenke, die folgenden Argumente vorzubringen.‹ Dann sollte er seine Argumente in der richtigen Reihenfolge aufzählen. Wenn er beim Schreiben dieses Briefes feststellt, dass er nicht wirklich etwas zu sagen hat, ist es ratsam, den Organisatoren der Veranstaltung, auf der er sprechen soll, mitzuteilen, er sei wegen des bevorstehenden Todes seiner Großmutter leider verhindert.«

Dr. Edward Everett Hale

»Manche Leute behaupten, ich sei ein Genie. Doch mein ganzes Genie besteht in Folgendem: Wenn ich mich mit einem Thema befasse, studiere ich es gründlich. Tag und Nacht steht es mir vor Augen. Ich erforsche es in allen seinen Aspekten. Mein Geist wird vollständig davon durchdrungen. Die Leute nennen das Resultat meiner Bemühungen dann die Früchte meines Genies. Doch in Wahrheit handelt es sich lediglich um die Früchte meiner Mühe und Arbeit.«

Alexander Hamilton

Sorgfältige Vorbereitung ist unverzichtbar Jahrzehntelang war es für mich berufliche Pflicht und Freude zugleich, mir tausende von Reden anzuhören und sie zu beurteilen. Diese Reden wurden nicht von Collegestudenten gehalten, sondern von gestandenen Männern aus zahlreichen Berufsgruppen. Wenn mir meine Erfahrung eine Erkenntnis ganz besonders ins Bewusstsein eingeschrieben hat, dann diese: Es ist absolut unerlässlich, sich sorgfältig auf eine Rede vorzubereiten, ehe man den Mund öffnet. Und der Redner muss etwas Klares und Eindeutiges zu sagen haben, etwas, wovon er selbst zutiefst beeindruckt ist und das seines Erachtens auf keinen Fall ungesagt bleiben darf. Hinterlassen nicht auch bei Ihnen jene Redner den größten Eindruck, denen man anmerkt, dass sie eine wirkliche Botschaft in Kopf und Herz tragen, die sie mit großer Eindringlichkeit vorbringen? Damit ist das Geheimnis guten öffentlichen Redens schon zur Hälfte enträtselt.

Wenn ein Redner diesen geistigen und emotionalen Zustand erreicht, entdeckt er eine bedeutsame Tatsache: Eine solche Rede hält sich praktisch von selbst. Ist man gut vorbereitet, ist die Rede bereits zu neunzig Prozent gelungen.

Kein Sieg ohne Munition Ungenügende Vorbereitung ist der häufigste Fehler, den Menschen machen, wenn ihnen ein öffentlicher Vortrag bevorsteht. Wie können sie hoffen, die Kohorten der Furcht, die Kavallerien der Nervosität zu besiegen, wenn sie mit nassem Pulver oder überhaupt ohne jede Munition in die

26

Schlacht ziehen? Unter solchen Umständen ist es kein Wunder, wenn sie sich vor ihrem Publikum unwohl fühlen. »Mag ein Redner auch noch so alt und erfahren sein«, schrieb Lincoln im Weißen Haus, »wenn er nicht wirklich etwas zu sagen hat, wird er beim Sprechen immer Scham und Unsicherheit empfinden.«

Warum unternehmen Sie also, wenn Sie mit Selbstvertrauen und Autorität sprechen wollen, nicht die notwendigen Schritte, um zu einem solchen inneren Zustand zu gelangen? »Vollkommene Liebe«, schrieb der Apostel Johannes, »vertreibt die Furcht.« Gleichermaßen vermag auch eine vollkommene Vorbereitung die Furcht zu vertreiben! Der große amerikanische Redner Daniel Webster hat gesagt, er würde lieber halb bekleidet als halb vorbereitet vor ein Publikum treten.

Warum bereiten viele Leserinnen und Leser dieses Buches ihre Reden und Vorträge so schlecht vor? Manche wissen nicht genau, was eine gute Vorbereitung eigentlich ist, andere schieben Zeitmangel als Grund vor. Dieser Unwissenheit werden wir im nun folgenden Abschnitt ein für alle Mal ein Ende bereiten:

Richtige Vorbereitung

Worin besteht eine gute Vorbereitung? Darin, ein Buch zu lesen? Das ist eine Möglichkeit, aber nicht unbedingt die beste. Lesen kann helfen. Doch wenn jemand seine Rede mit allzu viel fremdem, »vorfabriziertem« Wissen spickt, mangelt es dem ganzen Auftritt oft an Überzeugungskraft. Das Publikum weiß vielleicht nicht genau, was fehlt, wird sich aber nicht recht für den Redner und seine Argumente erwärmen können.

Ein Beispiel: Kürzlich leitete ich einen Kurs für öffentliches Reden für die leitenden Angestellten mehrerer New Yorker Banken. Da die Teilnehmer dieses Kurses zahlreiche

Persönlichkeit sichtbar werden lassen

berufliche Verpflichtungen hatten, fiel es ihnen oft schwer, sich angemessen auf die Kursstunden vorzubereiten, beziehungsweise das zu tun, was sie für eine angemessene Vorbereitung hielten. Ihr ganzes Leben lang waren sie ihren eigenen Gedankengängen gefolgt, hatten ihre persönlichen Überzeugungen gepflegt, die Dinge aus ihrem ganz eigenen Blickwinkel betrachtet und einen reichen Schatz individueller Erfahrungen angesammelt. Anders gesagt, sie hatten über vier Jahrzehnte Material für gute Reden in sich gespeichert. Doch einigen von ihnen fiel es schwer, das zu erkennen. Sie sahen vor lauter Bäumen den Wald nicht.

Ich hielt diesen Kurs freitags von siebzehn bis neunzehn Uhr. Einer der Teilnehmer – nennen wir ihn Mr. Jackson – hatte um halb fünf noch keine Idee, zu welchem Thema er seine Übungsrede halten sollte. Also verließ er sein Büro und kaufte am Zeitungskiosk das aktuelle Heft des *Forbes' Magazine*. Während er mit der U-Bahn zur Federal Reserve Bank fuhr, wo der Kurs stattfand, las er einen Artikel mit der Überschrift: »Sie haben nur zehn Jahre für Ihren Erfolg.« Er las ihn, nicht, weil ihn das Thema sonderlich interessierte, sondern weil er etwas suchte, irgendetwas, um seine Redezeit zu füllen. Eine Stunde später stand er auf und mühte sich ab, vor den Kursteilnehmern überzeugend und interessant über den Inhalt dieses Artikels zu sprechen.

Was war das unvermeidliche Resultat?

Bloßes Zitieren überzeugt nicht

Er hatte das, was er zu sagen versuchte, nicht wirklich in sich aufgenommen und assimiliert. »Zu sagen versuchte« ist die treffende Umschreibung. Er versuchte es. Doch da war keine echte Botschaft, die danach drängte, in Worte gefasst zu werden, und sein Tonfall und seine ganze Mimik und Gestik offenbarten dies unmissverständlich. Wie konnte er hoffen, sein Publikum zu beeindrucken, wenn er selbst nicht wirklich beeindruckt war? Ständig bezog er sich auf den

Artikel und sagte, der Autor habe dieses und jenes geschrieben. In seiner Rede war jede Menge *Forbes' Magazine* enthalten, aber nur sehr wenig von Mr. Jackson.

Also sagte ich ungefähr Folgendes zu ihm: »Mr. Jackson, wir interessieren uns nicht für die schattenhafte Persönlichkeit, die diesen Artikel verfasst hat. Dieser Mensch ist nicht hier anwesend. Wir können ihn nicht sehen. Aber wir interessieren uns für Sie und Ihre Ideen. Sagen Sie uns, was Sie persönlich denken, statt lediglich die Gedanken eines anderen wiederzugeben. Legen Sie mehr von Mr. Jackson in diese Rede hinein. Warum nehmen Sie sich das gleiche Thema nicht für die nächste Woche erneut vor? Wie wäre es, wenn Sie den Artikel noch einmal lesen und sich fragen, ob Sie mit dem Autor einer Meinung sind oder nicht? Wenn Sie mit ihm übereinstimmen, können Sie gründlich über seine Ratschläge nachdenken und Sie durch eigene Beobachtungen und Erlebnisse illustrieren. Falls Sie anderer Ansicht sind als er, dann bekennen Sie sich dazu und sagen Sie uns, warum. Dieser Artikel sollte lediglich der Startplatz sein, von dem aus Sie Ihre Rede abfeuern.«

Mr. Jackson ging auf meinen Vorschlag ein, las den Artikel erneut und gelangte zu dem Schluss, dass er mit dem Autor durchaus nicht einer Meinung war. Diesmal bereitete er seine Rede nicht erst kurz vor der Kursstunde in der U-Bahn vor. Diesmal ließ er sie während der ganzen Woche in Ruhe heranreifen. So wurde sie zu einem Kind seines eigenen Geistes, das Tag und Nacht wuchs und gedieh, und zwar auch zu Zeiten, wenn er sich gar nicht bewusst damit beschäftigte. Während er morgens die Zeitung las, fiel ihm ein gutes Argument für die Rede ein, und als er über das Thema mit einem Freund diskutierte, kam ihm ein anschauliches Beispiel in den Sinn, das seinen Standpunkt verdeutlichte. Die ganze Sache gewann zusehends an Tiefe und Substanz, während er sich im Lauf der Woche immer wieder gedanklich mit ihr auseinander setzte.

Eigenständiges
Denken
Als Mr. Jackson dann zum zweiten Mal über diesen Gegenstand sprach, hatte er etwas wirklich Eigenständiges beizutragen, das er aus seiner eigenen geistigen Mine geschürft und selbst veredelt hatte. Und weil er anderer Meinung war als der Autor des Artikels, sprach er um so besser. Wenn der eigene Widerspruch herausgefordert wird, wirkt das im Allgemeinen besonders inspirierend und anregend.

Ein unglaublicher Kontrast bestand zwischen den beiden Reden, die dieser Mann im Abstand von nur einer Woche zum gleichen Thema hielt. Was für einen enormen Unterschied eine gute Vorbereitung ausmachen kann!

Oberflächliche
Fakten
wirken fade
Lassen Sie mich Ihnen an einem weiteren Beispiel vor Augen führen, wie man es machen beziehungsweise nicht machen soll. An einem meiner Kurse in Washington D.C. nahm ein Mann teil, den ich Mr. Flynn nennen werde. Eine seiner Übungsansprachen gestaltete er als Lobrede auf die Hauptstadt der Vereinigten Staaten. Die Fakten hatte er hastig und oberflächlich aus einer Werbebeilage des *Evening Star* entnommen. Die Rede wirkte fade, unzusammenhängend und schlecht durchdacht. Er hatte sich nicht eingehend genug mit seinem Thema beschäftigt und sich nicht wirklich dafür begeistert. Seine Rede brachte keine aufrichtigen, tiefen Gefühle zum Ausdruck und vermochte daher die Zuhörern nicht zu beeindrucken. Die ganze Sache blieb flach und schwach.

Eine Rede, die ihre Wirkung nicht verfehlen konnte

Das zündende
Funke
Eine Woche später geschah etwas, das Mr. Flynn zutiefst schockierte: Sein Cadillac wurde aus einem Parkhaus gestohlen. Er alarmierte die Polizei und setzte eine Belohnung aus, doch das nützte alles nichts. Die zuständigen

Polizeibeamten mussten zugeben, dass sie mit der momentanen Verbrechenssituation überfordert und außerstande waren, die Diebe zu fassen und den Cadillac wiederzubeschaffen. Ein paar Tage zuvor hatte die Polizei aber durchaus Zeit gefunden, durch die Straßen zu spazieren und Mr. Flynn einen Strafzettel auszustellen, weil er seine Parkzeit um fünfzehn Minuten überschritten hatte. Diese »Strafzettel-Beamten«, die so sehr damit beschäftigt waren, unbescholtene Bürger wegen Bagatellen zu ärgern, dass sie nicht mehr dazu kamen, Verbrecher zu fangen, erregten Mr. Flynns Zorn. Er war tief gekränkt. Jetzt hatte er plötzlich etwas zu sagen, etwas, das er nicht aus dem *Evening Star* abgeschrieben hatte, sondern das ganz brennend und aktuell aus seiner persönlichen Lebenserfahrung geboren worden war. Und so sprach er aus vollem Herzen über ein Erlebnis, das seine Gefühle und Überzeugungen wachgerufen hatte. Bei seiner Lobrede auf Washington hatte er jeden Satz schriftlich vorformuliert und abgelesen, doch nun brauchte er nur aufzustehen und den Mund zu öffnen. Seine Verachtung für die Polizei wallte in ihm auf und brach sich Bahn wie Lava aus einem Vulkan. Eine solche Rede ist narrensicher. Sie kann eigentlich nicht misslingen. Persönliche Erfahrung und Reflektion bildeten einen zündenden Funken.

Was Vorbereitung wirklich ist

Bedeutet eine gute Redevorbereitung, dass Sie makellose Sätze vorformulieren und vom Blatt ablesen oder auswendig lernen sollen? Nein. Bedeutet es, ein paar beiläufige Gedanken zum Besten zu geben, in denen nur wenig von Ihrer Persönlichkeit sichtbar wird? Keinesfalls. Sich gut auf eine Rede vorzubereiten bedeutet, *Ihre* Gedanken, *Ihre* Vorstellungen, *Ihre* Überzeugungen zum Ausdruck zu bringen,

Eigene
Gedanken
mitteilen

31

das, was Ihnen wirklich am Herzen liegt. Und glauben Sie nicht, Sie hätten keine solchen Gedanken, die es wert wären, mitgeteilt zu werden. Sie haben sie jeden Tag! Und Sie haben sie sogar nachts im Traum. Ihr ganzes Leben ist angefüllt mit Gefühlen und Erfahrungen, so zahlreich wie Kieselsteine am Meeresstrand. Vorbereitung heißt, jene Kieselsteine auszuwählen, die Ihnen jeweils besonders passend und wertvoll erscheinen, sie zu polieren und zu einem Muster, einem Mosaik zusammenzusetzen, das ganz Ihre eigene Handschrift trägt. Denken Sie also nach, erinnern Sie sich, streifen Sie in Ihrem Geist umher. Das klingt nicht gerade nach einem besonders schwierigen Arbeitsprogramm, oder? Und das ist es auch nicht. Man muss dafür nur ein wenig Konzentration und zielgerichtetes Nachdenken aufwenden.

Wie bereitete Dwight L. Moody seine berühmten Predigten vor? »Da ist nichts Geheimnisvolles dabei«, antwortete er.

Material sammeln »Wenn ich ein Thema ausgewählt habe, schreibe ich es auf ein großes Kuvert. Ich besitze viele solcher Kuverts. Wenn ich bei meiner täglichen Lektüre auf einen guten Gedanken zu dem betreffenden Thema stoße, stecke ich den Zeitungsausschnitt in das Kuvert. Ich trage immer einen Notizblock bei mir, und wenn ich in einer Predigt etwas höre, das neues Licht auf mein Thema wirft, schreibe ich es auf und stecke den Zettel in das Kuvert. Es kommt vor, dass diese Zettel ein Jahr oder länger in dem jeweiligen Kuvert liegen. Wenn ich dann eine neue Predigt halten möchte, nehme ich mir alles vor, was sich inzwischen angesammelt hat. Aus dem, was ich dort finde, und aus meinen eigenen Studien ergibt sich stets genügend Material. Außerdem feile ich ständig an meinen Predigten. Kürze hier ein wenig, füge dort ein wenig hinzu. So werden sie niemals alt.«

Der kluge Rat des Dekans Brown

Als die Yale Divinity School ihren hundertsten Geburtstag feierte, hielt der Dekan, Dr. Charles Reynold Brown, eine Reihe von Vorlesungen über die Kunst des Predigens, die später als Buch veröffentlich wurden. Dr. Brown hat selbst über drei Jahrzehnte lang wöchentliche Predigten und Ansprachen verfasst und Studenten in dieser Kunst unterrichtet. Daher sind seine Empfehlungen für Geistliche, die über den einundneunzigsten Psalm predigen wollen, ebenso nützlich wie für Industriemanager, die eine Ansprache vor Gewerkschaftsvertretern zu halten haben. Ich erlaube mir, Dr. Brown wie folgt zu zitieren:

»Denken Sie intensiv über Ihren Text und Ihr Thema nach. Denken Sie darüber nach, bis sie sich Ihnen auftun und erschließen. Wenn Sie die darin enthaltenen kleinen Samen des Lebens sprießen lassen, wird Ihnen eine ganze Flut vielversprechender Ideen zufließen. ...

Diesem Vorgang sollten Sie genügend Zeit einräumen. Es ist nicht ratsam, ihn bis zum Samstagabend vor der Predigt aufzuschieben. Wenn ein Geistlicher es so einrichten kann, dass er eine bestimmte religiöse Wahrheit einen Monat lang, vielleicht sogar während sechs Monaten oder eines ganzen Jahres in sich reifen lässt, ehe er darüber predigt, werden die entsprechenden Ideen sich in ihm in reicher Fülle entfalten. Er sollte über diese Wahrheit meditieren, wenn er durch die Straßen geht, im Zug sitzt oder wenn seine Augen zu müde zum Lesen sind.

Es kann durchaus sein, dass ihn das Thema auch in der Nacht nicht loslässt. Zwar sollte ein Geistlicher sich nach Möglichkeit von seiner Kirche oder Predigt nicht um den Schlaf bringen lassen, doch auch bei mir kam es immer wieder einmal vor, dass ich nachts aufstand, um Gedanken zu notieren, dich ich bis zum Morgen nicht wieder vergessen wollte. ...

Intensive Beschäftigung mit dem Thema

Wenn Sie dabei sind, Material für eine Predigt zu sammeln, sollten Sie alles aufschreiben, was Ihnen zu dem betreffenden Bibeltext und dem Thema in den Sinn kommt. Notieren Sie, welche Stellen des Textes Ihnen besonders ins Auge fielen, als Sie ihn auswählten. Schreiben Sie alle Ideen nieder, die sich bei der Beschäftigung mit dem Gegenstand einstellen. ...

Halten Sie alle diese Ideen schriftlich fest, mit wenigen Stichworten, und streben Sie dabei ständig danach, die betreffende Bibelstelle wirklich bis aufs Letzte zu ergründen, als würde Ihr Geist nie mehr ein anderes Buch zu Gesicht bekommen. Damit erziehen Sie Ihren Geist zur Produktivität. Mithilfe diese Methode wird Ihr Denken frisch, originell und kreativ bleiben. ...

Notizen machen

Notieren Sie außerdem alle Ideen, die Ihnen ganz von selbst in den Sinn kommen. Diese sind für Ihre geistige Entfaltung kostbarer als Rubine und Diamanten. Schreiben Sie sie auf Papierfetzen, die Rückseiten alter Briefe, benutzte Briefumschläge und dergleichen. Das ist viel besser als neue, weiße Notizbücher zu benutzen, und keineswegs nur aus Sparsamkeitsgründen: Solche losen Zettel lassen sich leichter arrangieren und ordnen, wenn Sie Ihre Ansprache vorbereiten.

Fahren Sie fort, alles aufzuschreiben, was Ihnen in den Sinn kommt, während Sie über das gewählte Thema nachdenken. Lassen Sie sich dafür genügend Zeit. Es ist einer der lohnendsten geistigen Prozesse, dem Sie sich widmen können. Die schöpferische Kraft Ihres Geistes wird dadurch enorm gestärkt und gefördert. ...

Aus dem Innenleben schöpfen

Sie werden feststellen, dass die Predigten, an denen Sie die meiste Freude haben und die im Leben Ihrer Gemeinde am meisten bewirken, jene sind, bei denen Sie überwiegend aus Ihrem eigenen Innenleben schöpfen. Diese Predigten sind

34

Knochen von Ihren Knochen, Fleisch von Ihrem Fleisch, die Kinder Ihrer geistigen Mühen, die Produkte Ihrer eigenen schöpferischen Energie. Predigten, die überwiegend aus zusammengesuchten Zitaten bestehen, haftet immer etwas Aufgewärmtes, Unoriginelles an. Die Predigten dagegen, die wirklich aus der persönlichen vitalen Energie des Predigers hervorgehen, sprühen vor Leben und vermögen Gott wirklich zu preisen. Sie erreichen die Herzen der Zuhörer und erheben deren Seelen wie auf Adlerschwingen und inspirieren sie, in diesem Leben unermüdlich und tapfer ihre Pflicht zu tun.«

Wie Lincoln seine Reden vorbereitete

Lincolns Methode

Glücklicherweise wissen wir ziemlich genau wie er sich vorbereitete. Und wenn Sie hier von seinen Methoden lesen, werden Sie feststellen, dass Lincoln mehrere Vorgehensweisen benutzte, die auch der Dekan Brown ein Dreivierteljahrhundert später seinen Studenten empfahl. Zu Lincolns berühmtesten Reden zählt jene, in welcher er mit prophetischem Weitblick erklärte: »Ein Haus, das in sich selbst geteilt ist, besitzt keine Stabilität. Ich glaube, dieser Staat kann auf Dauer nicht bestehen, wenn die eine Hälfte seiner Bevölkerung versklavt und die andere frei ist.« Diese Rede dachte er sich aus, während er seiner täglichen Arbeit nachging, seine Mahlzeiten einnahm, im Stall seine Kuh melkte und seine Besorgungen erledigte, einen alten grauen Schal über den Schultern, den Einkaufskorb am Arm und seinen kleinen Sohn an der Seite, der unablässig redete und fragte und nörgelnd an Lincolns langen, knochigen Fingern zog, um endlich die Aufmerksamkeit seines Vaters zu erlangen. Doch Lincoln ging weiter, ganz in seine Überlegungen vertieft. Er dachte unaufhörlich über seine Rede nach und schien den Jungen ganz vergessen zu haben.

Während dieser Zeiten, in denen er über seine Reden
nachgrübelte, machte er sich immer wieder Notizen auf
gebrauchten Briefumschlägen, Papierfetzen und allem, was
sich in seiner Reichweite befand. Dieses Material verstaute
er in seinem Hut und trug es so lange bei sich, bis er Gelegenheit hatte, sich hinzusetzen, sie sorgfältig zu ordnen und
den Text niederzuschreiben.

Während der öffentlichen Debatten von 1858 hielt Senator Douglas immer wieder die gleiche Rede, wohin er auch
ging. Lincoln dagegen studierte, kontemplierte und reflek-
tierte unentwegt, bis er es, wie er sagte, leichter fand, jeden
Tag eine neue Rede zu halten als eine alte zu wiederholen.
Kontinuierlich vertieften und erweiterten sich so seine Einsichten, die er zum Gegenstand seiner Reden machte.

Kurz vor seinem Einzug ins Weiße Haus nahm er ein
Exemplar der amerikanischen Verfassung und drei Reden,
und mit diesen Texten als einziger Referenz schloss er sich
in einem schmuddeligen, staubigen Zimmer über einem
Laden in Springfield ein. Dort schrieb er, fernab von allen
Störungen und Ablenkungen, die Rede zu seiner Amtseinführung als Präsident.

Wie bereitete Lincoln seine berühmte Gettysburg-Rede
vor? Die Organisatoren der Feierlichkeiten nach der Schlacht
von Gettysburg entschlossen sich erst zwei Wochen vor dem
angesetzten Termin, Lincoln um »ein paar passende Worte«
zu bitten. Ja, so haben sie es tatsächlich formuliert: »Ein paar
passende Worte«. Stellen Sie sich vor, so etwas an den Präsidenten der Vereinigten Staaten zu schreiben!

Lincoln begann sofort, sich vorzubereiten. Die eigentliche
Ansprache sollte Edward Everett halten, ein ehemaliger Gouverneur und Senator, der seinerzeit als bester Redner Amerikas
galt. Also ließ sich der Präsident eine Kopie der Rede schicken,
die jener klassisch gebildete Gelehrte vorbereitet hatte. Als

Lincoln am nächsten oder übernächsten Tag ein Fotostudio aufsuchte, um dort für eine Fotografie zu posieren, nahm er Everetts Redemanuskript mit und las es, während er in dem Studio herumsaß. Tagelang dachte er über seine Ansprache nach, während er zwischen dem Weißen Haus und dem Kriegsministerium hin und her pendelte. Er dachte über sie nach, während er sich auf einem Ledersofa im Kriegsministerium ausstreckte und auf die neuesten telegrafischen Berichte wartete. Er schrieb einen ersten Entwurf auf ein Blatt Papier und steckte ihn in seinen hohen Zylinder. Unablässig brütete er über seiner Rede, die immer mehr Gestalt annahm. Am Sonntag davor sagte er zu Noah Brooks: »Ich habe sie noch nicht endgültig niedergeschrieben. Sie ist nicht fertig. Ich habe sie schon zwei- oder dreimal notiert, aber ich werde sie erneut durchgehen, sonst bin ich nicht zufrieden.«

Am Abend vor der Feier traf Lincoln in Gettysburg ein. Die Stadt war völlig überfüllt. Die Menschen jubelten ihm zu und forderten eine Rede, doch Lincoln verwies nur mit wenigen knappen, und vielleicht nicht sonderlich taktvollen Worten auf den morgigen Tag. Den Abend verbrachte er damit, seine Rede erneut »durchzugehen«. Er suchte sogar den im Nachbarhaus logierenden Außenminister Seward auf, um sie ihm laut vorzulesen und ihn nach seiner Meinung zu fragen. Am nächsten Morgen nach dem Frühstück ging er sie erneut durch, bis an die Tür geklopft wurde und man ihm sagte, es sei nun Zeit, an der Parade teilnehmen. »Oberst Carr, der unmittelbar hinter dem Präsidenten ritt, berichtete, Lincoln habe, als die Parade begann, aufrecht auf seinem Pferd gesessen, so wie es dem Oberbefehlshaber der Armee geziemte. Im weiteren Verlauf der Parade beugte Lincoln dann jedoch den Oberkörper vor, seine Arme hingen schlaff herab, und er neigte den Kopf. Er wirkte tief in Gedanken versunken.«

Immer wieder den Text durchgehen

Wir können nur vermuten, dass er selbst dann noch einmal seine kleine, aus nur zehn Sätzen bestehende Rede »durchging«.

Manche Reden Lincolns, solche, denen er nur geringe Aufmerksamkeit widmete, waren zweifellos Fehlschläge. Doch wenn er von der Sklaverei und der Union sprach, wurde er von einer außergewöhnlichen Kraft durchdrungen. Warum? Weil diese Probleme ihm sehr am Herzen lagen und er unablässig darüber nachdachte.

Wie bereitete Christus seine Reden vor? Er zog sich von der Menge zurück. Er dachte intensiv nach. Er ging allein in die Wildnis und meditierte und fastete vierzig Tage und vierzig Nächte lang. »Seit dieser Zeit«, berichtet der Evangelist Matthäus, »fing Jesus an zu predigen.« Bald darauf hielt Jesus eine der berühmtesten Reden aller Zeiten: die Bergpredigt.

»Das ist ja alles sehr interessant«, protestieren Sie nun vielleicht, »aber ich habe gar nicht die Absicht ein unsterblicher Redner zu werden. Ich möchte lediglich im beruflichen Bereich etwas besser meinen Standpunkt vertreten.«

Natürlich, und dessen bin ich mir voll und ganz bewusst. Dieses Buch ist vor allem dazu gedacht, Ihnen diese für den beruflichen Alltag so wertvolle Fähigkeit zu vermitteln. Denn auch wenn Ihre eigenen Vorträge eher unspektakulärer Natur sind, können Sie doch die Methoden der großen Redner für sich nutzen und davon profitieren.

Wie Sie Ihre Reden vorbereiten sollten

Genug Zeit für die Vorbereitung

Wenn möglich, wählen Sie das Thema Ihrer Rede selbst aus. Noch erfolgversprechender kann es jedoch sein, wenn das Thema Sie auswählt. Falls es sich nur um eine kurze Ansprache handelt, sollten Sie nicht den Fehler machen, zu viel in sie hineinzupacken. Beschränken Sie sich dann lieber darauf, ein oder zwei Aspekte eines Themas angemessen zu beleuchten. Es ist günstig, wenn Sie zur Vorbereitung mindestens eine Woche Zeit haben. Denken Sie sieben Tage über das Thema nach; träumen Sie sieben Nächte davon. Widmen Sie die letzten Gedanken vor dem Einschlafen Ihrer Rede. Denken Sie über sie nach, während Sie sich morgens frisch machen, während Sie zur Arbeit fahren, während Sie vor dem Aufzug warten oder wenn Sie zwischen zwei Terminen ein paar Minuten Zeit haben. Diskutieren Sie das Thema auch mit Ihren Freunden.

Stellen Sie sich alle erdenklichen Fragen, die Ihnen helfen, den Gegenstand von allen Seiten zu beleuchten. Wenn Sie beispielsweise etwas zum Thema Ehescheidung sagen sollen, dann fragen Sie sich, welche Gründe es für Scheidungen gibt, und wie die ökonomischen und sozialen Folgen aussehen. Was kann man gegen dieses Übel tun? Sollten die gesetzlichen Bestimmungen geändert werden? Warum? Oder sollte auf eine gesetzliche Regelung völlig verzichtet werden? Sollte die Scheidung verboten werden? Erschwert werden? Erleichtert werden? **Die richtigen Fragen stellen**

Angenommen, Sie sollen erläutern, warum Sie sich dieses Buch gekauft haben. Dann sollten Sie sich Fragen stellen wie: Welche Probleme habe ich genau? Was hoffe ich, aus diesem Buch zu lernen? Habe ich schon einmal eine Rede gehalten? Wenn ja, wann war das? Wo? Was war es für eine Erfahrung? Kenne ich Kollegen oder Geschäftspartner, die von ihrer Fähigkeit profitieren, überzeugend, mit Präsenz und Selbstvertrauen ihre Ansichten zu vertreten? Kenne ich andere, denen ein größerer Erfolg versagt bleibt, weil es ihnen genau an dieser Fähigkeit mangelt?

Wenn Sie an einem Rhetorikkurs teilnehmen, wird man Sie dort auffordern, vor der Gruppe Übungsreden von anfangs lediglich zwei- oder dreiminütiger Dauer zu halten. Doch **Mit Freunden üben** auch wenn Sie allein mit diesem Buch arbeiten, können Sie das Reden trainieren: Suchen Sie sich ein paar Freunde, mit denen Sie ein Spiel daraus machen, sich gegenseitig Vorträge zu vorher festgelegten Themen zu halten. Das kann sehr unterhaltsam sein und gibt Ihnen Gelegenheit zum Üben.

Was ist nun, wenn Sie eine kurze berufliche oder geschäftliche Rede halten müssen? Wie ist eine solche Rede vorzubereiten? Zu diesem Thema steht Ihnen bereits eine Fülle an Material zur Verfügung. Ihr Problem besteht also darin, dieses Material auszuwählen und zu ordnen. Versuchen Sie nicht, in drei Minuten zu viele Informationen hineinzustopfen. Dann wird Ihr Vortrag zu skizzen- und bruchstückhaft. Wählen Sie lieber einen Kernsatz aus, den Sie dann erweitern und ausbauen. Angenommen, Sie sollen kurz Ihren Beruf und Werdegang erläutern. Warum berichten Sie dann nicht, wie Ihre Berufswahl zustande kam? Geschah es durch Zufall oder haben Sie sich bewusst dieses Ziel gesetzt? Berichten Sie von Ihren anfänglichen Schwierigkeiten, Ihren Niederlagen, Ihren Hoffnungen, Ihren Triumphen. Eine ehrliche persönliche Lebensgeschichte ist fast immer sehr interessant, wenn sie mit Bescheidenheit und ohne aufdringliche Egozentrik erzählt wird. Sie liefert zumeist ausgezeichnetes Rede-Material. Oder beleuchten Sie Ihren Beruf aus einem anderen Blickwinkel: Mit welchen besonderen Schwierigkeiten haben Sie zu kämpfen? Was würden Sie einem jungen Menschen raten, der diesen Beruf anstrebt?

Persönliches weckt Aufmerksamkeit

Oder erzählen Sie von den Menschen, mit denen Sie in Kontakt kommen – den ehrlichen und den unehrlichen. Erzählen Sie von Ihren Problemen mit den Gewerkschaften und mit den Kunden. Was haben Sie in Ihrem Beruf über das interessanteste Thema der Welt gelernt: über die Natur des Menschen? Wenn Sie nur über die technische Seite Ihres Berufes sprechen, über Dinge, verlieren die Zuhörer oft schnell das Interesse. Doch wenn Sie von Menschen berichten, Persönliches einfließen lassen, ist Ihnen Aufmerksamkeit sicher.

Vor allem sollten Sie keine abstrakten Vorträge halten. Das verursacht nur gähnende Langeweile. Ihre Rede sollte wie ein Schichtkuchen aufgebaut sein: Auf allgemeine, abstrakte Aussagen sollten immer anschauliche Illustrationen folgen. Schauen Sie sich Ihre persönlichen Lebenserfahrungen an und überlegen Sie, welche fundamentalen Wahrheiten daran sichtbar werden. Solche konkreten Beispiele aus dem eigenen Erleben werden nicht nur großen Eindruck auf Ihre Zuhörer machen, sondern es wird Ihnen auch viel leichter fallen, darüber zu reden. Und Ihr Vortrag wird dadurch lebendiger und überzeugender.

Auf Anschaulichkeit achten

Schauen wir uns einmal an wie B.A. Forbes, ein sehr interessanter Autor, dabei vorgeht. Es folgt ein Auszug aus einem Artikel, in dem Forbes sich damit beschäftigt, wie wichtig es für Unternehmer ist, Aufgaben zu delegieren. Achten Sie auf die Illustrationen, die Anekdoten aus dem Leben führender Industrieller:

Ein praktisches Beispiel

»Viele der modernen amerikanischen Riesenfirmen haben als Ein-Mann-Betriebe begonnen, sind diesem Stadium aber längst entwachsen. Zwar mag immer noch gelten, dass hinter jeder großen Organisation der verlängerte Schatten eines einzelnen Mannes steht. Doch operieren Handel und Industrie heute in so kolossalen Dimensionen, dass selbst das fähigste Führungsgenie kluge Partner braucht, die ihm dabei helfen, die Zügel in der Hand zu halten.

Frank W.W. Woolworth hat mir einmal erzählt, wie er jahrelang als Chef alles selbst machen wollte und sich dabei seine Gesundheit ruinierte. Als er dann wochenlang im Krankenhaus lag, sah er endlich ein, dass er unbedingt Management-Aufgaben abgeben musste, damit sein Unternehmen weiterhin so wachsen konnte, wie er sich das erhoffte.

Bethlehem Steel gehörte auch lange zu den Firmen, die praktisch im Alleingang geführt wurden. Charles M. Schwab kümmerte sich um alles. Doch nach und nach gewann Eugene G. Grace an Format und wurde ein besserer Stahl-Experte als Schwab, was Letzterer bereitwillig zugab. Heute ist Bethlehem Steel nicht mehr allein Schwab.

Eastman Kodak bestand in seinen Anfangsjahren praktisch nur aus George Eastman. Doch er war klug genug, nach und nach ein leistungsfähiges Management-Team aufzubauen. Allen Legendenbildungen zum Trotz war Standard Oil keine Ein-Mann-Organisation mehr, als die Firma stark expandierte.

J.P. Morgan war gewiss ein unternehmerischer Riese, doch er besaß auch großes Geschick darin, sich fähige Partner zu suchen, mit denen er sich die Aufgaben teilen konnte. Gewiss gibt es immer noch ehrgeizige Chefs, die ihre Firma nach dem Ein-Mann-Prinzip steuern möchten, doch mehr und mehr zwingt die Komplexität der modernen Wirtschaft sie dazu, Verantwortung an andere zu delegieren.«

An das Publikum denken

Menschen, die über Ihren Beruf oder Ihr Geschäft sprechen, begehen mitunter den Fehler, nur über das zu reden, was Sie selbst interessiert. Ist es nicht viel klüger, wenn der Redner sich bemüht, nicht nur sich selbst, sondern auch sein Publikum zu unterhalten? Sollte er nicht an das Eigeninteresse seiner Zuhörer appellieren? Wenn Sie beispielsweise Feuerversicherungen verkaufen möchten, können Sie gewiss Wirkung erzielen, wenn Sie dem Zuhörer etwas darüber erzählen, wie er Brände in seinem Haus und Garten vermeiden kann. Wenn Sie Bankier sind, könnten Sie ihren Zuhörern Ratschläge für finanzielle Investitionen geben. Denken Sie bei Ihrer Redevorbereitung an das Publikum, vor dem Sie

sprechen werden. Denken Sie an dessen Wünsche und Bestrebungen. Das ist mitunter schon die halbe Miete.

Bei manchen Themen ist es ratsam, wenn Sie dafür genug
Zeit zur Verfügung haben, einmal nachzulesen, was andere
dazu gesagt und geschrieben haben. Widmen Sie sich dieser
Lektüre aber erst, nachdem Sie das Thema selbst gründlich
durchdacht haben. Das ist wichtig – sehr wichtig. Gehen Sie
erst danach in die Bibliothek und bitten Sie das Personal dort
um Hilfe. Sagen Sie, dass Sie eine Rede zu einem bestimmten Thema vorbereiten. Wenn Sie es nicht gewohnt sind,
selbst Recherche zu betreiben, werden Sie überrascht sein,
welche gute Hilfe man Ihnen dort leisten wird. (Und selbstverständlich ist heute auch das Internet eine ausgezeichnete Informationsquelle; Anm. d. Ü.)

Das Geheimnis guter Reserven

Kurz vor seinem Tod sagte Luther Burbank: »Oft habe ich **Stille Reserven**
eine Million Stecklinge einer Pflanze produziert, bis ich darunter schließlich ein oder zwei außergewöhnlich gute fand,
und dann habe ich alle minderwertigen Exemplare vernichtet.« Auch eine Rede sollte auf diese ziemlich verschwende-
rische und wählerische Weise vorbereitet werden. Schreiben
Sie hundert Gedanken auf und streichen Sie neunzig davon
wieder durch.

Sammeln Sie stets mehr Material, mehr Informationen als
Sie verwerten können. Das wird Ihnen zusätzliches Selbst-
vertrauen vermitteln, das sichere Gefühl, aus einem reichen
Vorrat schöpfen zu können. Leider wird dieser wichtige
Aspekt der Vorbereitung von zahlreichen Rednern immer
wieder missachtet.

»Ich habe hunderte von Verkäufern und Handelsvertre- **Wissen führt**
tern geschult«, sagte Arthur Dunn, »und deren häufigster **zum Erfolg**
Fehler bestand darin, dass sie sich nicht die Mühe machten,

43

ein umfassendes Wissen über die Produkte zu erwerben, die sie verkaufen sollten.

Viele Vertreter kamen in mein Büro und wollten, nachdem sie eine kurze Beschreibung des Artikels und ein paar zusätzliche Informationen erhalten hatten, sofort losziehen und verkaufen. Viele von ihnen gaben nach einer Woche, manche schon nach achtundvierzig Stunden auf. Als ich einmal den Auftrag hatte, Vertreter für den Vertrieb einer bestimmten Lebensmittelspezialität zu schulen, kam es mir darauf an, sie zu echten Lebensmittelexperten zu machen. Ich ließ sie die Nahrungsmittelinformationen der amerikanischen Landwirtschaftsbehörde studieren, in denen der Gehalt der Lebensmittel an Wasser, Eiweiß, Kohlenhydraten, Fett und so weiter genau angegeben ist. Ich hielt sie an, sich detailliert über die Zutaten der von ihnen vertriebenen Produkte zu informieren. Sie mussten eine mehrtägige Schulung durchlaufen, die mit einem Test abschloss. Ich ließ sie die Verkaufssituation mit anderen Verkäufern trainieren und setzte einen Preis für das beste Verkaufsgespräch aus.

Sachkenntnis = Überzeugungskraft

Oft glauben Vertreter, es sei Zeitverschwendung, sich gründlich mit ihrem Verkaufssortiment vertraut zu machen. Sie sagen: ›Wenn ich einen Einzelhändler besuche, ist überhaupt nicht genug Zeit, ihm all das zu erläutern. Er ist viel zu beschäftigt. Wenn ich ihm mit Eiweiß und Kohlehydraten komme, wird er mir gar nicht zuhören. Und wenn er zuhört, hat er keine Ahnung, wovon ich rede.‹ Darauf habe ich immer geantwortet: ›Sie erwerben alle diese Kenntnisse weniger zum Nutzen des Kunden als zu Ihrem eigenen Nutzen. Wenn Sie Ihr Produkt von A bis Z kennen, wird Ihnen das ein wunderbares Gefühl der Selbstsicherheit verleihen. Sie sind dann so positiv aufgeladen, treten so stark und überzeugend auf, dass Sie auf andere einfach unwiderstehlich wirken und hohe Umsätze erzielen.‹«

44

Als die Journalistin Ida M. Tarbell, bekannt durch ihre Enthüllungen über die Standard Oil Company, sich gerade in Paris aufhielt, wurde sie gebeten, für ein amerikanisches Magazin einen kurzen Artikel über das atlantische Telegrafiekabel zu schreiben. Sie fuhr nach London, interviewte den zuständigen europäischen Direktor und verschaffte sich alle erforderlichen Daten für ihren Artikel. Doch dabei ließ sie es nicht bewenden. Sie wollte sich wirklich umfassend über das Thema informieren. Also sah sie sich im Britischen Museum alle dort ausgestellten Kabel-Varianten an. Sie las Bücher über die Geschichte telegrafischer Kabelverbindungen und suchte sogar einen Betrieb am Rande Londons auf, wo sie sich anschaute, wie Kabel hergestellt werden.

Warum sammelte sie zehnmal so viele Informationen wie sie für den kleinen Artikel benötigte? Sie tat es wegen des angenehm sicheren Gefühls, das sich einstellt, wenn wir über genügend Wissensreserven verfügen. Sie spürte, dass das, was sie wusste, aber nicht aufschrieb, dem wenigen, was sie schließlich niederschrieb, Ausdruckskraft und Farbe verleihen würde.

Wissensreserven inspirieren

Der Psychologe Edwin James Cattell hat vermutlich zu dreißig Millionen Menschen gesprochen. Doch kürzlich vertraute er mir an, dass er eine Rede für einen Fehlschlag hielt, wenn er sich nicht hinterher über die guten Argumente ärgerte, die er unerwähnt gelassen hatte. Warum? Er wusste aus langer Erfahrung, dass gerade die Reden besonders eindrucksvoll sind, die auf einer reichen Fülle an Material basieren, so dass der Redner nur die Zeit hat, einen kleinen Teil davon überhaupt zu verwenden.

»Wie bitte?!«, höre ich Sie protestieren. »Woher soll ich denn die Zeit für all das nehmen? Ich muss mich um meine Geschäfte kümmern. Ich habe eine Frau und zwei Kinder und zwei Airedaleterrier zu ernähren. Ich kann es mir nicht leisten, in Museen herumzulaufen und mir Kabel anzuschauen und Bücher zu wälzen und meine Reden zu Hause zu proben!«

Glauben Sie mir, dieses Problem ist mir wohl bekannt, und Sie haben mein Mitgefühl. Aber Sie wollen Ihre Zuhörer beeindrucken und in Ihrem Sinne beeinflussen, nicht wahr? Sie wollen den Erfolg. Wie wäre es, wenn Sie einen Abend pro Woche, von acht bis zehn Uhr, dafür reservieren, dieses Buch durchzuarbeiten und sich in der Kunst des Redens zu üben? Ganz systematisch. Probieren Sie es aus!

Sicherheit durch Wissen Manche Leute sind weniger daran interessiert, Reden sorgfältig auszuarbeiten. Sie möchten ihre spontane Formulierungskunst und ihr Auftreten in sich plötzlich ergebenden geschäftlichen Besprechungen und Diskussionen verbessern. Doch auch sie werden davon profitieren, sich ein solides Wissen über die in diesen Diskussionen angesprochenen Themen anzueignen. Folgen Sie den in diesem Kapitel gemachten Vorschlägen. Dadurch gewinnen Sie größere Leichtigkeit und Freiheit bei spontanen Diskussionen und erwerben außerdem die Fertigkeit, Reden effektiv vorzubereiten.

 ## ZUSAMMENFASSUNG

1   Wenn ein Redner eine echte Botschaft hat, etwas, das ihn gedanklich und emotional intensiv beschäftigt, dann kann sein Vortrag kaum misslingen. Eine solche auf intensiver Beschäftigung mit dem Thema fußende Rede ist fast immer ein sicherer Erfolg.

2   Was ist Vorbereitung? Mechanisch Sätze zu Papier bringen? Einen vorformulierten Text auswendig lernen? Keineswegs. Wahre Vorbereitung besteht darin, dass Sie aus Ihrem eigenen

inneren Reichtum schöpfen, *Ihre eigenen* Gedanken, *Ihre eigenen* Überzeugungen treffend zum Ausdruck bringen.

3 Versuchen Sie nicht, eine Rede in nur dreißig Minuten vorzubereiten. Eine gute Rede ist kein Imbiss. Eine Rede muss *wachsen*. Wählen Sie Ihr Thema frühzeitig aus, so dass sie mehrere Tage oder sogar Wochen Zeit haben, ausführlich darüber nachzudenken, es von allen Seiten zu beleuchten, darüber zu schlafen, davon zu träumen. Diskutieren Sie Ihre Ideen mit Freunden. Stellen Sie sich alle das Thema betreffenden Fragen. Notieren Sie alle Gedanken und illustrierenden Beispiele, die Ihnen in den Sinn kommen. Das war Abraham Lincolns Methode. Es ist die Methode fast aller erfolgreichen Redner.

4 Nachdem Sie eine Weile eigenständig über Ihr Thema nachgedacht haben, können Sie, so weit Ihre Zeit dazu ausreicht, eine Bibliothek aufsuchen und mit Hilfe des dortigen Personals geeignete Lektüre auswählen, die Ihnen zusätzliche Informationen und Anregungen liefert. (Oder nutzen Sie das Internet.)

5 Sammeln Sie viel mehr Material, als Sie zu benutzen beabsichtigen. Machen Sie es wie Luther Burbank. Er zog oft eine Million Exemplare einer Pflanze heran, um eine oder zwei besonders gute zu erhalten. Schreiben Sie hundert Gedanken auf und streichen Sie dann neunzig davon wieder.

6 Nutzen Sie die Kraft zusätzlicher Wissensreserven. Bereiten Sie Ihre Rede so vor, wie Arthur Dunn seine Vertreter schulte oder Ida Tarbell ihren Artikel über das atlantische Telegrafiekabel recherchierte.

Wie sich berühmte
Redner vorbereiteten

3

»Der Gebildete unterscheidet sich von den Ungebildeten dadurch, dass er in der Lage ist, die Grundzusammenhänge von Problemen zu begreifen. Der größte Vorzug der Hochschulbildung besteht zweifellos darin, dass die Studenten lernen, ihren Geist zu disziplinieren.«

John Grier Hibben, Rektor der Universität Princeton

»Was ist das, was uns an einem gebildeten Menschen beeindruckt, und was, unter den Gebildeten, den besonders herausragenden Menschen auszeichnet? ... Es ist seine Fähigkeit, seinen Geist methodisch einzusetzen.«

Samuel Taylor Coleridge

»Der weit verbreitete Irrtum bezüglich der Kunst des Redens besteht darin, dass es genüge, ›etwas zu sagen zu haben‹. Völlig falsch! Wenn man bei der Äußerung dessen, was man zu sagen zu haben glaubt, die grundlegenden Gesetze der Überzeugungskunst missachtet, kann man ebenso gut in den Wind sprechen. ... Der moderne Redner muss begreifen, dass er nicht nur ›etwas zu sagen‹ haben muss, sondern dass er auch zu lernen hat, wie sich das Mitzuteilende auf bestmögliche Weise den Zuhörern vermitteln lässt. Wie ein Chatham, ein Webster und ein Beecher muss er der Struktur und Präsentation seines Vortrages sorgfältige Aufmerksamkeit widmen.«

Arthur Edward Phillips, *Effecive Speaking*

Eine vermeidbare
Katastrophe

Ich nahm einmal an einem Essen im New Yorker Rotary Club teil, bei dem als Redner ein prominenter Regierungsbeamter geladen war. Sein hohes Amt verlieh ihm beträchtliches Prestige, und wir freuten uns darauf, seinen Ausführungen zu lauschen. Er hatte angekündigt, uns von den Aktivitäten seiner Behörde zu berichten, was für nahezu alle New Yorker Geschäftsleute von großem Interesse war.

Er wusste bestens über sein Thema Bescheid, wusste weit mehr darüber, als er für diesen Vortrag je hätte nutzen können. Aber er hatte seine Rede nicht geplant. Er hatte kein Material ausgewählt. Er hatte es nicht sinnvoll strukturiert. Dennoch stürzte er sich mit dem Mut des Unerfahrenen blind in seine Rede. Er hatte keine Ahnung, wohin die Reise gehen sollte, aber er war auf dem Weg.

Heilloses
Durcheinander

In seinem Kopf herrschte, kurz gesagt, ein völliges Durcheinander. Und dementsprechend sah das intellektuelle Gericht aus, das er uns servierte. Zuerst kam die Eiskrem, dann die Suppe. Als Nächstes folgten Fisch und Kekse. Nie habe ich einen Redner erlebt, der sich in einem derartigen Zustand der Verwirrung befand.

Zunächst hatte er versucht, aus dem Stegreif zu sprechen. Dann zog er ein Bündel Notizzettel aus der Tasche, wobei er zugab, dass seine Sekretärin ihm diese zusammengestellt hatte. Diese Notizen wiesen offenkundig nicht mehr Ordnung auf als ein Haufen Schrott auf dem Lieferwagen eines Alteisensammlers. Nervös blätterte er darin herum, versuchte vergeblich, sich zu orientieren, einen Weg hinaus aus der Wildnis zu finden, und dabei redete er die ganze Zeit weiter. Es war unmöglich. Er entschuldigte sich, bat um ein Glas Wasser, trank mit bebender Hand, gab noch ein paar zusammenhanglose Sätze von sich, wiederholte sich, blätterte wieder in seinen Notizen. Von Minute zu Minute wurde er hilfloser, verwirrter, verlegener. Schweißperlen traten ihm auf die Stirn, die er zitternd wegwischte. Wir Zuhörer erlebten das Fiasko peinlich berührt mit. Und immer noch redete er weiter, brach mitten im Satz ab, suchte in seinen Notizen, entschuldigte sich und trank Wasser. Alle Anwesenden außer ihm hatten den sicheren Eindruck, dass das ganze Spektakel sich rasant der völligen Katastrophe näherte. Wir atmeten erleichtert auf, als er seinen Todeskampf aufgab und sich endlich hinsetzte. Selten habe ich ein peinlicher berührtes Publikum gesehen, und einen derartig in Scham versinkenden Redner. Er war seine Rede angegangen wie man, nach Rousseaus Worten, Liebesbriefe schreiben soll: Er hatte begonnen, ohne zu wissen, was er sagen würde, und am Ende wusste er nicht, was er gesagt hatte.

Die Moral dieser Geschichte lässt sich am besten mit einem Zitat Herbert Spencers zusammenfassen: »Wenn das Wissen eines Menschen nicht klar geordnet ist, wird seine Verwirrung wachsen, je mehr er weiß.«

Kein vernünftiger Mensch würde mit dem Bau eines Hauses beginnen, ohne dass zuvor ein Bauplan angefertigt wurde. Warum sich also ohne jegliche Vorplanung auf das Abenteuer einer Rede einlassen?

Keine Rede ohne Konzept

Eine Rede ist eine Reise zu einem Ziel, und daher brauchen wir eine Karte, eine Wegbeschreibung. Ein Redner, der im Nirgendwo beginnt, wird zumeist auch nirgendwo hingelangen.

Folgenden Satz Napoleons würde ich gerne in flammend roten Buchstaben über die Tür jedes Seminarraums auf Erden meißeln, wo die Kunst öffentlichen Redens gelehrt wird: »Die Kriegskunst ist eine Wissenschaft, bei der nichts zum Erfolg führt, das nicht sorgfältig vorausberechnet und durchdacht wurde.«

Das gilt für die Redekunst gleichermaßen. Doch sind sich Redner dessen bewusst, und – wenn ja – handeln sie auch danach? Leider nicht. Ganz und gar nicht. Viele Reden besitzen nicht mehr Ordnung und Struktur als ein Gemüseeintopf.

Ordnung und Struktur

Wie lassen sich Ideen zu einem bestimmten Thema am besten in eine wirkungsvolle Ordnung bringen? Das kann man immer erst sagen, wenn man sich sorgfältig mit diesen Ideen befasst hat. Das Problem stellt sich stets aufs Neue. Es handelt sich um eine ewige Frage, die vor jeder Rede gestellt und beantwortet werden muss. Allgemein gültige Regeln lassen sich diesbezüglich nicht aufstellen, aber anhand eines konkreten Beispiels möchte ich hier kurz veranschaulichen, was ich meine, wenn ich vom wirkungsvollen Ordnen von Ideen spreche.

Wie eine preisgekrönte Rede strukturiert wurde

Ein positives Beispiel

Hier folgt eine Rede, die von einem meiner Schüler vor der Jahresversammlung des Nationalen Immobilienmaklerverbandes gehalten wurde. Sie gewann im Wettbewerb mit siebenundzwanzig anderen Reden über verschiedene Städte den ersten Preis. Diese Rede ist gut konstruiert, reich an klar vorgetragenen Fakten, lebendig und interessant. Sie besitzt Geist und Schwung. Es lohnt sich, sie zu lesen und sorgfältig zu analysieren.

»Herr Vorsitzender, liebe Freunde,

vor 144 Jahren wurde diese große Nation, die Vereinigten Staaten von Amerika, in meiner Heimatstadt Philadelphia geboren. So ist es nur natürlich, dass in dieser Stadt mit ihrer glanzvollen Vergangenheit ein starker amerikanischer Geist wohnt, der sie nicht nur zu einem der größten industriellen Zentren dieses Landes hat werden lassen, sondern überdies zu einer der größten und schönsten Städte auf der ganzen Welt.

Fast zwei Millionen Menschen leben heute in Philadelphia, und unsere Stadt ist in der Fläche so groß wie

Milwaukee, Boston, Paris und Berlin zusammen. Von den 330 Quadratkilometern unseres Territoriums haben wir fast 3240 Hektar für schöne Parks, Plätze und Boulevards genutzt, damit unseren Bürgern genug Raum für Erholung und Freude zur Verfügung steht, in einer Umgebung, die guten Amerikanern würdig ist. Meine Freunde, Philadelphia ist nicht nur eine große, saubere und schöne Stadt, sondern zudem kennt man es überall als *das* weltweit führende Industriezentrum. Und zwar deshalb, weil bei uns ein riesiges Heer von 400 000 Menschen in 9200 Fabrikationsbetrieben beschäftigt ist, in denen alle zehn Minuten an jedem Werktag Güter im Wert von einhunderttausend Dollar entstehen. Einem bekannten Statistiker zufolge gibt es in diesem Land keine andere Stadt, wo mehr Woll- und Lederwaren, Strickwaren, Textilien, Haushaltswaren, Werkzeuge, Batterien, Schiffe und eine große Vielfalt anderer Erzeugnisse produziert werden. Tag und Nacht verlässt alle zwei Stunden eine Lokomotive unsere Werkhallen, und mehr als die Hälfte der Einwohner dieser Landes fährt in Straßenbahnen, die in Philadelphia gebaut wurden. Wir erzeugen pro Minute eintausend Zigarren, und im letzten Jahr wurden in unseren 115 Strumpfwarenfabriken zwei Paar Strümpfe für jeden Mann, jede Frau und jedes Kind in diesem Land hergestellt. Wir stellen mehr Tapeten und Teppiche her als England und Irland zusammen. Tatsächlich ist das Volumen von Industrie und Handel in unserer Stadt so gigantisch, dass unsere Bankumsätze sich auf siebenunddreißig Milliarden Dollar belaufen, womit alle Staatsanleihen im ganzen Land bezahlt werden könnten.

Doch, Freunde, wenn wir auch, neben unserem wunderbaren industriellen Programm, sehr stolz darauf sind, eines der größten Zentren dieses Landes auf den Gebieten der Medizin, der Kunst und der Ausbildung zu sein, so verspüren wir doch einen noch größeren Stolz darüber, dass es in Philadelphia mehr Eigenheime gibt als in jeder anderen Stadt auf der Welt. In Philadelphia stehen 397 000 Einfamilienhäuser. Stünden diese Häuser auf Grundstücken von sieben Meter sechzig Breite Seite an Seite aufgereiht, würde diese Reihe sich von Philadelphia geradewegs durch dieses Tagungsgebäude hier nach Kansas City und von dort bis Denver erstrecken, über eine Distanz von 3027 Kilometern.

Aber ich möchte Ihre besondere Aufmerksamkeit auf die Tatsache lenken, dass diese zehntausende von Eigenheimen sich im Besitz der arbeitenden Bevölkerung unserer Stadt befinden. Und wenn ein Mensch den Boden, auf dem er steht, und das Dach über seinem Kopf sein eigen nennt, ist dieser Mensch durch kein Argument der Welt mit Sozialismus und Bolschewismus, diesen von außen eingeschleppten Krankheiten, zu infizieren.

Philadelphia bietet der europäischen Anarchie keinen fruchtbaren Boden, denn unsere Häuser, unsere Bildungseinrichtungen und unsere gigantische Industrie sind vom wahren Geist Amerikas hervorgebracht worden, der in unserer Stadt das Licht der Welt erblickte und ein Erbe unserer Vorväter ist. Philadelphia ist die Mutter dieses großen Landes, der Urquell der amerikanischen Freiheit. Es ist die Stadt, wo die erste amerikanische Flagge hergestellt wurde; es ist die Stadt, wo der erste Kongress der Vereinigten Staaten tagte; es ist die Stadt, wo die Unabhängigkeitserklärung unterzeichnet wurde; es ist die Stadt, wo die beliebteste Reliquie Amerikas, die Freiheitsglocke, zehntausende unserer Männer, Frauen und Kinder inspiriert hat. Daher glauben wir an unsere heilige Mission, die nicht im Tanz um das goldene Kalb besteht, sondern darin, den amerikanischen Geist zu verbreiten und die Feuer der Freiheit hell leuchten zu lassen, sodass, wenn Gott es so will, das Land Washingtons, Lincolns und Theodore Roosevelts Inspirationsquelle für die gesamte Menschheit ist.«

Analysieren wir nun gemeinsam diese Rede. Schauen wir uns die Konstruktion an, und wie der Redner seine Wirkung erzielt. Zuerst einmal hat die Rede einen Anfang und einen Schluss. Das ist, liebe Leser, eine seltene Tugend! Seltener, als Sie vielleicht glauben. Die Rede beginnt an einem bestimmten Punkt und steuert dann wie ziehende Wildgänse genau auf ihr Ziel zu. Sie hält sich nicht mit Nebensächlichkeiten auf. Sie verliert keine Zeit.

Analyse

Sie besitzt Frische und Individualität. Der Redner beginnt, indem er etwas über seine Stadt sagt, dass die anderen Redner über ihre Städte nicht sagen können: Er weist darauf hin, dass seine Stadt die Geburtsstätte der amerikanischen Nation war.

Dann sagt er, dass Philadelphia eine der größten und schönsten Städte der Welt sei. Diese Behauptung ist jedoch allgemein gehalten, platt; für sich allein würde sie niemanden sonderlich beeindrucken. Dessen ist sich der Redner bewusst; also hilft er seinem Publikum dabei, sich die Größe Philadelphias zu vergegenwärtigen, indem er hinzufügt, dass die Stadt »so groß wie Milwaukee, Boston, Paris und Berlin zusammen« sei. Das ist eindeutig und konkret. Es ist interessant. Es ist überraschend. Es ist eine bemerkenswerte Feststellung. Es vermittelt eine klarere Vorstellung von der Größe Philadelphias als eine ganze Seite mit Statistiken es hätte tun können.

Anschaulichkeit schafft Aufmerksamkeit

Als Nächstes erklärt er, man kenne Philadelphia überall »als *das* weltweit führende Industriezentrum«. Klingt übertrieben, nicht wahr? Wie Propaganda. Wäre er sofort zum nächsten Punkt übergegangen, hätte sich niemand überzeugen lassen. Doch das tut er nicht. Er zählt zunächst zur Verdeutlichung all die Produkte auf, bei denen Philadelphia führend ist: »Lederwaren, Strickwaren, Textilien, Haushalts-waren, Werkzeuge, Batterien, Schiffe«.

Jetzt klingt es schon nicht mehr ganz so nach Propa-ganda, nicht wahr?

In Philadelphia »verlässt alle zwei Stunden eine Lokomo-tive unsere Werkhallen, und mehr als die Hälfte der Ein-wohner dieser Landes fährt in Straßenbahnen, die in Phila-delphia gebaut wurden.«

»Na, das wusste ich ja gar nicht«, denken wir. »Vielleicht bin ich gestern in einer dieser Straßenbahnen zur Arbeit gefahren. Ich werde mich morgen mal informieren, woher meine Stadt ihre Straßenbahnen bezieht.«

»Eintausend Zigarren pro Minute.« – »Zwei Paar Strümp-fe für jeden Mann, jede Frau und jedes Kind in diesem Land.«

Nun sind wir noch stärker beeindruckt. »Vielleicht wird ja meine Lieblingszigarre in Philadelphia hergestellt – und diese Socken, die ich heute trage ...«

Punkt für Punkt Was tut der Redner dann? Wieder zurückspringen zur Größe Philadelphias, um uns noch ein Detail mitzuteilen, dass er zuvor vergessen hatte? Nein, keineswegs. Er befasst sich so lange mit einem Punkt, bis er alles Wesentliche gesagt hat, und geht dann zum nächsten über, ohne noch einmal zurückzublicken. Dafür sind wir ihm höchst dankbar. Denn gibt es etwas Verwirrenderes als einen Redner, der ständig zwischen mehreren Punkten hin und her flattert wie eine Fledermaus in der Abenddämmerung? Und dennoch machen viele Redner genau diesen Fehler. Statt Punkt für Punkt anzubringen, 1, 2, 3, 4, 5, geht es kreuz und quer: 27, 34, 19, 2, 34, 19.

Dieser Redner jedoch dampft genau nach Fahrplan voran. Es gibt bei ihm keinen Leerlauf, keine Kehrtwendungen. Er weicht keinen Zentimeter von seinem Weg ab. Wie die Loko-motiven, die er erwähnt.

56

Nun allerdings folgt der schwächste Punkt seiner Rede: Philadelphia, verkündet er, sei »eines der größten Zentren dieses Landes auf den Gebieten der Medizin, der Kunst und der Ausbildung«. Das lässt er einfach im Raum stehen und geht dann sofort zum nächsten Punkt über. So bleiben nur sechzehn Worte, um diese Tatsache so zu veranschaulichen, dass sie im Gedächtnis des Publikums haften bleibt. Nur sechzehn Worte, in einem Satz, der insgesamt aus sechsundfünfzig Worten besteht. Das funktioniert nicht. Natürlich nicht. Der menschliche Geist arbeitet nicht wie eine Mausefalle, die sekundenschnell zuschnappt. Der Redner widmet diesem Punkt so wenig Zeit, bleibt so allgemein, so vage, erscheint selbst so wenig beeindruckt, dass die Wirkung auf den Zuhörer gleich null ist. Vermutlich war er sich dieses Mankos bewusst. Er hätte den Punkt mit der gleichen Technik anschaulich machen können, die er bei der zuvor getroffenen Aussage anwandte. Doch für seine Rede standen ihm nur fünf mit der Stoppuhr gemessene Minuten zur Verfügung, keine Sekunde länger. Er musste eine Wahl treffen. Diesem Punkt mehr Zeit zu widmen, wäre zwangsläufig auf Kosten der folgenden gegangen.

Es gibt »in Philadelphia mehr Eigenheime als in jeder anderen Stadt auf der Welt«. Wie gelingt es ihm, dass diese Aussage überzeugend und eindrucksvoll auf die Zuhörer wirkt? Erstens nennt er eine Zahl: 397 000. Zweitens wählt er ein anschauliches Bild: »Stünden diese Häuser auf Grundstücken von sieben Meter sechzig Breite Seite an Seite aufgereiht, würde diese Reihe sich von Philadelphia geradewegs durch dieses Tagungsgebäude hier nach Kansas City und von dort bis Denver erstrecken, über eine Distanz von 3027 Kilometern.«

Die Zahl hat das Publikum möglicherweise schon vor dem Ende des Satzes vergessen. Aber dieses Bild vergessen? Ausgeschlossen.

In Bildern sprechen

So viel zur Präsentation der Fakten. Doch sie allein sind nicht der Stoff, aus dem gute Reden sind. Diesem Redner geht es um mehr. Er will einen Höhepunkt aufbauen, die Herzen erreichen, Gefühle wecken. Nun, auf der Zielgeraden, setzt er daher emotionales Material ein. Er sagt, was die Tatsache, dass diese vielen Eigenheime der arbeitenden Bevölkerung gehören, für den Geist der Stadt bedeutet. Er verkündet, dass »Sozialismus und Bolschewismus, diese von außen eingeschleppten Krankheiten« in Philadelphia keine Chance haben. Er preist die Stadt als »Urquell der amerikanischen Freiheit«. Freiheit! Ein magisches Wort, ein Wort, in dem starke Gefühle mitschwingen, ein Ideal, für das zahllose Menschen ihr Leben hingegeben haben. Dieser Satz ist in sich schon sehr gut, aber seine Wirkung wird immens verstärkt, weil der Redner nun Bezüge zu historischen Ereignissen und Zeugnissen herstellt, die den Zuhörern teuer und heilig sind: »Es ist die Stadt, wo die erste amerikanische Flagge hergestellt wurde; es ist die Stadt, wo der erste Kongress der Vereinigten Staaten tagte; es ist die Stadt, wo die Unabhängigkeitserklärung unterzeichnet wurde; die Freiheitsglocke; unsere heilige Mission, den amerikanischen Geist zu verbreiten und die Feuer der Freiheit hell leuchten zu lassen, sodass, wenn Gott es so will, das Land Washingtons, Lincolns und Theodore Roosevelts Inspirationsquelle für die gesamte Menschheit ist.« Das ist wahrhaftig ein Höhepunkt!

Das zur Komposition dieser Rede. Doch so bewundernswert gut der Aufbau ist, das Ganze hätte dennoch fehlschlagen können, wäre der Text in langweiligem Ton vorgetragen worden, ohne Enthusiasmus und Vitalität. Der Vortragsstil des Redners überzeugte aber ebenso wie die Struktur seiner Rede. Er sprach mit tief empfundenem Gefühl und aufrichtiger Begeisterung. Kein Wunder, dass er den ersten Preis gewann.

Wie Doktor Conwell seine Reden plante

Wie schon gesagt, gibt es keine unumstößlichen Regeln für den Aufbau einer guten Rede. Es existieren keine vorfabrizierten Muster oder Schemata, die für alle Reden passen. Einige allgemeine Regeln haben sich aber doch in vielen Fällen als nützlich erwiesen. Russel Conwell, Verfasser des berühmten Textes »Diamantenfelder« (»Acres of Diamonds«; s. Anhang) sagte mir einmal, er habe viele seiner unzähligen Ansprachen nach folgendem Muster aufgebaut:

Tipps für den Aufbau

1. Die Fakten nennen.
2. Von ihnen ausgehend argumentieren.
3. Zum Handeln auffordern.

Viele Schüler meiner Kurse empfanden auch das folgende Schema als sehr hilfreich und stimulierend:

1. Auf einen Missstand hinweisen.
2. Eine Lösung aufzeigen.
3. Zur Mithilfe auffordern.

Oder, anders formuliert:

1. Hier ist eine Situation, die geändert werden sollte.
2. Wir sollten dazu wie folgt verfahren.
3. Aus folgenden Gründen sollten Sie dabei mithelfen.

In Kapitel 15 wird ein weiteres Redemuster beschrieben. Kurz zusammengefasst sieht es folgendermaßen aus:

1. Wecken Sie das Interesse der Zuhörer.
2. Gewinnen Sie ihr Vertrauen.
3. Nennen Sie die Fakten. Erläutern Sie die Vorzüge Ihrer Vorschläge.
4. Appellieren Sie an jene Motive, die Menschen zum Handeln veranlassen.

Wenn Sie sich näher für dieses Muster interessieren, können Sie jetzt gleich in Kapitel 15 nachschlagen.

Senator Beveridges kluger Rat

Albert J. Beveridge hat ein kurzes und sehr praktisches Buch mit dem Titel »The Art of Public Speaking« (Die Kunst des öffentlichen Redens) veröffentlicht. »Der Redner muss sein Thema wirklich beherrschen«, schrieb dieser wahlkampferprobte Politiker. »Das heißt, dass er alle Fakten zusammengetragen, geordnet und wirklich durch und durch verstanden haben muss. Und es müssen echte Fakten sein, keine bloßen Annahmen und unbewiesene Behauptungen. Nehmen Sie nichts für selbstverständlich, sondern prüfen und verifizieren Sie alle Punkte Ihrer Argumentation. Um es klar zu sagen: Das bedeutet schmerzhaft aufwändige Recherche. Wie wollen Sie sonst Ihre Mitbürger korrekt informieren, anleiten und beraten? Wie wollen Sie sonst jemals als Autorität anerkannt werden?

Fakten und Lösungen Nachdem Sie alle ein bestimmtes Problem betreffenden Fakten gesammelt und in eine vernünftige Ordnung gebracht haben, gilt es, auf der Grundlage dieser Fakten *selbstständig eine Lösung zu ersinnen.* So gewinnt Ihre Rede Originalität und persönliche Kraft. Dann wird sie mitreißen und Eindruck machen, weil Sie sich selbst in sie einbringen. Erst wenn Sie durch eigenes Denken eine Lösung für das Problem gefunden haben, über das Sie sprechen wollen, sollten Sie den Redetext aufschreiben, und zwar so klar und logisch wie möglich.«

Mit anderen Worten: Präsentieren Sie die Fakten, und präsentieren Sie dann klar und eindeutig die Schlüsse, die aus diesen Fakten zu ziehen sind.

Wie Woodrow Wilson Stein auf Stein setzte

»Ich beginne«, sagte Wilson, »mit einer Liste der Themen, die ich in meiner Rede ansprechen möchte. Dann *bringe ich diese Themen durch sorgfältiges Durchdenken in ihren natürlichen Zusammenhang*, das heißt, ich baue meine Rede Stein für Stein auf. Erst dann notiere ich sie in Kurzschrift. Ich verwende schon lange Kurzschrift, weil das sehr viel Zeit spart. Danach tippe ich den Text auf der Schreibmaschine ab, ändere dabei Formulierungen, stelle Sätze um und füge weiteres Material hinzu.«

Roosevelt bereitete seine Reden auf die typisch Rooseveltsche Art vor: Er verschaffte sich alle Fakten, wertete sie sorgfältig aus, zog seine Schlüsse und gelangte diesbezüglich zu einem unerschütterlichen Gefühl der Gewissheit.

Typisch Roosevelt

Dann setzte er sich mit seinem Notizblock zum Diktat hin. Er diktierte seine Rede sehr schnell, sodass sie Schwung, Spontaneität und Vitalität besaß. Die diktierte Abschrift las er sich durch, nahm Verbesserungen vor, strich Formulierungen, fügte handschriftliche Ergänzungen ein, und diktierte das Ganze dann erneut. »Ich habe nie etwas ohne harte Arbeit erreicht«, sagte er. »Und stets waren meine ganze Urteilskraft und eine frühzeitige, sorgfältige Planung vonnöten.«

Oft las er Beratern seine Rede vor oder bat sie, beim Diktat anwesend zu sein. Er weigerte sich, mit ihnen über die Richtigkeit seiner Ausführungen zu diskutieren. Seine Meinung stand zu diesem Zeitpunkt stets unverrückbar fest. Er wollte nicht von ihnen hören, was er sagen sollte, sondern wie er es sagen sollte. Der immer wieder diktierte, gekürzte, geänderte, verbesserte Text war dann die Rede, die schließlich in den Zeitungen abgedruckt wurde. Natürlich lernte er diesen Text nicht auswendig. Er sprach immer ohne Manu-

Diktat als exzellente Vorbereitung

skript. Daher unterschied sich die öffentlich gehaltene Rede dann oft etwas von der abgedruckten, geschliffen ausformulierten. Doch das Diktieren und Bearbeiten war ihm eine ausgezeichnete Vorbereitung. Auf diese Weise machte er sich mit dem Material vertraut und brachte eine klare Struktur in seine Argumentation. Das verlieh seinen öffentlichen Ansprachen eine Gewandtheit und Sicherheit, die er auf anderem Wege kaum hätte erlangen können.

Sir Oliver Lodge sagte mir, dass er es immer als hervorragende Vorbereitung und Übung empfunden habe, seine Reden zu diktieren – und zwar so zügig und mit solch emotionaler Eindringlichkeit, als spräche er tatsächlich vor Publikum.

Die Schüler meiner Rhetorikseminare finden es oft sehr inspirierend, ihre Reden auf ein Diktiergerät zu sprechen und das Band dann abzuhören. Inspirierend? Ja – und mitunter kann es auch ein sehr heilsamer Schock sein! Ich kann Ihnen diese Übung nur dringend empfehlen.

Schreiben schärft den Verstand Wenn Sie es sich angewöhnen, das, was Sie sagen möchten, zunächst aufzuschreiben, zwingt Sie das zu sorgfältigem Nachdenken. Ihre Ideen werden dadurch klarer werden und Ihnen besser im Gedächtnis haften bleiben. Sie werden beim freien Vortrag dann weniger leicht den Faden verlieren und besser auf den Punkt kommen.

Benjamins Franklins Lektionen – immer noch zeitgemäß
In seiner *Autobiographie* berichtet Benjamin Franklin, wie es ihm gelang, seinen Stil zu verbessern, seinen Wortschatz zu erweitern und sich eine methodischere Denkweise anzueignen. Seine Lebensgeschichte ist ein Literaturklassiker, und im Gegensatz zu den meisten Klassikern liest sie sich leicht und angenehm. Sie ist geradezu ein Modell für klare, schnörkellose Sprache. Und ihre Lektüre lohnt sich auch

für Geschäftsleute, die ansonsten wenig Zeit zum Lesen haben. Ich denke, die von mir ausgewählte Stelle wird Ihnen gefallen:

»Damals stieß ich zufällig auf ein gebundenes Exemplar der Zeitschrift *Spectator*. Es handelte sich um den dritten Band. Ich kaufte ihn, las ihn immer wieder und war hocherfreut. Ich fand den Sprachstil hervorragend und wünschte mir, ihn, wenn möglich, zu imitieren. In dieser Absicht wählte ich eine bestimmte Ausgabe aus, las sie sorgfältig und machte mir zum Inhalt jedes einzelnen Satzes eine kurze Notiz. Diese legte ich für ein paar Tage zur Seite, um dann die Artikel, ohne erneut ins Buch zu schauen, mit meinen eigenen Worten niederzuschreiben, indem ich meine kurzen Stichwörter zu vollständigen Sätzen ausformulierte. Dann verglich ich meinen selbst verfassten Spectator mit dem Original, stellte fest, welche Fehler ich gemacht hatte, und korrigierte sie. So gelang es mir, meinen Wortschatz und meine Geschicklichkeit in Wortwahl und Stil in einer Weise zu verbessern, wie es mir, so glaubte ich, schon viel früher möglich gewesen wäre, hätte ich nicht seinerzeit das Verseschmieden aufgegeben. Denn die beim Dichten bestehende Notwendigkeit, dem Versmaß entsprechende Wörter von gleicher Bedeutung, aber unterschiedlicher Länge zu finden, und die Suche nach Reimen hätten mich nach sprachlicher Vielfalt streben lassen und mir ein reicheres Ausdrucksvermögen beschert. Daher nahm ich einige der Erzählungen und formulierte sie mit eigenen Worten. Auch brachte ich manchmal meine Notizen bewusst in Unordnung, ließ sie ein paar Wochen liegen und ordnete sie dann wieder, ehe ich sie zu ganzen Sätzen ausformulierte und aufschrieb. So wollte ich mich zu methodischem Denken erziehen. Indem ich meine eigenen Texte dann mit dem Original verglich, entdeckte ich meine

Fehler und verbesserte sie. Immerhin stellte ich dabei manchmal erfreut fest, dass ich in irgendeinem kleinen Aspekt sogar eine bessere Formulierung gefunden hatte als die ursprünglich in der Zeitschrift abgedruckte. Das bestärkte mich in der Hoffnung, eines Tages ein passabler Schriftsteller werden zu können, ein Ziel, das ich mit beträchtlichem Ehrgeiz verfolgte.«

Mit den Notizen Patiencen legen

Spreu aussortieren

Wenn Sie sich Ihre Ideen und Bilder jeweils auf einzelne Zettel notieren, können Sie damit eine Art Patiencen legen. Schichten Sie die inhaltlich verwandten Zettel zu kleinen Stapeln auf. Diese Stapel sollten die Kernaussagen Ihrer Rede repräsentieren. Unterteilen Sie die Stapel in kleinere Untergruppen. Werfen Sie alle Spreu hinaus, bis nur noch der wirklich erstklassige Weizen übrig ist – und selbst einiges von dem Weizen werden Sie aussortieren müssen. Auch wenn Sie wirklich gute Arbeit geleistet haben, werden Sie immer nur einen kleinen Prozentsatz des Materials verwenden können, das Sie zuvor gesammelt haben.

Dieser Prozess des Überdenkens und Aussortierens sollte bis zu dem Moment weitergehen, wenn Sie die Rede schließlich halten. Und auch dann werden Sie vermutlich Schwächen entdecken und wünschen, diese oder jene Verbesserung oder Kürzung noch vorgenommen zu haben.

Vier Versionen

Ein guter Redner denkt am Schluss einer Rede zumeist, dass es vier Versionen gibt: die Rede, die er vorbereitet hatte, die, die er tatsächlich gehalten hat, die, von der in den Zeitungen behauptet wird, er hätte sie gehalten, und die, von der er sich auf dem Nachhauseweg wünscht, er hätte sie gehalten.

»Soll ich während meiner Rede Notizen verwenden?«
Obgleich Lincoln ausgezeichnet aus dem Stegreif reden
konnte, hielt er nach seinem Einzug ins Weiße Haus keine
Rede mehr, noch nicht einmal bei informellen Besprechungen mit seinem Kabinett, ohne zuvor alles schriftlich aus-
formuliert zu haben. Und natürlich war es für ihn unumgänglich, seine Rede zur Amtseinführung vom Blatt ablesen.
Die exakte Ausformulierung politischer Erklärungen von
derartig historischer Bedeutung kann nicht frei und spontan
erfolgen. Zuvor in Illinois aber benutzte Lincoln nie irgendwelche Notizen. »Sie verwirren die Zuhörer und bewirken
eine rasche Ermüdung«, sagte er.

Wer würde ihm da widersprechen? Zerstören Notizen
nicht circa fünfzig Prozent der Aufmerksamkeit des Publikums? Verhindern Sie nicht oder erschweren zumindestens
den kostbaren Kontakt und die Vertrautheit, die zwischen
Redner und Zuhörerschaft entstehen sollten? Schaffen Sie
keine Atmosphäre der Künstlichkeit? Erzeugen Sie beim
Publikum nicht den Eindruck, dass es dem Redner an Selbstvertrauen und Kraft mangelt?

Machen Sie sich Notizen während der Vorbereitung Ihrer
Reden – ausführlich und umfassend. Während Sie Ihre Rede
für sich allein üben, können Sie auf diese Notizen zurückgreifen. Es kann auch eine große Beruhigung sein, sie in der
Tasche bei sich zu tragen, wenn Sie vor ein Publikum treten müssen. Doch wie der rote Hammer zum Einschlagen der
Fenster in einem Eisenbahnabteil, sollten sie nur im äußer-
sten Notfall verwendet werden. Dann, wenn ansonsten völliges Verderben droht.

Wenn Sie auf keinen Fall auf Notizen verzichten können,
sollten diese extrem kurz gehalten und in großen Buchstaben auf ein ausreichend großes Blatt Papier geschrieben
werden. Suchen Sie dann den Ort, wo Sie Ihre Rede halten

Notizen nur für den Notfall!

65

müssen, früh genug auf, um Ihre Notizen hinter ein paar Büchern auf dem Pult zu verstecken. Schauen Sie darauf, wenn es nicht anders geht, aber verbergen Sie Ihre Schwäche vor dem Publikum.

Allerdings kann es Anlässe geben, wo es weise ist, Notizen zu verwenden. Manche Menschen sind während ihrer ersten öffentlichen Reden derartig nervös und gehemmt, dass es ihnen völlig unmöglich wäre, eine vorbereitete Rede zu erinnern. Und das Ergebnis? Sie verlieren den Faden; die sorgfältig zurechtgelegten Argumente fallen ihnen nicht mehr ein; sie kommen vom Weg ab und landen unsanft im Morast. Hier können ein paar knapp gehaltene Notizen der Rettungsanker sein. Aber wirklich nur bei den ersten Reden. Wenn ein kleines Kind seine ersten Schritte wagt, hält es sich noch an den Möbeln fest; doch schon bald braucht es diese Stütze nicht mehr.

Niemals wörtlich auswendig lernen!

Auswendig
Gelerntes wirkt
farblos
Ebenso wie vom Ablesen ist auch vom wörtlichen Auswendiglernen des Textes unbedingt abzuraten. Damit vergeuden Sie nur Ihre Zeit und fordern Ihr Schicksal heraus. Trotz dieser Warnung werden viele Leute es versuchen. Doch wenn sie dann aufstehen und sprechen, woran werden sie denken? An die Botschaft, die sie mitteilen wollen? Nein, sie werden vollauf damit beschäftigt sein, sich an die genauen Formulierungen des gelernten Textes zu erinnern. Sie werden rückwärts denken, nicht vorwärts, und damit dem natürlichen Prozess des menschlichen Geistes entgegenarbeiten. Ihr ganzer Vortrag wird steif, kalt, farblos und steril wirken. Ich bitte Sie: Verschwenden Sie Ihre Zeit und Energie nicht für einen solchen Unsinn!

Wenn eine wichtige geschäftliche Besprechung bevorsteht, lernen Sie dann etwa Wort für Wort auswendig, was

Sie sagen wollen? Natürlich nicht. Sie denken eine Weile über den Besprechungsgegenstand nach, bis Sie in den wesentlichen Punkten zu einer klaren Auffassung gelangt sind. Sie machen ein paar Notizen und lesen einige Dokumente oder Akten. Dann sagen Sie sich: »Ich werde diesen und jenen Punkt zur Sprache bringen. Ich werde empfehlen, aus den und den Gründen dieses und jenes zu tun.« Dann zählen Sie diese Gründe in Gedanken auf und suchen nach konkreten Beispielen, um sie anschaulich zu erklären. Warum benutzen Sie diese vernünftige Vorgehensweise nicht auch, wenn Sie eine Rede vorbereiten?

Vor über zweitausend Jahren schrieb Horaz:

»Suche nicht nach Worten, suche nur nach Tatsachen und Gedanken, dann werden die richtigen Worte dir ganz von selbst in den Sinn kommen.«

Nachdem Sie Ihre Argumente gründlich durchdacht haben, sollten Sie Ihre Rede von Anfang bis Ende üben. Tun Sie das im Stillen, während Sie spazieren gehen, auf die Bahn oder den Aufzug warten. Ziehen Sie sich an einen ruhigen Ort zurück und üben Sie dort laut, mit lebhafter Energie und der entsprechenden Gestik. Der Geistliche Knox Little sagte, ein Pfarrer könne die wirkliche Bedeutung einer Predigt erst klar herüberbringen, wenn er sie mindestens ein halbes Dutzend mal gehalten habe. Wie können Sie dann erwarten, Ihre Botschaft den Zuhörern wirklich überzeugend vermitteln zu können, ohne zuvor ausreichend geübt zu haben? Stellen Sie sich während des Übens vor, sie würden tatsächlich vor Publikum sprechen. Stellen Sie sich das so intensiv vor, dass es Ihnen, wenn es dann wirklich so weit ist, ganz selbstverständlich vorkommt.

Die Rede proben

Warum die Farmer Lincoln für faul hielten

Wenn Sie Ihre Reden auf diese Weise üben, folgen Sie damit dem Beispiel vieler berühmter Redner. Als der spätere britische Premierminister Lloyd George noch in seiner Heimatstadt in Wales einem Debattierklub angehörte, sah man ihn oft in der Landschaft herumspazieren und wild gestikulierend auf Bäume und Zaunpfähle einreden.

Als junger Mann wanderte Abraham Lincoln oft zwanzig oder dreißig Meilen weit, um sich berühmte Redner der damaligen Zeit anzuhören. Wenn er dann nach Hause zurückkehrte, war er so begeistert und so fest entschlossen, selbst Redner zu werden, dass er die anderen Landarbeiter um sich versammelte, auf einen Baumstumpf stieg, Reden hielt und ihnen Geschichten erzählte. Die Farmer wurden wütend und behaupteten, dieser Cicero vom Lande sei ein »schrecklicher Faulenzer« und mit seinen Witzen und Sprüchen würde er die anderen Arbeiter verderben.

Woodrow Wilson erlernte das öffentliche Reden in einem Debattierklub, ebenso verhielt es sich bei Henry Ward Beecher und dem unvergleichlichen Edmund Burke. Elihu Root dagegen übte bei einem literarischen Zirkel im New Yorker Y.M.C.A.

ÜBEN als Erfolgsrezept   Die Laufbahn aller berühmten Redner weist eine entscheidende Gemeinsamkeit auf: Sie alle haben fleißig und beharrlich geübt. Jawohl, geübt! Das gilt auch für die Schüler meiner Kurse: Je mehr sie üben, desto raschere Fortschritte gelingen ihnen.

Was, Sie haben dafür keine Zeit? Dann machen Sie es doch wie Joseph Choate: Er kaufte sich morgens eine Zeitung und vergrub sich auf der Bahnfahrt in die Stadt darin. Doch statt die neuesten Skandalgeschichten nachzulesen, grübelte er dort hinter seiner Zeitung über seine Reden nach und bereitete sich vor.

Chauncey M. Depew führte ein ziemlich aktives Leben als Präsident einer Eisenbahngesellschaft und Mitglied des Senats. Doch bei all diesen Aufgaben schaffte er es, fast täglich Ansprachen vorzubereiten. »Tagsüber halte ich mich damit nicht auf«, sagte er. »Ich bereite meine Reden alle nach Feierabend vor.«

Wir alle können drei Stunden pro Tag abzweigen, die uns frei zur Verfügung stehen. Da Darwin von schwacher Gesundheit war, konnte er nicht mehr als diese drei Stunden täglich arbeiten. Drei von vierundzwanzig Stunden, weise genutzt, genügten, um ihn berühmt zu machen.

Als Theodore Roosevelt Präsident war, musste er oft den ganzen Vormittag mit unzähligen Fünf-Minuten-Besprechungen zubringen. Doch selbst dabei hatte er stets ein Notizbuch griffbereit, um die Zeit in den wenigen Minuten dazwischen zu nutzen.

Bei allem Stress ist es wichtig, sich genügend Entspannung zu gönnen. Machen Sie doch aus dem Üben Ihrer Reden eine angenehme Entspannung. Beispielsweise könnten Sie sich einmal pro Woche mit Freunden treffen und abwechselnd Reden schwingen, was sehr unterhaltsam sein kann. Oder Sie üben sich in der Kunst der freien Rede als vergnügliches Spiel, das Sie regelmäßig zu Hause mit Ihrer Familie spielen.

Reden als Erholung

Stegreif-Reden von Charlie Chaplin und Douglas Fairbanks

Die Filmstars Charlie Chaplin und Douglas Fairbanks verfügten zu ihrer Zeit über Einkünfte, die es ihnen durchaus ermöglichten, sich ab und zu ein wenig Abwechslung zu gönnen. Dennoch gab es kaum etwas, das ihnen mehr Freude bereitete, als spontane Reden aus dem Stegreif.

Douglas Fairbanks berichtete darüber im *American Magazine*:

»Eines Abends alberten wir herum und ich tat so, als würde ich Charlie Chaplin als Gastredner bei einem Galadinner ankündigen. Er musste also aufstehen und eine Rede improvisieren. Daraus entstand ein Spiel, das wir jetzt zwei Jahre lang fast jeden Abend gespielt haben. Wir drei (Mary Pickford, Fairbanks und Chaplin) schreiben jeder ein Thema auf einen Zettel, falten ihn zusammen und mischen die Zettel. Jeder von uns zieht einen. Ganz gleich, welches Wort auf dem Zettel steht – jeder von uns muss aufstehen und sechzig Sekunden über dieses Wort sprechen. Und wir verwenden nie zweimal das gleiche Wort. Dadurch werden unsere Improvisationskünste immer neu gefordert. Und wir verwenden alle Arten von Worten. Ich weiß noch, dass an einem Abend ›Glaube‹ und ›Lampenschirme‹ auf den Zetteln stand. Ich zog ›Lampenschirme‹ und die folgenden sechzig Sekunden gehörten zu den schwersten meines Lebens. Eine Rede über Lampenschirme zu halten ist wirklich nicht leicht. Versuchen Sie es selbst, wenn Sie mir nicht glauben. Man fängt tapfer an: ›Lampenschirme haben zwei Funktionen. Sie dämpfen und verändern das Licht der Lampe, und sie sind dekorativ.‹ Dann sind Sie am Ende, es sei denn, Sie wissen bedeutend mehr über Lampenschirme als ich. Irgendwie schaffte ich es dann aber doch, mich durch die Minute zu kämpfen. Interessant an der Sache ist, dass wir drei durch unser kleines Spiel enorm unseren Verstand geschärft haben. Wir wissen jetzt eine Menge mehr über die unterschiedlichsten Themen. Noch besser ist aber, dass wir lernen, unser Wissen und unsere Gedanken zu jedem Thema in Sekundenschnelle abzurufen, in eine logische Ordnung zu bringen und kurz und bündig mitzuteilen. Ich sage ›wir lernen‹, weil wir dieses Spiel immer noch spielen. Auch nach zwei Jahren ist es uns nicht langweilig geworden, was bedeutet, dass wir uns dabei immer noch weiterentwickeln.«

ZUSAMMENFASSUNG

1   Napoleon sagte: »Die Kriegskunst ist eine Wissenschaft, bei der nichts zum Erfolg führt, das nicht sorgfältig vorausberechnet und durchdacht wurde.« Das gilt für die Redekunst gleichermaßen. Eine Rede ist eine Reise, und daher brauchen wir eine Karte, eine Wegbeschreibung. Ein Redner, der im Nirgendwo beginnt, wird meist auch nirgendwo hingelangen.

2   Es gibt keine festen Regeln dafür, wie ein Redner seine Rede aufbauen soll. Jede Rede hat ihre eigenen Anforderungen.

3   Der Redner sollte einen Punkt überzeugend behandeln und im weiteren Verlauf der Rede nicht wieder darauf zurückkommen. Schauen Sie sich als Beispiel die preisgekrönte Rede über Philadelphia an. Flattern Sie nicht ziellos zwischen Ihren Argumenten herum wie eine Fledermaus in der Dämmerung.

4   Dr. Conwell baute viele Reden nach diesem Muster auf:
a   Die Fakten nennen.
b   Von ihnen ausgehend argumentieren.
c   Zum Handeln auffordern.

5   Folgende Vorgehensweise ist oft sehr hilfreich:
a   Auf einen Missstand hinweisen.
b   Eine Lösung aufzeigen.
c   Zur Mithilfe auffordern.

6   Auch diese Methode, eine Rede aufzubauen, kann ich sehr zu empfehlen (siehe auch Kapitel 15):
a   Wecken Sie das Interesse der Zuhörer.
b   Gewinnen Sie ihr Vertrauen.

c Nennen Sie die Fakten und erläutern Sie die Vorzüge Ihrer Vorschläge.

d Appellieren Sie an jene Motive, die Menschen zum Handeln veranlassen.

7 Der ehemalige Senator Albert J. Beveridge empfahl: »Der Redner muss alle Fakten zusammengetragen, geordnet und wirklich durch und durch verstanden haben. Prüfen Sie alle Punkte Ihrer Argumentation. Dann gilt es, auf der Grundlage dieser Fakten selbstständig eine Lösung zu ersinnen.«

8 Vor jeder Rede durchdachte Lincoln seine Argumentation mit mathematischer Exaktheit. Im Alter von vierzig Jahren, nachdem er in den Kongress gewählt worden war, studierte er Euklid, um Trugschlüsse identifizieren und seine Argumentationen mit logischer Präzision aufbauen zu können.

9 Wenn Theodore Roosevelt eine Rede vorbereitete, beschaffte er sich sämtliche Fakten, zog seine Schlüsse und diktierte den Text dann sehr zügig, korrigierte die Niederschrift und diktierte das Ganze erneut.

10 Wenn möglich, sollten Sie Ihre Rede auf Band sprechen und sich dann anhören.

11 Wenn Sie beim Sprechen Notizen verwenden, reduziert das die Aufmerksamkeit der Zuhörer um fünfzig Prozent. Sprechen Sie nach Möglichkeit frei. Und vor allem sollten Sie den Text nicht vom Blatt ablesen. Eine vorgelesene Rede ist für das Publikum meist nur mit Mühe zu ertragen.

12 Wenn Sie sich Ihren Redetext ausgedacht haben, sollten Sie ihn im Stillen üben, während Sie spazieren gehen. Ziehen Sie sich außerdem an einen Ort zurück, wo Sie ungestört sind, und üben Sie laut, und zwar ausdrucksstark, mit entsprechender Gestik. Stellen Sie sich dabei vor, ihr Publikum wäre bereits gegenwärtig. Je öfter Sie das tun, desto sicherer werden Sie sich fühlen, wenn schließlich der große Moment kommt und Sie vor Ihre Zuhörer hintreten.

Gedächtnis-Training

4

»Ein gutes Gedächtnis gehört zweifellos zu den für Geschäftsleute besonders wichtigen Voraussetzungen.«

E. B. Gowin: *Developing Executive Ability*

»Vergesslichkeit zählt zu den ärgerlichsten und kostspieligsten Schwächen im Geschäftsleben. ... Ganz gleich, welcher Tätigkeit man nachgeht, ein gut funktionierendes Gedächtnis ist stets von unschätzbarem Wert.«

Saturday Evening Post

»Die Menschen, die ihr erworbenes Wissen zu bewahren und zu nutzen verstehen, sind im Leben erfolgreich und machen stetig Fortschritte. Wer dagegen ständig damit beschäftigt ist, das erneut zu lernen, was er einst wusste, aber wieder vergessen hat, behauptet sich nur mit Mühe.«

William James

»Wenn ich über Dinge spreche, die mir wichtig erscheinen, achte ich stets auf den Eindruck, den ich bei meinen Zuhörern hinterlasse. Ich schreibe meine Rede nicht ausführlich vor, sondern mache lediglich wenige Notizen auf drei oder vier Zetteln, um die Argumentationskette und die wesentlichen Fakten festzuhalten. Während der Rede vertraue ich darauf, dass mir die richtigen Worte einfallen. Gelegentlich gibt es kurze Passagen, die ich der Genauigkeit halber vom Blatt ablese. Auch die letzten Worte oder Sätze schreibe ich meistens auf.«

John Bright

Der Psychologe Carl Seashore schrieb: »Der Durchschnittsmensch nutzt lediglich etwa zehn Prozent seiner Gedächt-
nisleistung. Die übrigen neunzig Prozent vergeudet er, weil
er gegen die natürlichen Gesetze der Erinnerung verstößt.«
Gehören auch Sie zu diesen Durchschnittsmenschen?
Wenn ja, bedeutet dies gesellschaftlich und beruflich ein
starkes Handikap. Sie werden daher von der aufmerksamen
Lektüre dieses Kapitels sehr profitieren. Ich werde Ihnen diese natürlichen Gesetze der Erinnerung genau erklären und
zeigen, wie Sie im Geschäftsleben ebenso wie bei öffentlichen Reden davon Gebrauch machen können.

Diese »natürlichen Gesetze der Erinnerung« sind sehr einfach. Es gibt nur drei. Jedes so genannte Gedächtnis-Training beruht darauf. Ganz kurz gesagt, handelt es sich bei
diesen drei um Eindruck, Wiederholung und Assoziation.

Die erste Regel guten Erinnerungsvermögens lautet: Verschaffen Sie sich einen tiefen, lebendigen und dauerhaften
Eindruck von dem, was Sie im Gedächtnis behalten möchten. Dazu müssen Sie sich konzentrieren. Roosevelts Erinnerungsvermögen beeindruckte alle Menschen, die mit ihm
zu tun hatten. Und zu einem erheblichen Teil war diese
Fähigkeit einem einzigen Umstand zuzuschreiben: Er präg-
te sich Erlebnisse so gut ein, dass sie wie in Stein gemeißelt
waren. Hartnäckig hatte er sich darauf trainiert, sich auch
unter widrigsten Umständen hervorragend konzentrieren zu
können. 1912, während der Bull Moose Convention in Chicago, befand sich sein Hauptquartier im Congress Hotel.
Unten vor seinem Fenster zogen Menschenmengen vorbei,
schwenkten Plakate und riefen: »Wir wollen Teddy! Wir
wollen Teddy!« Der Lärm auf der Straße, die Musik der
Marschkapellen, die vielen Politiker, die sich die Klinke in die
Hand gaben, die eilig einberufenen Konferenzen und Bera-
tungen – das alles hätte es den meisten Menschen unmög-

lich gemacht, sich zu konzentrieren. Roosevelt jedoch saß in seinem Zimmer im Schaukelstuhl und las unbekümmert ein Werk von Herodot, dem griechischen Historiker. Auf seiner Reise durch die Wildnis Brasiliens suchte er sich, sobald am Abend das Lager aufgeschlagen war, unter einem großen Baum ein trockenes Plätzchen, setzte sich in seinen Klappstuhl und las in Gibbons »Aufstieg und Fall des römischen Imperiums«. Dabei vertiefte er sich so in das Buch, dass er den Regen, die unruhigen Aktivitäten im Lager der Expedition und die Geräusche des Dschungels völlig vergaß. Kein Wunder, dass dieser Mann im Gedächtnis behielt, was er las!

Fünf Minuten lebhafte, energische Konzentration bringen mehr Resultate als tagelanges wirres Gegrübel im mentalen Nebel. »In einer konzentriert genutzten, intensiven Stunde«, schrieb Henry Ward Beecher, »kann ein Mensch mehr vollbringen als andere in einem ganzen nachlässig verträumten Jahr.« Und Eugene Grace, der als Präsident der Bethlehem Steel Company über eine Million Dollar im Jahr verdiente, hat gesagt: »Wenn ich etwas gelernt habe, das mir wichtiger scheint als alles andere und das ich Tag für Tag und unter allen Umständen praktiziere, dann dies: *Ich konzentriere mich stets völlig auf die Aufgabe, die gerade im Moment zu erledigen ist.*«

Das ist eines der Geheimnisse nicht nur eines guten Gedächtnisses, sondern eines erfolgreichen Lebens überhaupt.

Eindrücke einprägen

Blind für Kirschbäume

Thomas Edison fiel eines Tages auf, dass siebenundzwanzig seiner Assistenten auf dem Weg von seiner Lampenfabrik zu seinem Hauptwerk in Menlo Park, New Jersey, seit sechs Monaten täglich an einem Kirschbaum vorbeikamen. Und doch hatte keiner dieser siebenundzwanzig Männer, als er sie danach fragte, diesen Baum je bemerkt.

»Das Gehirn des Durchschnittsmenschen«, beobachtete Edison erregt, »verarbeitet noch nicht einmal ein Tausendstel von dem, was das Auge wahrnimmt. Es ist nahezu unglaublich, wie schwach unser Wahrnehmungsvermögen ausgeprägt ist.«

Schlechtes
Gedächtnis =
schlechte
Beobachtung

Stellen Sie einem Durchschnittsmenschen zwei oder drei Ihrer Freunde vor. Höchstwahrscheinlich kann er sich schon nach zwei Minuten nicht mehr an die Namen erinnern. Und warum? Weil er ihnen nicht genug Aufmerksamkeit gewidmet hat. Er hat sie gar nicht wirklich registriert. Vermutlich wird er Ihnen sagen, er habe ein schlechtes Gedächtnis. Doch das stimmt nicht: In Wirklichkeit hat er eine schlechte Beobachtungsgabe. Es erstaunt ihn nicht, dass eine Kamera im Nebel keine guten Bilder macht. Doch andererseits erwartet er, dass sich seinem Gedächtnis Eindrücke einprägen sollen, die bestenfalls schwach und nebelhaft sind! Natürlich funktioniert das nicht.

Joseph Pulitzer, der Verleger der *New York World*, ließ drei Worte über den Schreibtischen aller seiner Redakteure anbringen:

Genauigkeit

GENAUIGKEIT

GENAUIGKEIT

Konzentriertes
Zuhören

Das ist es, was wir wollen! Wenn Ihnen jemand vorgestellt wird, dann sollten Sie sich den Namen des Betreffenden genau anhören. Bitten Sie ihn, seinen Namen zu wiederholen. Fragen Sie bei schwierigen Namen nach, wie sie buchstabiert werden. Der Träger des Namens wird sich durch Ihr Interesse geschmeichelt fühlen, und Sie werden sich an den Namen erinnern, weil Sie sich wirklich darauf konzentriert haben. Sie haben sich einen klaren, genauen Eindruck verschafft.

Warum Lincoln laut las

Lincoln musste als Kind eine Dorfschule besuchen, deren Fußboden aus splittrigen Holzbohlen bestand. Als Fenstereinsätze mussten schmierige, aus alten Büchern herausgerissene Seiten herhalten, da es kein Glas gab. Vom Lesebuch war nur ein einziges Exemplar vorhanden, aus dem der Lehrer vorlas. Die Schüler mussten das, was er ihnen vorlas, Satz für Satz laut wiederholen. Das sorgte für eine erhebliche Geräuschkulisse, sodass die Nachbarn von der »Plapper-Schule« sprachen.

In der »Plapper-Schule« entwickelte Lincoln eine Gewohnheit, die er lebenslang beibehielt: Alles, was er seinem Gedächtnis einzuprägen wünschte, las er laut. Sobald er am Morgen sein Anwaltsbüro in Springfield betrat, ließ er sich auf das Sofa fallen, streckte seine langen, linkischen Beine aus und las lautstark die Zeitung. »Ich fand das sehr ärgerlich«, erinnerte sich sein Partner, »geradezu unerträglich. Einmal fragte ich ihn, warum er auf diese Weise las. Er erklärte das so: ›Wenn ich laut lese, wird das Gelesene gleich von zwei Sinnen aufgenommen: Erstens sehe ich, was ich lese; zweitens höre ich es, und deshalb kann ich es mir besser einprägen.‹«

Sein Erinnerungsvermögen war in der Tat außerordentlich. »Ich besitze«, sagte er, »ein Gedächtnis aus Stahl. Es ist schwer, ihm etwas einzuprägen, aber hat sich eine Sache einmal dort eingraviert, ist es nahezu unmöglich, sie wieder auszuradieren.«

Seine Methode, etwas in dieses stählerne Gedächtnis einzugravieren, bestand darin, zwei Sinne zugleich einzusetzen. Wie wäre es also, wenn Sie seinem Beispiel folgen?

Ideal wäre es, das, was Sie sich einprägen möchten, nicht nur zu sehen und zu hören, sondern es auch noch zu berühren, zu riechen und zu schmecken.

Zwei Sinne einsetzen

Aber das Sehen ist am wichtigsten. Wir Menschen sind visuell orientiert. Bildliche Eindrücke bleiben bei uns besonders gut haften. Oft können wir uns an das Gesicht eines Menschen erinnern, auch wenn uns sein Name nicht mehr einfallen will. Die Nervenstränge, die vom Auge zum Gehirn führen, sind um das Zwanzigfache dicker als jene vom Ohr zum Gehirn. Ein chinesisches Sprichwort lautet: »Einmal gesehen ist so viel wert wie tausendmal gehört.«

Gut gesehen
heißt gut
gemerkt

Schreiben Sie die Namen, Telefonnummern, Redekonzepte, die Sie sich einprägen wollen, auf. Sehen Sie sie genau an. Schließen Sie die Augen. Sehen Sie die Schrift in flammend roten Lettern vor sich.

Wie Mark Twain lernte, ohne Notizen zu sprechen

Indem er sein visuelles Gedächtnis entdeckte, gelang es Mark Twain, sich von den Notizen zu befreien, die seine Reden jahrelang behindert hatten. Hier ist seine Geschichte, wie er sie in *Harpers' Magazine* erzählte:

Bilder als
Gedächtnisstütze

»Daten kann man sich schlecht merken, weil sie aus Zahlen bestehen: Zahlen sind monoton anzusehen und wenig einprägsam. Sie lassen keine Bilder entstehen und bieten dem Auge wenig Halt. Bilder dagegen können bewirken, dass Daten im Gedächtnis haften bleiben. An Bilder erinnert man sich leicht – vor allem, wenn man sie sich selbst ausgedacht hat. Das ist der entscheidende Punkt: sich die Bilder selbst ausdenken. Das weiß ich aus eigener Erfahrung. Vor dreißig Jahren musste ich jeden Abend einen Vortrag halten, und jeden Abend musste ich mich dabei mit einem Notizblatt behelfen. Diese Notizen bestanden aus Satzanfängen, immer elf Stück, und lasen sich ungefähr wie folgt:

In dieser Gegend ist das Wetter ...

Damals war es Brauch ...

Aber in Kalifornien hörte man niemals ...

Elf Satzanfänge. Sie halfen mir durch den Vortrag und bewahrten mich davor, Wichtiges auszulassen. Aber sie sahen auf der Seite alle gleich aus. Es gab keine Bilder, die sich leicht hätten unterscheiden lassen. Ich hatte sie gut im Kopf, konnte mir aber nie ihre Reihenfolge merken. Daher war dieser Notizzettel unverzichtbar. Immer wieder musste ich während des Vortrages darauf schauen. Einmal vergaß ich den Zettel. Sie können sich nicht vorstellen, was das für ein schrecklicher Abend wurde! Mir wurde klar, dass ich mir eine bessere Gedächtnisstütze ausdenken musste. Also lernte ich die jeweiligen Anfangsbuchstaben von zehn Sätzen auswendig, und zwar in der richtigen Reihenfolge. I, D, A, und so weiter. Ich schrieb mir diese Buchstaben mit Tinte auf meine zehn Fingernägel und trat so am folgenden Abend ans Rednerpult. Aber das war auch keine Lösung. Anfangs schaffte ich es, die Übersicht über meine Finger zu behalten, doch dann wusste ich plötzlich nicht mehr, welche Finger schon an der Reihe gewesen waren. Ich konnte die bereits verwendeten Buchstaben schließlich nicht ablecken. Das hätte zwar funktioniert, beim Publikum aber zu viel Verwunderung hervorgerufen. Und die Leute wunderten sich ohnehin schon genug, weil ich mich mehr für meine Fingernägel als für das Thema meines Vortrages zu interessieren schien. Hinterher fragte mich jemand, ob mit meinen Händen etwas nicht in Ordnung sei.

Da kam ich endlich auf die Idee mit den Bildern! Das war die Lösung für meine Probleme. In nur zwei Minuten zeichnete ich mit meinem Federhalter sechs Bilder. Sie erfüllten den gleichen Zweck wie die elf Satzanfänge – und genügten vollkommen. Gleich nachdem ich die Bilder gezeichnet hatte, warf ich sie wieder weg, denn ich war sicher, dass ich nur die Augen zu schließen brauchte, um sie deutlich vor mir zu sehen. Das ist jetzt ein Vierteljahrhundert her. Ich habe mich mit dem Inhalt der Vorträge bestimmt schon seit zwanzig Jahren nicht mehr beschäftigt, aber ich könnte sie mir trotzdem jederzeit wieder ins Gedächtnis rufen – mit Hilfe der Bilder, denn die habe ich nicht vergessen.«

Als ich selbst einen Vortrag zum Thema Gedächtnis-Training halten musste, wollte ich dafür weitgehend das auch in diesem Kapitel präsentierte Material verwenden. Ich merkte mir die einzelnen Punkte des Vortrages ebenfalls anhand von Bildern. Ich stellte mir bildlich vor, wie Roosevelt im Schaukelstuhl saß und las, während draußen vor seinem Fenster Marschkapellen spielten und die Leute ihm zujubelten. Ich visualisierte, wie Thomas Edison den Kirschbaum betrachtete. Ich malte mir aus, wie Lincoln morgens im Büro laut seine Zeitung las. Ich sah Mark Twain vor den Augen des Publikums die Tinte von seinen Fingernägeln lecken.

Zahlenbilder   Und wie merkte ich mir die Reihenfolge der Bilder? Indem ich sie durchnummerierte? Nein, das wäre zu schwierig gewesen. Ich verwandelte die Zahlen in Bilder und verknüpfte diese Bilder mit den Bildern zu den einzelnen Punkten meiner Rede: Die Nummer *eins* klingt ähnlich wie *Eis*. Also stellte ich mir ein Eishörnchen vor. Ich stellte mir vor, wie Roosevelt, während er in seinem Hotelzimmer saß und las, ein Eis schleckte. Für *zwei* wählte ich *Polizei*: Ich sah einen Schutzmann um die Ecke spazieren, während Edison den Kirschbaum betrachtete. Bei *drei* entschied ich mich für das Wort *Brei*: Ich stellte mir vor, wie Lincoln morgens in seiner Kanzlei laut die Zeitung las, während sein Partner dazu als zweites Frühstück einen Haferbrei löffelte. Ein ähnlich wie *vier* klingendes Wort ist *Bier*: Mark Twain stand an seinem Rednerpult, neben sich ein schönes großes Glas Bier, während er sich die Tintenbuchstaben von seinen Fingernägeln leckte.

82

Ich bin mir bewusst, dass vielen Leuten diese Vorgehensweise ziemlich abwegig oder gar lächerlich erscheinen wird. Das ist sie in der Tat. Und gerade deshalb funktioniert sie so gut. Es ist verhältnismäßig einfach, sich Bizarres und Lächerliches zu merken. Hätte ich versucht, mir die Reihenfolge meiner Punkte nur anhand der Zahlen zu merken, wäre das höchstwahrscheinlich fehlgeschlagen. Aber es ist ziemlich ausgeschlossen, das System zu vergessen, das ich Ihnen eben beschrieben habe! Wenn ich mich beispielsweise an meinen dritten Punkt erinnern wollte, musste ich mich lediglich fragen, wer den Haferbrei löffelte. Sofort kam mir Lincolns Partner, und somit auch gleich er selbst in den Sinn.

Ich habe mir zu meiner Bequemlichkeit für die Zahlen von eins bis zwölf Bilder ausgedacht, jeweils Begriffe verwendend, die ähnlich wie die Zahlwörter klingen. Wenn Sie sich eine Viertelstunde Zeit nehmen, um sich diese Zahl-Bilder einzuprägen, steht Ihnen für alle Ihre Vorträge ein einfaches System zur Verfügung, um eine Argumentationskette aus zwölf Punkten aufzubauen, die Sie sich leicht und in der richtigen Reihenfolge merken können.

Hier sind diese Zahl-Bilder oder Bilder-Zahlen:

1. *Eis:* Sehen Sie jemanden ein Eishörnchen schlecken.
2. *Polizei:* Ein Schutzmann oder ein Streifenwagen biegen um die Ecke.
3. *Brei:* Jemand löffelt einen Teller Haferbrei.
4. *Bier:* Ein Glas Bier mit einer schönen Schaumkrone.
5. *Strümpf':* Ein Paar Strümpfe.
6. *Hex':* Eine Hexe auf ihrem Besen.
7. *Sieb:* Ein Goldsucher siebt Goldstücke an einem Bach.
8. *Lacht:* Ein vergnügt lachendes Kind. Oder: Ein Lachsack.
9. *Streuen:* Ein Bauer streut Saat auf ein Feld.

10. *Zebra:* Ein schön gestreiftes Zebra grast auf einer Wiese.

11. *Elfe:* Eine Elfe mit einem Zauberstab schwebt herbei.

12. *Wölfe:* Ein Rudel Wölfe.

Probieren Sie es aus und prägen Sie sich die Bilder ein. Sie werden feststellen, dass es zumindest viel Spaß macht – und obendrein sehr nützlich ist!

Den ganzen Koran auswendig lernen

Erstaunliche Gedächtnisleistungen Die muslimische El-Hazar-Universität in Kairo hält eine ganz besondere Aufnahmeprüfung für neue Studenten bereit: Sie müssen in der Lage sein, den gesamten Koran auswendig zu rezitieren. Der Koran ist ungefähr so lang wie das Neue Testament, und man benötigt drei Tage, um ihn aufzusagen!

Chinesische Studenten müssen einige der klassischen religiösen Schriften Chinas auswendig lernen.

Wie kommt es, dass diese arabischen und chinesischen Studenten zu solchen scheinbar phänomenalen Gedächtnisleistungen in der Lage sind?

Wiederholung Durch *Wiederholung*, das zweite »natürliche Gesetz der Erinnerung«.

Sie können eine beinahe endlose Menge an Material im Gedächtnis behalten, wenn Sie diesen Stoff nur oft genug wiederholen. Gehen Sie das Wissen, dass Sie sich einprägen wollen, immer wieder durch. Nutzen Sie es. Wenden Sie es an. Verwenden Sie neue Wörter ganz bewusst in Ihrer täglichen Konversation. Sprechen Sie einen Menschen mit seinem Namen an, wenn Sie diesen Namen im Gedächtnis behalten wollen. Sprechen Sie mit anderen über das Thema, das Gegenstand einer Rede oder eines Referates werden soll. Wissen, das regelmäßig angewendet wird, prägt sich dauerhaft ein.

Auf die richtige Art der Wiederholung kommt es an

Bloße mechanische Paukerei eines Stoffes genügt jedoch nicht. Vielmehr gilt es, den Stoff auf intelligente Weise zu wiederholen, unter Berücksichtigung der besonderen Gesetzmäßigkeiten, nach denen der menschliche Geist arbeitet.

Mechanische Paukerei ist nicht effektiv

Der Psychologe Ebbinghaus legte seinen Studenten eine lange Liste mit Nonsens-Silben vor, die diese auswendig lernen sollten, Buchstabenfolgen wie »deyux«, »qoli« und dergleichen. Er fand heraus, dass sich die Studenten bei 38 Wiederholungen, die über einen Zeitraum von drei Tagen verteilt stattfanden, die gleiche Anzahl von Silben merkten wie bei achtundsechzig Wiederholungen bei einer einzigen Sitzung. Andere psychologische Tests führten zu ähnlichen Resultaten.

Diese Entdeckung, wie unser Gedächtnis funktioniert, ist von großer Bedeutung. Sie besagt, dass jemand, der sich hinsetzt und einen Stoff so oft wiederholt, bis er ihn sich schließlich eingeprägt hat, doppelt so viel Zeit und Energie aufwendet wie jemand, der das Auswendiglernen auf mehrere, kürzere Sitzungen verteilt.

Zwei Faktoren spielen bei dieser gewissen Eigentümlichkeit unseres Geistes eine Rolle:

Erstens ist unser Unterbewusstsein während der Intervalle zwischen den einzelnen Sitzungen eifrig damit beschäftigt, Assoziationen zu bilden und zu festigen. Wie schon der Harvard-Psychologe William James klug anmerkte: »Im Winter lernen wir schwimmen und im Sommer Schlittschuh laufen.«

Zweitens ermüdet der Geist bei kürzeren, in angemessenen Abständen durchgeführten Auswendiglern-Sitzungen weniger stark. Sir Richard Burton, der die *Geschichten aus Tausendundeiner Nacht* ins Englische übersetzte, beherrschte siebenundzwanzig Sprachen fließend wie ein Einheimi-

Geistige Ermüdung vermeiden

scher. Doch er gab zu, dass er eine Sprache nie länger als fünfzehn Minuten am Stück studiert und geübt hatte. »Denn dann verlor«, wie er schrieb, »der Verstand seine Frische.«

Rechtzeitig einprägen! Eingedenk dieser Tatsachen wird niemand, der auch nur über einen Funken gesunden Menschenverstand verfügt, die Vorbereitung einer Rede bis zum letzten Abend aufschieben. Denn dann würde sein Gedächtnis nur mit halber Kapazität funktionieren.

Nun noch eine hilfreiche wissenschaftliche Entdeckung über die Art und Weise, wie wir Dinge vergessen: Bei psychologischen Experimenten hat sich wiederholt gezeigt, dass wir während der ersten acht Stunden mehr von einem neu gelernten Stoff vergessen als in den nachfolgenden dreißig Tagen. Eine interessante Erkenntnis! Deshalb sollten Sie unmittelbar vor einer Konferenz oder einem Vortrag unbedingt noch einmal Ihre Daten und Fakten durchgehen, um Ihr Gedächtnis aufzufrischen.

Auffrischen vor dem Auftritt Lincoln kannte den Wert einer solchen Praxis und machte davon Gebrauch. Als der Gelehrte Edward Everett, sein Vorredner bei den Feierlichkeiten in Gettysburg, sich allmählich dem Ende seiner langen, formellen Rede näherte, wurde Lincoln »sichtlich nervös, wie immer, wenn er wusste, dass sein eigener Auftritt kurz bevorstand«. Hastig rückte er seine Brille zurecht, zog sein Manuskript aus der Tasche und las es sich noch einmal durch, um sein Gedächtnis aufzufrischen.

William James verrät das Geheimnis eines guten Gedächtnisses

Assoziation So viel zu den ersten beiden Gesetzen eines guten Erinnerungsvermögens. Nun kommen wir zur dritten Zutat, der *Assoziation*. Sie ist vollkommen unentbehrlich. Tatsächlich ist sie die eigentliche Erklärung dafür, wie Erinnerung überhaupt funktioniert. »Unser Geist ist«, wie William James beobachtete, »in erster Linie eine Assoziations-Maschine. (...) Angenommen, ich schweige einen Moment und sage dann in befehlendem Ton: ›Erinnern Sie sich! Sofort!‹ Befolgt Ihr Gedächtnis dann diese Anweisung und produziert ein klares Bild aus Ihrer Vergangenheit? Ganz sicher nicht. Es starrt ins Leere und fragt: ›Woran, bitte schön, soll ich mich denn erinnern?‹ Es benötigt, kurz gesagt, einen Anhaltspunkt, ein geeignetes Stichwort. Wenn ich dagegen sage, dass Sie sich an Ihr Geburtsdatum erinnern sollen oder daran, was Sie zum Frühstück gegessen haben, oder an die Reihenfolge der Töne auf der Tonleiter, wird Ihr Gedächtnis sofort die gewünschten Ergebnisse hervorbringen: Sein gewaltiges Potenzial wird dann in eine vorgegebene Richtung gelenkt. Zwischen dem Stichwort und dem zu erinnernden Gegenstand besteht eine assoziative Verbindung. Das Wort ›Geburtsdatum‹ löst unverzüglich eine Assoziation zu einem bestimmten Tag, Monat und Jahr aus. Die Frage ›Was gab es heute zum Frühstück?‹ durchtrennt alle anderen Fäden bis auf den einen, der zu Kaffee, Brot und Eiern führt. Das Wort ›Tonleiter‹ ist gedanklich mit c, d, e, f, g, a, h verknüpft. Die Gesetze der Assoziation beherrschen alle unsere Denkvorgänge, die nicht allein durch neue, unbekannte Eindrücke ausgelöst werden. Alles, was in unseren Geist Einlass finden soll, muss ihm zunächst *vorgestellt* werden; und diese Vorstellung geschieht, indem eine Assoziation zu etwas bereits Bekanntem hergestellt wird. Das trifft ebenso auf Erinnerungen zu wie auf alles andere, womit Sie sich gedanklich beschäftigen. (...) Ein geschultes Gedächtnis beruht auf einem durchorganisierten System von Assoziationen. Und damit unser Gedächtnis gut arbeitet, müssen diese Assoziationen vor allem zwei Merkmale aufweisen: Sie müssen, erstens, möglichst dauerhaft und, zweitens, möglichst zahlreich sein. (...) Das ›Geheimnis eines guten Gedächtnisses‹

besteht also darin, möglichst vielfältige Assoziationen zu allen Fakten zu schaffen, die wir uns einprägen wollen. Und wie können wir diese Assoziationen erzeugen? Nun, indem wir so viel möglich über den betreffenden Gegenstand nachdenken. Von zwei Menschen wird demnach der über das bessere Gedächtnis verfügen, der intensiver über seine Erfahrungen nachdenkt und sie auf besonders systematische Weise untereinander in Beziehung setzt.«

Wie man Fakten assoziativ verknüpft

Informationen systematisch verknüpfen

Schön und gut. Wie stellt man es nun aber an, Informationen möglichst systematisch miteinander zu verknüpfen? Die Antwort lautet: Indem man sich über ihre Bedeutung klar wird, also gründlich über sie nachdenkt. Wenn Sie beispielsweise bei jedem Sachverhalt, mit dem Sie es zu tun haben, die folgenden Fragen stellen, wird dieser Prozess Ihnen helfen, systematische gedankliche Verknüpfungen herzustellen.

a   Warum ist das so?
b   Wie funktioniert es?
c   Wann geschieht es?
d   Wo geschieht es?
e   Wer behauptet das?

Wenn es sich zum Beispiel um den Namen einer Person handelt, die uns vorgestellt wird, können wir, wenn dieser Name häufig ist, zum Beispiel eine Verknüpfung zu einem Geschäftspartner oder Kollegen herstellen, der ebenfalls so heißt. Handelt es sich um einen ungewöhnlichen Namen, können wir dies offen ansprechen. Das bewirkt oft, dass die betreffende Person etwas über ihren Namen erzählt. Während ich an diesem Kapitel arbeitete, wurde ich einer Mrs. Soter vorgestellt. Ich bat sie, den Namen zu buchstabieren, und sagte, dass er doch recht ungewöhnlich sei. »Ja«, antwortete sie, »das stimmt. Es handelt sich um ein griechisches Wort, das ›der Retter‹ bedeutet.« Dann erzählte sie mir, dass die Verwandten ihres Mannes aus Athen stammten und dort hohe Regierungsämter bekleidet hätten. Ich habe festgestellt, dass die Menschen gern über ihre Namen sprechen, und ich kann mir dadurch die Namen besser merken.

Schauen Sie sich Ihr Gegenüber genau an. Achten Sie auf die Augen- und die Haarfarbe und prägen Sie sich die Gesichtszüge gut ein, ebenso die Kleidung. Auch Gestik und Tonfall können charakteristische Erkennungsmerkmale sein. Verschaffen Sie sich einen deutlichen, lebhaften Eindruck vom Aussehen und der Persönlichkeit und verknüpfen Sie diese Eigenschaften mit dem Namen des Betreffenden. Wenn er Ihnen dann das nächste Mal gegenübersteht, wird Ihnen das helfen, sich an seinen Namen zu erinnern.

Ist es Ihnen nicht auch schon so ergangen, dass Sie, wenn Sie jemanden zum zweiten oder dritten Mal trafen, sich zwar noch an seinen Beruf, nicht aber an seinen Namen erinnern konnten? Das liegt daran, dass der Beruf eines Menschen etwas Eindeutiges und Konkretes ist. Er bedeutet etwas. Diese Bedeutung bleibt an Ihrem Gedächtnis haften wie ein Pflaster, während der bedeutungslose Name davonrollt wie Hagelkörner von einem steilen Dach. Daher kann es sehr nützlich sein, den Namen einer Person durch einen einprägsamen Satz mit ihrem Beruf zu verknüpfen. Ein paar Beispiele:

Namen mit Berufen assoziieren

Herr Schmitz (Möbelfabrikant): Möbel mit Witz gibt's bei Firma Schmitz.

Frau Jankovski (Journalistin): Sachen von Bedeutung steh'n in Frau Jankovskis Zeitung.

Herr Weyerbusch (Zahnarzt): Zahnweh? Dann aber husch!, hin zu Doktor Weyerbusch.

Frau Lohmann (Notarin): Als Notarin steht Frau Lohmann ihre Frau. (Das reimt sich zwar nicht, ist aber doch einprägsam.)

Wie man sich Jahreszahlen und andere Daten merkt

Jahreszahlen besser einprägen

Jahreszahlen prägen sich am besten ein, wenn man sie zu anderen, bereits fest im Gedächtnis verankerten Jahreszahlen in Beziehung setzt. Für einen Amerikaner ist es zum Beispiel weitaus schwerer, sich daran zu erinnern, dass der Suezkanal im Jahr 1869 eröffnet wurde, als daran, dass das erste Schiff vier Jahre nach dem Ende des amerikanischen Bürgerkriegs durch diesen Kanal fuhr. Dass die erste Siedlung in Australien 1788 gegründet wurde, kann man sich vermutlich nur schwer merken. Leichter wird es, wenn man sich erinnert, dass dies ein Jahr vor dem Französischen Revolutionsjahr 1789 geschah.

Wie Sie die einzelnen Punkte Ihrer Rede im Kopf behalten

Es gibt nur zwei Arten des Denkens: spontane Gedanken, ausgelöst durch einen äußeren Stimulus, und Assoziationen zu etwas, das uns bereits vertraut ist. Auf die Redekunst angewendet bedeutet dies: Sie können sich an ihre Punkte mit Hilfe äußerer Stimuli erinnern, etwa anhand von Notizen – aber eine vom Blatt abgelesene Rede wirkt im Allgemeinen wenig überzeugend. Oder aber Sie merken sich Ihre Punkte mit Hilfe von Assoziationen. Sie sollten in einer durch und durch logischen Ordnung arrangiert sein, sodass der erste unvermeidlich zum zweiten und der zum dritten führt, so natürlich wie eine Tür von einem Zimmer in das nächste führt.

Das klingt simpel, aber für den Anfänger, dessen Verstand von Angst und Nervosität geschüttelt ist, mag es sich als schwierig erweisen. Glücklicherweise gibt es eine einfache, schnelle und narrensichere Methode, die einzelnen Rede-Punkte zu verknüpfen: Die Bildung von Unsinns-Sätzen. Angenommen, Sie möchten in Ihrer Rede ein ausgesprochen wildes Gemisch von Themen erörtern, die sich schlecht asso-ziativ verknüpfen lassen und daher nur schwer zu behal-ten sind, sagen wir: *Kühe, Zigarren, Napoleon, Hausbau und Religion.* Nun können Sie diese Themen mit Hilfe des fol-genden Unsinns-Satzes zu einer Kette verknüpfen: »Die Kuh rauchte eine Zigarre zusammen mit Napoleon, und der Haus-Rohbau wurde wegen eines Religionsstreites nieder-gebrannt.«

Unsinns-Sätze als Merkhilfe

Decken Sie nun zur Probe aufs Exempel den Satz mit der Hand ab und beantworten Sie die folgenden Fragen: Wel-ches ist der dritte Punkt der Rede? Der fünfte? Vierte? Zwei-te? Erste?

Funktioniert diese Methode? Und ob! Ich empfehle Sie Ihnen nachdrücklich.

Jede Gruppe von Themen oder Ideen lässt sich auf diese Weise verknüpfen.

Was tun bei einem totalen Blackout?

Nun kann es vorkommen, dass ein Redner trotz aller Vorbe-reitung während des Vortrags plötzlich einen vollkommenen Blackout erleidet und sich in der höchst prekären Lage wie-derfindet, dass er nicht mehr weiter weiß und die Zuhörer mit leerem Blick anstarrt – eine albtraumhafte Situation. Sich in Verwirrung und Scham einfach stumm wieder hinzusetzen verbietet die Selbstachtung. Vielleicht hofft der Bedauerns-werte, dass ihm der nächste Punkt seiner Rede schon noch wieder einfallen würde, wenn er nur zehn, fünfzehn Sekun-

Rettung in höchster Not

91

den Zeit gewinnen könnte. Doch schon fünfzehn Sekunden peinliches Schweigen vor einem aufmerksamen Publikum kommen einer Katastrophe gleich. Was also ist zu tun? Als ein bekannter US-Senator kürzlich in eine solche Lage geriet, fragte er sein Publikum, ob er laut genug spreche, ob er auch noch im hintersten Teil des Saales gut zu verstehen sei. Er wusste, dass man ihn gut hören konnte, aber diese Frage diente dazu, Zeit zu gewinnen. Und diese kleine Pause half ihm, seine Gedanken zu ordnen und den Faden wiederzufinden, sodass er seine Rede fortsetzen konnte.

Ketten-Sätze zur Überbrückung Wer während seiner Rede dergestalt in Seenot gerät, sollte meines Erachtens am besten zu folgendem Rettungsanker greifen: Nehmen Sie das letzte Wort, die letzte Formulierung oder Idee Ihres letzten Satzes und beginnen Sie damit einen neuen Satz. So entsteht eine Kette, die wie ein Bach endlos dahinplätschern kann, allerdings zugegebenermaßen auch genauso sinnlos wie ein Bach. Schauen wir uns das in der Praxis an. Einmal angenommen, ein Redner, der über geschäftlichen Erfolg spricht, findet sich plötzlich in einer gedanklichen Sackgasse wieder, nachdem er gesagt hat: »Der durchschnittliche Angestellte kommt nicht weiter, weil er viel zu wenig echtes Interesse an seiner Arbeit zeigt. Er entwickelt keine Initiative.«

»*Initiative.*« Beginnen Sie einen Satz mit diesem Wort. Vermutlich haben Sie keine Ahnung, was Sie sagen wollen oder wie Sie den Satz beenden werden. Fangen Sie trotzdem an. Selbst eine schwache Formulierung ist immer noch besser als eine völlige Niederlage.

»Initiative bedeutet Originalität, etwas aus eigenem Antrieb zu tun, statt ständig auf Anweisungen von oben zu warten.«

Das ist gewiss keine bahnbrechende Erkenntnis, mit der Sie Eingang in die Geschichtsbücher finden werden. Aber es ist immer noch besser als quälende Stille. Und wie lautete unsere letzte Formulierung? »Auf Anweisungen von oben zu warten.« Gut, dann beginnen wir jetzt einen neuen Satz mit dieser Idee.

»Angestellte, die keinerlei Eigeninitiative zeigen, ständig antreiben, überwachen und herumkommandieren zu müssen, ist ärgerlich und höchst unbefriedigend, wie Sie sich sicher alle gut vorstellen können.«

Na, da sind wir schon wieder einen Satz weiter. Stürzen wir uns also in den nächsten. Diesmal haben wir »vorstellen können« zur Verfügung, oder wie wäre es mit »Vorstellung«?:

»Vorstellungskraft – das ist es, was wir brauchen, eine Vision. Eine Vision hilft den Menschen, sich positive Ziele zu setzen und im Leben weiterzukommen.«

Diesmal haben wir gleich zwei Sätze am Stück fabriziert. Fassen wir uns also ein Herz und fahren fort:

»Dass so wenige Angestellte beruflich weiterkommen, ist wirklich beklagenswert. Ja, es ist beklagenswert, denn mit etwas mehr Loyalität, etwas mehr Ehrgeiz, etwas mehr Begeisterung stünde diesen Frauen und Männern durchaus eine glanzvolle Karriere offen. Doch dass ihnen für eine glanzvolle Karriere alle Türen weit offen stehen, wenn sie sich nur etwas mehr Mühe geben würden, ist den meisten von ihnen anscheinend gar nicht bewusst.«

Und so weiter ... Während der Redner dieser Platituden von sich gibt, sollte er natürlich fieberhaft darüber nachdenken, was denn nun der nächste Punkt seiner vorbereiteten Rede war, das, was er ursprünglich hatte sagen wollen.

Wenn diese Ketten-Methode zu lange weitergesponnen wird, erörtert der Redner irgendwann die Konsistenz von Wackelpudding oder lässt sich über die Preise von Kanarienvögeln aus. Doch sie ist eine ausgezeichnete erste Hilfe, wenn man von einer plötzlichen Erinnerungslücke befallen wird, und auf diese Weise sind schon viele vom Tode bedrohte Reden in letzter Minute gerettet worden.

Wir können unser Gedächtnis nicht allgemein verbessern

Nur spezifische
Assoziationen
helfen

Wie ich in diesem Kapitel dargelegt habe, können wir die *Methoden* verbessern, mit deren Hilfe wir uns lebhafte Eindrücke verschaffen und durch Wiederholung und Assoziationsbildung unsere Merkfähigkeit erhöhen. Doch Erinnerung beruht in einem solchen Maße auf Assoziationen, dass es, wie William James ausführt, »keine allgemeine Verbesserung des Erinnerungsvermögens geben kann. Wir können lediglich unser spezifisches Erinnerungsvermögen im Hinblick auf bestimmte Assoziationsketten verbessern.«

Indem Sie sich beispielsweise täglich ein Shakespeare-Zitat einprägen, können Sie Ihren Erinnerungsvorrat an Shakespeareschen Weisheiten beträchtlich vermehren. Und jedes neue Zitat wird in Ihrem Gedächtnis viele Freunde finden, mit denen es sich verknüpfen kann. Doch auch wenn Sie den gesamten Hamlet und außerdem Romeo und Julia auswendig lernen, wird Ihnen das in keiner Weise dabei helfen, sich Einzelheiten über den Baumwollmarkt oder über das Bessemer-Verfahren zur Gewinnung von Flussstahl aus siliziumreichem Roheisen zu merken.

Um es noch einmal zu wiederholen: Wenn wir die in diesem Kapitel vorgestellten Prinzipien anwenden, können wir die *Effektivität* unseres Gedächtnisses erhöhen. Ein unspezifisches Gedächtnis-Training hilft uns aber überhaupt nicht weiter. Unsere Merkfähigkeit wird nicht gefördert, indem wir etwa hunderte von Fußballergebnissen auswendig lernen, obwohl unser eigentliches Fachgebiet der Aktienmarkt ist. Vielmehr müssen wir lernen, sinnvolle Assoziationen zu bilden.

94

ZUSAMMENFASSUNG

1   Dem Psychologen Carl Seashore zufolge nutzt der Durchschnittsmensch nur zehn Prozent seiner Gedächtnis-Kapazität. Neunzig Prozent vergeudet er, weil er gegen die natürlichen Gesetze der Erinnerung verstößt

2   Es gibt drei »natürliche Gesetze der Erinnerung«: Eindruck, Wiederholung und Assoziation.

3   Verschaffen Sie sich einen tiefen, lebhaften Eindruck von dem, was Sie sich einprägen wollen. Das gelingt Ihnen, wenn Sie

a   sich konzentrieren. Das war das Geheimnis von Roosevelts außerordentlichem Gedächtnis;

b   genau beobachten. Eine Kamera kann im Nebel keine scharfen Bilder aufnehmen. Ebenso wenig nimmt Ihr Geist verschwommene, nebelhafte Eindrücke auf;

c   möglichst viele Sinne bewusst einsetzen. Lincoln las alles, was er sich einprägen wollte, laut, sodass er nicht nur einen visuellen, sondern auch einen akustischen Sinneseindruck erhielt;

d   dabei aber besonderen Wert auf die visuellen Eindrücke legen. Diese bleiben am besten haften. Die Nerven vom Auge zum Gehirn sind zwanzigmal dicker als jene, die vom Ohr zum Gehirn führen. Mark Twain schaffte es nicht, anhand von Notizen seine Vortragstexte zu behalten. Als er aber die Notizen wegwarf und stattdessen Bilder einsetzte, um sich an die einzelnen Punkte seiner Texte zu erinnern, gab es keine Probleme mehr.

4   Wiederholung ist das zweite Gesetz der Erinnerung. Tausende von muslimischen Studenten lernen den Koran auswendig, und zwar durch häufige Wiederholung. Wir können nahezu alles behalten, wenn wir es nur oft genug wiederholen. Folgendes sollten Sie dabei aber unbedingt beachten:

a Setzen Sie sich nicht endlose Stunden hin und pauken Sie einen Stoff so lange, bis er »sitzt«. Gehen Sie ihn ein oder zwei Mal durch und wenden Sie sich dann anderen Dingen zu. Nehmen Sie sich den Stoff später wieder vor und gehen Sie ihn erneut durch. Wenn Sie sich etwas auf diese Weise in Intervallen einprägen, benötigen Sie nur die Hälfte der bei ununterbrochenem Pauken dafür aufzuwendenden Zeit.

b In den ersten acht Stunden, nachdem wir uns etwas eingeprägt haben, vergessen wir so viel davon wie während der nächsten dreißig Tage. Sie sollten also ein paar Minuten, bevor Sie mit Ihrer Rede beginnen, Ihre Notizen unbedingt noch einmal durchgehen.

5 Das dritte Gesetz der Erinnerung ist die Assoziation. Wir können uns überhaupt nur an Dinge erinnern, indem wir Assoziationen zu anderen Dingen herstellen. »Alles, was in unseren Geist Einlass finden soll«, sagte William James, »muss ihm zunächst *vorgestellt* werden; und diese Vorstellung geschieht, indem eine Assoziation zu etwas bereits Bekanntem hergestellt wird. ... Von zwei Menschen wird demnach der über das bessere Gedächtnis verfügen, der intensiver über seine Erfahrungen nachdenkt und sie auf besonders systematische Weise untereinander in Beziehung setzt.«

6 Wenn Sie zwischen einer neuen Information und in Ihrem Gedächtnis bereits gespeicherten Informationen Assoziationen herstellen wollen, um sich die neue Information einzuprägen, sollten Sie gründlich darüber nachdenken und sie von allen Seiten beleuchten. Stellen Sie Fragen wie: »Warum ist das so? Wie funktioniert es? Wann geschieht es? Wo geschieht es? Wer behauptet das?«

7 Um sich den Namen einer fremden Person einzuprägen, sollten Sie sich Fragen zu diesen Namen stellen, beispielsweise, wie man ihn buchstabiert. Prägen Sie sich gleichzeitig die Gesichtszüge der Person gut ein und erkundigen Sie sich nach Ihrem Beruf. In Verbindung mit dem Beruf behält man Namen leichter, wobei lustige kleine Reimsätze hilfreich sein können.

8 Jahreszahlen kann man sich leichter merken, wenn man Assoziationen zu bereits bekannten Jahreszahlen herstellt. Beispielsweise wurde die erste Siedlung in Australien ein Jahr vor dem Sturm auf die Bastille gegründet.

9 Ein logischer Aufbau Ihrer Rede wird es Ihnen sehr erleichtern, die Abfolge der einzelnen Punkte im Gedächtnis zu behalten. Als zusätzliche Hilfe können Sie aus den wichtigen Punkten der Rede einen Unsinns-Satz bilden, zum Beispiel: »Die Kuh rauchte eine Zigarre zusammen mit Napoleon, und der Haus-Rohbau wurde wegen eines Religionsstreites niedergebrannt.«

10 Sollten Sie trotz aller Vorbereitungen einmal bei einer Rede stecken bleiben und völlig den Faden verlieren, können Sie die Situation retten, indem Sie einfach mit den letzten Worten Ihres letzten Satzes einen neuen beginnen. Auf diese Weise können Sie fortfahren, bis Ihnen der nächste Punkt Ihrer vorbereiteten Rede wieder einfällt.

Das Publikum fesseln

5

»Genie ist Intensität. Dinge von Wert lassen sich nur erreichen, wenn man seine Ziele so entschlossen verfolgt wie ein Terrier, die eine Katze jagt. Jede Faser in uns sollte vor Begeisterung und Entschlossenheit vibrieren.«

W. C. Holman, ehemaliger Verkaufsmanager der National Cash Register Company

»Männer und Frauen, die über Enthusiasmus verfügen, üben einen magischen Einfluss auf alle aus, die mit ihnen in Berührung kommen.«

H. Addington Bruce

»Streben Sie aufrichtig nach Intensität. Begeisterung weckt immer neue Begeisterung.«

Russel H. Conwell

»Ich mag Menschen, die vor Begeisterung überschäumen.
Ich ziehe einen Geysir einem Schlammloch vor.«

John G. Shedd, Generaldirektor von Marshall Field and Co.

»Verdienst erzeugt Vertrauen, Vertrauen erzeugt Begeisterung und Begeisterung erobert die Welt.«

Walter H. Cattingham, Generaldirektor der Shemin Williams Company

»Zur Eloquenz gehört Aufrichtigkeit. Wenn wir aufrichtig sind,
wird es uns gelingen, andere zu überzeugen.«

William Hazlitt

Eine
Holzfäller-Rede

Bei der Handelskammer von St. Louis waren einmal Sherman Rogers und ich als Redner geladen. Ich sprach zuerst, und hätte ich eine gute Ausrede gefunden, wäre ich am liebsten sofort nach meiner Rede verschwunden, denn Sherman war als »Holzfäller-Redner« angekündigt. Ich rechnete, offen gesagt damit, mich schrecklich zu langweilen, denn das, was normalerweise als »Rede« bezeichnet wird, ist eine ermüdende Aneinanderreihung von wächsernen Platituden. An diesem Tag wurde ich jedoch angenehm überrascht. Mr. Rogers hielt ohne Übertreibung eine der besten Reden, die ich je gehört habe.

Und wer war Sherman Rogers? Er hatte als Holzfäller den größten Teil seines Lebens in den riesigen Wäldern des Westens zugebracht. Er wusste nichts über die sorgsam in Rhetorik-Lehrbüchern niedergelegten Regeln für öffentliches Reden, ohne dass ihm das im Geringsten etwas ausgemacht hätte. Seine Rede war ungeschliffen, aber sie besaß Durchschlagskraft. Es mangelte ihr an Finesse, doch sie hatte Feuer. Er machte einige grammatische Fehler und tat ein halbes Dutzend Dinge, die man laut Lehrbuch besser vermeiden sollte. Doch nicht ihre Schwächen sind es, die eine Rede umbringen, sondern ein Mangel an Tugenden.

Aus dem Leben
gegriffen

Rogers' Rede war ein gewaltiges, rohes Stück vibrierender Erfahrung, das er mitten aus seinem Leben als Arbeiter und als Chef von Arbeitern herausgerissen hatte. Sie roch nicht nach Büchern. Sie war ein lebendig. Sie duckte sich wie ein Raubtier und sprang die Zuhörer regelrecht an. Alles,

100

was er sagte, ergoss sich flammend heiß aus seinem Herzen. Die Wirkung war elektrisierend.

Was war das Geheimnis seines Erfolges? Das Geheimnis eines jeden großen Erfolges: »Jede große Bewegung in den Annalen der Geschichte«, sagte Ralph Waldo Emerson, »ist ein Triumph des Enthusiasmus.«

Das magische Wort Enthusiasmus basiert auf zwei griechischen Wörtern: *en*, das *in* bedeutet; und *theos*, Gott. Enthusiasmus heißt also wörtlich: *Gott in uns*. Der enthusiastische, begeisterte Mensch spricht als ein von Gott Besessener.

Gott in uns

Diese Eigenschaft ist der wirkungsvollste und wichtigste Faktor für alle erfolgreichen Unternehmungen. Der beste Verkäufer, der je ein einzelnes Produkt erfolgreich vermarktet hat, kam einst mit weniger als fünfzig Dollar in der Tasche nach Chicago. Inzwischen verkauft Wrigley jährlich Kaugummi im Wert von dreißig Millionen Dollar. An der Wand seines persönlichen Büros hängt ein eingerahmter Spruch von Ralph Waldo Emerson: »Ohne Begeisterung wurde noch nie etwas Großes vollbracht.«

Es gab eine Zeit, als ich noch großen Wert auf die *Regeln* öffentlichen Redens legte. Doch im Lauf der Jahre bin ich zu der Einsicht gelangt, dass Glaube und Überzeugung, der *Geist* des Redners, von größerer Bedeutung sind.

Geist wichtiger als Regeln

»Als eloquent«, sagte Außenminister William J. Bryan, »lässt sich die Rede eines Menschen beschreiben, der weiß, wovon er spricht, und meint, was er sagt – sodass seine Gedanken tatsächlich von Feuer erfüllt sind. (...) Wenn Wissen nicht mit Aufrichtigkeit gepaart ist, nützt es einem Redner wenig. Eine überzeugende Rede geht von Herz zu Herz, nicht von Verstand zu Verstand. Es ist schwer für einen Redner, seine Zuhörer über seine Gefühle zu täuschen. (...) Vor zweitausend Jahren drückte ein lateinischer Dichter diesen

Gedanken mit folgenden Worten aus: ›Wenn du einen anderen Menschen zu Tränen rühren willst, musst du selbst die Zeichen echten Schmerzes tragen.‹«

»Wenn ich gut komponieren, schreiben oder predigen will«, schrieb Martin Luther, »muss ich wütend sein. Dann gerät das Blut in meinen Adern in Wallung, und mein Verstand wird geschärft.«

Vielleicht müssen wir nicht unbedingt wütend werden, aber wir müssen doch echtes Engagement, Aufrichtigkeit und Intensität in uns spüren.

Sogar ein Pferd wird durch solches Reden beeinflusst. Der berühmte Pferdetrainer Rainey sagte, er habe ein wütendes Wort gekannt, durch das er den Puls eines Pferdes um zehn Schläge pro Minute beschleunigen konnte. Die Zuhörer einer Rede sind ganz bestimmt so aufmerksam wie ein Pferd!

Ansteckende
Gefühle

Es gibt etwas, das wir stets im Gedächtnis behalten sollten: Die Art, wie wir sprechen, bestimmt darüber, welche Haltung die Zuhörer zu unseren Worten einnehmen. Sie sind wie Wachs in unserer Hand. Wenn wir lustlos sind, werden sie lustlos sein. Wenn wir reserviert sind, werden sie reserviert sein. Wenn wir nur wenig Interesse für unser Thema aufbringen, werden auch sie sich nur mäßig dafür interessieren. Wenn wir jedoch absolut hinter dem stehen, was wir sagen, und wenn wir es mit Gefühl, Spontaneität, Kraft und mitreißender Überzeugungskraft sagen, dann werden die Zuhörer sich wenigstens teilweise von unserem Geist anstecken lassen.

»Zwar denken wir gerne, dass wir vom Verstand geleitet werden«, sagte Martin W. Littleton, ein berühmter New Yorker Redner, »doch in Wahrheit wird die ganze Welt von Gefühlen geleitet. Wenn jemand versucht, sehr seriös und klug aufzutreten, kann er leicht scheitern, doch der Redner, der mit echten Überzeugungen an uns appelliert, versagt nie. Ob sein wichtigstes Thema nun die Aufzucht von weißen Mäusen ist, die Not der armenischen Christen oder die Vereinten Nationen – wenn er mit echter Überzeugung spricht, sodass er uns eine Botschaft mitzuteilen hat, wird seine Rede ein Feuer in uns entfachen. Nicht die äußere Form der Rede ist entscheidend, sondern die Aufrichtigkeit und emotionale Kraft des Redners.«

Engagement, Aufrichtigkeit und Begeisterung sind es, die die Worte eines Redners unvergesslich machen. Dann kann er fünfhundert Fehler machen, aber er kann kaum scheitern. Es heißt, der große Rubinstein habe Millionen falscher Noten gespielt, aber dem Publikum war das egal, weil er es vermochte, die Poesie Chopins in die Seelen der Menschen zu tragen, für die ein Sonnenuntergang zuvor nichts weiter als eine rote Scheibe gewesen war, die hinter einer Scheune am Horizont verschwindet.

Begeisterung siegt über formale Schwächen

Perikles, der mächtige Anführer Athens, soll vor jeder Rede die Götter gebeten haben, dass kein unwürdiges Wort über seine Lippen kommen möge. Er legte Herzblut in seine Botschaften hinein, und so fanden seine Worte Eingang in die Herzen der Athener.

Willa Cather, eine der angesehensten amerikanischen Schriftstellerinnen, sagte: »Das Geheimnis eines jeden Künstlers« – und jeder öffentliche Redner sollte ein Künstler sein – »ist die Leidenschaft. Es handelt sich um ein offenes Geheimnis, das seine Wirkung nie verfehlt. Wie wahres Heldentum lässt sie sich nicht auf billige Weise imitieren.«

Geheimnis Leidenschaft

Leidenschaft. Gefühl. Geist. Emotionale Aufrichtigkeit. Wenn Sie all das in Ihre Rede hineinbringen, dann wird Ihr Publikum Ihnen kleine Schwächen verzeihen, ja, sie oft überhaupt nicht bemerken. Das hat sich in der Geschichte immer wieder gezeigt: Lincoln sprach mit unangenehm hoher Stimme. Demosthenes stammelte. Die Stimme eines großen Redners war schwach, ein anderer war ein notorischer Stotterer, ein dritter redete so schrill, dass es fast wie Gequieke klang, und so manchen Politikers Stimme war in jüngeren Jahren weder deutlich noch angenehm. Doch alle diese Männer verfügten über große Aufrichtigkeit, die über ihre Handikaps triumphierte – eine emotionale Kraft, angesichts der sich alle äußeren, formalen Schwächen in Nichts auflösten.

Sagen Sie, was Ihrer Ansicht nach unbedingt gesagt werden muss

Die entscheidende Qualität In einem interessanten Artikel für die *New York Times* schrieb Professor Brander Matthews: »Entscheidend für die Qualität einer Rede ist es, ob der Redner wirklich davon überzeugt ist, das sagen zu müssen, was er sagt.

Diese Erkenntnis wurde mir sehr deutlich vor Augen geführt, als ich vor einigen Jahren der Jury für die Vergabe der Curtis-Medaille der Columbia-Universität angehörte. An der Ausscheidung nahmen sechs Studenten teil, die lange für diesen Rede-Wettbewerb trainiert hatten und unbedingt eine gute Figur machen wollten. Doch von einer Ausnahme abgesehen, ging es ihnen nur um eines: die Medaille zu gewinnen. Es lag ihnen wenig oder gar nichts daran, die Zuhörer durch den Inhalt des Gesagten zu überzeugen. Den Gegenstand ihrer Rede hatten sie unter dem Gesichtspunkt gewählt, ob es sich gut für eine öffentliche Rede eignete. Sie brachten nicht wirklich ein starkes persönliches Interesse an ihrem jeweiligen Thema auf. Und konsequenterweise handelte es sich bei einer Rede nach der anderen um bloße Demonstrationen lehrbuchhafter Rhetorik. Die Ausnahme bildete ein Zulu-Prinz. Das von ihm gewählte Thema lautete: ›Der Beitrag Afrikas zur modernen Zivilisation.‹ In jedes Wort, das er äußerte, legte er tiefe Gefühle. Seine Rede war keine bloße Rhetorikübung. Sie lebte und atmete, geboren aus Überzeugung und Enthusiasmus. Er sprach als Vertreter seines Volkes, seines Kontinents. Er hatte etwas zu sagen, das wirklich von Herzen kam, und er sprach mit sympathischer Aufrichtigkeit. Also wurde ihm die Medaille zuerkannt, obwohl seine Rede rein formal nicht besser gewesen war als die einiger seiner Konkurrenten. Wir Preisrichter erkannten aber an, dass sie echtes Feuer besessen hatte. Im Vergleich zu diesem lodernden Appell handelte es sich bei den anderen Reden um kümmerliche Flämmchen.«

Genau das ist der Punkt, bei dem viele Redner versagen. Hinter ihren Worten stehen keine starken Überzeugungen. Keine innigen Wünsche und Sehnsüchte befeuern ihre Rede. Es fehlt ihnen am für einen gezielten Schuss nötigen Pulver.

Emotionales Schießpulver

»Ah, sehr gut«, höre ich Sie sagen, »aber wie soll ich denn diese Aufrichtigkeit, diesen Esprit, diese Begeisterung entwickeln, von denen Sie dauernd sprechen?«

Eines steht fest: Sie werden sie niemals entwickeln, wenn Sie oberflächlich an Ihr Thema herangehen. Jeder ernsthafte Zuhörer kann erkennen, ob ein Redner lau an der Oberfläche bleibt oder tiefe Überzeugungen zum Ausdruck bringt. Schütteln Sie also Ihre Trägheit ab! Widmen Sie sich mit ganzem Herzen Ihrer Aufgabe. Graben Sie. Suchen Sie nach den verborgenen Ressourcen, die tief in Ihnen schlummern. Verschaffen Sie sich genaue Kenntnis aller Fakten und Hintergründe. Konzentrieren Sie sich. Setzen Sie sich mit den Fakten auseinander, brüten Sie darüber, bis sie Ihnen wirklich etwas bedeuten. Letztlich kommt es vor allem auf gründliche Vorbereitung und die richtige Art der Vorbereitung an. Das Herz muss dabei genauso einbezogen werden wie der Verstand.

Oberflächlichkeit erzeugt Desinteresse

Ich unterrichtete einmal eine Gruppe von New Yorker Bankangestellten, die in einer besonderen Werbekampagne für Spareinlagen eingesetzt werden sollten. Einem dieser

Männer fehlte es entschieden an Elan. Er redete lediglich, weil er reden musste, aber nicht, weil er wirklich von ganzem Herzen von den Vorzügen überzeugt war, die das Anlegen eines Sparkontos für die Bankkunden mit sich brachte. Der erste Schritt meines Unterrichts bestand also darin, Herz und Verstand dieses Mannes zu erwärmen. Ich riet ihm, so lange über seine Aufgabe nachzudenken, bis er in der Lage sei, Enthusiasmus zu entwickeln. Ich forderte ihn auf, sich einmal mit der Tatsache auseinander zu setzen, dass laut den Statistiken des New Yorker Nachlassgerichtes 85% der Menschen bei ihrem Tod keinen einzigen Dollar hinterlassen und lediglich 3,3% 10000 Dollar oder mehr vererben. Er sollte sich von jetzt an ständig daran erinnern, dass er die Leute schließlich nicht um einen persönlichen Gefallen bat oder ihnen etwas anpries, das sie sich nicht leisten konnten. Vielmehr sollte er sich sagen: »Ich rate diesen Leuten dazu, sich eine Absicherung für ihr Alter zu schaffen und rechtzeitig Vorkehrungen zu treffen, damit ihre Hinterbliebenen später gut versorgt sind.« Er sollte sich immer wieder bewusst vor Augen führen, dass er mit seinem Werben für Spareinlagen einen wertvollen sozialen Dienst leistete. Er müsste mit der prophetischen Überzeugung auftreten, dass er eine praktische Anwendung wahren Christentums verkünde.

Karriereschub dank Begeisterung Er dachte über meine Argumente nach, bis sie sich ihm tief ins Gedächtnis brannten. Er erkannte, wie wichtig seine Arbeit tatsächlich war. Plötzlich erwachte echtes Interesse in ihm. Er entwickelte eine geradezu heilige Begeisterung für seine Mission. Als er nun Vorträge über die Weisheit des Sparens hielt, waren seine Worte von echter Überzeugung getragen. Er erreichte damit so viel Aufmerksamkeit, dass er ein Stellenangebot von der größten amerikanischen Bank erhielt und später zum Leiter einer ihrer Filialen in Südamerika befördert wurde.

Das Geheimnis eines Triumphes

»Ich muss leben«, jammerte ein junger Mann im Beisein Voltaires. Der Philosoph entgegnete: »Ich sehe dafür keine Notwendigkeit.«

Das wird in vielen Fällen die Einstellung Ihrer Umwelt gegenüber dem sein, was Sie zu sagen haben. Man wird die Notwendigkeit, dass es gesagt werden muss, nicht einsehen. Doch Sie selbst *müssen*, wenn Sie den Erfolg wollen, diese Notwendigkeit auf jeden Fall spüren – wenn es sie gibt. Sie müssen wirklich zutiefst von Ihrem Thema gepackt sein. Es muss für Sie, wenigstens zum Zeitpunkt Ihrer Rede, das wichtigste Thema auf der ganzen Welt sein.

Wichtigstes Thema der Welt

Als Dwight L. Moody seine Predigt über die Gnade vorbereitete, beschäftigte ihn seine Suche nach Wahrheit derart, dass er sein Arbeitszimmer verließ, hinaus auf die Straße ging und den ersten Menschen, der ihm über den Weg lief, mit der Frage konfrontierte: »Wissen Sie was Gnade ist?« Ist es ein Wunder, dass ein Mann, der von einer solchen emotionalen Aufrichtigkeit und Intensität angetrieben wurde, eine geradezu magische Faszination auf seine Zuhörer ausübte?

Ein Teilnehmer eines meiner Seminare in Paris hielt Abend für Abend die gleiche farblose Rede. Er war Student und wusste über seine Themen stets bestens Bescheid. Regelrechte Wissensberge hatte er aufgetürmt. Aber dieses Wissen war nicht vom Feuer echten Interesses zusammengeschweißt worden. Den Reden fehlte es an Schwung und Kraft. Weil es ihm nicht gelang, den Eindruck zu vermitteln, dass das, worüber er sprach, wirklich wichtig war, schenkten ihm die Zuhörer nur wenig Aufmerksamkeit. Immer wieder unterbrach ich ihn und versuchte, ihn aufzuwecken, seinen Elan anzustacheln. Doch oft kam es mir vor, als versuchte ich, einem kalten Kühler Dampf abzuzapfen. Schließ-

Kopf und Herz

lich gelang es mir, ihn davon zu überzeugen, dass er seine Reden falsch vorbereitete. Ich überzeugte ihn davon, dass er eine Art von elektronischer Kommunikation zwischen Kopf und Herz entwickeln müsse. Er dürfe uns nicht nur die rationalen Fakten liefern, sondern müsse uns auch seine Meinung zu diesen Fakten mitteilen.

Triumph durch Aufrichtigkeit

In der folgenden Woche erschien er mit Ideen, die ihm so viel bedeuteten, dass seine Rede das Zuhören lohnte. Endlich sprach er von Dingen, die wirklich wichtig für ihn waren. Er hatte nun eine Botschaft, die er so sehr liebte wie William Thackeray Becky Sharp geliebt hatte. Er war bereit, für diese Botschaft Blut und Wasser zu schwitzen. Seine Rede erhielt langen, begeisterten Applaus. Seinen plötzlichen Triumph verdankte er der Tatsache, dass er endlich zu einer von Herzen kommenden Aufrichtigkeit gefunden hatte. Das ist ein unverzichtbarer Teil jeder guten Vorbereitung.

Nur 10 Prozent

Wie wir gesehen haben, genügt es, wenn eine Rede überzeugen soll, keineswegs, ein paar mechanische Worte zu Papier zu bringen oder vorformulierte Sätze auswendig zu lernen. Auch genügt es nicht, ein paar Gedanken aus zweiter Hand wiederzugeben, die man aus einem Buch oder einer Zeitung abgeschrieben hat. Nein, für eine überzeugende Rede müssen Sie tief in Ihrem Geist, Ihrem Herzen, Ihrem Leben nach Wahrheiten forschen und Ihren ureigenen Überzeugungen und Antrieben Ausdruck verleihen. Suchen Sie! Graben Sie! Zweifeln Sie niemals daran, dass Sie etwas von Wert mitzuteilen haben. Schürfen Sie aus Ihrer inneren Goldader. Finden Sie dort Schätze, von deren Existenz Sie nie zu träumen gewagt hätten. Ist Ihnen die Kraft Ihres eigenen Potenzials eigentlich bewusst? Das bezweifele ich. William James schrieb, dass der Durchschnittsmensch nur zehn Prozent seiner geistigen Kräfte nutzt. Das ist schlimmer als wenn ein Achtzylindermotor nur auf einem Zylinder läuft!

Die Größe einer Rede misst sich nicht an perfekten Formulierungen, sondern an dem Menschen, dem Geist, den Überzeugungen, die hinter diesen Formulierungen stehen. Richard B. Sheridans berühmter Angriff auf Warren Hastings im britischen Unterhaus gilt als eine der eloquentesten Reden, die je auf englischem Boden gehalten worden sind. Doch Sheridan spürte, dass die beeindruckende Wirkung dieser Rede zu spirituell und vergänglich war, um in kalten Lettern festgehalten zu werden. Daher lehnte er ein für die damalige Zeit hohes Angebot von umgerechnet fünftausend Dollar für die Veröffentlichung des Textes ab. Bis heute existiert keine Abschrift dieser Rede. Doch wenn wir sie nachlesen könnten, wäre das zweifelsohne eine Enttäuschung. Jene besondere Qualität, die diese Rede zu einer großen machte, wäre verschwunden. Nur die leere Hülle bliebe übrig, wie ein ausgestopfter Adler mit ausgebreiteten Schwingen in einer Präparatorenwerkstatt.

Denken Sie immer daran, dass *Sie selbst* der wichtigste Faktor Ihrer Rede sind. Prägen Sie sich die folgenden Worte Ralph Waldo Emersons gut ein: *»Welche Sprache Sie auch benutzen, Sie können immer nur das sagen, was Sie sind.«* Darin liegt tiefe Weisheit. Es handelt sich um eine der bedeutsamsten Aussagen über die Kunst des Selbstausdrucks, die ich je gelesen habe. Und darum werde ich Sie jetzt noch einmal wiederholen: *»Welche Sprache Sie auch benutzen, Sie können immer nur das sagen, was Sie sind.«*

Der wichtigste Faktor

Wie Lincoln einen Prozess gewann

Lincoln hat Emersons Worte vielleicht nie gelesen, aber eines ist sicher: Er kannte diese Tatsache sehr gut. Eines Tages humpelte die Witwe eines Soldaten aus dem Unabhängigkeitskrieg altersgebeugt in Lincolns Anwaltsbüro. Sie erzählte ihm von einem Pensionsagenten, der ihr für das Eintreiben einer ihr zustehenden Pensionssumme von vierhundert Dollar die Hälfte dieses Betrages als Gebühr abverlangt hatte. Lincoln war empört und zog unverzüglich für sie vor Gericht.

Ein leidenschaft-
liches Plädoyer
Wie bereitete er sich auf die Verhandlung vor? Er bereitete sich vor, indem er die Biographie George Washingtons und eine Geschichte des Unabhängigkeitskrieges las und seinen Enthusiasmus für die Sache dieser Frau mächtig in Fahrt brachte. Bei seinem Plädoyer zählte er auf, wie die Schikanen der Briten seinerzeit die Patrioten veranlasst hatten, für die Freiheit zu kämpfen. Er malte die unvorstellbaren Härten aus, mit denen sie zu kämpfen hatten, das Leid, dass sie in Valley Forge ertragen mussten, als sie hungrig, barfuß und mit blutenden Füßen über Eis und Schnee gekrochen waren. Dann richtete er seinen ganzen Zorn auf jenen Halunken, der es gewagt hatte, die Witwe eines dieser Helden um die Hälfte ihrer Pension zu schröpfen. Mit blitzenden Augen zog er dem Beklagten »die Haut ab«, ganz so wie er es versprochen hatte.

»Die Zeit vergeht«, sagte er zum Abschluss. »Die Helden von 1776 sind gestorben und in die Ewigkeit hinübergangen. Der Soldat hat sich zur ewigen Ruhe gelegt, blind, verkrüppelt und gebrochen. Seine Witwe kommt zu mir und zu Ihnen, meine Herren der Jury, damit ihr Gerechtigkeit widerfährt. Sie war nicht immer alt und gebeugt. Einst war sie eine schöne junge Frau. Ihr Gang war federnd, ihr Gesicht hübsch und ihre Stimme so lieblich wie kaum je eine in den Bergen des alten Virginia erklungen ist. Nun aber ist sie arm und schutzbedürftig. Hier draußen in der Prärie von Illinois, Hunderte Meilen von den Erinnerungen ihrer Kindheit entfernt, appelliert sie an uns, die wir uns der von den Patrioten erkämpften Privilegien erfreuen, bittet um unsere Hilfe und unseren männlichen Schutz. Ich frage nur eines: Sind wir bereit, uns ihrer anzunehmen?«

Als er geendet hatte, standen einigen Geschworenen die Tränen in den Augen, und der alten Frau wurde die gesamte Summe zugesprochen, die Lincoln für sie eingeklagt hatte. Lincoln bürgte für sie, kam für ihre Hotelrechnung und ihre Reisekosten auf und verlangte von ihr kein Honorar. Ein paar Tage später stieß Lincolns Kanzleipartner im Büro zufällig auf einen kleinen Zettel, auf dem Lincoln sich die Stichworte für sein Plädoyer notiert hatte, und brach in lautes Gelächter aus:

»Kein Vertrag. Kein professioneller Service. Unangemessen hohe Gebührenforderung. Pensionsgeld wurde vom Beklagten nicht an Klägerin weitergeleitet. Unabhängigkeitskrieg. Klägerin Soldatenwitwe. Beklagtem die Haut abziehen. Schlusswort.«

Ich hoffe, ich habe Ihnen verdeutlichen können, dass die erste Voraussetzung dafür, Wärme und Enthusiasmus zu erzeugen, darin besteht, sich so lange vorzubereiten, bis Sie eine echte Botschaft gefunden haben, die Sie unbedingt Ihren Zuhörern mitteilen wollen. Als Nächstes müssen Sie ...

Sicher auftreten

Schon im 1. Kapitel haben wir William James wie folgt zitiert: »Handlung und Gefühl gehen miteinander einher. Indem wir unser Handeln verändern, das ja in stärkerem Maße der Kontrolle des Willens unterworfen ist, können wir indirekt auch unsere Gefühle verändern.«

Um also Selbstsicherheit und Begeisterung zu entwickeln, müssen Sie selbstsicher *handeln* und begeistert *sein*. Stützen Sie sich nicht am Tisch ab. Stehen Sie aufrecht. Stehen Sie ruhig. Schwanken Sie nicht unsicher vor und zurück. Wippen Sie nicht auf den Ballen. Verlagern Sie Ihr Gewicht nicht ständig von einem Bein auf das andere wie ein müdes

Pferd. Kurz gesagt, vermeiden Sie alle nervösen Bewegungen, die Ihren Mangel an Ruhe und Selbstsicherheit verraten. Üben Sie sich in guter Körperbeherrschung. Dann werden Sie auf andere gelassen und kraftvoll wirken. Stehen Sie auf und ragen Sie heraus wie »ein Leistungssportler, der sich auf ein Rennen freut«. Ich wiederhole: Füllen Sie Ihre Lunge mit Sauerstoff. Atmen Sie tief ein. Schauen Sie Ihr Publikum geradeheraus an. Schauen Sie es in einer Weise an, die deutlich macht, dass Sie etwas Wichtiges, Dringendes zu sagen haben und sich dessen voll bewusst sind. Schauen Sie es mit dem Selbstvertrauen und der Zuversicht an, mit denen ein engagierter Lehrer seine Schüler anschaut, denn Sie *sind* ein Lehrer, und die Leute sind gekommen, um Ihnen zuzuhören und etwas von Ihnen zu lernen. Sprechen Sie also mit Selbstvertrauen und Energie. »Hebe deine Stimme«, sagte der Prophet Jesaja, »spricht deutlich und fürchte dich nicht.«

Lebendige Gestik, lebendiger Vortrag
Und verwenden Sie eindringliche Gesten. Verschwenden Sie einstweilen keinen Gedanken darauf, ob diese Gesten schön oder anmutig sind. Achten Sie nur darauf, kraftvoll und spontan zu gestikulieren. Denken Sie dabei anfangs weniger an die Wirkung, die Ihre Gesten auf andere haben als an die Wirkung, die sie auf Sie selbst haben. Und, glauben Sie mir, sie werden wahre Wunder vollbringen. Auch wenn Sie einen Vortrag im Radio halten – Sie sollten gestikulieren! Die Zuhörer werden die Gesten zwar nicht sehen können, aber das Resultat der lebhaften Gestik wird für sie hörbar sein. Sie wird Ihrem Tonfall und Ihrer ganzen Ausdrucksweise Energie verleihen.

Wie oft habe ich einen leblosen Redner schon mitten in seinem Übungsvortrag unterbrochen und ihn animiert, lebhafte Gesten zu verwenden, auch wenn sich das für ihn zunächst seltsam und ungewohnt anfühlte. Aber die stärkere körperliche Aktivität durch das bewusste Gestikulieren weckt jeden Redner auf und stimuliert ihn dazu, schließlich ganz spontane Gesten zu machen. Auch das Gesicht beginnt dann zu leuchten und der ganze Ausdruck wird kraftvoller und begeisterter.

Wenn Sie so tun, als wären Sie selbstsicher und voller Vertrauen, werden Sie sich schließlich selbstsicher und vertrauensvoll fühlen. »Wenn du eine Tugend noch nicht besitzt«, riet Shakespeare, »mache sie dir zu eigen.«

Shakespeares kleiner Tipp

Und vor allem: Öffnen Sie den Mund und sprechen Sie laut und deutlich. Der frühere Generalstaatsanwalt Wickersham sagte mir einmal: »Wenn sie öffentlich sprechen sollen, versteht man die meisten Menschen keine zehn Meter weit.«

Halten Sie das für übertrieben? Ich hatte kürzlich Gelegenheit, einem Vortrag des Rektors einer großen Universität beizuwohnen. Ich saß in der vierten Reihe und verstand nicht die Hälfte von dem, was er sagte. Ebenfalls vor kurzem hielt der Botschafter eines bedeutenden europäischen Landes die Festrede bei der Examensfeier des Union College. Sein Vortrag war so leise, dass sechs Meter vom Rednerpult entfernt kaum ein Wort ankam.

Der flüsternde Rektor

Wenn schon erfahrene Redner solche Sünden begehen, was ist dann von Anfängern zu erwarten? Ein Anfänger ist es nicht gewohnt, seine Stimme so anzuheben, dass sie ein größeres Auditorium füllt. Wenn er in einigermaßen genügender Lautstärke spricht, wird er sich dabei vorkommen, als schreie er viel zu sehr und wirke unfreiwillig komisch.

Verwenden Sie einen normalen Gesprächston, aber erweitern Sie ihn. Intensivieren Sie ihn. Buchstaben in normaler Größe können wir aus einem Abstand von dreißig oder vierzig Zentimetern entziffern, aber nur große, kraftvolle Lettern sind vom anderen Ende eines Saales aus zu sehen.

Laut und deutlich!

Hallo wach! Ein Landprediger fragte Henry Ward Beecher einmal, was er tun könne, um seine Zuhörer an einem heißen Sonntagnachmittag am Einschlafen zu hindern. Beecher antwortete, er solle dafür sorgen, dass jemand den Prediger mit einem spitzen Stock piekt.

Das gefällt mir. Es ist ein hervorragendes Beispiel für gesunden Menschenverstand. Diese Methode würde dem durchschnittlichen Redner mehr helfen als alle gelehrten Wälzer, die je über Rhetorik geschrieben wurden.

Aufwärmübungen Eine sichere Methode, einen Seminarteilnehmer dazu zu bringen, bei einer Übungsrede alle Zurückhaltung aufzugeben und wirklich loszulegen, wäre es, ihm vorher eine kräftige Ohrfeige zu verpassen. Das würde seinem Vortrag Feuer und Geist und Lebendigkeit einhauchen! Schauspieler wissen, wie wertvoll es ist, sich selbst wachzurütteln, ehe sie auf die Bühne gehen. Der Entfesselungskünstler Harry Houdini tat dies, indem er hinter der Bühne auf und ab sprang und mit den Fäusten heftig auf einen unsichtbaren Sparringspartner eindrosch. Der amerikanische Politiker Richard Mansfield steigerte sich oft ganz bewusst in einen heißen Zorn hinein, wobei er irgendeinen unbedeutenden Anlass benutzte, etwa einen Bühnenarbeiter, der es gewagt hatte, zu laut zu atmen. Jeder Vorwand genügte ihm, wenn nur die heftige Energie in ihm dadurch aufgeweckt wurde, die er benötigte, um auf der Bühne glänzen zu können. Ich habe Schauspieler beobachtet, die sich, während sie auf ihren Auftritt warteten, wild mit den Fäusten auf die Brust hämmerten. Meine Schüler schickte ich vor ihren Reden häufig in ein Nebenzimmer, wo sie sich den Körper abklopfen mussten, bis ihnen das Blut in die Wangen schoss und ihre Augen zu leuchten anfingen. Oder ich lasse einen Kursteilnehmer vor seiner Rede das ABC aufsagen, und zwar mit

114

aller Heftigkeit und Wut, die er aufzubringen in der Lage ist. Wenn Sie vor Ihre Zuhörer treten, sollten Sie sich fühlen, wie ein Rennpferd, das kurz vor dem Start ungeduldig mit den Hufen scharrt.

In den Stunden vor Ihrer Rede sollten Sie sich ausreichend Ruhe gönnen. Ideal ist es, sich für eine Weile hinzulegen. Anschließend sind eine kalte Dusche und eine belebende Massage empfehlenswert, oder noch besser: Gehen Sie schwimmen.

Der Produzent Charles Frohman sagte, dass er Schauspieler nach der Vitalität auswählte, die sie ausstrahlten. Ebenso wie die Schauspielerei kostet auch eine gute öffentliche Rede eine Menge Nervenkraft und physische Energie. Ich habe Bäume gefällt und Holz gehackt, und ich habe zweistündige Reden vor großen Auditorien gehalten. Letzteres ist körperlich nicht weniger anstrengend. Während des Krieges hielt Dudley Field Malone im Century Theatre in New York eine flammende Ansprache vor einer sehr zahlreichen Zuhörerschaft. Am Höhepunkt dieser Rede, nachdem er schon eineinhalb Stunden gesprochen hatte, brach er vor Erschöpfung zusammen und musste bewusstlos von der Bühne getragen werden.

Reden ist Schwerarbeit

Der Prediger und Parlamentarier Sydney Smith beschrieb den großen Redner Daniel Webster als »Dampfmaschine in Hosen.«

»Die besonders erfolgreichen Redner«, erklärte Henry Ward Beecher, »sind Menschen von großer Vitalität und Ausdauer. Sie verfügen über eine gewaltige Explosionskraft, mit der sie ihre Worte herausschleudern. Sie sind wie Katapulte, und die Zuhörer ducken sich vor dieser Wucht.«

Ängstliche Floskeln vermeiden!

Legen Sie Herzblut in das hinein, was Sie sagen, und sagen Sie es mit Bestimmtheit. Aber seien Sie nicht zu bestimmt. Nur ein Ignorant ist sicher seiner Sache stets absolut sicher. Aber nur ein Schwächling beginnt jeden Satz mit Bemerkungen wie *mir scheint*, oder *möglicherweise*, oder *meiner Meinung nach*.

Anfänger in der Redekunst sind fast nie zu bestimmt und positiv in ihren Aussagen, sondern verderben, ganz im Gegenteil, die Wirkung ihres Vortrages durch ängstliche Floskeln. Ich erinnere mich, wie ein New Yorker Geschäftsmann einmal eine Fahrt durch Connecticut wie folgt beschrieb: »Links der Straße *schien* sich ein Zwiebelfeld zu befinden.« Also, an Zwiebeln ist nun wirklich nichts *Scheinbares*! Entweder sind sie da oder nicht. Und man benötigt keine außergewöhnlichen Fähigkeiten, um ein Zwiebelfeld zu identifizieren, wenn man es sieht. Es ist schon absurd, wie unsicher manche Redner herumrudern!

»Wiesel-Worte«, pflegte Roosevelt solche Formulierungen zu nennen, weil ein Wiesel Eier aussaugt und nur die leere Schale zurücklässt. Und genau das tun diese Phrasen Ihrer Rede an.

Zaghaftigkeit erntet keinen Applaus

Mit zaghaftem, entschuldigenden Tonfall und eierschalen-hohlen Phrasen werden Sie gewiss niemanden beeindrucken oder überzeugen. Stellen Sie sich vor, in der Werbung würden Slogans wie diese verwendet: »Es scheint, dass Underwood die Schreibmaschine herstellt, die Sie möglicherweise kaufen werden.« »Unserer Ansicht nach bauen wir verhältnismäßig gute Autos.« »Hätten Sie eventuell Interesse unser Mehl zu kaufen?«

1896 kandidierte der spätere Außenminister William J. Bryan zum ersten Mal für die Präsidentschaft. Ich war damals noch ein kleiner Junge und fragte mich, warum er

116

so oft und nachdrücklich erklärte, er werde gewählt werden und McKinley müsse sich auf eine schwere Niederlage gefasst machen. Die Erklärung ist simpel: Bryan wusste, dass die Massen nicht zwischen einer nachdrücklichen Behauptung und einer Tatsache unterscheiden. Er setzte darauf, dass die meisten seiner Zuhörer schließlich an seinen Sieg glauben würden, wenn er selbst diesen Sieg nur immer wieder energisch genug bekräftigte.

Die großen politischen Führungspersönlichkeiten haben stets mit einer Wortgewalt geredet, als gelte es, alle Zweifel der Welt im Keim zu ersticken. Als Buddha im Sterben lag, jammerte oder haderte er nicht, sondern sprach mit Autorität: »Gehet hin, wie ich es auch befohlen habe.«

Wortgewaltige Autorität

Der Koran, nach dem Millionen von Menschen ihr Leben ausrichten, beginnt unmittelbar nach dem Einleitungsgebet mit den folgenden Worten: »Dieses Buch, daran ist kein Zweifel, ist eine Leitung für die Gottesfürchtigen.«

Als der Kerkermeister in Philippi den heiligen Paulus fragte: »Was soll ich tun, damit ich gerettet werde?«, war die Antwort kein halbherziges Argument, kein lahmes »Mir scheint« oder »Meiner Meinung nach«. Stattdessen kam eine klare, unmissverständliche Anweisung: »Glaube an den Herrn Jesus, so wirst du und dein Haus selig!«

Doch, wie schon gesagt, nicht immer empfiehlt es sich, zu bestimmt und selbstgewiss aufzutreten. Es gibt Anlässe, Themen und Zuhörer, bei denen allzu kraftvoll vertretene Meinungen eher hindern als helfen. Allgemein gesagt, sind lautstark vorgetragene bloße Behauptungen weniger erfolgreich, je intelligenter die Zuhörer sind. Denkende Menschen wollen geführt, aber nicht angetrieben werden. Sie wollen, dass man ihnen die Fakten präsentiert und sie dann ihre eigenen Schlüsse ziehen lässt. Sie mögen es, wenn man ihnen Fragen stellt und nicht bloß einen

Aber nicht übertreiben!

endlosen Strom von unbewiesenen Behauptungen über sie ausschüttet.

Lieben Sie Ihr Publikum

Kälte stößt ab

Vor einigen Jahren musste ich in England einige Vortragsredner schulen und über ihre Einstellung befinden. Vier von ihnen konnten letztlich nicht engagiert werden. Ihr Hauptproblem bestand darin, dass sie kein wirkliches Interesse daran zeigten, ihrem Publikum etwas Gutes zu tun. Nicht das Wohl der anderen lag ihnen am Herzen, sondern sie dachten nur an sich und ihren Gehaltsscheck. Das merkte man jedem ihrer Vorträge deutlich an. Sie brachten dem Publikum keinerlei Wärme entgegen, und so blieb das Publikum auch ihnen gegenüber kühl. Menschen spüren sehr schnell, ob eine Rede aus dem berechnenden Verstand kommt oder aus einem vollen Herzen. Selbst ein Hund kann das fühlen.

Ich habe mich intensiv mit Abraham Lincolns Wirkung als öffentlicher Redner befasst. Zweifellos gibt es keine beliebtere historische Persönlichkeit in Amerika, und es steht außer Frage, dass er einige der besten Reden Amerikas gehalten hat. Obgleich er in mancher Hinsicht ein Genie war, denke ich doch, dass seine Wirkung als politischer Redner in nicht geringem Maße auf die Sympathie, Aufrichtigkeit und Güte zurückzuführen war, die er den Menschen entgegenbrachte. Er liebte die Menschen. »Sein Herz«, sagte seine Frau, »ist so groß wie seine Arme lang sind.« Er war beinahe christusähnlich. Und vor zweitausend Jahren wurde ein eloquenter Redner in einem der ersten Bücher, die über diese Kunst verfasst wurden, wie folgt charakterisiert: »Gewiss muss er es verstehen, sich gewählt auszudrücken. Vor allem aber muss er ein guter Mensch sein.«

»Das Geheimnis meines Erfolges«, sagte die weltberühmte Primadonna Ernestine Schumann-Heink, »besteht in meiner absoluten Hingabe an das Publikum. Ich liebe mein Publikum. Sie alle sind meine Freunde. Sobald ich die Bühne betrete, spüre ich eine Verbindung zwischen ihnen und mir.« Versuchen wir, ebenfalls einen solchen Geist zu kultivieren!

Das Beste an einer guten Rede ist nicht physisch oder intellektuell. Es ist spirituell. Das Buch, das Daniel Webster neben sich auf dem Totenbett liegen hatte, sollte jeder Redner schon mitten im Leben auf seinem Schreibtisch liegen haben: Jesus liebte die Menschen, und wenn er zu ihnen sprach, entflammten ihre Herzen. Wenn Sie gerne ein wunderbares Beispiel für öffentliche Redekunst studieren möchten, sollten Sie einmal einen Blick ins Neue Testament werfen.

ZUSAMMENFASSUNG

1   Wie Ihr Publikum auf Sie reagiert, hängt von Ihnen selbst ab. Wenn Sie lustlos sind, wird es lustlos reagieren. Wenn Sie nur halbherzig bei der Sache sind, wird es halbherzig reagieren. Wenn Sie begeistert sind, wird es sich wenigstens teilweise von diesem Geist anstecken lassen. Begeisterung ist eines der wichtigsten, wenn nicht das wichtigste Element eines guten Vortrags.

2   »Wenn jemand versucht, sehr seriös und klug aufzutreten, kann er leicht scheitern, doch der Redner, der mit echten Überzeugungen an unser Gefühl appelliert, versagt nie«, sagte Martin W. Littleton. »Wenn er mit echter Überzeugung spricht, sodass er uns eine Botschaft mitzuteilen hat, wird seine Rede ein Feuer in uns entfachen.«

3   Obwohl diese ansteckende Überzeugtheit und Begeisterung von so enormer Bedeutung ist, mangelt es den meisten Rednern daran.

4   »Entscheidend für die Qualität einer Rede ist es, ob der Redner von ganzem Herzen davon überzeugt ist, sagen zu müssen, was er sagt«, schrieb Professor Brander Matthews.

5   Denken Sie über Ihre Argumente nach und prägen Sie sich ihre wahre Bedeutung tief ein. Begeistern Sie sich für Ihr Thema, dann werden Sie auch andere begeistern und überzeugen.

6   Knüpfen Sie eine enge Verbindung zwischen Kopf und Herz. Teilen Sie nicht nur die rationalen Fakten mit, sondern auch ihre persönliche Meinung zu diesen Fakten.

7   »Welche Sprache Sie auch benutzen, Sie können immer nur das sagen, was Sie sind.« Das Entscheidende an einer Rede sind nicht die Worte, sondern der Geist des Menschen, der sie hält.

8   Falls Sie noch keine Selbstsicherheit und Begeisterung verspüren, sollten Sie so tun als ob. Stellen Sie sich aufrecht hin, schauen Sie Ihrem Publikum in die Augen. Verwenden Sie eindringliche Gesten.

9   Vor allem: Öffnen Sie den Mund und sprechen Sie laut genug, um gehört zu werden. Viele Redner versteht man keine zehn Meter weit.

10   Als ein Landprediger Henry Ward Beecher fragte, was er tun könne, um seine Zuhörer an einem heißen Sonntagnachmittag am Einschlafen zu hindern, antwortete Beecher: »Sorgen Sie dafür, dass jemand den Prediger mit einem spitzen Stock piekt.«

Das ist einer der besten Ratschläge für gute Redekunst, den ich je gehört habe!

11 Schwächen Sie die Wirkung Ihrer Rede nicht durch »Wiesel-Worte« wie »Mir scheint« oder »Meiner Meinung nach«.

12 Lieben Sie Ihr Publikum.

Die unverzichtbaren Zutaten einer jeden guten Rede

6

»Ich lasse mich niemals entmutigen, unter keinen Umständen. (...) Um Ziele zu erreichen, braucht man drei unverzichtbare Qualitäten: erstens harte Arbeit, zweitens Ausdauer und drittens gesunden Menschenverstand.«

Thomas A. Edison

»Viel gute Arbeit wird vergeudet, weil es an der Bereitschaft fehlt, auch noch das entscheidende bisschen mehr Arbeit zu leisten.«

E. M. Harriman

»Verzweifele nie, und falls doch, arbeite trotz Verzweiflung weiter.«

Edmund Burke

»Geduld ist das beste Heilmittel gegen jedes Problem.«

Plautus, 225 v. Chr.

»Lass die Geduld ihr vollkommenes Werk tun.«

Lieblingsmotto von Russel H. Conwell

»Wer an den Sieg glaubt, wird siegen. (...) Wer nicht täglich eine von seinen Ängsten überwindet, hat die erste Lektion des Lebens nicht gelernt.«

Ralph Waldo Emerson

»Siegen ist Willenskraft.«

Napoleon

»Wer große Leistungen vollbringen will, benötigt dazu folgende Qualitäten: feste Entschlossenheit, moralische Integrität und Selbstvertrauen.«

F. B. Robinson, Dekan der School of Business and Civic Administration,
College of the City of New York

»Wenn wir zu einem Entschluss gelangt sind, sollten wir von da an keinen
Gedanken mehr auf die möglichen Resultate verschwenden, sondern uns
völlig darauf konzentrieren, diesen Entschluss in die Tat umzusetzen.«

William James

Der richtige Geist   Am Tag, an dem ich diese Zeilen schreibe, jährt sich wieder
einmal der Todestag von Sir Ernest Shackleton. Er starb,
während er mit der *Quest* gen Süden fuhr, um die Antarktis
zu erforschen. In einem an Bord der *Quest* auf einem Mes-
singschild eingravierten Gedicht heißt es:

»Wenn unbeirrter Wille dich beseelt und aufrecht hält,
Und du dein Herz bezwingst, die Nerven und die Sehnen,
Dass sie, obwohl erschöpft, doch immerfort dir dienen,
Eroberst du am Ende alle Schätze dieser Welt.«

Shackleton nannte diese Zeilen den »Geist der *Quest*«. Und
sie verkörpern in der Tat den wahren Geist, den sich jeder

124

Mensch zu eigen machen sollte, ob er nun den Südpol bezwingen oder die Kunst öffentlichen Redens meistern will.

Leider, muss ich hinzufügen, bringen nur wenige Menschen einen solchen Geist in die Rhetorikseminare mit. Als ich vor Jahren meine Arbeit in der Erwachsenenbildung begann, fand ich zu meinem Erstaunen heraus, dass ein hoher Prozentsatz der Leute, die sich für Abendkurse einschreiben, vorzeitig aufgeben. Ihre Zahl ist ebenso groß wie beklagenswert. Sie wirft ein trauriges Licht auf die menschliche Natur.

Inzwischen haben wir das sechste Kapitel dieses Buches erreicht, und ich weiß aus Erfahrung, dass viele Leserinnen und Leser bei sich bislang keinerlei Fortschritte bemerken – kein gewachsenes Selbstvertrauen, keine größere Sicherheit bei öffentlichen Auftritten. Trotzdem rate ich Ihnen, bei der Stange zu bleiben, denn: »Wie bedauernswert sind Menschen ohne Geduld. Braucht nicht auch eine Wunde ihre Zeit zur Heilung?«

Viele geben zu früh auf

Ausdauer ist gefragt

Wenn wir etwas Neues erlernen, ob es sich dabei nun um Französisch, Golf oder öffentliches Reden handelt, verläuft unsere Entwicklung nicht linear und stetig. Wir werden nicht kontinuierlich besser, sondern die Fortschritte vollziehen sich in plötzlichen Sprüngen. Daran schließt sich meist eine Phase des Stillstandes ein, ja oft erleben wir gar ein paar kleinere Rückschläge. Diese Perioden der Stagnation sind der Psychologie wohl bekannt. Sie werden als »Plateaus in der Kurve des Lernens« bezeichnet. Schüler, die öffentliches Reden erlernen, bleiben manchmal wochenlang auf solchen Plateaus. Auch wenn sie sich alle Mühe geben, gelingt es ihnen nicht, die nächste Stufe zu erreichen. Die Schwächeren unter ihnen geben dann auf. Jene, die aber über genü-

Plateaus mutig durchstehen

gend Biss verfügen, machen weiter und stellen plötzlich fest, dass sie über Nacht, ohne sagen zu können, wie es eigentlich dazu kam, einen Durchbruch erleben und enorme Fortschritte machen. Wie ein Flugzeug, das steil in den Himmel steigt, haben sie das Plateau hinter sich gelassen. Plötzlich haben sie den Bogen heraus. Plötzlich strahlen ihre Reden Natürlichkeit, Kraft und Selbstvertrauen aus.

Anfangs-
nervosität ist
normal

Dass Sie unmittelbar vor einem Auftritt und während seinen anfänglichen Augenblicken eine gewisse Angst und Nervosität empfinden, mag Sie auch weiterhin begleiten. Dem britischen Politiker und Redner John Bright erging es während seiner gesamten Karriere so. Ebenso dem großen britischen Staatsmann William Gladstone. Und Bischof Wilberforce und zahlreichen anderen herausragenden Rednern. Selbst die größten Musiker kennen diese Nervosität zu Beginn eines Auftritts, trotz ihrer zahllosen öffentlichen Konzerte. Der polnische Pianist Ignacy Paderewski fummelte immer nervös an seinen Manschetten herum, ehe er sich an den Flügel setzte. Doch sobald der Auftritt beginnt, löst sich diese ganze Publikumsangst auf wie Nebel in der Augustsonne.

Diese Erfahrung werden auch Sie machen. Wenn Sie entschlossen am Ball bleiben, werden Sie alles überwinden bis auf diese kleine Anfangsnervosität, die selbst die erfahrensten Profis befällt. Nach den ersten Sätzen werden Sie sich aber völlig unter Kontrolle haben. Dann wird die weitere Rede ein Vergnügen für Sie sein.

Felsenfeste Entschlossenheit

Einmal schrieb ein junger Mann, der Anwalt werden wollte, an Abraham Lincoln und bat ihn um Rat. Lincoln antwortete: »Wenn Sie unerschütterlich gewillt sind diesen Beruf zu ergreifen, haben Sie die Sache schon zur Hälfte geschafft. (...)

Denken Sie immer daran, dass Ihre feste Entschlossenheit erfolgreich zu sein, wichtiger ist als alles andere.«

Lincoln kannte sich aus. Er hatte das alles selbst durchgemacht. Mit nur einem einzigen Jahr Schulbildung hatte er auskommen müssen. Und Bücher? Lincoln sagte einmal, er sei herumgewandert und habe sich im Umkreis von fünfzig Meilen jedes verfügbare Buch ausgeliehen. In seiner Blockhütte brannte die ganze Nacht ein Kaminfeuer. Manchmal las er beim Licht dieses Feuers. Oft steckte er ein Buch in eine Spalte zwischen den Holzbohlen. Sobald es am Morgen hell genug war, drehte Lincoln sich auf seinem mit Laub gepolsterten Bett herum, rieb sich die Augen, zog das Buch heraus und vertiefte sich in seinen Inhalt.

Er lief zwanzig oder dreißig Meilen, um einen Redner zu hören, und wenn er dann nach Hause zurückkehrte, übte er seine eigenen Reden überall – auf den Feldern, im Wald, vor der Menge, die sich bei Jones' Laden in Gentryville versammelte. Er schloss sich literarischen Zirkeln und Debattierklubs in New Salem und Springfield an. Dort übte er sich darin, eine Ansprache zum Thema des Tages zu halten, ganz so wie heute die Teilnehmer der Dale-Carnegie-Kurse.

Ständig plagte er sich mit Minderwertigkeitsgefühlen herum. In Gegenwart von Frauen war er schüchtern und stumm. Als er um Mary Todd warb, saß er scheu und schweigend herum, unfähig die passenden Worte zu finden, und hörte zu, während sie das Reden übernahm. Und doch war dies der Mann, dem es durch Übung und Selbststudium gelang, als Redner gegen den angesehenen und gebildeten Senator Douglas zu bestehen. Es war der Mann, der in Gettysburg und dann noch einmal bei der Antrittsrede zu seiner zweiten Amtszeit Höhen der rhetorischen Kunst erreichte, die in der Menschheitsgeschichte ihresgleichen suchen.

Kein Wunder, dass er eingedenk seiner eigenen Handikaps und schmerzlichen Kämpfe jenem jungen Mann schrieb: »Wenn Sie unerschütterlich gewillt sind diesen Beruf zu ergreifen, haben Sie die Sache schon zur Hälfte geschafft.«

Als Lincoln bei der Bewerbung um einen Senatssitz von Stephen A. Douglas geschlagen worden war, mahnte er seine Anhänger »nicht aufzugeben, weder nach einer noch nach einhundert Niederlagen«.

Die Belohnung ist Ihnen gewiss

Wenn ich Sie doch nur überzeugen könnte, sich dieses Buch eine Woche lang jeden Morgen aufgeschlagen auf den Frühstückstisch zu legen, bis Sie sich die folgenden Worte des berühmten Harvard-Psychologen William James eingeprägt haben:

Einsatz bringt Erfolg

»Kein junger Mensch braucht sich wegen seiner möglicherweise mangelhaften Vorbildung Sorgen zu machen. Wenn er während seiner Arbeitstage fleißig bei der Sache ist und wirklichen Einsatz zeigt, wird seine Karriere wie von selbst in die richtigen Bahnen fließen. Wenn er so vorgeht, wird er mit absoluter Sicherheit eines Morgens aufwachen und feststellen, dass er zu den kompetentesten Vertretern seiner Generation gehört, welchen Beruf er auch gewählt haben mag.«

Und jetzt, gestützt durch den berühmten Professor James, wage ich zu behaupten, dass Sie, wenn Sie die Empfehlungen dieses Buches beharrlich und mit Enthusiasmus praktizieren und auf intelligente Weise das Reden üben, eines Tages aufwachen und feststellen werden, dass Sie von nun an zu den kompetentesten Rednern in Ihrer Stadt oder Gemeinde gehören.

128

So phantastisch Ihnen dies noch vorkommen mag, *es trifft prinzipiell zu.* Natürlich gibt es Ausnahmen. Ein Mensch von mediokrer Gesinnung und Persönlichkeit wird sich nicht zu einem hiesigen Daniel Webster entwickeln. Aber in einem vernünftigen Rahmen ist diese Prognose richtig.

Ich möchten Ihnen das an einem konkreten Beispiel veranschaulichen:

Am Abschlussbankett eines Rhetorikseminares in Trenton, New Jersey, nahm der damalige Gouverneur Stokes teil. Er sagte, die Reden der Seminarteilnehmer, die er an diesem Abend gehört hätte, seien so gut gewesen wie die Reden, die er sonst in Washington im Repräsentantenhaus und im Senat zu hören bekäme. Jene Reden in Trenton wurden von Geschäftsleuten gehalten, die wenige Monate vorher aus lauter Publikumsangst kaum den Mund aufbekommen hatten. Es waren alle nicht gerade angehende Ciceros. Sie waren einfach ganz normale Geschäftsleute, wie man sie in jeder amerikanischen Stadt treffen kann. Und doch wachten sie eines schönen Morgens auf und stellten fest, dass sie von nun an zu den kompetentesten Rednern ihrer Stadt gehörten.

Reden wie die Profis

Ihr ganzer Erfolg als öffentlicher Redner hängt lediglich von zwei Dingen ab: Ihren angeborenen Fähigkeiten und der Ernsthaftigkeit und Kraft Ihrer Wünsche und Bestrebungen.

»Auf beinahe jedem Gebiet«, sagte William James, »ist es Ihre Leidenschaft, die Sie retten wird. Wenn Ihr Ziel ausreichend wichtig für Sie ist, werden Sie es erreichen. Wenn Sie den Wunsch haben, reich zu werden, werden Sie reich. Wenn Sie gebildet sein wollen, werden Sie Bildung erlangen. Wenn Sie ein guter Mensch sein wollen, werden Sie ein guter Mensch. Es kommt nur darauf an, dass Sie sich diese Dinge

James empfiehlt Leidenschaft

wirklich wünschen, und zwar klar und eindeutig, und sich nicht hundert andere Dinge ebenfalls wünschen, die damit nicht vereinbar sind.«

Und ebenso folgerichtig hätte Professor James hinzufügen können: »Wenn Sie ein guter Redner werden wollen, dann werden Sie dieses Ziel erreichen. Aber Sie müssen es sich *wirklich* wünschen.«

Ausdauer ist wichtiger als Begabung

Ich habe tausende von Menschen kennen gelernt und aufmerksam beobachtet, wie sie bemüht waren, mit Selbstvertrauen öffentlich sprechen zu können. Bei jenen, die es schafften, handelte es sich nur in seltenen Fällen um ausgesprochen brillante Köpfe. Größtenteils waren es ganz normale Geschäftsleute, wie sie Ihnen tagtäglich begegnen. Aber sie hielten durch. Intelligentere Männer ließen sich manchmal entmutigen oder dachten zu sehr ans Geldverdienen, sodass sie nicht weit kamen. Aber der Durchschnittsmensch mit Biss und Entschlossenheit gehörte am Ende fast immer zur Spitze.

Das ist nur menschlich und natürlich. Kann man es nicht ständig in allen Berufssparten erleben? Rockefeller hat gesagt, die wichtigste Voraussetzung, um geschäftliche Erfolge zu erzielen, sei Geduld. Das gilt auch für das erlernen der Redekunst.

Marschall Foch führte im Ersten Weltkrieg eine der besten Armeen der Welt zum Sieg und schrieb das einer einzigen Tugend zu: niemals zu verzweifeln.

Als die Franzosen sich 1914 zur Marne zurückzogen, wies General Joffre die ihm unterstellten Generäle an, den Rückzug ihrer zwei Millionen Soldaten zu stoppen und eine Offensive zu beginnen. Diese neue Schlacht tobte seit zwei Tagen, als Marschall Foch, der Joffres Mitte befehligte, ihm eine der außerordentlichsten Nachrichten der Militärgeschichte übermittelte: »Die Mitte gibt nach. Meine rechte

Flanke weicht zurück. Die Situation ist ausgezeichnet. Ich werde angreifen.«

Dieser Angriff rettete Paris.

Also, mein lieber Redner, wenn dein Kampf besonders schwer und hoffnungslos erscheint, wenn deine Mitte nachgibt und deine Flanke zurückweicht, dann ist »die Situation ausgezeichnet«. Also, zum Angriff! Los, greif an, und du wirst den besten Teil deiner Menschlichkeit retten – deinen Mut und deinen Glauben.

Mut zum Angriff!

Die Besteigung des Wilden Kaisers

Vor ein paar Jahren wagte ich mich in den österreichischen Alpen an die Besteigung des Wilden Kaisers. Im Reiseführer stand zu lesen, dass der Aufstieg schwierig und für Amateur-Bergsteiger nur in Begleitung eines Bergführers zu empfehlen sei. Wir, ein Freund, der mich begleitete, und ich, hatten keinen Führer, und wir waren ganz zweifellos Amateure. Also fragte uns ein anderer Reisender, ob wir glaubten, es wirklich schaffen zu können. »Natürlich!«, erwiderten wir.

»Was macht Sie da so sicher?«, wollte er wissen.

»Andere haben es auch schon alleine geschafft«, sagte ich, »also ist es durchaus im Rahmen des Möglichen. *Und wenn ich mir etwas vornehme, verschwende ich keinen Gedanken an eine Niederlage.*«

Nie an Niederlagen denken

Als Alpinist bin ich ein blutiger Anfänger. Und doch ist dies die beste Geisteshaltung, ob es sich nun um öffentliches Reden oder die Besteigung des Mount Everest handelt.

Denken Sie niemals an eine Niederlage. *Denken Sie immer an den Erfolg.* Sehen Sie sich vor Ihrem inneren Auge mit perfekter Selbstbeherrschung eine glänzende Rede halten.

Erfolgsdenken bringt Erfolg

Das ist für Sie absolut zu schaffen. Glauben Sie an den Erfolg. Glauben Sie unerschütterlich daran, und tun Sie

dann alles Notwendige, um diesen Erfolg Wirklichkeit wer-
den zu lassen.

Admiral Dupont gab im amerikanischen Bürgerkrieg ein halbes Dutzend gute Gründe dafür an, warum er seine Kanonenboote nicht in den Hafen von Charleston hatte einlaufen lassen. Admiral Farragut entgegnete: »Es gibt noch einen weiteren Grund, den Sie unerwähnt gelassen haben.«

»Welcher soll das sein?«, wollte Dupont wissen.

Die Antwort lautete: »Sie haben nicht geglaubt, es schaffen zu können.«

Das Wertvollste, was die Teilnehmer eines Rhetorikkurses gewinnen können, ist ein gesteigertes Selbstvertrauen und ein größerer Glaube an ihre Fähigkeiten. Kann es für den Erfolg in nahezu allen Lebensbereichen Wichtigeres geben?

Der Wille zum Sieg

Hubbards
Glücksrezept

Jetzt kann ich einfach nicht anders und zitiere den Verleger und Schriftsteller Elbert Hubbard, dessen Rat so inspirierend ist, dass ich ihn Ihnen nicht vorenthalten möchte. Jeder Mensch, der Hubbards Empfehlungen folgt, wird zwangsläufig glücklicher und wohlhabender:

»Wann immer Sie Ihr Haus verlassen, gehen Sie hoch aufgerichtet, mit leicht zurückgenommenem Kinn, und füllen Sie Ihre Lungen bis zum Rand mit frischer Luft. Lassen Sie sich vom Sonnenlicht durchströmen. Begrüßen Sie Ihre Freunde mit einem Lächeln und legen Sie Herzlichkeit und Seele in jeden Händedruck. Fürchten Sie sich nicht davor, missverstanden zu werden, und verschwenden Sie keinen Gedanken an Ihre Feinde. Konzentrieren Sie sich stattdessen fest auf das, was Sie gerne vollbringen möchten, und marschieren Sie dann, ohne nach links oder rechts abzuweichen, auf Ihr Ziel los. Richten Sie Ihr Denken auf die großartigen und wunderbaren

Dinge, die Sie vollbringen möchten. Wenn Sie aus dieser Haltung heraus leben, werden Sie unbewusst alle Gelegenheiten erkennen und nutzen, die Sie der Erfüllung Ihrer Wünsche näher bringen, so wie die Koralle aus dem wogenden Meerwasser die Nahrung entnimmt, die sie benötigt. Schaffen Sie sich ein inneres Bild von dem tüchtigen, ehrlichen und nützlichen Menschen, der Sie sein möchten. Wenn Sie diesen Gedanken stets im Kopf behalten, wird er bewirken, dass Sie sich in genau dieses Individuum verwandeln. (...) Das Denken ist die entscheidende Kraft. Üben Sie sich in der richtigen Gesinnung, indem Sie eine Haltung des Mutes, der Offenheit und der Freude einnehmen. Richtiges Denken ist schöpferisch. Unser Wünsche sind es, die Dinge Wirklichkeit werden lassen, und jedes aufrichtige Gebet wird beantwortet. Wir werden zu dem, worauf wir unser Herz richten. Nehmen Sie das Kinn etwas zurück und tragen Sie Ihren Kopf hoch. Wir sind Götter im Larvenstadium, die darauf warten, sich zu prachtvollen Schmetterlingen zu entfalten.«

ZUSAMMENFASSUNG

1 Wenn wir etwas Neues erlernen, verläuft unsere Entwicklung nicht linear und stetig. Wir werden nicht kontinuierlich besser, sondern die Fortschritte vollziehen sich in plötzlichen Sprüngen. Daran schließt sich meist eine Phase des Stillstandes ein, ja oft erleben wir gar ein paar kleinere Rückschläge. Diese Perioden der Stagnation werden als »Plateaus in der Kurve des Lernens« bezeichnet. Manche Menschen, die die Kunst des Redens erlernen wollen, geben dann auf. Jene, die über genügend Biss verfügen, machen weiter und stellen plötzlich fest, dass sie über Nacht, ohne sagen zu können, wie es eigentlich dazu kam, einen Durchbruch erleben und enorme Fortschritte machen.

2 Wahrscheinlich werden Sie unmittelbar vor einem Auftritt und während seinen anfänglichen Augenblicken immer eine gewisse Angst und Nervosität empfinden. Vielen berühmten Rednern und Künstlern ging das während ihrer gesamten Karriere so. Durch konsequentes Üben werden Sie aber alle Hemmungen überwinden bis auf diese kleine Anfangsnervosität, die selbst die erfahrensten Profis befällt. Nach den ersten Sätzen wird diese Nervosität wie weggeblasen sein.

3 William James zufolge braucht sich niemand wegen einer möglicherweise mangelhaften Vorbildung Sorgen zu machen. Wenn er während seiner Arbeitstage fleißig bei der Sache ist und wirklichen Einsatz zeigt, wird er »mit absoluter Sicherheit eines Morgens aufwachen und feststellen, dass er zu den kompetentesten Vertretern seiner Generation gehört, welchen Beruf er auch gewählt haben mag«. Diese psychologische Wahrheit trifft auch auf Ihr Bemühen zu, gutes Reden zu erlernen. Daran besteht nicht der geringste Zweifel. Wenn Sie unbeirrt bei der Sache bleiben, werden Sie schon bald zu den kompetentesten Rednern in Ihrer Firma, Stadt oder Gemeinde zählen.

4 Denken Sie niemals an Niederlagen, sondern immer nur an den Erfolg. Dann wird sich dieser Erfolg auch zwangsläufig einstellen.

Das Geheimnis eines guten Vortrags

7

»Sie müssen die Fakten kennen – respektieren Sie sie, lieben Sie sie. Denn entscheidend für einen guten Vortrag ist Feuer, und Feuer entsteht aus Aufrichtigkeit.«

Ralph Waldo Emerson

»Es genügt nicht, dass Sie gut über das Thema Ihrer Rede Bescheid wissen. Sie müssen dieses Thema auch ernsthaft und mit Aufrichtigkeit präsentieren. Sie müssen ehrlich überzeugt sein, etwas zu sagen zu haben, dass die Leute unbedingt hören sollten.«

Außenminister William J. Bryan

»Folge dem Rat deines Herzens, denn es ist viel aufrichtiger zu dir als es andere Menschen jemals sein können. Manchmal zeigt es dir mehr als es sieben aufmerksame Wachposten tun würden, die hoch oben in einem Turm sitzen.«

Rudyard Kipling

»Tue stets eines nach dem anderen, und diesem einen, das du gerade tust, widme dich voll und ganz, als hinge dein Leben davon ab.«

Motto von Eugene Grace,
dem Generaldirektor der Bethlehem Steel Company

»Eine Predigt oder Ansprache ist dann am wirkungsvollsten, wenn sie sich in Gedankenfolge, Tonfall und spontaner Gestik ganz an der alltäglichen Sprechweise orientiert und ihre Kraft aus dem natürlichen Interesse des Redners an seinem Thema bezieht. Die Leute sollen zunächst lernen, sich in ihrer alltäglichen Konversation treffend, natürlich und aufrichtig zu äußern. Wenn Sie dann aufstehen, um von Rednerpult oder Kanzel oder vor Gericht zu sprechen, werden Ihre Sätze spontan und natürlich fließen, und die Zuhörer werden überhaupt nicht an ›Rhetorik‹ denken.«

Bischof John H. Vincent

Zwei ungleiche Brüder

Kurz nach Ende des Ersten Weltkriegs lernte ich in London die Brüder Ross und Keith Smith kennen. Sie hatten gerade den ersten Langstreckenflug von London nach Australien unternommen, dafür den von der australischen Regierung ausgesetzten Preis in Höhe von fünfzigtausend Dollar erhalten und waren vom König zu Rittern geschlagen worden.

Captain Hurley, ein bekannter Fotograf, hatte sie auf einem Teil ihrer Reise begleitet und Filmaufnahmen gemacht. Ich half ihnen einen bebilderten Vortrag über ihre Reise vorzubereiten und trainierte sie in öffentlichem Sprechen. Vier Monate lang hielten sie diesen Vortrag zweimal täglich in der Londoner Philharmonic Hall, wobei stets ein Bruder am Nachmittag sprach und der andere am Abend.

Sie hatten beide das Gleiche erlebt, waren, Seite an Seite sitzend, um die halbe Welt geflogen, und sie hielten beide, fast wortwörtlich den gleichen Vortrag. Und doch klang dieser Vortrag bei jedem der beiden vollkommen anders.

Die persönliche Note

Zu der Wirkung einer Rede trägt ein Faktor entscheidend bei, der über den bloßen Inhalt weit hinausgeht. Es ist die Atmosphäre, die der Vortragende erzeugt. Die persönliche

136

Würze, die er seinen Worten hinzufügt. »Es kommt nicht so sehr darauf an, was Sie sagen, sondern wie Sie es sagen.«

Ich saß einmal bei einem Konzert des berühmten Pianisten Ignacy Paderewski neben einer jungen Frau, die die Noten einer Mazurka von Chopin las, während Paderewski dieses Stück spielte. Sie war zutiefst verblüfft. Es war ihr unbegreiflich. Seine Finger schlugen exakt die gleichen Tasten an, die auch sie angeschlagen hatte, als sie selbst das Stück gespielt hatte, und doch war ihr Spiel alltägliches Mittelmaß gewesen, während Paderewski mit derselben Melodie das Publikum inspirierte und verzauberte, ein Erlebnis von unvergleichlicher Schönheit erschuf. Es waren nicht allein die Noten Chopins, die diese Wirkung hervorriefen. Es war die Art, wie Paderewski sie spielte, sein Gefühl, seine künstlerische Meisterschaft, seine Persönlichkeit, die das Geniale, das über das Mittelmaß hinausgehende seines Spiels, ausmachten.

Der große russische Maler Brjulov korrigierte einmal die Arbeit eines Schülers. Der Schüler schaute die geänderte Zeichnung verblüfft an und rief: »Na so was! Sie haben mit einem winzigen Strich alles verändert!« Brjulov erwiderte: »Die eigentliche Kunst beginnt mit den winzigen Strichen.« Das trifft auf die Kunst des Redens ebenso zu wie auf die Malerei und Paderewskis Klavierspiel.

Brjulovs winzige Striche

Der Römer Quintilian sagte vor langer Zeit, dass es nicht auf den Inhalt einer Rede ankomme, sondern auf die Art und Weise wie sie gehalten werde. Wie die meisten alten Sprichwörter sollte man auch dieses mit einem Körnchen Salz nehmen. Aber eine gute Vortragsweise bewirkt, dass man auch mit wenig Inhalt ziemlich weit kommt. Bei College-Redewettbewerben habe ich oft erlebt, dass durchaus nicht immer der Student mit dem besten inhaltlichen Material gewinnt. Vielmehr siegen die Redner, die so gut reden können, dass ihr Material am besten klingt.

Lord Morley bemerkte einmal mit fröhlichem Zynismus, dass es bei einer Rede auf drei Dinge ankomme: »Wer es sagt, wie er es sagt und was er sagt – wobei Letzteres am unwichtigsten ist.« Das mag etwas übertrieben klingen, aber es ist doch etwas Wahres daran.

Edmund Burke schrieb Reden, deren Logik und argumentativer Aufbau so exzellent sind, dass sie heute fast überall in Amerika als klassische Beispiele rhetorischer Kunst in den Colleges studiert werden, doch als Redner war Burke ein notorischer Versager. Er vermochte es nicht, seine inhaltlichen Juwelen durch Vortragskunst zum Funkeln zu bringen, die Zuhörer zu fesseln und zu beeindrucken. Daher nannte man ihn die »Pausenglocke« des englischen Parlaments. Wenn er aufstand, um eine Rede zu halten, husteten die anderen Abgeordneten, scharrten mit den Füßen und verließen reihenweise den Saal.

Sie können ein Stahlmantelgeschoss mit der Hand nach einem anderen Menschen werfen, ohne auch nur eine Delle in seiner Kleidung hervorzurufen. Wenn Sie aber eine Talgkerze in ein mit Pulver geladenes Rohr schieben, können Sie damit ein Holzbrett durchschießen. Leider, wie ich mit Bedauern sagen muss, hinterlässt manche Talgkerzen-Rede mit viel Pulver mehr Eindruck als eine Stahlmantel-Rede, der es an Durchschlagskraft fehlt. Achten Sie also auf Ihre Vortragskunst.

Was ist Vortragskunst?

Lassen Sie mich Ihnen ein Beispiel für die typische Art und Weise geben, wie tausende von Menschen Vorträge zu halten pflegen. Ich wohnte einmal in Mürren in den Schweizer Alpen in einem Hotel, das einer Londoner Gesellschaft gehörte. Zur Unterhaltung der Gäste schickten sie regelmäßig Schriftsteller und Vortragsredner aus England. Darunter war eine bekannte englische Romanautorin. Ihr Vortragsthema lautete: »Die Zukunft des Romans.« Sie gestand, dieses Thema nicht selbst gewählt zu haben. Und rasch zeigte sich, dass sie nichts darüber zu sagen hatte, das ihr wichtig genug war, um daraus einen fesselnden, inspirierenden Vortrag zu gestalten. Sie hatte sich eilig ein paar unzusammenhängende Notizen gemacht und ignorierte ihre Zuhörer völlig, stand vor ihnen, ohne sie ein einziges Mal anzuschauen. Stattdessen starrte sie über ihre Köpfe hinweg oder auf ihre Notizen oder auf den Boden. Mit geistesabwesendem Blick und distanzierter Stimme sprach sie ihre Worte ins Leere.

Bei einem solchen Auftritt kann man eigentlich gar nicht von einem Vortrag sprechen. Es handelt sich eher um einen Monolog, ohne jedes Gefühl für Kommunikation. Aber genau das steht bei einem guten Vortrag an erster Stelle: *ein Gefühl für Kommunikation.* Den Zuhörern muss eine Botschaft nahe gebracht werden, die aus dem Geist und Herz des Redners unmittelbar zum Geist und Herz der Zuhörer vordringt. Ein solcher Vortrag, wie ich ihn eben beschrieben habe, hätte ebenso gut in der sandigen, wasserlosen Einöde der Wüste Gobi gehalten werden können. Tatsächlich klang diese Schriftstellerin, als rede sie an einem solchen Ort und nicht zu einer Gruppe von lebendigen Menschen.

Die Regeln guten Vortragens sind recht einfach, besitzen aber doch ihre Tücken. Auch werden sie häufig missverstanden und missbraucht.

Was zu beachten ist

Eine moderne Zuhörerschaft, gleichgültig ob es sich um fünfzehn Teilnehmer einer geschäftlichen Besprechung oder tausend Leute in einer großen Halle handelt, möchte, dass der Redner so locker und natürlich zu ihnen spricht wie in einer normalen Konversation.

139

Locker und natürlich zwar, wohl aber mit erheblich *grö-ßerer Kraft*. Wer zu vierzig Menschen spricht, muss deutlich mehr Energie aufwenden, um verständlich und natürlich zu wirken, als dies im Gespräch mit zwei oder drei Personen der Fall wäre. So wie eine Statue, die hoch oben auf einem Gebäude steht, von enormer Größe sein muss, um für einen unten auf der Straße stehenden Betrachter lebensgroß zu wirken.

Nach einem Vortrag, den Mark Twain in einem Prospek-toren-Camp in Nevada gehalten hatte, kam ein alter Mann zu ihm und fragte: »Reden Sie immer so?«

Das ist es, was sich die Zuhörer wünschen, dass Sie so reden wie sonst auch, nur etwas verstärkt.

Normal reden, aber intensiver

Sprechen Sie zu den Mitgliedern der Handelskammer genau so, wie Sie im persönlichen Gespräch mit Ihrem Nach-barn sprechen würden. Was ist schließlich die Handels-kammer anderes als eine Ansammlung vieler Nachbarn? Versprechen nicht logischerweise jene Methoden, die im Gespräch mit einem Einzelnen dieser Menschen zum Erfolg führen, auch dann Erfolg, wenn Sie zu allen gemeinsam sprechen?

In demselben Hotelsaal, in dem die oben erwähnte Schriftstellerin sprach, hatte ich einige Tage später das Ver-gnügen, einem Vortrag von Sir Oliver Lodge zu lauschen. Sein Thema lautete: »Atome und Welten.« Er hatte diesem Thema ein halbes Jahrhundert an Forschung, Experimenten und intensivem Nachdenken gewidmet. Es war fester Be-standteil seines Fühlens, seines Geistes, seines Lebens ge-worden und darüber zu sprechen war ihm ein tiefes Bedürf-nis. Er vergaß völlig – und ich danke Gott dafür –, dass er dabei war, eine Rede zu halten. Das war die geringste seiner Sorgen. Ihm ging es ausschließlich darum, uns Zuhörern seine Welt der Atome nahe zu bringen, uns genau, lebendig und mit Gefühl darüber zu informieren. Er bemühte sich aufrichtig, uns sehen zu lassen, was er sah, und uns fühlen zu lassen, was er fühlte.

Und wie sah das Ergebnis aus? Er hielt eine wirklich bemerkenswerte Rede. Sie besaß Charme und Kraft und beeindruckte das Publikum tief. Lodge verfügte über außergewöhnliche rednerische Fähigkeiten, doch ich bin sicher, dass er sich nicht als Redner betrachtete. Und ich bin sicher, dass die meisten Menschen, die ihn sprechen hörten, ihn nicht als öffentlichen Redner wahrnahmen, sondern seinen wissenschaftlichen Geist bewunderten.

Ein guter Redner, der keiner war

Wenn man, lieber Leser, Ihren Vorträgen deutlich anmerkt, dass Sie Rhetorik-Unterricht genommen haben, wäre das keine gute Werbung für Ihren Lehrer. Ihr Lehrer möchte, dass Sie mit solcher Natürlichkeit sprechen, selbstverständlich einer intensivierten und gesteigerten Natürlichkeit, dass Ihr Publikum nicht im Traum auf die Idee kommt, Sie könnten ein geschulter Redner sein. Gerade das zeichnet nämlich einen guten Redner aus. Er ist so natürlich, dass seine Zuhörer die technischen Kniffe, die er anwendet, überhaupt nicht bemerken, sondern nur auf sein Thema achten.

Ein Rat von Henry Ford

»Alle Exemplare eines Ford-Modells sind genau gleich«, sagte ihr Schöpfer, »aber jeder Mensch ist einzigartig. Jedes neu geborene Leben ist etwas Neues unter der Sonne. Nie zuvor hat es etwas ihm Gleiches gegeben, und niemals wird dieses Einzigartige sich wiederholen. Dies sollte ein junger Mensch von sich denken. Er sollte nach jenem Funken der Individualität suchen, durch den er sich von seinen Mitmenschen unterscheidet, und diese besondere Gabe nach besten Kräften entwickeln. Die Gesellschaft und die Schulen versuchen oft, diese Einzigartigkeit glatt zu bügeln. Sie besitzen eine

Wertvollste Gabe: Individualität

Tendenz, uns alle in die gleiche Form zu pressen. Ich aber sage: Bewahre dir deinen individuellen Funken! Nur so wirst du im Leben etwas Bedeutungsvolles erreichen.«

Individualität = Bedeutung

Für das öffentliche Sprechen gilt dies erst recht. Es gibt auf der ganzen Welt keinen zweiten Menschen, der so ist wie Sie. Milliarden von Menschen besitzen zwei Augen, eine Nase und einen Mund. Aber keiner von ihnen schaut genauso aus wie Sie. Und keiner von ihnen besitzt genau Ihre Charakterzüge, Ihre Art zu denken und zu handeln. Wenn Ihre Sprache natürlich ist, werden nur sehr wenige Menschen auf die gleiche Weise reden wie Sie und sich ebenso ausdrücken. Mit anderen Worten: Sie besitzen Individualität. Als Redner ist das Ihr kostbarstes Gut. Halten Sie daran fest. Entwickeln Sie sie. Sie ist der Funke, der Ihrem Vortrag Kraft und Aufrichtigkeit verleiht. Nur durch Ihre Individualität werden Sie, um mit Henry Ford zu sprechen, ihm Leben etwas Bedeutungsvolles erreichen.

Sir Oliver Lodge sprach anders als andere Menschen, weil er anders war. Die Art, wie ein Mensch redet, ist ein wesentlicher Teil seiner Individualität, so wie sein Bart oder seine Frisur. Hätte Lodge versucht, Lloyd George zu imitieren, hätte das unecht gewirkt und den positiven Eindruck seines Vortrages zunichte gemacht.

Jeder auf seine Weise

Einige der berühmtesten Debatten in der Geschichte der USA fanden 1858 in den Präriestädten von Illinois statt – zwischen Senator Stephen A. Douglas und Abraham Lincoln. Lincoln war groß und linkisch. Douglas war klein und elegant. So gegensätzlich wie ihr Äußeres waren auch Charakter, Mentalität und Persönlichkeit dieser beiden Männer.

Bei Douglas handelte es sich um einen kultivierten Mann von Welt. Lincoln war der bodenständige Zimmermann, der seine Besucher auf Socken empfing. Douglas war völlig humorlos. Lincoln war einer der besten Geschichtenerzähler aller Zeiten. Douglas benutzte kaum Vergleiche. Lincoln dagegen sprach stets in Analogien und Bildern. Douglas trat hochmütig und arrogant auf, Lincoln bescheiden und versöhnlich. Douglas' Verstand arbeitete blitzschnell und messerscharf. Lincoln dachte wesentlich langsamer. Douglas redete mit dem Schwung und der Gewalt eines Wirbelwindes. Lincoln war ruhiger, tiefgründiger und besonnener.

So unterschiedlich diese Männer waren, hatten sie doch gemeinsam, dass es sich bei beiden um gute Redner handelte, weil sie mutig und vernünftig genug waren, sie selbst zu sein. Hätte einer von ihnen versucht, den anderen zu imitieren, wäre das ein kompletter Fehlschlag geworden. Doch indem sie jeweils die ihnen gegebenen Talente optimal nutzten, beeindruckten sie ihre Zuhörer durch ihre Individualität und Kraft. *Machen Sie es ebenso.*

Dieser Rat erteilt sich leicht, aber ist es auch leicht, ihn zu befolgen? Keineswegs. Wie Marschall Foch über das Kriegshandwerk sagte: »In seiner Konzeption ist es recht einfach, doch leider höchst kompliziert in der Ausführung.«

Leichter gesagt
als getan

Man benötigt Übung, um vor einem Publikum natürlich zu sein. Schauspieler wissen das. Als vierjähriges Kind konnten Sie sich vielleicht problemlos auf ein Podium stellen und ganz natürlich vor einem Publikum einen Text aufsagen. Doch was geschieht, wenn Sie als Vierundzwanzigjähriger oder als Vierundvierzigjähriger vor ein Publikum treten und zu sprechen beginnen? Werden Sie dann immer noch die unbewusste Natürlichkeit eines Vierjährigen besitzen? In seltenen Fällen mag das zutreffen, doch ich wette meinen Hut, dass Sie verkrampfen, steif und mechanisch werden und sich in Ihren Panzer zurückziehen wie eine Schildkröte.

Das Problem, wenn man Menschen zu guten Rednern schulen möchte, besteht nicht darin, ihnen zusätzliche Sprechgewohnheiten anzutrainieren. In erster Linie geht es

Kultivieren Sie
Natürlichkeit

143

darum, Hindernisse aus dem Weg zu räumen und die Menschen zu beruhigen, sodass sie in der Lage sind, eine Rede mit der gleichen Natürlichkeit halten, die sie bei einem ungezwungenen Gespräch mit einem guten Bekannten an den Tag legen.

Wie oft habe ich bei meinen Seminaren Redner unterbrochen und sie beschworen, »wie ein normaler Mensch zu sprechen«. Hunderte Male habe ich mich bis zur nervösen Erschöpfung bemüht, Menschen zum natürlichen Sprechen zu motivieren. Nein, glauben Sie mir, es ist wirklich nicht so leicht, wie es sich anhört!

Mit dem Publikum reden Und es gibt auf Erden nur einen einzigen Weg, wie Sie den Bogen herausbekommen können, ein Gespür dafür entwickeln können, wie diese vergrößerte, verstärkte Natürlichkeit zu bewerkstelligen ist: *Übung*! Und wenn Sie sich während des Übens dabei ertappen, dass Sie steif und künstlich reden, halten Sie inne und erteilen Sie sich den scharfen, unmissverständlichen mentalen Befehl: »Was ist los? Wach auf! Benimm dich wie ein normaler Mensch!« Picken Sie sich dann eine einzelne Person aus dem Publikum heraus, jemanden, der in der hintersten Reihe sitzt, den am gelangweiltesten wirkenden Kerl, den Sie ausmachen können, und sprechen Sie unmittelbar zu ihm. Vergessen Sie, dass noch andere Zuhörer anwesend sind. Unterhalten Sie sich mit ihm. Stellen Sie sich vor, dass er Ihnen eine Frage gestellt hat, die Sie nun beantworten. Wenn er tatsächlich aufstünde, um eine Zwischenfrage zu stellen, die Sie dann sofort beantworteten, bekäme Ihr Vortrag dadurch automatisch eine natürlichere, direktere Note. Stellen Sie sich also vor, dass genau dies geschieht.

Sie können sogar so weit gehen, dass Sie sich selbst eine Frage stellen und diese dann beantworten. Mitten in Ihrem Vortrag können Sie beispielsweise sagen: »... und jetzt fragen Sie sich, welche Beweise ich für diese Behauptung habe? Ich habe hieb- und stichfeste Beweise, und die werde ich Ihnen jetzt präsentieren ...« Beantworten Sie dann diese von Ihnen selbst aufgeworfene Frage. Wenn diese Methode sehr locker und natürlich angewendet wird, kann Sie die Monotonie eines Vortrages durchbrechen, Langeweile vertreiben und beim Publikum Interesse und Neugierde wecken.

Aufrichtigkeit, Enthusiasmus und echtes Engagement werden Ihnen ebenfalls helfen. Wenn ein Mensch seinen Gefühlen folgt, kommt sein wahres Selbst zum Vorschein. Dann fallen die Barrieren. Das Feuer seiner Emotionen verbrennt alle Barrieren. Er agiert spontan. Er redet spontan. Er ist natürlich. Emotionen erzeugen Natürlichkeit

Letztlich kommen wir also auch bei der Frage, was eine gute Vortragsweise auszeichnet, wieder auf jenen Punkt zurück, der in diesem Buch schon des Öfteren betont wurde: Legen Sie Ihr Herzblut in Ihre Reden hinein.

In seinen Vorlesungen über die Kunst des Predigens sagte Dekan Brown von der Yale Divinity School: »Nie werde ich die Worte vergessen, mit denen einer meiner Freunde einen Gottesdienst beschrieb, dem er in London beigewohnt hatte. Dieser Gottesdienst wurde von George MacDonald geleitet. Er las an jenem Morgen aus Hebräer, Kapitel 11. Ehe er mit der Predigt begann, sagte er: ›Sie haben nun alles über diese Menschen des Glaubens gehört. Ich werde nicht versuchen, Ihnen zu erklären, was Glauben ist. Es gibt Theologieprofessoren, die das viel besser können als ich. Ich bin hier, um Ihnen glauben zu helfen.‹ Dann offenbarte dieser Geistliche der Gemeinde seinen eigenen Glauben an die ewige, unsichtbare Wirklichkeit auf eine so schlichte, von Herzen kommende, großartige Weise, dass dadurch wie von selbst Zuversicht und Vertrauen in die Herzen aller Zuhörer einströmten. *Dass er sein Herzblut hineinlegte, machte* Das Herz einer Predigt seine Predigt so wirkungsvoll: *Seine Worte kamen aus der einzigartigen Schönheit seines eigenen inneren Erlebens.«*

»Er legte sein Herzblut in seine Worte.« Das ist das Geheimnis. Doch ich weiß, dass ein solcher Rat unpopulär ist. Er erscheint vage, verschwommen. Die meisten Schüler wünschen sich narrensichere Regeln. Etwas Klares, Eindeutiges. Etwas, das so präzise ist wie die Betriebsanleitung eines Autos.

Starre Regeln funktionieren nicht

Und das würde ich Ihnen auch gerne geben, glauben Sie mir. Das wäre einfach für Sie und einfach für mich. Es gibt solche Regeln, sie haben nur leider einen kleinen Schönheitsfehler: Sie funktionieren nicht. Sie nehmen der Vortragsweise eines Menschen alle Natürlichkeit und Spontaneität, sodass seine Reden saft- und kraftlos wirken. Ich weiß das nur zu gut. In jüngeren Jahren verschwendete ich eine Menge Energie darauf, diese Regeln auszuprobieren. Sie tauchen nicht auf den Seiten dieses Buches auf, weil es, wie es der Publizist und Humorist Josh Billings bemerkte, »keinen Sinn macht, so viele Dinge zu wissen, die nicht wahr sind«.

Einige Empfehlungen, die sie beim öffentlichen Sprechen unbedingt beherzigen sollten

Erzwingen Sie nichts!

Wir werden nun einige der Prinzipien natürlichen Redens näher erörtern, damit Ihnen klarer wird, worauf es dabei ankommt. Anfangs habe ich gezögert, dies zu tun, weil unter Garantie jemand sagen wird: »Aha, ich muss mich also nur zwingen, diese Dinge zu tun, und dann funktioniert alles bestens!« So geht es aber leider nicht. Wenn Sie sich dazu zwingen, wird Ihr Vortrag trotzdem hölzern und mechanisch wirken.

In Ihren alltäglichen Gesprächen im kleinen Kreis wenden Sie alle diese Prinzipien an, und zwar so selbstverständlich und unbewusst wie Sie ihr Mittagessen verdauen. Und genau so soll es sein. Das ist der einzige Weg. Was das öffentliche Reden angeht, gelingt das, wie gesagt, nur durch häufiges Üben.

Erstens: Wichtige Wörter betonen, unwichtige Wörter abschwächen

Im Gespräch betonen wir eine Silbe eines Wortes und artikulieren die anderen nur schnell und schwach. Im Deutschen ist dies meistens die erste Silbe – z.B.: HAMburg, UMwelt. Seltener kann es aber auch eine andere Silbe sein: PhantaSIE, GeWERbepark. Ebenso machen wir es auch mit unseren Sätzen. Wir lassen ein oder zwei wichtige Wörter aus den anderen herausragen wie ein Wolkenkratzer.

Auf die Betonung kommt es an

Hier folgt ein Beispiel. Lesen Sie das folgende Zitat laut, wobei Sie die in Großbuchstaben gedruckten Wörter stark betonen. Artikulieren Sie die übrigen Wörter leise und schnell. Welche Wirkung hat das?

»In fast ALLEM, was ich unternahm, hatte ich ERFOLG, weil ich es wirklich WOLLTE. Ich habe NIE GEZÖGERT, und das verschaffte mir einen VORTEIL gegenüber dem Rest der Menschheit.« – Napoleon

Das ist nicht die einzige Möglichkeit, diese Zeilen zu betonen. Ein anderer Sprecher würde es vielleicht anders machen. Hier gelten keine in Stein gemeißelten Regeln. Es hängt immer davon ab, wer spricht und unter welchen Umständen.

Zweitens: Sprechen Sie mit wechselnder Tonhöhe

In einem normalen Gespräch wechseln wir immer wieder die Tonhöhe, in einem ständigen Auf und Ab, wie bei den Wellen des Meeres. Warum? Niemand weiß das, und es kümmert

Monotonie vermeiden

147

sich auch niemand darum. Von diesem ständigen Wechsel der Tonhöhe geht einfach eine angenehme Wirkung aus, es ist unsere natürliche Art zu sprechen. Wir mussten das nie lernen, sondern eigneten uns diese Redeweise unbewusst in der Kindheit an. Doch wenn wir öffentlich sprechen müssen, neigen wir dazu, unsere Stimme so flach und monoton werden zu lassen wie die Salzwüste von Nevada.

Wenn Sie merken, dass sie mit monotoner Stimme reden, wozu sich meistens auch noch eine unangenehm schrille Tonhöhe gesellt, machen Sie eine kleine Pause und sagen Sie sich im Stillen: »Sprich nicht wie ein Roboter! *Unterhalte dich mit den Leuten! Sei normal, sei natürlich!*«

Wird dieser Appell an sich selbst Ihnen helfen? Ein bisschen, vielleicht. Die Pause wird auf jeden Fall helfen. Durch Übung werden Sie herausfinden, wie Sie sich am besten aus solchen Miseren retten können.

Worte aufleuchten lassen
Durch plötzliches Heben oder Senken der Stimme können Sie jede Formulierung oder jedes Wort aufleuchten lassen, als würde ein Scheinwerfer darauf gerichtet. Dr. Cadman, der berühmte Geistliche aus Brooklyn tat das oft. Ebenso Sir Oliver Lodge und Theodore Roosevelt. Alle guten Redner tun das.

Versuchen Sie einmal, bei den nachfolgenden Zitaten die kursiv gesetzten Wörter mit deutlich tieferer Stimme auszusprechen als den Rest des Satzes. Welche Wirkung hat das?

»Ich habe nur einen Verdienst: Ich *verzweifle nie.*« – Marschall Foch.

»Das große Ziel der Erziehung ist nicht Wissen, *sondern aktives Handeln.*« – Herbert Spencer.

DRITTENS: VARIIEREN SIE IHR SPRECHTEMPO

Lebendigkeit ist angesagt
Wenn ein Kind spricht, oder wenn wir selbst uns in alltäglicher Weise unterhalten, verändern wir ständig unsere Sprechgeschwindigkeit. Das ist angenehm und natürlich und

148

geschieht unbewusst. Es unterstreicht die Bedeutung des Gesagten und ist eine hervorragende Möglichkeit, unsere Ideen an den Mann oder die Frau zu bringen.

In seinem Buch *Reporter's Lincoln* beschreibt Walter B. Stevens, welche Methode Abraham Lincoln bevorzugt anwandte, um einem Argument Geltung zu verschaffen:

»Er sprach mehrere Wörter mit großer Schnelligkeit aus. Wenn dann das Wort oder die Formulierung kam, die er besonders betonen wollte, redete er bewusst ganz langsam und dehnte die Silben aus. Danach artikulierte er den Rest des Satzes blitzschnell. (...) Er widmete den ein oder zwei Wörtern, denen er besondere Bedeutung beimaß, genauso viel Zeit wie dem halben Dutzend von weniger wichtigen Wörtern, die sich daran anschlossen.«

Mit dieser Methode verschaffen Sie sich unwillkürlich die gewünschte Aufmerksamkeit.

Sich
Aufmerksamkeit
verschaffen

Ein Beispiel: Bei öffentlichen Vorträgen habe ich häufig das folgende Zitat von Kardinal Gibbons verwendet. Ich wollte besonders herausstellen, wie wichtig persönlicher Mut ist. Also ließ ich mir mit den kursiv gesetzten Wörtern Zeit, artikulierte sie langsam und sprach, als sei ich selbst von ihnen beeindruckt – was auch wirklich zutraf. Lesen Sie nun bitte das Zitat laut, probieren Sie diese Methode aus und achten Sie auf das Ergebnis.

»Kurz vor seinem Tod sagte Kardinal Gibbons: ›Ich bin jetzt *sechsundachtzig* Jahre alt und habe *viele* Menschen auf der *Erfolgs*leiter *nach oben* steigen sehen, *hunderte*. Von allen Elementen des Erfolges *ist der Glaube das wichtigste*. Um *Großes zu vollbringen* braucht ein Mensch *Mut*.‹«

Probieren Sie Folgendes: Sagen Sie »dreißig Millionen Dollar« schnell und in einem gleichgültigen Tonfall, als handele es sich um eine unbedeutende Summe. Sagen Sie nun »dreitausend Dollar« langsam, mit Gefühl, als seien Sie von

Magische Dollar-
Vermehrung

149

der Größe dieser Summe tief beeindruckt. Klingen die dreitausend Dollar nun nicht nach viel mehr als die dreißig Millionen?

VIERTENS: MACHEN SIE VOR UND NACH WICHTIGEN GEDANKEN EINE PAUSE

Lincolns Pausentechnik Lincoln machte in seinen Reden häufig Pausen. Wenn er zu einem bedeutsamen Gedanken kam, die er tief im Bewusstsein seiner Zuhörer verankern wollte, beugte er sich vor, schaute dem Publikum direkt in die Augen und schwieg für einen Moment. Diese plötzliche Stille hat den gleichen Effekt wie ein plötzliches Geräusch: Sie erregt Aufmerksamkeit. Alle warten gespannt darauf, was als Nächstes kommt. Als sich seine berühmten Debatten mit Senator Douglas dem Ende zuneigten und alles auf eine bevorstehende Niederlage hindeutete, fühlte sich Lincoln deprimiert. Seine alte Neigung zur Melancholie machte sich bemerkbar und verlieh seinen Worten ein anrührendes Pathos. In einer seiner Abschlussreden »verstummte er plötzlich. Mit seinen tief eingesunkenen, müden Augen, die voller ungeweinter Tränen zu sein schienen, blickte er zwischen den teils gleichgültigen, teils freundlichen Gesichtern umher. Er faltete seine Hände, als seien sie erschöpft von dem aussichtslosen Kampf, und sagte mit seiner eigentümlichen, etwas monoton klingenden Stimme: ›Meine Freunde, es macht keinen großen Unterschied, ob Richter Douglas oder ich in den Senat der Vereinigten Staaten gewählt werden. Die große Frage aber, über die wir heute zu Ihnen gesprochen haben, ragt weit über alle persönlichen Interessen und die politische Zukunft einzelner Menschen heraus. Und, meine Freunde ...‹ An dieser Stelle machte er erneut eine Pause, und die Zuhörer lauschten gebannt auf jedes Wort: ›... diese Frage wird noch in den Herzen der Menschen bren-

nen und lebendig sein, wenn meine und Richter Douglas'
schwachen, stammelnden Zungen längst stumm im Grab
ruhen.'«

»Diese einfachen Worte«, befand einer von Lincolns Biographen, »und die Art, wie sie ausgesprochen wurden, be-
rührten alle Anwesenden zutiefst.«

Lincoln machte auch nach den Gedanken, die er besonders herausstellen wollte, eine Pause. Dadurch unterstrich er
die Wichtigkeit des Gesagten und ließ seinen Worten Zeit,
tief ins Bewusstsein der Zuhörer einzudringen und dort ihre
Wirkung zu tun. Sir Oliver Lodge machte während seiner
Vorträge ebenfalls vor und nach wichtigen Gedanken eine
Pause, oft drei- oder viermal in einem Satz. Er tat das unbewusst und auf sehr natürliche Weise. Man bemerkt es erst,
wenn man Lodges Redeweise analysiert.

»Durch dein Schweigen sollst du sprechen«, schrieb Rudyard Kipling. Nie ist Schweigen so golden wie dann, wenn
es in einer Rede bewusst eingesetzt wird. Es ist ein macht-
volles Werkzeug, zu wichtig, um es außer Acht zu lassen.
Doch Anfänger vernachlässigen es leider viel zu oft.

In dem folgenden Auszug aus Holmans *Ginger Talks*
habe ich jene Stellen markiert, an denen sich Pausen wirkungsvoll einsetzen lassen. Ich behaupte nicht, dass das
die einzigen Stellen sind, wo man eine Pause machen
kann, ja noch nicht einmal, dass es die besten Stellen sind.
Ich zeige lediglich eine Möglichkeit auf, wie man es machen
kann. Dafür, wann und wo Pausen gesetzt werden können,
gibt es keine starren Regeln. Es kommt auf den Inhalt der
Rede, das Temperament des Redners und das Gefühl für die
jeweilige Situation an. Wenn Sie an zwei verschiedenen
Tagen die gleiche Rede halten, kann es durchaus vorkommen, dass Sie Ihre Pausen an ganz unterschiedlichen Stellen setzen.

**Beredtes
Schweigen**

Eine Pausen-
Übung

Lesen Sie den folgenden Text zunächst ohne Pausen laut vor. Lesen Sie ihn dann erneut, wobei Sie an den von mir angegebenen Stellen Pausen setzen. Was bewirken diese Pausen?

»Der Absatz von Produkten ist eine Schlacht« (Pause, damit die Idee der Schlacht ins Bewusstsein der Zuhörer eindringen kann) »und nur Kämpfernaturen können dabei siegreich sein.« (Pause, damit dieser Punkt Wirkung zeigt.) »Auch wenn uns dieser Zustand vielleicht nicht gefällt, haben wir ihn nicht geschaffen und auch keine Möglichkeit, etwas daran zu ändern.« (Pause.) »Nehmen Sie also all Ihren Mut zusammen, wenn Sie sich an die Verkaufsfront begeben.« (Pause.) »Wenn Sie das nicht tun ...«, (Pause, um für einen Moment die Spannung zu steigern.) »... werden Sie den Ball niemals auch nur in die Nähe des Tors bringen, ja nicht einmal in die gegnerische Hälfte.« (Pause.) »Niemand, der sich vor dem Ball oder den gegnerischen Spielern fürchtet, wird jemals ein Tor schießen ...«, (Pause, Gedanken einwirken lassen.) »... vergessen Sie das nicht.« (Pause, den Gedanken noch tiefer einwirken lassen.) »Nein, wer alle Abwehrspieler ausmanövrieren und sich bis zum gegnerischen Tor vorkämpfen will, der braucht vor allem eines:« (Pause, um die Zuhörer auf die Folter zu spannen, wie Sie den Satz abschließen werden.) »harte, unerbittliche Entschlossenheit.«

Lesen Sie die folgenden Zitate laut vor, kraftvoll und mit sinnvoller Betonung. Achten Sie darauf, wo Sie natürlicherweise Pausen setzen.

»Die große amerikanische Wüste befindet sich nicht in Idaho, New Mexico oder Arizona. Die große amerikanische Wüste findet sich unter dem Hut des amerikanischen Durchschnittsbürgers. Es handelt sich nicht um eine physische, sondern um eine geistige Wüste.« – J. S. Knox.

152

»Es gibt kein Allheilmittel für menschliche Krankheiten. Was dem aber ziemlich nahe kommt ist es, einem Menschen Publicity zu verschaffen.« – Professor Foxwell.

»Es gibt zwei Leute, die ich zufrieden stellen muss – Gott und Garfield. Mit Garfield muss ich hier leben, mit Gott im Jenseits.« – James A. Garfield.

Selbst wenn ein Redner die Empfehlungen in diesem Kapitel befolgt, kann er immer noch hundert Fehler machen. Vielleicht redet er dann vor Publikum genauso wie in einer normalen Unterhaltung, was bedeuten mag, dass er mit unangenehm klingender Stimme spricht, Grammatikfehler macht, sich umständlich ausdrückt, beleidigend wird oder andere unangenehme Dinge tut. An der natürlichen Art und Weise, wie ein Mensch sich im Alltag auszudrücken pflegt, gibt es oft eine ganze Menge zu verbessern. Vervollkommnen Sie Ihre alltägliche Konversation, dann können Sie mit dieser Redeweise auch unbesorgt vor ein Publikum hintreten.

ZUSAMMENFASSUNG

1 Zu der Wirkung einer Rede trägt ein Faktor entscheidend bei, der über den bloßen Inhalt weit hinausgeht. Es ist die Atmosphäre, die der Vortragende erzeugt. Die persönliche Würze, die er seinen Worten hinzufügt. »Es kommt nicht so sehr darauf an, was Sie sagen, sondern wie Sie es sagen.«

2 Viele Redner kümmern sich gar nicht um ihr Publikum, starren über es hinweg oder blicken auf den Boden. Man hat den Eindruck, dass sie einen Monolog halten. Es entsteht keine Kommunikation, kein Austausch zwischen dem Redner und seinen

Zuhörern. Ein solches Benehmen erstickt jede normale Unterhaltung. Und bei einer Rede ist die Wirkung gleichermaßen katastrophal.

3   Ein guter Vortrag sollte im normalen, aber deutlich verstärkten Konversationston gehalten werden. Sprechen Sie zu den Mitgliedern der Handelskammer genau so, wie Sie im persönlichen Gespräch mit Ihrem Nachbarn sprechen würden. Was ist schließlich die Handelskammer anderes als eine Ansammlung vieler Nachbarn?

4   Jeder Mensch besitzt die Fähigkeit zur freien Rede. Wenn Sie das bezweifeln, sollten Sie dem größten Ignoranten, den Sie kennen, einmal eine gepfefferte Beleidigung ins Gesicht sagen. Die Chancen stehen gut, dass er Ihnen dann aus dem Stegreif einen Kurzvortrag hält, der es an Klarheit und deutlicher Aussprache nicht fehlen lässt! Die gleiche Natürlichkeit sollten Sie an den Tag legen, wenn Sie eine öffentliche Rede halten wollen. Um sie zu entwickeln, braucht es Übung. Versuchen Sie dabei nicht, andere zu imitieren. Wenn Sie spontan sprechen, werden Sie sich auf Ihre ureigene, einzigartige Weise ausdrücken. Reden Sie so, wie es Ihnen entspricht. Bringen Sie Ihre Individualität zum Ausdruck.

5   Reden Sie so zu Ihren Zuhörern, als erwarteten Sie, dass diese jeden Moment aufstehen und einen Dialog beginnen. Würde jemand aus dem Publikum Ihnen eine Zwischenfrage stellen, würden Sie sofort viel lebendiger und deutlicher sprechen. Stellen Sie sich deshalb vor, dass Ihnen jemand eine Frage gestellt hat und Sie diese Frage laut wiederholen. Sagen Sie: »Sie fragen sich, woher ich das weiß? Das kann Ihnen genau sagen ...« Ein solcher Redestil wirkt wunderbar natürlich und ist das beste Mittel gegen steife Förmlichkeit. Ihr Vortrag gewinnt dadurch an Wärme und Menschlichkeit.

6 Legen Sie Ihr Herzblut in Ihre Worte. Emotionale Aufrichtigkeit bewirkt mehr als alle rhetorischen Kniffe.

7 Hier sind vier Dinge, die wir alle in normalen, ernsthaften Gesprächen unbewusst praktizieren. Beachten Sie diese Dinge aber auch, wenn Sie eine öffentliche Rede halten? Die meisten Leute tun das nicht.

a Betonen Sie die wichtigen Wörter in einem Satz und schwächen Sie die unwichtigen ab? Betonen Sie fast alle Wörter, einschließlich *der, und, aber* etwa gleich stark, oder sprechen Sie einen Satz so, dass die für die inhaltliche Aussage dieses Satzes wichtigen Wörter deutlich herausgehoben werden?

b Wechselt Ihre Tonhöhe beim Sprechen ständig wellenförmig von hoch zu tief und zurück, wie in der natürlichen Sprechweise eines Kindes?

c Variieren Sie Ihre Sprechgeschwindigkeit? Artikulieren Sie unwichtige Worte schnell, während Sie sich für die Worte, die Ihnen wichtig sind, mehr Zeit nehmen?

d Machen Sie vor und nach wichtigen Wörtern oder Sätzen eine Pause?

Bühnenpräsenz und Persönlichkeit

8

»Gestik und Mimik verraten viel, und die Augen der Ungebildeten sind kundiger als ihre Ohren.«

Shakespeare

»Wenn Sie geistig wach bleiben wollen, dürfen Sie nicht körperlich einschlafen.«

Nathan Sheppard: *Before An Audience*

»Ein Zuwenig an Gestik ist ebenso unnatürlich wie ein Zuviel.
Leider wird der goldene Mittelweg nur selten beschritten.
Dabei könnte man ihn sich bei den Kindern abschauen, und jeder Mensch, der sich auf der Straße ganz ungezwungen mit seinem Nachbarn unterhält, kann uns ebenfalls als gutes Beispiel dienen.«

Matthews: *Oratory and Orators*

»Der Tonfall, die Augen und die ganze Ausstrahlung eines Redners sagen oft genauso viel wie seine Worte.«

La Rochefoucauld

»Während einer Rede sollten Sie überhaupt keinen Gedanken an Ihre Bewegungen und Gesten verschwenden. Konzentrieren Sie sich völlig auf das, was Sie sagen wollen, und darauf, warum Sie es sagen wollen.

Legen Sie all Ihr Herzblut und Ihr ganzes Gewicht in den Ausdruck Ihrer Gedanken. Seien Sie enthusiastisch, aufrichtig und durch und durch gewissenhaft. Dann werden Ihre Gesten ganz von selbst kommen. Wenn Sie sich von Ihrem inneren Gedankenfluss tragen lassen, beseitigt das alle Hemmung und Unsicherheit. Ihr Körper wird mit angemessenen, ausdrucksstarken Bewegungen reagieren. Denken Sie immer nur an das, was Sie sagen wollen. Planen Sie Ihre Gesten niemals im Voraus, sondern lassen Sie es geschehen, dass sie sich spontan und natürlich aus dem Fluss Ihrer Rede entwickeln.«

George Powland Collins: *Platform Speaking*

»Dass Sprache ein Hindernis für das Denken ist, wiewohl als notwendiges Instrument desselben unentbehrlich, wird deutlich, wenn wir uns vor Augen führen, wie leicht sich einfache Ideen durch Zeichen übermitteln lassen. Wenn wir sagen: ›Verlassen Sie den Raum‹, ist das weniger wirkungsvoll als der deutliche Fingerzeig zur Tür. Der auf die Lippen gelegte Finger ist ein stärkeres Signal als das geflüsterte: ›Ruhe bitte.‹ Mit der Hand zu winken ist besser als ›Komm her‹ zu sagen. Mit keinem Satz lässt sich Überraschung so lebendig zum Ausdruck bringen wie durch weit aufgerissene Augen und erhobene Augenbrauen. Ein Schulterzucken verliert stark an Wirkung, wenn man es in Worte übersetzt.«

Herbert Spencer

Persönlichkeit ist gut fürs Geschäft

Das Carnegie Institute of Technology lud unlängst einhundert prominente Geschäftsleute ein, sich einem Intelligenztest zu unterziehen. Die Tests ähnelten jenen, die während des Krieges von der Armee benutzt worden waren. Die Ergebnisse ließen nur den einen Schluss zu, dass geschäftlicher Erfolg offenkundig mehr auf die Persönlichkeit als auf überragende Intelligenz zurückzuführen ist.

Das ist eine sehr wesentliche Erkenntnis: wichtig für Geschäftsleute, für Lehrer, und für Redner.

Persönlichkeit ist – von einer guten Vorbereitung einmal abgesehen – vermutlich der wichtigste Faktor bei öffentlichen Reden. Der Geschäftsmann und Schriftsteller Elbert

Hubbard erklärte: »Seine Ausstrahlung ist es, die einen Redner das Publikum für sich gewinnen lassen, nicht seine Worte.« Seine Ausstrahlung und seine Ideen, muss man wohl hinzufügen. Doch die Persönlichkeit ist ein vages und schwer fassbares Ding, das sich so wenig analysieren lässt wie Veilchenduft. Wir haben es hier mit der gesamten Kombination aus physischen, spirituellen und mentalen Eigenschaften zu tun, die einen Menschen ausmachen – seine Charakterzüge, seine Vorlieben, seine Neigungen, sein Temperament, seine Denkungsart, seine Energie, seine Erfahrung, seine Ausbildung, sein Leben. Das Ganze ist so komplex wie Einsteins Relativitätstheorie – und wird meist genauso wenig verstanden.

Die Persönlichkeit eines Menschen ist zu einem sehr großen Teil vererbt und steht bereits vor der Geburt fest. Natürlich spielt auch die spätere Umgebung eine gewisse Rolle. Aber, alles in allem, ist es sehr schwierig, seine Persönlichkeit zu verändern oder zu verbessern. Doch mittels gründlichem Nachdenken ist es uns durchaus möglich, sie bis zu einem gewissen Grad zu stärken, sie kraftvoller und attraktiver zu machen. Auf jeden Fall können wir versuchen, das Beste aus diesem seltsamen, uns von der Natur mitgegebenen Ding namens Persönlichkeit zu machen. Das ist für uns alle von enormer Wichtigkeit. So begrenzt die Möglichkeiten zur Verbesserung unserer Persönlichkeit sein mögen, sie sind immer noch groß genug, dass es sich lohnt, sich intensiv mit ihnen zu befassen!

Wenn Sie Ihr Wesen optimal zum Ausdruck bringen wollen, sollten Sie immer gut ausgeruht vor Ihre Zuhörer treten. Ein müder, erschöpfter Mensch besitzt nur wenig Anziehungskraft. Begehen Sie nicht den weit verbreiteten Fehler, die Vorbereitung und Planung Ihres Vortrages bis zuletzt hinauszuschieben und sich dann hektisch und wild abzu-

Machen Sie das Beste daraus

plagen, um die verlorene Zeit wettzumachen. Damit erreichen Sie nur, dass der Stress Ihren Körper mit Giftstoffen anfüllt, die das Gehirn ermüden, an Ihrer Vitalität zehren und Verstand und Nerven schwächen.

Ruhe und nochmals Ruhe Wenn Sie um vier Uhr nachmittags eine wichtige Rede halten müssen, sollten Sie, wenn möglich, nach dem Mittagessen nicht mehr zurück ins Büro gehen. Gehen Sie lieber nach Hause, nehmen Sie nur eine leichte Mahlzeit zu sich und gönnen Sie sich eine erfrischende Siesta. Ruhe – das ist es, was Sie jetzt brauchen, körperlich, geistig und nervlich.

Die Opernsängerin Geraldine Farrar pflegte sich bereits früh am Abend zurückzuziehen, sodass ihre Gäste dann allein mit ihrem Mann vorlieb nehmen mussten. Sie wusste, welche Anforderungen die Ausübung ihrer Kunst mit sich brachte.

Lillian Nordica sagte, dass das Leben einer Primadonna es mit sich bringe, alle täglichen Freuden aufzugeben: Geselligkeit, Freundschaften, verlockende Mahlzeiten.

Vor einer wichtigen Rede sollten Sie Ihren Appetit unbedingt zügeln. Essen Sie so karg wie ein Mönch. Am Sonntagnachmittag vor der Predigt nahm Henry Ward Beecher lediglich ein paar Kekse und etwas Milch zu sich.

»Wenn ich abends singe«, sagte Madame Nellie Melba, »diniere ich vorher nicht, sondern nehme lediglich um fünf Uhr eine leichte Mahlzeit zu mir, bestehend aus Fisch, Huhn oder Innereien mit einem Bratapfel und einem Glas Wasser. Wenn ich dann später aus der Oper oder von einem Konzert nach Hause komme, bin ich immer sehr hungrig und freue mich auf das Abendessen.«

Voller Bauch redet schlecht Wie klug Beecher und die Melba verfuhren, erkannte ich, als ich selbst als professioneller Redner aufzutreten begann und versuchte, jeden Abend einen zweistündigen Vortrag zu halten, nachdem ich zuvor ein kräftiges Abendessen eingenommen hatte. Die Erfahrung lehrte mich, dass ich nicht *Filet de sole aux pommes nature*, gefolgt von Beefsteak mit Bratkartoffeln und Gemüse und einem Dessert verspeisen und eine Stunde später aufstehen und meinem Vortragsthema und meinem Körper gleichermaßen Gerechtigkeit widerfahren lassen konnte. Das Blut, dass während des Vortrages eigentlich in meinem Kopf hätte sein sollen, befand sich in meinem Magen, wo es mit dem Steak und den Kartoffeln rang. Paderewski hatte Recht: Er sagte, wenn er vor einem Konzert äße, was er gerne essen wollte, würde seine animalische Seite die Oberhand gewinnen und ihm sogar bis in die Fingerspitzen kriechen, sodass sein Klavierspiel unbeholfen und flach würde.

Warum ziehen manche Redner mehr Publikum an als andere?

Unterlassen Sie alles, was Ihre Energie schwächen könnte. Diese Energie ist anziehend. Vitalität und Begeisterung: Das sind die beiden Qualitäten, auf die ich in erster Linie geachtet habe, wenn ich Redner oder Redetrainer zu engagieren hatte. Ein energiegeladener Redner wirkt anziehend, er ist wie ein menschlicher Dynamo. Die Menschen versammeln sich um ihn wie Gänse in einem herbstlichen Weizenfeld.

Das konnte ich oft bei den Rednern im Londoner Hyde Park beobachten. In der Nähe von Marble Arche gibt es in dem Park eine Ecke, die als Treffpunkt für Redner jeder Überzeugung und Weltanschauung dient. An einem Sonntagnachmittag haben Sie die Wahl, ob Sie einem Katholiken lauschen möchten, der das Dogma von der Unfehlbarkeit des Papstes erläutert, oder einem Sozialisten, der das Evangelium nach Karl Marx predigt, oder einem Inder, der

Anziehende Energie

Ihnen erklärt, wieso es für einen Mohammedaner richtig und angemessen ist, vier Frauen zu haben, und so weiter. Bei einem Redner versammeln sich hundert Zuhörer, während ein anderer nur eine Hand voll anzieht. Warum? Ist dieses unterschiedliche Interesse ausschließlich auf das jeweilige Thema zurückzuführen? Nein. Viel häufiger liegt es am Auftreten des Redners selbst: Wenn er sich für sein Thema und sein Publikum interessiert, macht ihn das, folgerichtig, auch für die Zuhörer interessanter. Er spricht dann mit mehr Lebendigkeit und Inspiration. Er strahlt Vitalität und Feuer aus und zieht damit automatisch die Aufmerksamkeit an.

Die Wirkung der Kleidung

Kleider machen Leute

In einer Umfrage bat ein Psychologe und Universitätsrektor eine große Zahl Menschen, Auskunft darüber zu geben, welche Bedeutung sie ihrer Kleidung und äußeren Erscheinung beimaßen. Nahezu einstimmig gaben sie an, dass sie sich, wenn sie tadellos gekleidet und gepflegt anzuschauen waren, sehr viel wohler fühlten. Sie verspürten größeres Selbstvertrauen, eine größere Selbstachtung. Sie sagten, wenn sie äußerlich erfolgreich aussähen, falle es ihnen leichter, an Erfolg zu denken und Erfolge zu erzielen. Das ist die Wirkung guter Kleidung auf den Träger selbst.

Welche Wirkung hat die Kleidung eines Redners auf sein Publikum? Ich habe immer wieder beobachtet, dass ein Redner, der seinem Äußeren wenig Respekt entgegenbringt, schlampig und ungepflegt wirkt, auch von seinem Auditorium nur wenig Respekt erntet. Legt sein Äußeres nicht die Vermutung nahe, dass die mangelnde Disziplin, die in seinem ungekämmten Haar und seinen ungeputzten Schuhen zum Ausdruck kommt, auch seine geistige Schärfe und Klarheit beeinträchtigt?

Was General Grant sein ganzes Leben lang bedauerte

Als General Lee in Appomattox Court House erschien, um
die Kapitulation seiner Armee anzubieten, war er makellos
gekleidet. Er trug eine neue Uniform und an seiner Seite hing
ein außergewöhnlich kostbares Schwert. Grant dagegen trug
weder Uniformjacke noch Schwert und empfing Lee in Hemd
und Hose eines einfachen Soldaten. In seinen Memoiren
schrieb er: »Das muss ein seltsamer Kontrast zu dem Mann
gewesen sein, der so elegant und formvollendet auftrat.« Den
Umstand, dass er in diesem historischen Augenblick nicht
angemessen gekleidet gewesen war, bedauerte Grant in seinem späteren Leben zutiefst.

General Grants
Fauxpas

Auf seiner Versuchsfarm unterhält das amerikanische
Landwirtschaftsministerium mehrere hundert Bienenstöcke.
In jeden Bienenstock ist ein großes Vergrößerungsglas ein-
gebaut, und das Innere kann auf Knopfdruck elektrisch
beleuchtet werden. Diese Bienen können also jederzeit, Tag
und Nacht, zum Gegenstand intensivster Beobachtung werden. So ergeht es auch einem Redner: Er steht gleichsam
hinter einem Vergrößerungsglas, im Scheinwerferlicht. Alle
Augen sind auf ihn gerichtet. Die kleinste Ungereimtheit in
seiner äußeren Erscheinung ragt unter diesen Umständen
heraus wie ein Felsen aus einer Ebene.

»Schon ehe wir zu sprechen beginnen, rufen wir Billigung oder Ablehnung hervor«

Vor einigen Jahren schrieb ich für das *American Magazine*
einen Artikel über das Leben eines bestimmten New Yorker
Bankiers. Ich bat einen seiner Freunde, mir das Erfolgs-
geheimnis dieses Bankiers zu verraten. Sein Erfolg, erhielt
ich zur Antwort, sei zu einem nicht geringen Teil seinem
gewinnenden Lächeln zuzuschreiben. Das mag im ersten
Moment übertrieben klingen, aber ich glaube, es trifft wirk-

Lächelnd
zum Erfolg

lich zu. Vielleicht gab es dutzende oder sogar hunderte andere Männer, die über mehr Erfahrung oder ein besseres Urteilsvermögen in finanziellen Dingen verfügten, aber dieser Bankier besaß einen besonderen Vorzug, der den anderen fehlte – ein äußerst anziehendes Wesen. Und ganz besonders fiel dabei sein warmherziges, freundliches Lächeln auf. Damit gewann er sofort das Vertrauen und Wohlwollen seiner Mitmenschen. Einen solchen Mann wollen wir einfach gerne erfolgreich sehen. Und es ist ein wahres Vergnügen, eine Auszeichnung, uns ihm erkenntlich zu zeigen.

»Wer nicht lächeln kann«, lautet ein chinesisches Sprichwort, »sollte keinen Laden führen.« Und ist ein Lächeln nicht auf dem Rednerpult genauso gern gesehen wie hinter der Ladentheke? Dabei muss ich an einen Teilnehmer meiner Redekurse bei der Handelskammer von Brooklyn denken. Wenn er aufstand, um eine Übungsrede zu halten, vermittelte er den Zuhörern stets das Gefühl, dass er wirklich gern an diesem Seminar teilnahm und Spaß an den Vorträgen hatte, die er dort hielt. Stets lächelte er und schien sich wirklich zu freuen, uns zu sehen. Und so gewann er die Zuhörer für sich und seine Worte wurden von ihnen dankbar aufgenommen.

Doch leider muss ich gestehen, dass an diesem Seminar auch Leute teilnahmen, die sich bei ihren Übungreden kalt und distanziert gaben, als hätten sie eine Aufgabe zu erledigen, die sie nur widerwillig ausführten. Sie schienen es gar nicht erwarten zu können, am Ende ihres Vortrages anzugelangen. Und so erging es dann auch uns Zuhörern. Wir wurden von der Lustlosigkeit dieser Übungsredner regelrecht angesteckt.

Man bekommt, was man gibt »Wie man in den Wald hineinruft, so schallt es heraus«, schreibt Professor Overstreet in *Influencing Human Behavior*. »Wenn wir unserem Publikum echtes Interesse entgegenbringen, ist die Wahrscheinlichkeit groß, dass es sich auch für uns interessiert. Verachten wir dagegen unser Publikum, dann wird es auch uns höchstwahrscheinlich verachten, offen oder insgeheim. Wenn wir ängstlich und ziemlich nervös sind, wird es nur wenig Vertrauen in uns setzen. Treten wir dagegen unverfroren und großspurig auf, werden die Zuhörer darauf reagieren, indem sie sich aus Selbstschutz hinter den Wall ihres eigenen Egoismus zurückziehen. Schon ehe wir zu sprechen beginnen, rufen wir Billigung oder Ablehnung hervor. Wir haben daher allen Grund, darauf bedacht zu sein, dass unser Äußeres und unser Auftreten freundliche und warmherzige Reaktionen auslöst.«

Sorgen Sie dafür, dass sich Ihr Publikum dicht um Sie schart

Als Vortragsredner habe ich oft zweimal täglich den gleichen Vortrag gehalten: nachmittags vor einem kleinen Publikum, das weit verstreut in einem großen Saal saß, und am Abend vor einer großen Zuhörerschar, die diesen Saal bis auf den letzten Platz füllte. Das Abendpublikum lachte herzlich über Bemerkungen, die von den wenigen nachmittäglichen Zuhörern lediglich mit einem Lächeln aufgenommen wurden. Und die Leute am Abend applaudierten großzügig an Stellen, bei denen die Leute am Nachmittag kaum reagiert hatten. Warum?

Nähe schafft Atmosphäre

Zum einen wurden die Nachmittagsvorträge eher von älteren Frauen und Kindern besucht, die im Allgemeinen zurückhaltender sind als die lebhaftere abendliche Menge. Doch damit ist das Phänomen nur zum Teil erklärt.

Entscheidend ist, dass Menschen sich viel schwerer erreichen lassen, wenn sie weit verstreut sitzen. Nichts dämpft die Begeisterung so sehr wie ein halb leerer Saal und viele freie Stühle zwischen den Zuhörern.

165

In seinen Yale-Vorlesungen über das Predigen sagte Henry Ward Beecher:

»Die Leute fragen mich oft: ›Ist es nicht viel inspirierender vor einer großen Menge zu sprechen als vor einer kleinen?‹ Nein, antworte ich. Ich kann zu zwölf Menschen genauso gut sprechen wie zu tausend, vorausgesetzt, diese zwölf sind dicht um mich geschart und sitzen so nah, dass sie einander berühren können. Und selbst eine tausendköpfige Menge wäre wie ein leerer Saal, wenn diese Menschen im Abstand von einem Meter oder mehr sitzen würden. (...) Versammeln Sie Ihre Zuhörer dicht um sich, dann wird es Ihnen viel leichter fallen, sie zu erreichen und zu begeistern.«

Massen-Begeisterung In einer großen Gruppe neigen Menschen dazu, ihre Individualität zu verlieren. Sie werden zu einem Teil der Menge und lassen sich viel leichter mitreißen als es der Fall wäre, wenn sie uns allein gegenübersäßen. In der Menge lacht und applaudiert ein Mensch bei Dingen, die ihn unbewegt ließen, wenn er uns allein oder in einer kleinen Gruppe von nur einem halben Dutzend Personen zuhörte.

Eine Menschenmenge lässt sich viel einfacher zum Handeln bewegen als eine einzelne Person. Soldaten, die in die Schlacht ziehen, neigen dazu, das in dieser Situation Gefährlichste zu tun – sie möchten sich dich zusammendrängen. Während des Ersten Weltkrieges hörte man von deutschen Soldaten, dass sie manchmal Arm in Arm aufs Schlachtfeld marschierten.

Große Menschenmengen sind ein sonderbares Phänomen. Alle populären Bewegungen und Reformen wurden mit Hilfe des Massenbewusstseins zustande gebracht. Ein interessantes Buch zu diesem Thema stammt von Everett Dean Martin und trägt den Titel *The Behavior of Crowds*.

Wenn wir zu einer kleinen Gruppe sprechen, sollten wir einen kleinen Raum wählen. Lieber ein kleiner, überfüllter Raum als Zuhörer, die verstreut in der lähmenden Weite eines riesigen Saales sitzen.

Kleine Gruppe, kleiner Raum

Wenn Ihre Zuhörer weit verstreut sitzen, sollten Sie sie bitten, nach vorn zu kommen und sich in Ihre Nähe zu setzen. Beginnen Sie erst dann mit Ihrer Rede.

Stellen Sie sich nur an ein Rednerpult oder auf ein Podium, wenn die Menge sehr groß ist und dafür eine echte Notwendigkeit besteht. Begeben Sie sich ansonsten möglichst auf gleiche Höhe mit den Zuhörern. Stellen Sie sich dicht vor sie hin. Durchbrechen Sie jede steife Förmlichkeit. Erzeugen Sie menschliche Nähe. Sorgen Sie für eine normale Gesprächsatmosphäre.

Warum Major Pond Fenster zertrümmerte

Sorgen Sie für frische Luft. Wenn Sie laut und über längere Zeit reden müssen, ist Sauerstoff so unverzichtbar wie Kehlkopf und Stimmbänder. Alle Eloquenz Ciceros und alle weiblichen Reize der Tänzerinnen aus dem Moulin Rouge werden nicht genügen, ein Publikum wach zu halten, dass in schlechter, verpesteter Luft sitzen muss. Daher bitte ich, wenn ich bei einer Veranstaltung einer von mehreren Rednern bin, bevor ich beginne, das Publikum stets, sich für zwei Minuten von den Plätzen zu erheben und eine kleine Pause zu machen, während alle Fenster geöffnet werden, um kräftig durchzulüften.

Frische Luft!

Als Henry Ward Beecher sich auf dem Gipfel seiner Popularität als Prediger und Redner befand, reiste Major James B. Pond als sein Manager vierzehn Jahre lang kreuz und quer durch die Vereinigten Staaten und Kanada. Vor jedem Auftritt Beechers besichtigte Pond stets den Saal, die Kirche oder das Theater. Dabei unterzog er Beleuchtung, Bestuhlung,

Temperatur und Belüftung einer strengen Prüfung. Pond war ein polternder alter Armeeoffizier. Er liebte autoritäre Auftritte, und wenn ein Saal zu warm oder die Luft zu schlecht war und die Fenster sich nicht öffnen ließen, warf er mit alten Büchern kurzerhand die Scheiben ein. Er teilte Spurgeons Auffassung, dass ein Prediger »neben der Gnade Gottes vor allem eines braucht: Sauerstoff«.

Es werde Licht – auf Ihrem Gesicht

Scheuen Sie das Licht nicht

Wenn Sie nicht gerade wie Sir Conan Doyle einen Vortrag über Spiritismus halten wollen, sollten Sie unbedingt für gutes Licht sorgen. In einem schlecht beleuchteten Raum, der so dämmerig ist wie das Innere einer Thermoskanne, lässt sich nur schwer Begeisterung wecken.

Lesen Sie einmal David Belascos Aufsätze über die Produktion von Theaterstücken, dann wird Ihnen klar, dass der Durchschnittsredner keinen blassen Schimmer hat, wie wichtig die richtige Beleuchtung für die Wirkung einer Rede ist!

Ihr Gesicht sollte unbedingt gut ausgeleuchtet sein. Die Leute wollen Sie sehen. Die subtilen Veränderungen Ihres Gesichtsausdrucks, die ja während des Vortrages hoffentlich stattfinden, dürfen Sie dem Publikum nicht vorenthalten. Manchmal sagt Ihre Mimik mehr als Ihre Worte. Wenn sich die Lichtquelle unmittelbar über Ihnen befindet, ist das ungünstig, weil dann Schatten auf ihr Gesicht fallen können. Noch ungünstiger ist es, wenn sie vor der Lichtquelle stehen. Testen Sie also vor dem Vortrag die Beleuchtungsanlage und entscheiden Sie sich für die Lichtquelle, die Ihr Gesicht besonders vorteilhaft ausleuchtet.

Kein Gerümpel auf der Bühne!

Setzen Sie sich gut in Szene

Und verstecken Sie sich nicht hinter einem Tisch! Die Leute wollen den ganzen Menschen sehen und sind dafür sogar bereit, sich in den Gang hinauszulehnen.

Die Verkaufsräume großer Autohäuser sind schön und ordentlich eingerichtet, sodass es dem Auge schmeichelt. Die großen Parfümerien und Juweliere in Paris sind kunstvoll und luxuriös gestaltet. Warum? Weil es gut fürs Geschäft ist. Einer Firma, die sich so präsentiert, wird mehr Respekt gezollt und mehr Vertrauen entgegengebracht.

Daher sollte auch ein Redner vor einem angenehmen Hintergrund sprechen. Ideal wäre es meines Erachtens auf Mobiliar völlig zu verzichten. Nichts sollte hinter oder neben dem Redner die Aufmerksamkeit von ihm ablenken. Bestenfalls ein dunkler Samtvorhang ist akzeptabel.

Doch wie sieht es zumeist hinter dem Rednerpult aus? Pläne und Stellwände und Tische stehen dort herum, vielleicht noch ein paar verstaubte Stühle, nachlässig übereinander gestapelt. Und das Resultat? Eine billige, schlampige, unordentliche Atmosphäre. Räumen Sie also alles Gerümpel weg!

»Das Wichtigste beim öffentlichen Reden«, sagte Henry Ward Beecher, »ist der Mensch, der dort vorne steht.«

Lassen Sie diesen Menschen also aufragen wie ein Berg vor dem blauen Himmel der Schweiz aufragt.

Keine Gäste auf der Bühne

Die Bühne gehört dem Redner

Einmal wohnte ich einer Rede des kanadischen Premierministers bei. Unterdessen machte sich der Hausmeister, bewaffnet mit einer langen Stange, daran, für Frischluft zu sorgen, indem er ein Fenster nach dem anderen öffnete. Was geschah? Fast das gesamte Publikum ignorierte den Redner für einen Moment und starrte den Hausmeister an, als geschehe gerade ein Wunder.

Das Publikum kann – oder, was auf dasselbe hinausläuft, *wird* der Versuchung nicht widerstehen, Objekte anzuschauen, die sich bewegen. Jeder Redner, der sich dieser Tatsache immer bewusst ist, kann sich einigen unnötigen Ärger ersparen.

Ablenkungen vermeiden

Erstens kann er es unterlassen, mit den Daumen zu kreisen, an seiner Kleidung herumzufummeln oder andere nervöse Bewegungen zu machen, die von ihm selbst ablenken. Ich erinnere mich, dass ich in New York einmal die Leute dabei beobachtete, wie sie während des Vortrags eines bekannten Redners ein halbe Stunde lang auf dessen Hände starrten, die nervös an der Verkleidung des Rednerpultes herumspielten.

Zweitens sollte der Redner, wenn möglich, darauf achten, dass die Zuhörer so sitzen, dass sie etwaige Zuspätkommer nicht sehen können und sich deshalb nicht von ihnen ablenken lassen.

Gäste stören nur

Drittens sollte er keine Gäste auf der Bühne dulden. Vor einigen Jahren hielt Raymond Robbins in Brooklyn eine Reihe von Vorträgen. Neben einigen anderen wurde auch ich eingeladen, dabei vorne auf der Bühne zu sitzen. Ich lehnte ab mit der Begründung, dass dies unfair dem Redner gegenüber sei. Tatsächlich konnte ich während des ersten Abends beobachten, wie die anderen Gäste auf der Bühne auf ihren Stühlen hin und her rutschten, die Beine übereinander schlugen und dergleichen mehr. Jedesmal wenn sich einer von ihnen bewegte, wandten die Zuhörer ihre Blicke von Robbins ab und dem Gast zu. Am nächsten Tag wies ich Robbins auf dieses Problem hin. Während der weiteren Vorträge, die er bei uns hielt, stand er dann klugerweise allein auf der Bühne.

Der Theaterregisseur David Belasco duldet es nicht, dass rote Blumen als Bühnendekoration verwendet werden, weil sie zu viel Aufmerksamkeit auf sich ziehen. Warum sollte ein Redner es also gestatten, dass andere unruhige Menschen auf der Bühne herumsitzen und das Publikum ablenken, während er spricht? Das sollte er nicht. Und wenn er klug ist, tut er es auch nicht.

Die Kunst, sich richtig zu setzen

Soll ein Redner bereits für alle sichtbar auf dem Podium sitzen, ehe er beginnt? Ist es nicht besser, wenn er erst unmittelbar vor seiner Rede ins Rampenlicht tritt und somit einen frischen und neuen Anblick bietet?

Körperbeherrschung statt Sandsack

Wenn es aber unbedingt sein muss, dass wir vorher bereits vorne Platz nehmen, sollten wir wenigstens darauf achten, *wie* wir uns hinsetzen. Sie haben sicher auch schon erlebt, dass manche Leute sich hinsetzen wie ein Dackel, der sich schlafen legt. Sie schauen sich nach einem Stuhl um und wenn sie einen gefunden haben, lassen sie sich darauf fallen – mit der Grazie eines Sandsacks.

Jemand, der weiß, wie man sich hinsetzt, spürt, wie die Stuhlkante die Rückseite seiner Beine berührt, und dann lässt er sich mit vom Scheitel bis zu den Hüften aufrechtem Körper darauf sinken, in vollkommener Körperbeherrschung.

Haltung

Wir haben bereits erwähnt, dass Sie nicht an Ihrer Kleidung herumfummeln sollen, weil das die Aufmerksamkeit des Publikums ablenkt. Es gibt dafür noch einen anderen Grund. Solche Verlegenheitsbewegungen rufen einen Eindruck von Schwäche und mangelnder Selbstbeherrschung hervor. Jede Bewegung, die nicht dazu beiträgt, Ihre Bühnenpräsenz zu erhöhen, beeinträchtigt sie. Es gibt keine neutralen Bewegungen. Gar keine. Stehen Sie also still und behalten Sie

Stillgestanden!

171

Ihren Körper unter Kontrolle. Das wird Ihnen zugleich ein Gefühl geistiger Kontrolle verleihen, und Haltung.

Nachdem Sie sich erhoben haben, um sich an Ihr Publikum zu wenden, sollten Sie auf keinen Fall sofort mit Ihrer Rede beginnen. Daran erkennt man jedes Mal den Amateur. Atmen Sie tief durch. Schauen Sie die Zuhörer einen Moment an. Falls es noch störende Unruhe im Saal gibt, sollten Sie warten, bis diese abgeklungen ist.

Halten Sie die Brust hoch. Aber warum warten Sie damit, bis Sie vor ein Publikum treten? Warum üben Sie diese aufrechte Haltung nicht täglich im Privatleben? Dann werden Sie sie bei öffentlichen Auftritten ganz von selbst einnehmen.

Alltägliche Haltungsfehler »Nicht einmal jeder zehnte Mensch«, schreibt Luther H. Gulick in seinem Buch *The Efficient Life*, »geht mit einer wirklich aufrechten Haltung durchs Leben, die ihn gut aussehen lässt. (...) Drücken Sie Ihren Nacken gegen den Hemdkragen.« Hier ist eine tägliche Übung, die er empfiehlt: »Atmen Sie langsam und so tief wie möglich ein. Pressen Sie gleichzeitig den Nacken fest gegen den Hemdkragen. Halten Sie ihn dort. Es geht dabei darum, jenen Teil des Rückens zu strecken, der sich zwischen den Schulterblättern befindet. Dadurch erweitert sich der Brustkorb.«

Und was sollen Sie mit Ihren Händen anfangen? Vergessen Sie sie ganz einfach. Ideal ist es, wenn sie natürlich neben den Hüften herabhängen. Wenn Sie sich wie ein Bündel Bananen anfühlen, braucht Sie das nicht zu der Vorstellung verleiten, dass das Publikum ihnen irgendwelche Aufmerksamkeit schenkt oder sich auch nur im Geringsten für sie interessiert.

Ihre Hände sehen am besten aus, wenn sie entspannt herabhängen. Dabei ziehen sie die wenigste Aufmerksamkeit an. Niemand wird an dieser Handhaltung etwas auszusetzen

172

finden. Außerdem sind sie dann frei und können ganz natürlich und fließend gestikulieren, wenn Sie während der Rede den Impuls dazu verspüren.

Aber was ist, wenn Sie sehr nervös sind und das Gefühl haben, dass Ihre Gehemmtheit gelindert wird, wenn Sie die Hände hinter dem Rücken verschränken oder sie in die Hosentaschen schieben? Gebrauchen Sie Ihren gesunden Menschenverstand! Ich habe Reden der populärsten Redner meiner Generation verfolgt. Viele von ihnen, wenn nicht die meisten, stecken beim Reden gelegentlich die Hände in die Tasche. Außenminister Bryan tat das, ebenso Theodore Roosevelt. Selbst ein so kultivierter Gentleman wie Benjamin Disraeli erlag gelegentlich dieser menschlichen Versuchung. Der Himmel ist deshalb nicht eingestürzt, und soweit ich mich an den Wetterbericht erinnere, ging die Sonne am nächsten Morgen ganz normal auf. Wenn jemand etwas zu sagen hat, das für seine Mitmenschen von Wert ist, und wenn er dies mit ansteckender Überzeugungskraft sagt, spielt es zweifellos keine große Rolle, was er währenddessen mit seinen Händen und Füßen anstellt. Diese sekundären Details werden sich gewöhnlich ganz von selbst harmonisch in den Gesamteindruck fügen, solange der Redner mit wachem, klaren Kopf und mit überfließendem Herzen spricht. Das Wichtigste an einer Rede sind ihre psychologischen Aspekte, nicht die Position von Händen und Füßen.

Nicht um die Hände kümmern

Absurde Gestik-Regeln

Meinen ersten Unterricht in öffentlichem Reden erhielt ich vom Rektor eines Colleges im Mittleren Westen. Dieser Unterricht befasste sich, so weit ich mich erinnere, vor allem mit der angeblich richtigen Gestik. Er war nicht nur nutzlos, sondern irreführend und schädlich. Man brachte mir bei,

Kasperletheater

173

meinen Arm locker neben der Hüfte hängen zu lassen, mit der Handfläche nach hinten, wobei die Finger halb geschlossen zu sein hatten und der Daumen mein Bein berühren sollte. Ich wurde darauf gedrillt, den Arm in einem eleganten Bogen nach oben zu führen, mit dem Handgelenk eine klassische, schwungvolle Drehung zu beschreiben und dann die Finger nacheinander zu entfalten, erst den Zeigefinger, als Nächstes den zweiten Finger und schließlich den Mittelfinger. Wenn diese ästhetische, dekorative Bewegung vollendet war, sollte der Arm die ganze, unnatürliche Kurve rückwärts beschreiben und wieder an der Hosennaht zur Ruhe kommen. Das Ganze wirkte furchtbar hölzern und affektiert. Es lag keinerlei echtes Gefühl, keine Aufrichtigkeit darin. Ich wurde darauf gedrillt, mich in einer Weise zu benehmen, wie es ein normaler Mensch niemals tun würde.

Es wurde nicht im Geringsten Wert darauf gelegt, dass ich meine Individualität in meine Bewegungen hineinlegte oder auf mein Gefühl für die richtige, angemessene natürliche Gestik achtete. Dem Lehrer lag nichts daran, das Feuer und den Strom des Lebens in mir anzuregen, sodass meine Gesten natürlich und unbewusst dahinfließen konnten. Er spornte mich nicht dazu an, spontan zu sein, die Schale meiner Schüchternheit zu durchbrechen und wie ein menschliches Wesen zu sprechen und mich wie ein solches zu bewegen. Nein, dieser ganze Drill war so mechanisch wie eine Schreibmaschine, so leblos wie ein unbebrütetes Vogelnest, so lächerlich wie ein Kasperletheater.

Das fand im Jahr 1902 statt. Es scheint unglaublich, dass ein derartig altmodischer Unsinn noch zu Anfang des zwanzigsten Jahrhundert gelehrt wurde! Und noch Jahre später erschien ein Buch, in dem der Professor eines großen Colleges an der Ostküste versuchte, Menschen zu Automaten zu erziehen, indem er ihnen genau erklärte, welche Geste sie zu diesem und jenen Satz machen sollten. Wann mit einer Hand zu gestikulieren sei, wann mit beiden. Wann die Hand hoch erhoben werden soll, wann nur halbhoch, und wie die Finger dabei zu bewegen seien. Ich habe mit angesehen, wie zwanzig Männer vor einer großen Rhetorikklasse standen und alle gleichzeitig die kunstvollen Rhetorik-Anweisungen aus einem dieser Bücher vorlasen und dazu alle genau die gleichen Gesten zu genau den gleichen Worten vollführten und sich dabei alle gleich lächerlich machten. Künstlich, mechanisch, schädlich, reine Zeitverschwendung – Kurse dieser Art haben das ganze Training für öffentliches Sprechen in Misskredit gebracht. Der Rektor eines großen College in Massachussetts sagte kürzlich, bei ihnen stünden keine Rhetorikkurse mehr auf dem Lehrplan, weil er noch nie einen solchen Kurs gesehen habe, der wirklich praxisorientiert sei und jungen Menschen beibringe, vernünftig zu sprechen. Ich fühle mit diesem Rektor.

Künstlichkeit vermeiden

Neunzig Prozent all dessen, was je über rhetorische Gesten geschrieben wurde, war eine bloße Vergeudung von Papier und Druckerschwärze. Jede Geste, die Sie aus einem Buch übernehmen, sieht höchstwahrscheinlich auch dementsprechend aus. Eine Geste muss Ihrem eigenen Inneren entspringen, Ihrem Herzen, Ihrem Geist, Ihrem Interesse am Thema Ihres Vortrages, Ihrem Wunsch, Ihre Zuhörer das sehen zu lassen, was Sie selbst sehen. Sie muss aus Ihren eigenen natürlichen Impulsen hervorgehen. Die einzigen Gesten von Wert sind solche, die aus dem Augenblick geboren werden. Eine Unze Spontaneität wiegt eine ganze Tonne Regeln auf.

Gesten sind nicht etwas, das man sich willkürlich überstreifen kann wie einen Smoking. Sie sind lediglich der äußere Ausdruck eines inneren Zustandes, so wie Küsse, Krämpfe, Gelächter und Seekrankheit.

175

Und die Gesten eines Menschen sollten, wie seine Zahn-
bürste, etwas sehr Persönliches sein. Da alle Menschen verschieden sind, werden auch ihre Gesten individuell sein,
wenn sie nur den Mut haben, sich natürlich zu benehmen.

Keine zwei Menschen sollten darauf gedrillt werden, auf
genau dieselbe Weise zu gestikulieren. In vorigen Kapitel
beschrieb ich, wie verschieden Lincoln und Senator Douglas
als Redner waren. Stellen Sie sich vor, der hoch gewachsene,
unbeholfen wirkende, langsam denkende Lincoln hätte auf
die gleiche Weise gestikuliert wie der geschliffene Schnell-
sprecher Douglas! Das hätte vollkommen lächerlich gewirkt.

Seinem Biographen und Anwaltssozius Herndon zufolge
gestikulierte »Lincoln mehr mit dem Kopf als mit den Händen. Er pflegte seinen Kopf schwungvoll hin und her zu werfen. Wenn er ein Argument besonders unterstreichen wollte, geschah das durch eine deutliche, oft geradezu ruckartige
Kopfbewegung. Niemals fuchtelte Lincoln mit den Händen
in der Luft herum wie manche Redner. Es ging ihm nie um
irgendwelche theatralischen Effekte. (...) Im Verlauf einer
Rede wurde er freier und weniger unbeholfen in seinen
Bewegungen, sodass sie sogar eine gewisse Eleganz entwickelten. Er strahlte vollkommene Natürlichkeit aus und
besaß eine ausgeprägte Individualität, was ihm Würde verlieh. Er verachtete Prunk, Effekthascherei, Förmlichkeit und
Heuchelei. (...) Im langen, knochigen Zeigefinger seiner rechten Hand schwangen ganze Welten von Sinn und Nach-
drücklichkeit mit, wenn er damit Gedanken in die Köpfe
seiner Zuhörer hämmerte. Manchmal, wenn er Freude oder
Vergnügen zum Ausdruck bringen wollte, hob er beide Hände im Winkel von etwa fünfzig Grad, die Handflächen nach
oben, als wollte er den Geist dessen, was er liebte, in die
Arme schließen. Wenn er etwas zutiefst ablehnte – die Sklaverei zum Beispiel –, warf er beide Arme mit geballten Fäus-

ten nach oben und schwang sie durch die Luft in einer Geste der Empörung, die wirklich großartig war. Das war eine seiner wirkungsvollsten Gesten. Er schien dann tatsächlich fest entschlossen, das Objekt seines Hasses auf den Boden zu werfen und es im Staub zu zertreten. Immer stand er gleichmäßig auf beiden Beinen, die Zehen auf gleicher Höhe. Nie stellte er einen Fuß vor den anderen. Nie lehnte er sich an oder hielt sich irgendwo fest. Während er sprach, veränderte er seine Position oder Körperhaltung nur wenig. Niemals tobte oder schwadronierte er, und nie ging er auf der Bühne hin und her. Um seine Arme zu entspannen, umfasste er mit der linken Hand häufig seinen Rockaufschlag, wobei der Daumen nach oben zeigte, während er mit der rechten Hand gestikulierte.« Genau diese Pose verewigte St. Gaudens in seiner Statue Lincolns, die im Lincoln Park in Chicago steht.

Das war Lincolns Methode. Roosevelt redete heftiger, feuriger, war aktiver, das ganze Gesicht ein Spiegelbild seiner Gefühle, die Hände zu Fäusten geballt, der ganze Körper ein Instrument des Selbstausdrucks. William J. Bryan benutzte oft den mit geöffneter Handfläche weit ausgestreckten Arm. Der britische Staatsmann William Gladstone schlug mit der Faust auf den Tisch oder in seine geöffnete Handfläche. Oder er stampfte geräuschvoll mit dem Fuß auf. Alle diese Gesten aber kamen aus den Gedanken und Überzeugungen der Redner! Und genau das war es, was ihren Gesten Stärke und Spontaneität verlieh.

Spontaneität und Leben – diese sind das *Summum Bonum* jeden Handelns. Nicht bei allen großen Rednern und Staatsmännern sah das elegant aus: Edmund Burkes Gesten waren eckig und höchst unbeholfen. William Pitt schleuderte seine Arme durch die Luft »wie ein tollpatschiger Clown«. Der Schauspieler Sir Henry Irving war durch ein lahmes Bein

Spontaneität und Lebendigkeit

177

gehandikapt und bewegte sich ziemlich sonderbar. Lord Macaulays Auftritt am Rednerpult wirkte linkisch. »Die Antwort lautet also offenbar«, befand Lord Curzon in einem Vortrag über parlamentarische Redekunst, »dass große Redner ihre eigenen Gesten haben. Zwar sind ein ansehnliches Äußeres und elegante Gesten gewiss kein Nachteil für einen großen Redner, doch es schadet ihm auch wenig, wenn er hässlich und körperlich unbeholfen ist.«

Unlängst erlebte ich eine Predigt des berühmten Gypsy Smith. Ich war begeistert von der Eloquenz dieses Mannes, der so viele tausende zu Christus geführt hat. Er verwendete Gesten – jede Menge Gesten – und war sich dessen so wenig bewusst wie der Luft, die er atmete. Das ist der ideale Weg.

Und so werden auch Sie, liebe Leserin, lieber Leser, erleben, dass Sie ganz von selbst auf natürliche Weise die jeweils angemessenen Gesten machen, wenn Sie nur fleißig üben und die in diesem Buch bereits dargelegten Grundsätze beherzigen! Ich kann Ihnen keine festen Regeln nennen, nach denen Sie gestikulieren sollen, denn alles hängt ab vom Temperament des Redners, von der Qualität seiner Vorbereitung, von seinem Enthusiasmus und seiner Persönlichkeit, von Thema, Publikum und Anlass.

Vorschläge, die sich als hilfreich erweisen können

Tipps aus der Praxis

Dennoch will ich Ihnen einige Vorschläge machen, die durchaus von Nutzen sein können. Wiederholen Sie eine Geste nicht bis zur Monotonie. Vermeiden Sie kurze, ruckartige Bewegungen des Ellbogens. Wenn die Bewegungen von der Schulter ausgehen, sieht das auf der Bühne besser aus. Beenden Sie Ihre Gesten nicht zu abrupt. Wenn Sie den Zeigefinger benutzen, um die Bedeutung eines Gedankens herauszustellen, sollten Sie sich nicht scheuen, diese Geste während des gesamten Satzes beizubehalten. Das vorzeitige Abbrechen der Geste ist ein häufig zu beobachtender und ernster Fehler. Die Bedeutung des Gesagten wird dadurch verzerrt, kleine Dinge erhalten eine zu große Bedeutung und die wirklich wesentlichen Punkte erscheinen im Vergleich dazu trivial.

Vor Publikum sollten Sie nur Gesten machen, die ganz natürlich aus dem Augenblick entstehen. Wenn Sie dagegen allein oder in der Gruppe üben, sollten Sie sich, wenn nötig, bewusst zum Gestikulieren *zwingen*. Zwingen Sie sich dazu, weil das, wie ich schon im 5. Kapitel ausführte, Sie aufweckt und stimuliert, sodass Ihre Gesten schon bald ganz spontan kommen werden.

Klappen Sie jetzt das Buch zu. Gesten kann man nicht aus einem Buch erlernen. Stattdessen sollten Sie auf Ihre eigenen Impulse vertrauen, denn diese sind wertvoller als alles, was ein Lehrer Ihnen raten kann.

Falls Sie alles, was ich Ihnen über Gestik und Bühnenpräsenz erzählt habe, wieder vergessen, merken Sie sich wenigstens dieses eine: Wenn ein Mensch so sehr von dem, was er sagen möchte, durchdrungen ist, dass er sich selbst vergisst und wirklich spontan redet und gestikuliert, dann werden seine Gesten und sein ganzer Vortragsstil, auch wenn er niemals eine rhetorische Schulung erhalten hat, sehr wahrscheinlich über alle Kritik erhaben sein.

Hier sind die besten elf Worte, die ich je zum Thema Vortragsstil gelesen habe:
»Füll das Fass.
Zieh den Stöpsel.
Lass der Natur freien Lauf.«

ZUSAMMENFASSUNG

1   Untersuchungen des Carnegie Institute of Technology zufolge ist geschäftlicher Erfolg eher auf die Persönlichkeit eines Unternehmers zurückzuführen als auf überlegenes Fachwissen. Diese Regel gilt auch für die Redekunst. Die Persönlichkeit ist jedoch ein so schwer fassbares, geheimnisvolles Ding, dass es als nahezu unmöglich angesehen werden kann, klare Empfehlungen für ihre Weiterentwicklung zu geben. Einige der in diesem Kapitel gemachten Vorschläge werden dem Redner aber helfen, einen möglichst guten Eindruck zu hinterlassen.

2   Halten Sie nach Möglichkeit keine Rede, wenn Sie müde oder erschöpft sind. Ruhen Sie sich aus, tanken Sie Ihre Batterien auf, um ausreichend Reserven zu haben.

3   Nehmen Sie vor einer Rede keine schweren Mahlzeiten zu sich.

4   Vermeiden Sie alles, was Ihre Energie schwächen könnte. Ihre Energie wirkt anziehend. Die Leute fühlen sich von einem energiegeladenen Redner geradezu magisch angezogen.

5   Sorgen Sie für ordentliche Kleidung und ein gepflegtes Äußeres. Das steigert Ihre Selbstachtung und Ihr Selbstvertrauen. Wer durch nachlässige Kleidung und ungekämmtes Haar mangelnden Selbstrespekt zum Ausdruck bringt, wird auch vom Publikum nur wenig Respekt ernten.

6   Lächeln Sie! Vermitteln Sie Ihren Zuhörern den Eindruck, dass Sie gern zu ihnen sprechen. »Wie man in den Wald hineinruft, so schallt es heraus«, schrieb Professor Overstreet.

180

7   Versammeln Sie die Zuhörer nah um sich. Eine weit  verstreut sitzende Gruppe lässt sich nur schwer beeinflussen. Ein Mensch, der Teil einer dicht beieinander sitzenden Menge ist, wird über Dinge lachen, Dinge beklatschen und gutheißen, die er anzweifeln oder gar ablehnen würde, wenn er allein wäre oder einer Gruppe angehörte, die weit verstreut in einem großen Saal sitzt.

8   Wenn Sie vor einer kleinen Gruppe sprechen, sollten Sie diese Gruppe in einem kleinen Raum versammeln. Stellen Sie sich nicht auf die Bühne, sondern begeben Sie sich auf eine Höhe mit den Zuhörern. Gestalten Sie Ihre Rede persönlich, ungezwungen, im Stil einer normalen Unterhaltung.

9   Sorgen Sie für frische Luft.

10   Sorgen Sie für gutes Licht. Stellen Sie sich so, dass Ihr Gesicht gut ausgeleuchtet ist.

11   Stellen Sie sich nicht hinter einen Tisch oder anderes Mobiliar. Räumen Sie alle Tische und Stühle aus dem Weg. Alles unansehnliche und störende Gerümpel sollte von der Bühne entfernt werden.

12   Gäste auf der Bühne rutschen auf ihren Stühlen hin und her und machen allerlei Bewegungen, die das Publikum zwangsläufig ablenken. Und das Publikum kann der Versuchung nicht widerstehen, sich bewegenden Objekten, Tieren oder Menschen nachzublicken. Achten Sie also darauf, solche Ablenkungen möglichst im Keim zu unterbinden.

13   Lassen Sie sich nicht schlaff in Ihren Stuhl fallen. Setzen Sie sich kontrolliert, mit aufrechtem Oberkörper hin.

14 Stehen Sie während einer Rede ruhig und vermeiden Sie nervöse Bewegungen. Solche Bewegungen werden als Zeichen von Schwäche wahrgenommen und beeinträchtigen Ihre Bühnenpräsenz.

15 Lassen Sie Ihre Hände entspannt neben den Hüften hängen. Das ist die ideale Position. Sollten Sie sich aber wohler fühlen, wenn Sie die Hände hinter dem Rücken verschränken oder sie in die Tasche stecken, ist das auch nicht weiter schlimm. Wenn Sie ganz vom Thema Ihres Vortrages erfüllt und wirklich mit dem Herzen bei der Sache sind, werden sich diese sekundären Details ganz von selbst harmonisch ins Gesamtbild fügen.

16 Versuchen Sie nicht Gesten aus Lehrbüchern einzustudieren. Lassen Sie die Gesten natürlich und impulsiv entstehen. Lassen Sie los. Aus lebendiger Spontaneität entstehen ganz von selbst die passenden Gesten, nicht durch das Befolgen starrer äußerer Regeln.

17 Vermeiden Sie es, eine Geste bis zur Monotonie zu wiederholen, und vermeiden Sie kurze, ruckartige Bewegungen aus dem Ellbogen. Und vor allem: Dehnen Sie die Gesten lange genug aus, damit die Höhepunkt Ihrer Bewegungen mit den jeweiligen Höhepunkten Ihrer Argumentation einhergehen.

Wie man eine
Rede beginnt

9

»Wenn Ihre Rede einen guten Anfang und einen guten Schluss hat,
können Sie dazwischen hineinstopfen, was immer Ihnen beliebt.«

Victor Murdock

»Bei öffentlichen Ansprachen ist ein guter Anfang von entscheidender
Bedeutung. Auf eine leichte und geübte Weise den Kontakt zum Publikum
herzustellen gehört zu den besonders schwierigen Aspekten der ja
ohnehin nicht leichten Redekunst. (...) Vom ersten Eindruck, von den
eröffnenden Worten hängt sehr viel ab. Oft gewinnt oder verliert man sein
Publikum schon mit den ersten fünf, sechs Sätzen einer Rede.«

Lockwood-Thorpe: *Public Speaking Today*

»Die goldene Regel lautet ganz eindeutig: Dringen Sie so bald wie
möglich zum Kern des Themas vor! Seien Sie geradezu sparsam mit
Ihren Worten. Widerstehen Sie der Versuchung, Ihre Rede blumig
auszuschmücken. Und entschuldigen Sie sich nie, nie, nie für irgend-
etwas! Einfach ausgedrückt: Bringen Sie die Sache auf den Punkt. (...)
Beim Schreiben einer Rede können wir wie beim Verfassen eines
Zeitungsartikels in der Regel den ersten Absatz komplett streichen.
Beginnen Sie dort, wo Ihre ursprüngliche Einleitung aufhört.«

Sidney F. Wicks: *Public Speaking for Business Men*

»Verglichem mit dem, was wir sein könnten, sind wir lediglich halb wach.
Wir nutzen nur einen kleinen Teil unserer körperlichen und geistigen

Fähigkeiten. Allgemein lässt sich sagen, dass das menschliche Individuum weit unter seinen Möglichkeiten bleibt. Der Mensch verfügt über
ein breites Spektrum an Kräften und Fähigkeiten, von denen er nur
unzureichend Gebrauch macht.«

William James

**Gut begonnen,
halb gewonnen**

Als ich Lynn Harold Hough, den früheren Rektor der Northwestern University, fragte, was das Wichtigste sei, das seine
lange Erfahrung als Redner ihn gelehrt habe, antwortete er
nach kurzem Nachdenken: »Am wichtigsten ist es, eine gute
Eröffnung finden, etwas, mit dem Sie sofort die Aufmerksamkeit der Zuhörer gewinnen.« Den Anfang und den
Schluss seiner Reden pflegte er fast wortwörtlich vorzufor-
mulieren. So machten es auch John Bright, Gladstone, Webster und Lincoln. Praktisch jeder Redner mit gesundem Menschenverstand und Erfahrung macht das.

Leider missachten Anfänger oft diesen Grundsatz. Sorgfältige Planung nimmt Zeit in Anspruch, erfordert Willenskraft. Denkarbeit ist ein mühevoller Prozess. Thomas Edison
ließ den folgenden Ausspruch von Joshua Reynolds an die
Wände seiner Fabriken nageln:

»Es gibt keine Ausflucht, zu der Menschen nicht greifen,
um sich die Mühe des Denkens zu ersparen.«

**Trügerische
Fallstricke**

Der Anfänger vertraut lieber auf die Inspiration des
Augenblicks, mit dem Ergebnis, dass er sich »auf einen Pfad
voller Stricke und Fallgruben begibt«.

Lord Northcliffe, der es vom kleinen Angestellten mit
magerem Wochenlohn zum größten Zeitungsverleger des
Britischen Empires brachte, sagte, dass vier Worte Pascals
ihm auf dem Weg zum Erfolg mehr geholfen hätten als alles
andere, was er je gelesen habe:

»Wer vorausblickt wird mächtig.«

184

Dieses ausgezeichnete Motto sollten Sie sich vor Augen halten, wenn Sie eine Rede vorbereiten. Planen Sie mit weiser Voraussicht, was Sie sagen werden, wenn der Geist Ihrer Zuhörer noch frisch und aufnahmebereit für jedes Ihrer Worte ist. Und blicken Sie voraus und fragen Sie sich, welchen letzten Eindruck Sie am Ende Ihrer Rede hinterlassen möchten, wenn nichts mehr folgt, mit dem dieser Eindruck sich korrigieren ließe.

In weiser Voraussicht

Machen Sie sich bewusst, dass in unseren hektischen modernen Zeiten das Publikum in etwa das Folgende denkt: »Du hast uns etwas zu sagen? Na gut, dann heraus damit! Kurz und bündig, ohne unnötige Ausschmückungen. Gib uns die Fakten und setz dich wieder hin!«

Als Woodrow Wilson im Ersten Weltkrieg vor dem Kongress eine Rede hielt, in der es um die wichtige Frage eines Ultimatums bezüglich des U-Boot-Krieges ging, lenkte er mit lediglich achtzehn Worten die Aufmerksamkeit der Abgeordneten auf das Thema:

»In der Außenpolitik unseres Landes ist eine Situation entstanden, über die Sie offen zu informieren meine Pflicht ist.«

Als Charles Schwab eine Rede vor der Pennsylvania Society von New York hielt, drang er schon im zweiten Satz seiner Rede zum Kern der Sache vor:

Zur Sache!

»Für die Bürger Amerikas steht heute eine einzige Frage im Mittelpunkt des Interesses: Welche Bedeutung hat die gegenwärtige wirtschaftliche Rezession und was wird die Zukunft bringen? Ich für meinen Teil bin Optimist ...«

Der Verkaufsmanager der National Cash Register Company begann eine Rede vor seinen Mitarbeitern auf folgende Weise. Beachten Sie, dass diese Einleitung nur aus drei Sätzen besteht, die alle drei leicht verständlich sind, Kraft und Schwung besitzen:

Schwung von Anfang an

185

»Ihr Verkäufer seid diejenigen, die dafür zu sorgen haben, dass der Schornstein raucht. Der Rauch, der in den vergangenen zwei Sommermonaten aus dem Schornstein kam, war nicht stark genug, um die Landschaft nennenswert zu verdunkeln. Nun, nachdem die heißen Hundstage vorüber sind und die Saison wieder richtig begonnen hat, haben wir einen klaren, unmissverständlichen Auftrag für euch: Wir wollen mehr Rauch!«

Gelingen unerfahrenen Rednern überhaupt solche geschickten und prägnanten Anfänge? Selten. Die meisten ungeschulten Redner beginnen ihre Rede auf eine von zwei wenig überzeugenden und nachfolgend näher beschriebenen Weisen:

Hüten Sie sich vor vermeintlich humorvollen Anekdoten

Witz, komm raus! Beklagenswerterweise glauben Rede-Novizen oft, sie müssten als Redner unbedingt witzig sein. Da ist jemand so ernsthaft wie ein enzyklopädisches Lexikon, bar jeder Leichtigkeit. Und doch fühlt er sich, wenn er aufsteht, um eine Rede zu halten, unsinnigerweise dazu verpflichtet, sich vom Geist Mark Twains beseelen zu lassen. Das führt dazu, dass er seine Rede mit einer humorvollen Anekdote eröffnet, besonders wenn es sich um eine Tischrede handelt. Was passiert? Die Chancen stehen zwanzig zu eins, dass die Anekdote dieses hartgesottenen Kaufmannes, der plötzlich zum Plauderer zu mutieren versucht, schwerfällig wie ein dickes Wörterbuch daherkommt. Höchstwahrscheinlich werden seine Pointen nicht zünden. In der unsterblichen Sprache des unsterblichen Hamlet ausgedrückt, erweisen sie sich als »schal und flach und unersprießlich«.

Wenn ein Komiker sich vor einem Publikum, das Eintritt bezahlt hat, ein paar solcher »Fehlschüsse« leistete, würde man ihn ausbuhen und rufen: »Werft ihn von der Bühne!« Die Zuhörer eines Redners verfügen im Allgemeinen über mehr Mitgefühl. Aus reiner Höflichkeit ringen sie sich ein gequältes Schmunzeln ab, doch tief im Herzen bedauern sie den misslungenen Versuch des Redners, witzig zu sein. Sie fühlen sich unbehaglich. Sind nicht auch Sie, liebe Leserin, lieber Leser, wie der Verfasser dieses Buches schon viel zu oft Zeugen dieser Art von Fiasko geworden?

Es gibt im ganzen schwierigen Bereich der Redekunst kaum etwas, das schwieriger ist, als ein Publikum zum Lachen zu bringen. Humor ist eine unglaublich heikle Angelegenheit. Es hängt dabei so viel von der Persönlichkeit ab; entweder sind Sie mit der Gabe geboren, humorvoll zu sein, oder nicht – so wie jemand mit braunen Augen auf die Welt kommt oder eben nicht. Daran lässt sich leider nicht viel ändern. Denken Sie daran, dass es selten die Anekdote allein ist, die witzig wirkt. Es kommt darauf an, wie sie erzählt wird. Neunundneunzig Menschen von hundert werden jämmerlich scheitern, wenn sie eine der Geschichten vortragen, die Mark Twain berühmt machten. Lesen Sie die Geschichten, die Abraham Lincoln im Eighth Judicial District von Illinois erzählte, Geschichten, wegen denen die Leute meilenweit fuhren und sich die ganze Nacht um die Ohren schlugen – Geschichten, bei denen die Zuhörer, wie ein Augenzeuge berichtete, »vor Lachen keuchten und von den Stühlen fielen«. Lesen Sie diese Geschichten Ihrer Familie vor und schauen Sie, ob Sie Ihren Lieben damit auch nur ein Lächeln entlocken können. Hier ist eine, die Lincoln erzählte und für die er brüllendes Gelächter erntete. Probieren Sie es aus! Aber bitte nur im privaten Kreis, nicht öffentlich: Ein Reisender, der sich spätabends über die schlammigen Prärie-Straßen Illinois heimwärts kämpfte, wurde von einem

Humor hat man – oder nicht

Gewitter überrascht. Der Himmel war schwarz wie Tinte. Es regnete, als sei im Himmel ein Damm gebrochen. Donnerschläge krachten wie Dynamitladungen. Im Lichtschein der Blitze waren umstürzende Bäume zu sehen. Das Tosen des Unwetters war ohrenbetäubend. Schließlich ertönte ein Krachen, das schlimmer war als alles, was dieser hilflose Mann im Leben je vernommen hatte. Er fiel auf die Knie, und obwohl er normalerweise nie betete, ächzte er: »Lieber Gott, wenn es dir nichts ausmacht, dann gib uns bitte etwas mehr Licht und etwas weniger Lärm.«

Witz erfordert Talent

Vielleicht gehören Sie ja zu den vom Schicksal Begünstigten, die über die seltene Gabe des Humors verfügen. Wenn das der Fall ist, dann sollten Sie diese Gabe um jeden Preis kultivieren! Sie werden überall, wo es eine Rede zu halten gilt, dreifach willkommen sein. Wenn aber Ihr Talent auf anderen Gebieten liegt, wäre es blanke Dummheit – geradezu Hochverrat –, wenn Sie versuchten, in die Fußstapfen der großen Anekdotenerzähler zu treten.

Im Übrigen werden Sie, wenn Sie die Reden Lincolns und anderer mit Humor begabter Redner studieren, überrascht feststellen, dass diese erstaunlich wenig Anekdoten erzählt haben, besonders am Anfang ihrer Vorträge. Edwin James Cattell vertraute mir an, er habe niemals eine lustige Geschichte ausschließlich wegen des Humors erzählt. Vielmehr musste sie für das Thema seiner Rede relevant sein, eines seiner Argumente verdeutlichen. Humor sollte lediglich das Sahnehäubchen auf dem Kuchen sein oder die Schokolade in der Mitte, nie aber der Kuchen selbst. Strickland Gillilan, einer der besten humorvollen Vortragsredner in den Vereinigten Staaten, empfahl, während der ersten drei Minuten eines Vortrages niemals einen Witz zu erzählen. Warum folgen Sie und ich also nicht einfach diesem Rat von jemandem, der es wissen muss?

188

Muss die Eröffnung einer Rede deshalb schwerfällig, plump und übermäßig ernst sein? Keineswegs. Sie können Heiterkeit beispielsweise durch einen lokalen Bezug erregen, etwas der Situation Entsprechendes oder ein Zitat eines anderen Redners. Weisen Sie auf eine Ungereimtheit in dessen Worten hin. Übertreiben Sie diese Ungereimtheit. Diese Art von Humor wird viel eher ankommen als schale Allerweltswitze über Schwiegermütter oder Haustiere.

Am leichtesten können Sie vermutlich Heiterkeit auslösen, wenn Sie einen Witz über sich selbst machen. Beschreiben Sie sich in einer lächerlichen oder peinlichen Situation. Schadenfreude ist ein wesentliches Element des Humors. Eskimos lachen sogar, wenn sich jemand ein Bein bricht. Die Chinesen kichern über einen Hund, der aus dem zweiten Stock eines Hauses fällt und dabei stirbt. Wir sind etwas mitfühlender, aber müssen wir nicht auch grinsen, wenn jemand seinem Hut nachrennt oder auf einer Bananenschale ausrutscht?

Lachen Sie über sich selbst

Fast immer können Sie Zuhörer zum Lachen bringen, wenn Sie unvereinbare Begriffe oder Eigenschaften nebeneinander stellen, wie zum Beispiel in der folgenden Aussage über einen Journalisten: »Er hasste Kinder, Unsinn und Demokraten.«

Beachten Sie, wie geschickt Rudyard Kipling in der Eröffnung einer seiner politischen Reden in England die Lacher auf seine Seite zieht. Er gibt hier keine erfundenen Anekdoten zum Besten, sondern eigene Erfahrungen, deren Widersprüchlichkeit er auf spielerische Weise betont:

Witzige Kontraste und Übertreibungen

»Meine Lords, verehrte Damen und Herren: Als junger Mann in Indien schrieb ich für eine Zeitung Artikel über Kriminalfälle. Es handelte sich um eine sehr interessante Arbeit, da ich Bekanntschaft mit Fälschern, Betrügern, Mördern und anderen Stützen der Gesellschaft schloss. (Gelächter.) Nachdem ich über ihre Gerichtsprozesse berichtet hatte, besuchte ich meine neu gewonnenen Freunde manchmal im Gefängnis, wo sie ihre Strafen absaßen. (Gelächter.) Ich erinnere mich da an einen Mann, der wegen Mordes zu lebenslanger Haft verurteilt worden war. Er war ein cleverer, redegewandter Bursche und erzählte mir das, was er als seine Lebensgeschichte bezeichnete. Er sagte: ›Hör gut zu: Wenn ein Mensch auf die schiefe Bahn gerät, führt eines zum anderen, bis er sich schließlich in einer Lage wiederfindet, wo er jemanden beseitigen muss, der ihm den Rückweg auf den Pfad der Tugend versperrt.‹ (Gelächter.) Nun, das ist genau die Lage, in der sich gegenwärtig die Regierung befindet. (Gelächter und Bravorufe.)«

Beginnen Sie niemals mit einer Entschuldigung!

Kein Pardon Der zweite schwere Fauxpas, den unerfahrene Redner oft begehen, besteht darin, sich zu entschuldigen. »Ich bin eigentlich gar kein Redner.« – »Ich bin nicht darauf vorbereitet, hier zu sprechen.« – »Ich weiß nicht genau, ob ich zu diesem Thema etwas sagen kann.«

Bitte nicht! Ein Gedicht Kiplings beginnt mit den Worten: »Es gibt keinen Grund fortzufahren.« Genau das empfindet das Publikum, wenn der Redner mit einer Entschuldigung beginnt.

Seien Sie interessant Wenn Sie unzureichend vorbereitet sind, werden einige Zuhörer dies gewiss merken, auch ohne dass Sie sie eigens darauf hinweisen. Andere dagegen nicht. Warum wollen Sie dann deren Aufmerksamkeit auf diesen peinlichen Umstand lenken? Warum beleidigen Sie Ihr Publikum, indem Sie ihm den Eindruck vermitteln, Sie hätten es nicht für Wert erachtet, sich gründlich vorzubereiten? Niemand will Ihre Entschuldigung hören. Die Leute sind gekommen, um von Ihnen informiert und unterhalten zu werden. Damit Sie *unterhalten werden*! Vergessen Sie das nicht.

In dem Moment, wenn Sie vor Ihre Zuhörer treten, wendet sich Ihnen unvermeidlich alle Aufmerksamkeit zu. Die Aufmerksamkeit des Publikums für die ersten fünf Sekunden zu erlangen ist leicht. Die Herausforderung besteht darin, sie in den nächsten fünf Minuten zu behalten. Haben Sie sie einmal verloren, ist es doppelt schwierig sie zurückzugewinnen. Schon Ihr erster Satz sollte daher unbedingt Interesse wecken. Nicht der zweite, nicht der dritte. Der allererste!

»Und wie mache ich das?«, fragen Sie. Eine ziemliche Anforderung, das gebe ich gerne zu. Um eine Antwort zu finden, müssen wir uns auf unsichere und tückische Pfade begeben, denn es hängt dabei sehr viel von Ihnen selbst, von Ihrem Publikum, vom Thema, Ihrem Material und dem jeweiligen Anlass ab. Die behutsamen Vorschläge und Anregungen im weiteren Verlauf dieses Kapitels werden Ihnen aber, so hoffe ich, den rechten Weg weisen.

Die Kunst des ersten Satzes

Neugierde wecken

Hier ist der Anfang einer Rede, die Mr. Howell Healy vor den Teilnehmern eines meiner Redeseminare im Penn Athletic Club in Philadelphia hielt. Gefällt er Ihnen? Wird sofort Ihr Interesse geweckt?

»Vor zweiundachtzig Jahren ungefähr zu dieser Jahreszeit erschien in London ein kleines Buch, eine Erzählung, der es bestimmt war, unsterblich zu werden. Viele Menschen haben es ›das größte kleine Buch der Welt‹ genannt. Als es erstmalig veröffentlicht wurde, lautete die unvermeidliche Frage, wenn Freunde sich trafen: ›Hast du es auch schon gelesen?‹ Und die Antwort war jedes mal: ›Ja, Gott sei Dank, das habe ich.‹

Noch am Tag der Erstveröffentlichung wurden tausend Exemplare verkauft. Innerhalb von zwei Wochen stieg diese Zahl auf fünfzehntausend. Seit damals hat besagtes Buch zahllose Neuauflagen erfahren und ist in alle Sprachen der Welt übersetzt worden. Vor ein paar Jahren kaufte J.P. Morgan das Originalmanuskript zu einem unerhörten Preis. Es wird nun neben anderen unbezahlbaren Schätzen in jener großartigen Kunstgalerie in New York ausgestellt, die er seine Bibliothek nennt.

Von welchem weltberühmten Buch ist die Rede? Von Charles Dickens' ›Weihnachtslied‹.«

Spannung und Neugierde

Halten Sie das für einen erfolgreichen Redeanfang? Hat er Ihre Aufmerksamkeit erregt, wuchs Ihr Interesse mit jedem Satz? Warum? Lag es nicht daran, dass Ihre Neugierde geweckt und eine starke Erwartungsspannung aufgebaut wurde?

Neugierde! Wer wäre dafür nicht empfänglich? Ich habe im Wald Vögel aus bloßer Neugierde herbeiflattern sehen. Ich kenne einen Jäger in den Alpen, der Gemsen anlockt, indem er sich ein Bettlaken überwirft, herumkriecht und ihre Neugierde weckt. Hunde sind neugierig, Katzen sind es und alle anderen Tiere, einschließlich des wohlbekannten *Homo sapiens*.

Wecken Sie also gleich mit dem ersten Satz die Neugierde Ihres Publikums, dann haben Sie seine interessierte Aufmerksamkeit gewonnen. Ich selbst begann meinen Vortrag über die Abenteuer von Colonel Thomas Lawrence in Arabien folgendermaßen:

»Lloyd George hat gesagt, dass er Colonel Lawrence für eine der romantischsten und schillerndsten Persönlichkeiten dieser Zeit hält.«

Fragen aufwerfen

Dieser Anfang hat zwei Vorteile: Erstens erregt ein Zitat einer berühmten Persönlichkeit immer eine Menge Aufmerksamkeit. Zweitens entsteht Neugierde. Die Zuhörer fragen sich unwillkürlich: »Warum romantisch?« – »Warum schillernd?« – »Ich habe noch nie von ihm gehört. – Was hat er angestellt?«

Lowell Thomas begann seinen Vortrag über Lawrence von Arabien mit der folgenden Beschreibung:

»Als ich eines Tages durch das christliche Viertel in Jerusalem ging, begegnete mir ein Mann im prächtigen Gewand eines orientalischen Potentaten. An seiner Seite hing ein goldenes Schwert, wie es nur von den direkten Abkömmlingen des Propheten Mohammed getragen wird. Aber dieser Mann besaß keine arabischen Gesichtszüge. Er hatte blaue Augen, während die Augen der Araber stets schwarz oder braun sind.«

Das hat Ihre Neugierde geweckt, nicht wahr? Sie möchten mehr hören. Wer war das? Warum kleidete er sich wie ein Araber? Was tat er? Was ist aus ihm geworden?

»Wussten Sie, dass es heute noch in siebzehn Ländern Sklaverei gibt?« Einer meiner Schüler, der seine Rede mit diesem Satz begann, weckte damit nicht nur Neugierde, sondern schockierte obendrein sein Publikum. »Sklaverei? Heute noch? In siebzehn Ländern? Das klingt ja unglaublich! Welche Länder sind das denn?« Neugierde und Verblüffung erzeugen

Oft lässt sich Neugierde wecken, indem man den Zuhörern eine Wirkung präsentiert, sodass sie gespannt auf die Ursache warten. Einer meiner Schüler begann zum Beispiel mit der folgenden verblüffenden Feststellung:

»Ein Mitglied unseres Parlamentes stand kürzlich in einer Sitzung auf und schlug die Verabschiedung eines Gesetzes vor, das es Kaulquappen im Umkreis von zwei Meilen um jedes Schulhaus verbietet, zu Fröschen zu werden.«

Sie lächeln. Macht der Redner einen Scherz? Wie absurd. Ist das wirklich geschehen? Ja. Der Redner fuhr fort und lieferte die Erklärung.

Vor Kurzem erschien in der *Saturday Evening Post* ein Artikel mit der Überschrift: »Gangstern über die Schulter geschaut«. Der erste Satz lautet:

»Sind Gangster wirklich organisiert? In der Regel trifft das zu. Wie? ...«

Von Zeitungs-
journalisten
lernen
Mit elf Worten teilt uns der Autor sein Thema mit, verrät uns etwas darüber und weckt unsere Neugierde bezüglich der Frage, wie Gangster organisiert sind. Sehr lobenswert. Alle, die öffentliches Reden erlernen möchten, sollten genau studieren, wie Zeitungsjournalisten es anstellen, dass sie gleich mit den ersten Worten eines Artikels das Interesse der Leser wecken. Von ihnen können Sie mehr darüber lernen, wie ein guter Redeanfang aussehen soll, als wenn Sie lange Sammlungen abgedruckter Reden studieren.

Geschichten
sind spannend
Warum nicht mit einer Geschichte beginnen?
Harold Bell Wright hat in einem Interview zugegeben, dass seine Romane ihm über hunderttausend Dollar pro Jahr eingebracht haben. Booth Tarkington und Robert W. Chambers haben ähnliche Summen verdient. Siebzehn Jahre lang betrieb Doubleday Page and Company eine große Druckerpresse, die nichts anderes tat, als die Romane von Gene Stratton Porter zu drucken. Über siebzehn Millionen Exemplare ihrer Bücher sind verkauft worden und brachten ihr mehr als drei Millionen Dollar Tantiemen ein. Mögen die Menschen gerne Geschichten? Diese Zahlen sprechen eindeutig dafür.

Besonders gut gefällt es uns, wenn jemand eigene Erfahrungen erzählerisch wiedergibt. Der berühmte Redner und Anwalt Russel H. Conway hielt seinen Vortrag »Diamantenfelder«, den Sie im Anhang finden, über sechstausendmal und verdiente damit Millionen.

Und wie beginnt dieser unglaublich populäre Vortrag? Sechstausendmal erzählt Lesen Sie es selbst nach. Sie finden ihn im Anhang dieses Buches. Der Anfang lautet folgendermaßen:

»Als ich vor vielen Jahren mit einer englischen Reisegruppe im Gebiet von Euphrat und Tigris unterwegs war, wurden wir von einem Araber geführt, den wir in Bagdad angeheuert hatten ...«

Und schon befinden wir uns mitten ein einer *Geschichte*. Das ist der Köder für unsere Aufmerksamkeit. Ein solcher Anfang funktioniert nahezu narrensicher. Er versagt fast nie. Er bewegt sich. Er marschiert voran, und wir folgen. Wir wollen wissen, was weiter geschieht.

Einen solchen Geschichten-Anfang habe ich auch für das 3. Kapitel dieses Buches benutzt.

Hier sind die Anfangssätze zweier Geschichten aus der *Saturday Evening Post*:

1. »Das laute Krachen eines Revolvers zerriss die Stille.«

2. »Ein an und für sich trivialer, in seinen möglichen Konsequenzen jedoch alles andere als trivialer Vorfall ereignete sich in der ersten Juliwoche im Montview Hotel in Denver. Der örtliche Hotelmanager Goebel maß ihm eine solche Bedeutung bei, dass er Steve Faraday, den Besitzer des Montview und sechs weiterer Faraday Hotels, bei dessen Inspektionsbesuch unverzüglich davon in Kenntnis setzte.«

Beachten Sie, dass in beiden Anfängen etwas geschieht. Jetzt passiert etwas! Eine Handlung beginnt. Man möchte weiterlesen. Man möchte mehr erfahren. Man möchte herausfinden, was es mit den Geschehnissen auf sich hat.

Selbst der unerfahrene Anfänger kann seine Rede wirkungsvoll beginnen, indem er eine Geschichte erzählt und damit unsere Neugierde weckt.

Beginnen Sie mit einer bildhaften Schilderung

In Bildern
sprechen

Den meisten Menschen fällt es schwer, längere Zeit abstrakten Ausführungen zu folgen. Bildhafte Schilderungen und Illustrationen sind dagegen viel eingängiger, sie schaffen viel eher Aufmerksamkeit. Viele Redner glauben, mit einigen allgemein gehaltenen Aussagen beginnen zu müssen, aber das ist nicht zu empfehlen. Beginnen sie mit einer anschaulichen bildhaften Schilderung, die Interesse hervorruft. Schließen Sie erst daran Ihre abstrakten Bemerkungen an. Wenn Sie Beispiele für diese Methode suchen, lesen Sie sich noch einmal die Anfänge des 5. und des 7. Kapitels durch.

Welche Technik habe ich angewandt, um das Kapitel zu eröffnen, das Sie gerade lesen?

Einen Gegenstand zeigen

Blicke auf
sich ziehen

Der einfachste Weg, Aufmerksamkeit zu erregen, besteht vermutlich darin, irgendeinen Gegenstand hochzuhalten, um ihn den Leuten zu zeigen. Selbst unaufmerksame Zuhörer, Kinder und Affen und Hunde reagieren auf einen solchen Stimulus. Und auch vor sehr respektablen Auditorien lässt er sich mitunter wirkungsvoll einsetzen. S. S. Ellis aus Philadelphia begann beispielsweise eine seiner Reden damit, dass er eine Münze zwischen Daumen und Zeigefinger nahm und sie hoch in die Luft hielt. Natürlich blickten alle im Saal darauf. Dann fragte er: »Hat jemand von Ihnen schon eine solche Münze auf dem Bürgersteig gefunden? Auf der Münze steht, dass der glückliche Finder ein kostenloses Grundstück in einem Neubaugebiet erhält. Dazu müsse er nichts weiter tun, als mit der Münze ein bestimmtes Maklerbüro aufsuchen. (...)« Mr. Ellis informierte dann über die Fallstricke dieses Angebotes und enthüllte die unseriösen Geschäftspraktiken, die sich dahinter verbargen.

Eine Frage stellen

Mr. Ellis' Rede-Anfang weist noch ein anderes empfehlens-
wertes Element auf. Er beginnt mit einer Frage, die er an
das Publikum richtet, sodass die Leute dazu veranlasst werden, gemeinsam mit dem Redner nachzudenken, mit ihm zu
kooperieren. Denken Sie daran, dass der Artikel der *Saturday Evening Post* über Gangster ebenfalls mit zwei Fragen
in den ersten drei Sätzen beginnt: »Sind Gangster wirklich
organisiert? ... Wie?« Fragen sind der einfachste Schlüssel,
um uns Zugang zum Geist unserer Zuhörer zu verschaffen.
Wenn andere Hilfsmittel sich als nutzlos erweisen, können
Sie jederzeit darauf zurückgreifen.

Zum Mitdenken
anregen

Warum nicht die Frage einer berühmten Persönlichkeit an den Anfang stellen?

Mit Zitaten berühmter Personen lässt sich immer Aufmerksamkeit erregen. Wie gefällt Ihnen der Anfang des folgenden Vortrages über geschäftlichen Erfolg?

»Es gibt nur einen Grund, warum die Welt manche Menschen mit Reichtum und Ehre geradezu überhäuft«, schreibt
Elbert Hubbard. ›Weil sie Initiative besitzen. Und was ist
Initiative? Das will ich Ihnen sagen: Initiative heißt, von sich
aus, ohne Anweisung von oben, das Richtige zu tun.‹«

Dieser Redeanfang zeichnet sich durch mehrere Vorzüge
aus. Der erste Satz weckt Neugierde. Er packt uns, wir wollen mehr erfahren. Wenn der Redner nach den Worten
»Elbert Hubbard« eine effektvolle Pause macht, steigert das
die Spannung. Los, denken wir, sag uns, warum manche
Menschen mit Reichtum überhäuft werden! Der zweite Satz
dringt dann sofort zum Kern der Sache vor. Der dritte Satz,
eine Frage, lädt das Publikum zum Mitdenken ein, zur Teilnahme. Und das mögen die Leute. Sie lieben es! Im vierten

Spannend
wie ein Krimi

Satz wird definiert, was Initiative ist. Nach dieser Eröffnung folgt eine Anteilnahme weckende, aus dem Leben gegriffene Geschichte, die diese Eigenschaft veranschaulicht. Für diesen Redeanfang hat der Redner ganz klar eine Eins verdient!

Stellen Sie einen Bezug zu den grundlegenden Interessen Ihrer Zuhörer her

An Eigeninteresse appellieren Beginnen Sie mit einer Bemerkung, die geschickt auf das Eigeninteresse des Publikums abzielt. Damit ist Ihnen Aufmerksamkeit sicher. Wir alle sind brennend an Fragen interessiert, die unmittelbar unser persönliches Wohlergehen betreffen.

Das entspricht schließlich dem gesunden Menschenverstand! Und doch machen viel zu wenig Redner davon Gebrauch. Kürzlich hörte ich beispielsweise einen Vortrag über den Nutzen regelmäßiger ärztlicher Vorsorgeuntersuchungen. Wie begann dieser Mann seine Rede? Indem er die Geschichte des Unternehmens erzählte, das diese Untersuchungen entwickelt hat und als Dienstleistung anbietet. Absurd! Die Zuhörer haben nicht das geringste Interesse daran, welches Unternehmen wann wie gegründet wurde. Aber an ihrem eigenen Wohlergehen sind sie in besonderem Maße interessiert.

Warum erkennen wir diese Tatsache nicht an? Warum machen wir ihnen nicht klar, von welch grundsätzlichem Interesse der Service für sie ist, den dieses Unternehmen anbietet? Warum also die Rede nicht in etwa wie folgt beginnen: »Wissen Sie, wie hoch gemäß den Statistiken der Lebensversicherungen Ihre durchschnittliche Lebenserwartung ist? Den Statistikern zufolge beträgt sie zwei Drittel der Zeit zwischen Ihrem jetzigen Alter und achtzig Jahren. Angenommen, Sie sind jetzt fünfunddreißig. Das ergibt fünfundvierzig Jahre. Sie können demnach damit rechnen, noch zwei Drittel dieser Zeit zu leben, also dreißig Jahre. ... Reicht Ihnen das? Nein, nein, wir alle wünschen uns von ganzem Herzen, länger zu leben! Aber diese Werte basieren auf Millionen aufgezeichneter Sterbefälle. Dürfen Sie und ich trotzdem darauf hoffen, der Statistik ein Schnippchen zu schlagen? Ja, wenn wir die richtigen Vorsorgemaßnahmen ergreifen. Der erste Schritt dazu ist eine regelmäßige und gründliche ärztliche Vorsorgeuntersuchung ...«

Wenn wir nun im Einzelnen erklären, warum diese Untersuchungen so sinnvoll sind, werden sich die Zuhörer höchstwahrscheinlich auch für das Unternehmen zu interessieren beginnen, das diesen Service anbietet. Den Vortrag aber mit einer unpersönlichen Beschreibung dieses Unternehmens zu beginnen ist eine Katastrophe! Geradezu tödlich!

Ein weiteres Beispiel: Einer meiner Seminarteilnehmer sprach in einer Übungsrede darüber, wie wichtig es ist, unsere Wälder zu schützen. Er begann mit diesem Satz: »Wir, als Amerikaner, sollten stolz auf unsere Naturschätze sein ...« Im Anschluss an diesen Satz zeigte er auf, wie wir unsere Waldbestände auf eine schamlose und verantwortungslose Weise vernichten. Aber es war kein guter Anfang: zu allgemein, zu vage. Es gelang ihm nicht wirklich, unsere persönliche Betroffenheit zu wecken. Unter den Teilnehmern befand sich ein Druckereibesitzer. Der Kahlschlag der Wälder und der daraus resultierende Mangel an Papier könnte massive Folgen für sein Geschäft haben. Ein andere Teilnehmer war Bankier. Wenn die Zerstörung der Wälder eine Gefahr für den allgemeinen Wohlstand bedeutet, könnte das auch die Rendite seiner Bank gefährden. Und so weiter. Warum also nicht mit folgenden

Persönliche
Betroffenheit

Sätzen beginnen?: »Das Thema, über das ich heute sprechen werde, betrifft Ihre ureigenen geschäftlichen Interessen, Mr. Appleby. Und die Ihren, Mr. Saul. In gewisser Hinsicht wird es sogar die Lebensmittelpreise und die Höhe der Mieten beeinflussen. Das Wohlergehen und der Wohlstand von uns allen sind davon berührt.«

Wird die Bedeutung des Waldschutzes damit übertrieben? Nein, das glaube ich nicht. Vielmehr folgt dieser Redeanfang Elbert Hubbards Rat »das Bild großformatig zu malen und unser Anliegen so vorzubringen, dass die Initiative der Zuhörer geweckt wird«.

Schockierende Fakten

Schocktherapie »Ein guter Presseartikel«, sagte der Zeitschriftenverleger S. S. McClure, »versetzt dem Leser einen Schock nach dem anderen.«

Solche Artikel reißen uns aus unseren Träumen heraus. Sie erregen auf eine sehr fordernde Weise unsere ungeteilte Aufmerksamkeit. Hier noch einige Beispiele:

Der Anfang eines Vortrages über die Bedeutung des Radios lautete wie folgt:

»Wussten Sie eigentlich, dass das Geräusch einer Fliege, die in New York über eine Glasscheibe spaziert, mit dem Radio nach Zentralafrika übertragen und dort so verstärkt werden kann, dass es klingt wie das Tosen der Niagarafälle?«

Eine Rede über die Kriminalität in den USA begann so:

»Unser Rechtswesen‹, erklärte William Howard Taft, Oberster Richter am Bundesgericht der Vereinigten Staaten, ›ist eine Schande für die Zivilisation.‹«

Dieser Anfang bietet den zusätzlichen Vorteil, dass die Zuhörer nicht nur geschockt werden, sondern das Zitat stammt obendrein von einer juristischen Autorität!

Vom Wert eines natürlichen, ungezwungenen Anfangs
Wie gefällt Ihnen der folgende Anfang? Das Thema von
Mary E. Richmonds Rede vor der Jahresversammlung der
New Yorker Frauenliga hieß: *Ehen von Minderjährigen im
Staat New York.*

»Als mein Zug gestern durch eine Stadt hier ganz in der
Nähe rollte, musste ich an eine Heirat denken, die dort vor
ein paar Jahren stattgefunden hatte. Da viele andere Ehen
in diesem Staat ebenso übereilt und mit katastrophalen Folgen geschlossen werden wie diese, möchte ich meinen Vortrag mit ein paar Details dieser Ehe beginnen.

Am 12. Dezember lernte eine fünfzehnjährige High-
school-Schülerin in jener Stadt einen College-Studenten
kennen. Am 15. Dezember, nur drei Tage später, erhielten
sie eine amtliche Heiratserlaubnis, weil sie schworen, das
Mädchen sei bereits achtzehn Jahre alt und benötige daher
nicht die Zustimmung der Eltern. Sofort nachdem sie das
Büro des zuständigen Verwaltungsangestellten verlassen
hatten, gingen sie zu einem Priester (das Mädchen war
katholisch), der sich aber korrekterweise weigerte, sie zu verheiraten. Irgendwie, vielleicht durch den Priester, erfuhr die
Mutter des Mädchens von der Sache. Doch ehe sie ihre Tochter ausfindig machen konnte, hatte ein Friedensrichter das
Paar bereits getraut. Der Bräutigam bezog mit seiner Braut
ein Hotelzimmer, wo sie zwei Tage und Nächte verbrachten.
Gleich darauf ließ er sie sitzen und machte sich aus dem
Staub.«

Mir persönlich gefällt dieser Anfang sehr. Schon der erste   **Bleiben Sie**
Satz ist gut gelungen. Er kündigt etwas an. Wir möchten   **natürlich!**
weitere Einzelheiten erfahren. Es geht um ein persönliches
Schicksal, das unsere Anteilnahme weckt. Außerdem wirkt
diese Einführung nicht konstruiert und am Schreibtisch

vorformuliert. »Als mein Zug gestern durch eine Stadt hier ganz in der Nähe rollte, musste ich an eine Heirat denken, die dort vor ein paar Jahren stattgefunden hatte.« Das klingt sehr natürlich und spontan, als würde in einer normalen Unterhaltung jemand einer Freundin oder einem Freund eine interessante Geschichte erzählen. So etwas mögen die Zuhörer. Wenn ein Anfang dagegen allzu kunstvoll konstruiert wirkt und nach manipulativen Hintergedanken riecht, schreckt das ab. Wir wollen Kunst, die so kunstvoll gewoben ist, dass man sie gar nicht bemerkt!

ZUSAMMENFASSUNG

1   Eine Rede gut zu eröffnen ist nicht leicht. Dieser erste Eindruck ist aber von großer Wichtigkeit, weil unsere Zuhörer dann noch frisch und aufnahmebereit sind. Man sollte die ersten Sätze daher keineswegs dem Zufall überlassen. Sie sollten sorgfältig vorformuliert werden.

2   Die Einleitung sollte kurz sein, aus höchstens ein oder zwei Sätzen bestehen. Oft ist sie aber vollkommen überflüssig. Stoßen Sie gleich zum Kern der Sache vor, ohne viel unnötiges Gerede! Dagegen hat niemand etwas einzuwenden.

3   Anfänger neigen dazu, ihre Rede entweder mit einer humorvollen Anekdote oder mit einer Entschuldigung zu beginnen. Beides ist eigentlich nicht zu empfehlen. Nur wenige Menschen – sehr, sehr wenige – besitzen die Gabe, eine humorvolle Anekdote wirkungsvoll zu erzählen. Meistens zündet der Witz nicht und ruft beim Publikum statt Heiterkeit nur Verlegenheit hervor. Geschichten sollten für das Vortragsthema relevant sein,

nicht zu bloßen Unterhaltungszwecken eingestreut werden. Humor sollte das Sahnehäubchen auf dem Kuchen sein, nicht aber der Kuchen selbst. Entschuldigen Sie sich nie. Das langweilt nur und ist zudem schlichtweg eine Beleidigung für das Publikum. Kommen Sie zur Sache, sagen Sie, was Sie zu sagen haben, und setzen Sie sich wieder hin.

4 Die sofortige Aufmerksamkeit des Publikums gewinnen Rednerinnen und Redner, indem sie

a Neugierde wecken. (Beispiel: Der Vortrag über Dickens' »Weihnachtslied«.)

b eine menschlich bewegende Geschichte erzählen. (Beispiel: Der Vortrag »Diamantenfelder«.)

c mit einer anschaulichen Schilderung beginnen. (Siehe die Anfänge des 5. und des 7. Kapitels dieses Buches.)

d dem Publikum einen Gegenstand zeigen. (Beispiel: Die Münze, die dem Finder ein kostenloses Grundstück versprach.)

e eine Frage stellen. (Beispiel: »Hat jemand von Ihnen schon eine solche Münze auf dem Bürgersteig gefunden?«)

f ein prägnantes Zitat voranstellen. (Beispiel: Elbert Hubbards Äußerung über den Wert persönlicher Initiative.)

g deutlich machen, dass es um die vitalen Interessen der Zuhörer geht. (Beispiel: »Ihre Lebenserwartung beträgt zwei Drittel der Zeit zwischen Ihrem jetzigen Alter und achtzig Jahren. Diese Spanne können Sie erhöhen, wenn Sie sich regelmäßigen ärztlichen Vorsorgeuntersuchungen unterziehen.«)

h die Zuhörer mit schockierenden Aussagen oder Fakten konfrontieren. (Beispiel: »›Das amerikanische Rechtswesen ist eine Schande für die Zivilisation‹, sagte William H. Taft, der oberste Bundesrichter der Vereinigten Staaten.«)

5 Achten Sie darauf, dass Ihr Anfang nicht zu konstruiert erscheint. Man darf nicht merken, dass Sie ihn mühevoll ausgearbeitet haben. Er soll locker, ungezwungen und natürlich wirken. (Beispiel: »Als mein Zug gestern durch eine Stadt hier ganz in der Nähe rollte, musste ich an eine Heirat denken, die dort vor ein paar Jahren stattgefunden hatte.«)

10

Takt und Einfühlungsvermögen

»Sie müssen Ihr Publikum zufrieden stellen. Sie müssen seine Ängste beschwichtigen und sein Misstrauen überwinden. Sie müssen Ihre Zuhörer dazu bewegen, die Waffen niederzulegen und zu sagen: ›Lasst uns gemeinsam einen Weg finden.‹ Das erreichen Sie, indem Sie nach Verbindendem suchen und gemeinsame Interessen herausstellen.
Es gibt zwischen uns Menschen letztlich immer mehr Verbindendes als Trennendes. Was sind das für Menschen, zu denen Sie sprechen? Davon, dass Sie das herausfinden, hängt der Erfolg Ihrer Rede ab. Wenn es beim besten Willen nicht möglich ist, die Zuhörer zufrieden zu stellen, sollten Sie wenigstens Mut beweisen und sich ihre Bewunderung und ihren Respekt erwerben. Wenn ich beispielsweise vor einer Gruppe militanter nordirischer Protestanten in Belfast reden müsste, würde ich an ihr Loyalitätsgefühl, ihre moralischen Werte appellieren. Eine Gruppe von Industriearbeitern würde ich nicht mit Vorwürfen und kapitalistischen Parolen überschütten, sondern sie an Zeiten größerer betrieblicher Harmonie erinnern, daran, wie loyal Fabrikleitung und Belegschaft früher zusammengearbeitet hätten. Ich würde betonen, dass wir alle gemeinsam Wege finden müssten, mit den schweren wirtschaftlichen Zeiten fertig zu werden. Ich würde ihnen klar machen, dass ich ehrlich und ohne Groll bemüht bin, eine für alle akzeptable Lösung zu finden. Appellieren Sie stets an die edelsten Instinkte Ihrer Zuhörer. Es ist immer wieder bemerkenswert, wie positiv die meisten Menschen auf einen solchen Appell reagieren.«

Sidney F. Wicks: *Public Speaking for Business Men*

»Im Allgemeinen kämpfen wir mit geballten Fäusten um unser Recht. Ich wage zu behaupten, dass dies der längere Weg ist, nicht der kürzere. Wenn Sie mit geballten Fäusten auf mich losgehen, werde ich unverzüglich in Abwehrstellung gehen. Wenn Sie aber zu mir kommen und sagen: ›Setzen wir uns doch zusammen und finden wir gemeinsam heraus, wo eine Übereinstimmung möglich ist und welche Punkte problematisch sind‹, dann werden wir erkennen, dass unsere Interessen gar nicht so weit auseinander liegen. Wir werden feststellen, dass es mehr Übereinstimmungen als Gegensätze gibt und dass wir, wenn wir nur genug Geduld und Objektivität aufbringen, sehr wohl in der Lage sind, eine Einigung zu erzielen.«

Woodrow Wilson

Rockefellers psychologisches Geschick

Anfang der Zwanzigerjahre gab es bei der *Colorado Fuel and Iron Company* heftige Konflikte mit den Arbeitern. Es war sogar zu Schießereien und Blutvergießen gekommen. Die Atmosphäre war von Hass vergiftet und schon die bloße Erwähnung des Namens Rockefeller konnte das Fass zum Überlaufen bringen. Dennoch beharrte John D. Rockefeller darauf, zu den Arbeitern zu sprechen. Er wollte ihnen die Lage erläutern und sie von der Richtigkeit seiner Position überzeugen. Ihm war klar, dass er es gleich mit den ersten Sätzen seiner Ansprache schaffen musste, alle negativen Gefühle, allen Widerstand zu überwinden. Das gelang ihm auf eindrucksvolle und ehrliche Weise. Es lohnt sich für alle öffentlichen Redner, sich einmal anzuschauen, wie er das gemacht hat:

»Dies ist ein denkwürdiger Tag in meinem Leben. Zum ersten Mal habe ich das Glück, mit den Arbeitervertretern dieses großartigen Unternehmens und mit seinen leitenden Angestellten an einem Tisch zu sitzen. Ich kann Ihnen versichern, dass es mich mit Stolz erfüllt heute hier zu sein, und dass mir diese Begegnung unvergesslich bleiben wird. Hätte dieses Treffen vor zwei Wochen stattgefunden, wäre ich für die meisten von Ihnen ein Fremder gewesen, der nur wenige Gesichter kannte. Nun hatte ich in der vergangenen

Woche Gelegenheit, alle Arbeitercamps in den südlichen Fördergebieten zu besuchen und mit nahezu allen Belegschaftsvertretern persönlich zu sprechen. Auch habe ich viele von Ihnen zu Hause besucht, viele Ihrer Frauen und Kinder kennen lernen dürfen, sodass wir einander nun nicht mehr als Fremde begegnen, sondern als Freunde. Und im Geist dieser gegenseitigen Freundschaft freue ich mich, dass ich nun Gelegenheit habe, zu Ihnen über unsere gemeinsamen Interessen zu sprechen.

Da es sich um ein Treffen zwischen den leitenden Angestellten des Unternehmens und den Arbeitervertretern handelt, verdanke ich es allein Ihrer Höflichkeit, heute hier sein zu dürfen, da ich keiner dieser beiden Gruppen angehöre. Und doch fühle ich mich tief mit Ihnen verbunden, denn ich repräsentiere in gewisser Hinsicht sowohl die Aktionäre wie auch die Direktoren.«

Das ist Takt – vollendetes Taktgefühl. Und Rockefellers Ansprache wurde ein Erfolg, trotz des Hasses, der zuvor existiert hatte. Die Männer, die gestreikt und für höhere Löhne gekämpft hatten, erhoben keine derartigen Forderungen mehr, nachdem Rockefeller ihnen die Situation ausführlich erläutert hatte.

Revolvermänner und ein Tropfen Honig

»Eine alte und wahre Regel lautet, dass ›man mit einem Tropfen Honig mehr Fliegen fängt als mit einem Fass Galle‹. Das trifft auch auf Menschen zu. Wenn du einen Menschen für deine Sache gewinnen willst, musst du ihn zuerst überzeugen, dass du sein aufrichtiger Freund bist. Das ist der Tropfen Honig, mit dem du sein Herz fängst. Und es ist, was auch immer dieser Mensch zunächst sagen mag, der Königsweg zu seiner Einsicht. Von dort aus wird es dir nicht mehr schwerfallen, ihn von der Ehrlichkeit deiner Absichten zu überzeugen – vorausgesetzt deine Absichten *sind* ehrlich.«

Lincolns
Waffe: Takt
So sah Lincolns Plan aus, als er 1858, während seiner Kandidatur für den US-Senat, in jenem Teil des südlichen Illinois eine Rede halten sollte, der als »das wilde Ägypten« bekannt war. Dort lebten damals raue Gesellen, die bei offiziellen Anlässen ziemlich bedrohliche Messer und Pistolen im Gürtel zu tragen pflegten. Ihr Hass auf die Abolitionisten, die Gegner der Sklaverei, ging einher mit einer ebenso großen Liebe zu Schlägereien und Maiswhisky. Männer aus dem Süden, unter ihnen Sklavenhalter aus Kentucky und Missouri, hatten den Mississippi und den Ohio überquert, um ihren Teil zu dem zu erwartenden Ärger beizutragen. Mit diesem war in erheblichem Maße zu rechnen, denn man hatte damit gedroht, Lincoln »aus der Stadt zu jagen und in Stücke zu schießen«, falls der »verdammte Sklavenbefreier« es tatsächlich wagen sollte, eine Rede zu halten.

Lincoln war über diese Drohungen und die aufgeheizte Stimmung im Bilde. »Aber wenn sie mir die faire Chance geben, ein paar Worte zu sagen«, erklärte er, »wird es mir ganz sicher gelingen, die Gemüter zu beruhigen.« Daher ließ er sich, ehe er mit seiner Rede begann, den Rädelsführern vorstellen und schüttelte ihnen freundlich die Hände. Dann begann er seine Ansprache mit einem Taktgefühl, das seinesgleichen sucht:

»Mitbürger von Southern Illinois, Mitbürger des Staates von Kentucky, Mitbürger von Missouri – man hat mir gesagt, einige von euch seien hierher gekommen, um sich mit mir zu streiten. Ich wüßte nicht, aus welchem Grund. Ich bin ein einfacher, bodenständiger Mann wie ihr alle hier. Warum soll ich nicht das Recht haben, offen meine Meinung zu sagen wie jeder andere Anwesende? Immerhin, meine guten Freunde, bin ich einer von euch. Ich bin kein Fremder hier. Ich bin in

Kentucky geboren und in Illinois aufgewachsen, so wie die meisten von euch, und habe mich mit harter Arbeit durchschlagen müssen. Ich kenne die Menschen aus Kentucky, und ich kenne die Menschen aus Southern Illinois, und ich denke, ich kenne auch die Leute aus Missouri. Ich bin einer von ihnen, und daher sollte ich sie kennen. Und sie sollten mich besser kennen, und würden sie mich besser kennen, dann wüssten sie, dass ich nicht beabsichtige, ihnen Schwierigkeiten zu machen. Warum sollen also sie oder irgendjemand von ihnen mir Schwierigkeiten machen? Lasst euch nicht zu solchen unsinnigen Taten hinreißen, meine Mitbürger! Lasst uns Freunde sein und einander als Freunde behandeln. Ich bin einer der bescheidensten und friedliebendsten Menschen auf der Welt – will niemandem etwas Böses und werde niemals die Rechte meiner Mitmenschen missachten. Gebt mir Gelegenheit, zu euch über meine Ansichten zu sprechen. Das ist alles, worum ich bitte. Und da ihr Leute aus Illinois, Kentucky und Missouri brave und anständige Menschen seid, bin ich sicher, dass ihr mir diese Bitte erfüllen werdet. Tauschen wir also nun als die ehrlichen Menschen, die wir sind, friedlich unsere Argumente aus.«

Während er diese Sätze sprach, lag ein Ausdruck vollkommener Gutmütigkeit auf seinem Gesicht und im Klang seiner Stimme schwang sympathische Ehrlichkeit mit. Diese taktvollen Worte besänftigten den drohenden Sturm und ließ Lincolns Feinde verstummen. In der Tat machte er sich viele von ihnen dadurch sogar zu Freunden. Sie bejubelten seine Rede, und später zählten diese rauen und ungehobelten »Ägypter« zu seinen glühendsten Anhängern im Kampf um die Präsidentschaft.

»Interessant«, höre ich Sie sagen, »aber was hat das alles mit mir zu tun? Ich bin kein Rockefeller. Ich muss mich nicht

Aus Feinden
werden Freunde

vor hungernde, streikende Arbeiter hinstellen, die den sehnlichen Wunsch haben mich aufzuhängen oder totzuprügeln. Ich bin kein Lincoln. Ich muss nicht zu pistolenbewehrten Desperados sprechen, die randvoll mit Maiswhisky und Hass sind.«

Der Klügere
ist taktvoll
Das stimmt, aber müssen Sie nicht auch tagtäglich zu Menschen sprechen, die in einem oder mehreren Punkten anderer Meinung sind als Sie? Müssen Sie sich nicht auch ständig bemühen, andere von der Richtigkeit Ihrer Argumente zu überzeugen – sei es zu Hause, am Arbeitsplatz oder im Umgang mit Kunden und Geschäftspartnern? Gibt es dabei keinen Anlass Ihre Methoden zu verbessern? Wie beginnen Sie Ihre Argumentation? So taktvoll wie Lincoln oder Rockefeller? Wenn ja, dann sind Sie ein Mensch von seltener Klugheit. Die meisten Menschen beginnen eine Rede nicht damit, sich in Ihre Zuhörer, deren Ansichten und Wünsche, hineinzuversetzen und eine Verständigungsbasis zu suchen, sondern indem sie ihre eigenen Meinungen und Ansichten hinausposaunen.

So habe ich beispielsweise hunderte von Reden zur höchst umstrittenen Frage der Prohibition gehört. Nahezu alle diese Reden wurden von den Vortragenden begonnen, indem sie den Zuhörern wie ein Elefant im Porzellanladen einige nachdrückliche und aggressive Aussagen hinschleuderten. Solche Redner zeigen gleich zu Anfang unmissverständlich, wohin die Reise geht und unter welcher Flagge sie kämpfen. Ihre Meinung wird so unverrückbar präsentiert, dass keinerlei Kompromiss möglich scheint. Und doch erwarten sie von den Zuhörern, dass diese ihre eigenen geliebten Überzeugungen aufgeben und die Meinung des Redners akzeptieren sollen. Und mit welchem Ergebnis? Dem, das bei einem verbalen Frontalangriff immer entsteht: Niemand lässt sich durch aggressive Rhetorik überzeugen. Der Redner verliert schon mit den ersten Sätzen die wohlwollende Aufmerksamkeit all jener, die anderer Meinung sind als er. Von dem Moment an werden sie alles, was er sagt und noch sagen wird, nur unter Vorbehalt aufnehmen. Sie werden seine Argumente in Zweifel ziehen und seine Ansichten gering schätzen. Seine Rede trägt dazu bei die Gräben zu vertiefen, sodass die Zuhörer sich noch stärker hinter dem Schutzwall ihrer eigenen Überzeugungen verschanzen.

Dieser fatale Fehler des Redners, seine Zuhörer schon zu Beginn seiner Rede von sich zu stoßen, bewirkt nichts weiter, als dass sie sich abweisend zurücklehnen und mit zusammengebissenen Zähnen zischen: »Nein! Nein! Nein!« Das fatale Nein

Wie will er sie dann noch von der Richtigkeit seiner Argumente überzeugen? Sehr erhellend ist in diesem Zusammenhang das folgende Zitat aus einem Vortrag Professor Overstreets vor der New School of Social Research in New York:

»Eine Nein-Reaktion lässt sich nur sehr schwer umkehren. Hat jemand einmal ›Nein‹ gesagt, hängt all sein persönlicher Stolz davon ab, dass er sich selbst treu bleibt. Vielleicht gewinnt er später den Eindruck, dass sein Nein auf einem Fehlschluss basierte. Doch nun ist ihm sein kostbarer Stolz im Weg! Hat er sich einmal eindeutig festgelegt, muss er seinen Standpunkt verteidigen. Daher ist es von größter Wichtigkeit, dass wir auf andere Menschen von Anfang an positiv zugehen, damit es gar nicht erst zu einer ablehnenden Reaktion kommt. Ein kundiger Redner sorgt dafür, dass er an den Anfang seiner Rede einige Aussagen stellt, die von seinen Zuhörern eindeutig bejaht werden können. Mit dieser psychologischen Maßnahme erreicht er, dass die Zuhörer sich seinen Argumenten öffnen. Das ist wie die Bewegung einer Billardkugel. Hat man sie einmal in eine bestimmte Richtung gestoßen, braucht es einigen Kraftauf-

211

wand sie umzuleiten. Noch mehr Kraft ist nötig, um sie in die entgegengesetzte Richtung zu dirigieren.

Aufgeschlossen-
heit erzeugen
Das psychologische Muster ist offenkundig. Wenn ein Mensch ›Nein‹ sagt und es wirklich meint, hat er nicht lediglich vier Buchstaben artikuliert. Sein gesamter Organismus – Drüsen, Nerven, Muskeln – wird dadurch auf Ablehnung und Zurückweisung ausgerichtet. Es entsteht eine mehr oder weniger starke Tendenz zum körperlichen Zurückweichen. Das gesamte neuromuskuläre System stellt sich auf Ablehnung ein. Sagt eine Person dagegen ›Ja‹, findet keine dieser körperlichen Abwehrreaktionen statt. Der Organismus verbleibt in einer aufgeschlossenen, aufnahmebereiten Haltung. Je öfter wir daher von Anfang an bei unseren Zuhörern Ja-Reaktionen auslösen, desto größer wird ihre Aufgeschlossenheit gegenüber dem eigentlichen Ziel unserer Argumentation sein.

Ja-Reaktionen beim Publikum auszulösen ist sehr leicht. Und doch wird von dieser Technik viel zu selten Gebrauch gemacht! Oft scheinen Redner ihr Selbstwertgefühl dadurch steigern zu wollen, dass sie gleich zu Beginn auf Konfrontationskurs gehen. Ein Liberaler meldet sich auf einer Konferenz zu Wort und bringt seine konservativen Kollegen gleich mit seinem ersten Satz in Wut. Welchen Nutzen bringt ihm das? Wenn er es zu seinem Privatvergnügen tut, sei es ihm verziehen. Wenn er aber hofft, damit etwas zu erreichen, begeht er eine psychologische Dummheit.

Wenn Sie bei Ihren Kunden, Ihrem Kind, Ihrem Mann oder Ihrer Frau gleich zu Anfang ein Nein hervorrufen, braucht es die Weisheit und die Geduld eines Engels, um diese brüske Ablehnung schließlich doch noch in ein Ja zu verwandeln.«

Eine
Verständigungs-
basis finden
Wie schafft man es nun, gleich zu Beginn einer Rede diese »Ja-Reaktionen« hervorzurufen? Lincoln bemerkte dazu: »Ich überzeuge meine Gesprächspartner und erreiche eine Über-

einkunft, indem ich zunächst einmal eine gemeinsame Basis für eine Verständigung finde.« Das gelang ihm sogar bei der heiß umstrittenen Frage der Abschaffung der Sklaverei. Im *Mirror*, einer neutralen Zeitung, die über eine von Lincolns Reden berichtete, stand Folgendes zu lesen: »Während der ersten halben Stunde konnten seine Gegner problemlos jedem Wort zustimmen, das er äußerte. Von da an führte er sie langsam, Stück für Stück, seinem Standpunkt entgegen, bis er sie offenbar alle auf seiner Seite hatte.«

So machte es Senator Lodge

Kurz nach Ende des Ersten Weltkriegs fand in Boston eine Podiumsdiskussion statt, bei der Senator Lodge und Rektor Lowell von der Harvard University über den Völkerbund diskutierten. Senator Lodge spürte, dass die meisten Anwesenden seiner Position ablehnend gegenüberstanden. Dennoch wollte er sie von seinem Standpunkt überzeugen. Wie ging er vor? Attackierte er ihre Überzeugungen in aggressiver Weise? Aber, nein. Der Senator war ein viel zu erfahrener Psychologe, um sich einen so groben Schnitzer zu leisten. Er begann seinen Vortrag auf höchst taktvolle und einsichtige Weise. Selbst Lodges entschiedensten Gegner konnten kaum etwas gegen die ersten Sätze seiner Rede einzuwenden haben. Beachten Sie, wie er im nachfolgend zitierten Anfang dieser Rede zunächst an den Patriotismus seiner Zuhörer appelliert (»Meine amerikanischen Mitbürger«). Dann verkleinert er geschickt die Unterschiede zwischen den beiden zur Diskussion stehenden Positionen und stellt die Gemeinsamkeiten heraus.

Er lobt seinen Debattengegner und beharrt darauf, dass sie nur in Detailfragen unterschiedlicher Auffassung sind, während in ihrem grundsätzlichen Einsatz für das Wohl Amerikas und den Frieden in der Welt zwischen ihnen Überein-

Gemeinsamkeiten betonen

stimmung herrscht. Er geht sogar noch weiter und gesteht, dass er durchaus für einen Bund der Völker eintritt. Letztlich, so betont er, weicht seine Position nur in einem einzigen Punkt von dem seines Kontrahenten ab: Er wünscht sich einen besseren und wirkungsvoller arbeitenden Völkerbund:

»Ihre Exzellenz, meine Damen und Herren, meine amerikanischen Mitbürger,

ich bin Rektor Lowell zu Dank verpflichtet, dass er mir die Gelegenheit gibt, zu diesem bemerkenswerten Auditorium sprechen zu dürfen. Er und ich sind seit Jahren befreundet und beide Mitglieder der republikanischen Partei. Er ist der Rektor unserer großen Universität, einer der wichtigsten und einflussreichsten Institutionen in den Vereinigten Staaten. Er ist zudem ein bedeutender Gelehrter und Kenner von Staatswesen und Politik. Zwar mag es zwischen ihm und mir Unterschiede in der Herangehensweise an diese große Frage geben, die gegenwärtig unser Volk beschäftigt, doch ich bin sicher, dass unser beider Absicht die gleiche ist: den Frieden in der Welt zu sichern und das Wohl der Vereinigten Staaten zu mehren.

Ich möchte, wenn Sie gestatten, ganz kurz zu meiner eigenen Position Stellung nehmen. Ich habe immer wieder versucht, sie klar zum Ausdruck zu bringen. Ich dachte, ich hätte sie deutlich dargelegt. Aber es gibt Menschen, die in Fehlinterpretationen ein nützliches Mittel zum Schüren von Konflikten sehen. Und da sind andere, hervorragende Persönlichkeiten, die vielleicht nicht genau gelesen haben, was ich sagen wollte, oder meine Äußerungen missverstanden haben. Man hat behauptet, ich sei gegen jede Art von Völkerbund. Das bin ich keineswegs. Ganz im Gegenteil. Mir ist außerordentlich daran gelegen, dass die Nationen, die freien Nationen der Welt, sich in einem Bund, wie wir es nennen, oder einer Gemeinschaft, wie es die Franzosen nennen, vereinigen, in einer Weise vereinigen, dass dadurch der Weltfrieden gesichert und eine allgemeine Abrüstung herbeigeführt werden kann.«

Guten Willen demonstrieren

Auch wenn Sie zuvor fest entschlossen waren, anderer Meinung als dieser Redner zu sein, dürfte ein solcher Redeanfang Sie etwas milder stimmen, nicht wahr? Würde er Sie nicht geneigt machen, ihm doch etwas aufmerksamer zuzuhören? Würden diese Worte Sie nicht tendenziell vom guten Willen und der Aufrichtigkeit des Redners überzeugen?

Was wäre das Resultat gewesen, wenn Senator Lodge gleich in den ersten Sätzen zu zeigen versucht hätte, dass jene, die an die Völkerbund-Idee glaubten, sich hoffnungslos im Irrtum befanden und einer Illusion nachjagten? Seine Rede hätte nicht das Geringste bewirkt. In seinem hervorragenden Buch *The Mind in the Making* nennt Professor James Harvey Robinson die psychologischen Gründe dafür, warum solche Attacken nichts bewirken:

Niemand gibt gern Irrtümer zu

»Manchmal ändern wir unsere Meinung ohne Zögern und ohne emotionalen Widerstand. Doch wenn man uns sagt, dass wir uns im Irrtum befinden, verhärtet das unser Herz, weil eine solche Unterstellung Grollgefühle hervorruft. Wir bilden uns unsere Meinungen oft auf bemerkenswert fahrlässige Weise, doch wenn uns jemand ihrer Gesellschaft berauben will, klammern wir uns mit unvernünftiger Leidenschaft an sie. Offenkundig sind es dabei nicht die Meinungen und Überzeugungen an sich, die uns so teuer sind, sondern unsere Selbstachtung, welche wir in Gefahr wähnen, wenn man von uns verlangt, einen Irrtum einzugestehen. (...) Das kleine Wort *mein* ist in allen zwischenmenschlichen Angelegenheiten das wichtigste, und dem angemessen Rechnung zu tragen ist der Beginn der Weisheit. Dieses Wörtchen besitzt stets eine große Kraft, ob wir nun

215

von *meinem* Abendessen, *meinem* Hund und *meinem* Haus, oder von *meinem* Glauben, *meinem* Land und *meinem* Gott sprechen. Wir sind nicht nur beleidigt, wenn man uns unterstellt, unsere Uhr sei billig oder unser Auto schäbig, sondern auch wenn jemand unsere Ansichten bezüglich der Marskanäle, der richtigen Aussprache von ›Epiktetos‹, des medizinischen Wertes von Salizin oder der Regierungszeit von Sargon I. in Frage stellt. (...) Am liebsten mögen wir es, wenn man uns im Glauben an das bestätigt, was wir seit jeher für wahr halten. Wird eine unserer Annahmen in Zweifel gezogen, ruft das bei uns einen solchen Unmut hervor, dass wir zu allen möglichen Arten von Ausreden greifen, um weiter an unserer Meinung festhalten zu können. Das führt dazu, dass wir unsere so genannte Vernunft im Allgemeinen lediglich dazu gebrauchen Argumente zu finden, welche es uns ermöglichen weiter unseren gewohnten Überzeugungen nachzuhängen.«

Eine Erklärung ist das beste Argument

Polemik erzeugt Abwehr

Ist es demnach nicht offensichtlich, dass ein Redner, der polemisch und polarisierend argumentiert, damit nur die Sturheit seiner Zuhörer fördert, sie in die Defensive drängt, sodass kaum Aussicht auf eine Änderung ihrer vorgefassten Meinung besteht? Ist es klug eine Rede zu beginnen, indem Sie sagen: »Ich will Ihnen dieses und jenes beweisen!«? Werden das Ihre Zuhörer nicht als aggressive Herausforderung empfinden und sich im Stillen sagen: »So? Na, das wollen wir doch mal sehen!«

Ist es nicht wesentlich vorteilhafter, wenn Sie mit etwas beginnen, das Sie und Ihre Zuhörer gleichermaßen glauben und akzeptieren, und dann eine drängende Frage aufwerfen, auf die jeder gerne eine Antwort hätte? Nehmen Sie die Zuhörer dann mit auf eine ernsthafte und ehrliche Suche nach der Antwort auf diese Frage. Während dieser Suche können Sie die Fakten in der Weise, wie Sie sie sehen, klar präsentieren, sodass die Zuhörer unbewusst dazu angeleitet werden, sich Ihre Sicht der Dinge zu eigen zu machen. Die Leute werden den von Ihnen vertretenen Wahrheiten weit mehr Glauben schenken, wenn sie den Eindruck gewinnen, von sich aus zu denselben Schlussfolgerungen gelangt zu sein. »Die besten Argumente sind solche, die lediglich Erklärungen zu sein scheinen.«

In jeder Kontroverse, wie groß und bitter die Differenzen auch sein mögen, gibt es immer einen gemeinsamen Nenner der Verständigung, auf dessen Basis der Redner die Zuhörer einladen kann, ihm bei seiner Argumentation zu folgen. Selbst ein Gewerkschaftsvorsitzender, der eine Rede vor einer Versammlung von Privatbankiers halten muss, kann sich auf einige gemeinsame Überzeugungen beziehen, einige verbindenden Wünsche. Das halten Sie für unwahrscheinlich? Machen wir einen Versuch:

Übereinstimmungen finden sich immer

»Armut war schon immer eines der grausamsten Probleme in der menschlichen Gesellschaft. Als Amerikaner haben wir es immer als unsere Pflicht betrachtet, das Leiden der Armut so gut wie irgend möglich zu lindern. Wir sind eine großzügige Nation. Kein anderes Volk in der Geschichte hat seinen Reichtum so bereitwillig für wohltätige Zwecke gestiftet, um das Los der vom Schicksal Benachteiligten zu verbessern. Untersuchen wir also nun gemeinsam mit derselben Großzügigkeit und spirituellen Selbstlosigkeit, die in vergangenen Zeiten so charakteristisch für unsere Wohltätigkeit war, die Gegebenheiten der modernen Industriegesellschaft. Lassen Sie uns miteinander einige faire und für alle akzeptable Wege finden, wie wir das Übel der Armut verhüten beziehungsweise lindern können.«

Wer könnte dem widersprechen? Und steht ein solcher Anfang im Widerspruch zu der Kraft, der Energie und dem Enthusiasmus, denen wir im 5. Kapitel das Wort geredet haben? Keineswegs. Alles zur rechten Zeit. Der Anfang einer Rede ist selten der geeignete Zeitpunkt für stürmisches Argumentieren. Hier ist eher Takt gefragt.

Wie Patrick Henry seine stürmische Rede begann

Komplimente zuerst

Jedes Schulkind in Amerika kennt die flammenden Schlussworte von Patrick Henrys berühmter Rede, die er 1775 vor der Volksversammlung von Virginia hielt: »Gebt mir Freiheit oder gebt mir den Tod.« Nur Wenige wissen aber, wie vergleichsweise ruhig und taktvoll Henry diese feurige Rede von historischer Bedeutung begann. Sollten die amerikanischen Kolonien sich von England lossagen und einen Krieg beginnen? Diese Frage wurde mit großer Leidenschaft diskutiert. Die Gefühle kochten. Doch Patrick Henry begann, indem er seinen Gegnern Komplimente machte und ihren Patriotismus pries. Beachten Sie, wie er im zweiten Absatz die Zuhörer dazu veranlasst, selbst mitzudenken, indem er Fragen stellt und es ihnen überlässt, ihre eigenen Schlüsse zu ziehen:

»Herr Präsident: Niemand weiß wie ich den Patriotismus und die Fähigkeiten der noblen Gentlemen zu schätzen, die gerade vor diesem Haus gesprochen haben. Aber unterschiedliche Menschen sehen dieselbe Frage oft in unterschiedlichem Licht. Daher hoffe ich, dass ich nicht respektlos gegenüber besagten Gentlemen erscheine, wenn ich nun in deutlichem Widerspruch zu den ihren stehende Ansichten äußere, und dies sehr offen und ohne jede Zurückhaltung. Es ist nicht die Zeit für Förmlichkeiten. Die Frage, über die diese Versammlung zu entscheiden hat, ist von enormer Wichtigkeit für das Land. Was mich betrifft, so bedeutet sie für mich nicht weniger als die Entscheidung zwischen Freiheit oder Sklaverei. Und die Freiheit und Offenheit unserer Debatte sollte der Größe der Frage entsprechen, um die es geht. Nur auf diesem Wege können wir hoffen zur Wahrheit vorzustoßen und der großen Verantwortung gerecht zu werden, die wir vor Gott und für unser Land tragen. Sollte ich in solchen Zeiten meine Meinung zurückhalten, aus Furcht, sie könnte beleidigend auf manche wirken, so wäre das Verrat gegenüber meinem Land und ein Loyalitätsbruch gegenüber dem Himmlischen Herrscher, den ich mehr verehre als alles Irdische.

Herr Präsident, es ist nur natürlich, wenn Menschen sich den Illusionen der Hoffnung hingeben. Wir sind fähig, unsere Augen gegen schmerzliche Wahrheiten zu verschließen und den Gesängen der Sirene zu lauschen, bis sie uns in Tiere verwandelt hat. Dürfen aber weise Männer, die an einem großen und flammenden Kampf um die Freiheit teilnehmen, sich so verhalten? Dürfen wir zu jenen zählen, die ihre Augen verschließen und deren Ohren taub sind für die drohenden Gefahren? Was mich betrifft, so will ich die ganze Wahrheit wissen, welche Seelenqualen sie mir auch bereiten mag. Ich will auf das Schlimmste vorbereitet sein.«

Shakespeares beste Rede

Die berühmteste Rede, die Shakespeare einem seiner Charaktere in den Mund gelegt hat, ist die Leichenrede des Marcus Antonius für Julius Cäsar – ein klassisches Beispiel vollendeten psychologischen Einfühlungsvermögens.

Vollendetes Einfühlungsvermögen

So war die Situation: Cäsar war Diktator geworden, was natürlich, unvermeidlicherweise, dutzende politische Feinde auf den Plan rief, die ihn beneideten und danach trachteten, ihn zu stürzen, zu vernichten, sich selbst an seine Stelle zu setzen. Dreiundzwanzig von ihnen taten sich zusammen unter der Führung von Brutus und Cassius und rammten Cäsar ihre Dolche in den Leib. Markus Antonius war Cäsars Legat gewesen, ein charmanter, attraktiver Mann, fähiger Schreiber und großer Redner. Er war in der Lage, den Staat bei öffentlichen Anlässen hervorragend zu repräsentieren. Kein Wunder, dass Cäsar ihn sich als rechte Hand ausgewählt hatte. Was würden die Verschwörer nun, nachdem Cäsar aus dem Weg geräumt war, mit Antonius anstellen? Ihn seines Amtes entheben? Ihn töten? Es hatte schon genug Blutvergießen gegeben, sodass ein weiterer Mord vor dem Volk nur schwer zu rechtfertigen gewesen wäre. Warum sollten sie also nicht versuchen, Antonius auf ihre Seite zu ziehen, warum seinen unbestreitbaren Einfluss und sein begnadetes Redetalent nicht für ihre Zwecke nutzen? Das schien ein sicherer und vernünftiger Weg zu sein, den sie in die Tat umzusetzen versuchten. Sie gestatteten ihm, vor dem Begräbnis jenes Mannes, der es beinahe zum Weltherrscher gebracht hatte, »ein paar passende Worte« zu sagen.

So besteigt Antonius die Rednertribüne des Forum Romanum. Vor ihm liegt der ermordete Cäsar. Eine lärmende Menge schart sich bedrohlich um Antonius, eine Menge, die Brutus, Cassius und den anderen Mördern freundlich gesonnen ist. Antonius Absicht besteht darin, diese Beliebtheit der Mörder beim Volk in glühenden Hass umschlagen zu lassen, die Plebejer dazu anzustacheln, sich gegen die Mörder Cäsars zu wenden. Er hebt die Hände. Der Tumult beruhigt sich. Er beginnt zu sprechen. Beachten Sie, wie geschickt und raffiniert er zunächst Brutus und die anderen Verschwörer lobt:

»Denn Brutus ist ein ehrenwerter Mann,

Das sind sie alle, alle ehrenwert.«

Sehen Sie, dass er nicht argumentiert? Nacheinander zählt er in unaufdringlicher Weise bestimmte Fakten aus Cäsars

220

Leben auf. Er berichtet, wie das Lösegeld für die von ihm gemachten Gefangenen die öffentlichen Kassen füllte. Wie er weinte, wenn die Armen ihn anflehten. Wie er die Königskrone verweigerte. Dass er seine Ländereien dem Volk vermacht hat. Antonius zählt lediglich die Fakten auf. Er richtet Fragen an die Menge, lässt sie ihre eigenen Schlüsse ziehen. Der Beweis wird nicht als etwas für sie Neues präsentiert, sondern als etwas, das sie nur vorübergehend vergessen hatten. »Ich spreche nur gradezu und sag' euch, was ihr wisst.«

Und mit der Magie seiner Worte gelingt es ihm, ihre Gefühle aufzustacheln, ihr Mitleid zu wecken, ihren Zorn anzustacheln. Antonius psychologische Meisterleistung wird hier vollständig abgedruckt. Suchen Sie, wo Sie wollen, durchforsten Sie das gesamte Feld der Literatur und der großen Reden. Ich bezweifle, dass Sie auch nur ein halbes Dutzend Reden finden werden, die es mit dieser aufnehmen können. Jeder, der in der Kunst der Publikumsbeeinflussung Herausragendes leisten möchte, sollte diese Rede intensiv studieren. Doch es gibt noch einen anderen Grund, warum es sich für Geschäftsleute bezahlt macht, die großen Klassiker der Weltliteratur zu lesen. Man kann dabei seinen Wortschatz und sein Gefühl für einen guten sprachlichen Stil enorm verfeinern.

Paradebeispiel für Publikumsbeeinflussung

ANTONIUS Mitbürger! Freunde! Römer! Hört mich an;
Begraben will ich Cäsarn, nicht ihn preisen.
Was Menschen Übles tun, das überlebt sie,
Das Gute wird mit ihnen oft begraben.
So sei es auch mit Cäsarn! Der edle Brutus
Hat euch gesagt, dass er voll Herrschsucht war;
Und war er das, so wars ein schwer Vergehn,
Und schwer hat Cäsar auch dafür gebüßt.

Hier, mit des Brutus Willen und auch der andern
(Denn Brutus ist ein ehrenwerter Mann,
Das sind sie alle, alle ehrenwert)
Komm' ich, bei Cäsars Leichenzug zu reden.
Er war mein Freund, war mir gerecht und treu,
Doch Brutus sagt, dass er voll Herrschsucht war,
Und Brutus ist ein ehrenwerter Mann.
Er brachte viel Gefangne heim nach Rom,
Wofür das Lösegeld den Schatz gefüllt.
Sah das der Herrschsucht wohl am Cäsar gleich?
Wenn Arme zu ihm schrien, so weinte Cäsar:
Die Herrschsucht soll aus härterm Stoff bestehn.
Doch Brutus sagt, dass er voll Herrschsucht war,
Und Brutus ist ein ehrenwerter Mann.
Ihr alle saht, wie am Lupercusfest
Ich dreimal ihm die Königskrone bot,
Die dreimal er geweigert. War das Herrschsucht?
Doch Brutus sagt, dass er voll Herrschsucht war,
Und ist gewiss ein ehrenwerter Mann.
Ich will, was Brutus sprach, nicht widerlegen,
Ich spreche hier von dem nur, was ich weiß.
Ihr liebtet all ihn einst nicht ohne Grund;
Was für ein Grund wehrt euch, um ihn zu trauern?
Oh Urteil, du entflohst zum blöden Vieh,
Der Mensch ward unvernünftig! – Habt Geduld!
Mein Herz ist in dem Sarge hier beim Cäsar,
Und ich muss schweigen, bis es zu mir zurückkommt.

ERSTER BÜRGER   Mich dünkt, in seinen Reden ist viel Grund.
ZWEITER BÜRGER   Wenn man die Sache recht erwägt,
ist Cäsarn
Groß Unrecht widerfahren.
DRITTER BÜRGER   Meint ihr, Bürger?
Ich fürcht', ein Schlimmrer kommt an seine Stelle.

VIERTER BÜRGER   Habt ihr gehört? Er nahm die Krone nicht,
Da sieht man, dass er nicht herrschsüchtig war.

ERSTER BÜRGER   Wenn dem so ist, so wird es manchem teuer
Zu stehen kommen.

ZWEITER BÜRGER   Ach, der arme Mann!
Die Augen sind ihm feuerrot vom Weinen.

DRITTER BÜRGER   Antonius ist der bravste Mann in Rom.

VIERTER BÜRGER   Gebt Acht, er fängt von neuem an zu
reden.

ANTONIUS   Noch gestern hätt' umsonst dem Worte Cäsars
Die Welt sich widersetzt; nun liegt er da.
Und der Geringste neigt sich nicht vor ihm.
Oh Bürger! Strebt' ich, Herz und Mut in euch
Zur Wut und zur Empörung zu entflammen,
So tät ich Cassius und Brutus unrecht,
Die ihr als ehrenwerte Männer kennt.
Ich will nicht ihnen unrecht tun, will lieber
Dem Toten unrecht tun, mir selbst und euch,
Als ehrenwerten Männern, wie sie sind.
Doch seht dies Pergament mit Cäsars Siegel:
Ich fands bei ihm, es ist sein letzter Wille.
Vernähme nur das Volk dies Testament,
(Das ich, verzeiht mir, nicht zu lesen denke)
Sie gingen hin und küssten Cäsars Wunden
Und tauchten Tücher in sein heilges Blut,
Ja, bäten um ein Haar im Angedenken,
Und sterbend nennten sies im Testament
Und hinterließens ihres Leibes Erben
Zum köstlichen Vermächtnis

VIERTER BÜRGER   Wir wollens hören: lest das Testament!
Lest, Mark Anton!

BÜRGER   Ja, ja, das Testament!
Lasst Cäsars Testament uns hören.

ANTONIUS   Seid ruhig, liebe Freund'! Ich darfs nicht lesen,
Ihr müsst nicht wissen, wie euch Cäsar liebte.
Ihr seid nicht Holz, nicht Stein, ihr seid ja Menschen;
Drum, wenn ihr Cäsars Testament erführt,
Es setzt' in Flammen euch, es macht' euch rasend.
Ihr dürft nicht wissen, dass ihr ihn beerbt;
Denn wüsstet ihrs, was würde drauß entstehn?
BÜRGER   Lest das Testament! Wir wollens hören, Mark
Anton!
Lest das Testament! Cäsars Testament!
ANTONIUS   Wollt ihr euch wohl gedulden? wollt ihr warten?
Ich übereilte mich, da ichs euch sagte.
Ich fürcht', ich tu' den ehrenwerten Männern
Zu nah, von deren Dolch Cäsar fiel!
Ich fürcht' es.
VIERTER BÜRGER   Sie sind Verräter: ehrenwerte Männer!
BÜRGER   Das Testament! Das Testament!
ZWEITER BÜRGER   Sie waren Bösewichter, Mörder!
Das Testament!
Lest das Testament!
ANTONIUS   So zwingt ihr mich, das Testament zu lesen?
Schließt einen Kreis um Cäsars Leiche denn,
Ich zeig' euch den, der euch zu Erben machte.
Erlaubt ihr mirs? soll ich hinuntersteigen?
BÜRGER   Ja, kommt nur!
ZWEITER BÜRGER   Steigt herab!
(Er verlässt die Rednerbühne.)

DRITTER BÜRGER   Es ist Euch gern erlaubt.
VIERTER BÜRGER   Schließt einen Kreis herum.
ERSTER BÜRGER   Zurück vom Sarge! Von der Leiche weg!
ZWEITER BÜRGER   Platz für Antonius! für den edlen Antonius!
ANTONIUS   Nein, drängt nicht so heran! Steht weiter weg!

BÜRGER Zurück! Platz da! Zurück!

ANTONIUS Wofern ihr Tränen habt, bereitet euch,
Sie jetzo zu vergießen. Diesen Mantel,
Ihr kennt ihn alle; noch erinnr' ich mich
Des ersten Males, dass ihn Cäsar trug
In seinem Zelt an einem Sommerabend –
Er überwand den Tag die Nervier –
Hier, schauet! fuhr des Cassius Dolch herein;
Seht, welchen Riss der tücksche Casca machte!
Hier stieß der vielgeliebte Brutus durch;
Und als er den verfluchten Stahl hinwegriss
Schaut her, wie ihm das Blut des Cäsar folgte;
Als stürzt' es vor die Tür, um zu erfahren,
Ob Brutus wirklich so unfreundlich klopfte.
Denn Brutus, wie ihr wisst, war Cäsars Engel, –
Ihr Götter, urteilt, wie ihn Cäsar liebte!
Kein Stich von allen schmerzte so wie der.
Denn als der edle Cäsar Brutus sah,
Warf Undank, stärker als Verräterwaffen,
Ganz nieder ihn: da brach sein großes Herz,
Und in den Mantel sein Gesicht verhüllend,
Grad am Gestell der Säule des Pompejus,
Von der das Blut rann, fiel der große Cäsar.
Oh meine Bürger, welch ein Fall war das!
Da fielet ihr und ich; wir alle fielen,
Und über uns frohlockte blutge Tücke.
Oh ja! nun weint ihr, und ich merk', ihr fühlt
Den Drang des Mitleids: dies sind milde Tropfen.
Wie? weint ihr, gute Herzen, seht ihr gleich
Nur unsers Cäsars Kleid verletzt? Schaut her!
Hier ist er selbst, geschändet von Verrätern.

ERSTER BÜRGER Oh kläglich Schauspiel!

ZWEITER BÜRGER Oh edler Cäsar!

DRITTER BÜRGER Oh jammervoller Tag!

VIERTER BÜRGER Oh Buben und Verräter!

ERSTER BÜRGER Oh blutger Anblick!

ZWEITER BÜRGER Wir wollen Rache, Rache! Auf und sucht!
Sengt! brennt! schlagt! mordet! lasst nicht e i n e n
leben!

ANTONIUS Seid ruhig, meine Bürger!

ERSTER BÜRGER Still da! Hört den edlen Antonius!

ZWEITER BÜRGER Wir wollen ihn hören, wir wollen ihm
folgen, wir wollen mit ihm sterben.

ANTONIUS Ihr lieben guten Freund', ich muss euch nicht
Hinreißen zu des Aufruhrs wildem Sturm.
Die diese Taten getan, sind ehrenwert.
Was für Beschwerden sie persönlich führen,
Warum sies taten, ach! das weiß ich nicht.
Doch sind sie weis' und ehrenwert und werden
Euch sicherlich mit Gründen Rede stehn.
Nicht euer Herz zu stehln, komm' ich, Freunde;
Ich bin kein Redner, wie es Brutus ist,
Nur, wie ihr alle wisst, ein schlichter Mann,
Dem Freund ergeben, und das wussten die
Gar wohl, die mir gestattet, hier zu reden.
Ich habe weder Schriftliches noch Worte,
Noch Würd' und Vortrag, noch die Macht der Rede,
Der Menschen Blut zu reizen; nein, ich spreche
Nur gradezu und sag' euch, was ihr wisst.
Ich zeig' euch des geliebten Cäsar Wunden,
Die armen stummen Munde, heiße die
Statt meiner reden. Aber wär' ich Brutus,
Und Brutus Mark Anton, dann gäb' es einen,
Der eure Geister schürt' und jeder Wunde
Des Cäsar eine Zunge lieh, die selbst
Die Steine Roms zum Aufstand würd' empören.

DRITTER BÜRGER   Empörung!

ERSTER BÜRGER   Steckt des Brutus Haus in Brand!

DRITTER BÜRGER   Hinweg denn! kommt, sucht die
Verschwornen auf!

ANTONIUS   Noch hört mich, meine Bürger, hört mich an!

BÜRGER   Still da! Hört Mark Anton! den edlen Mark
Anton!

ANTONIUS   Nun, Freunde, wisst ihr selbst auch, was ihr tut?
Wodurch verdiente Cäsar eure Liebe?
Ach nein! ihr wisst nicht. – Hört es denn! Vergessen
Habt ihr das Testament, wovon ich sprach.

BÜRGER   Wohl wahr! Das Testament! Bleibt, hört das
Testament!

ANTONIUS   Hier ist das Testament mit Cäsars Siegel.
Darin vermacht er jedem Bürger Roms,
Auf jeden Kopf euch fünfundsiebzig Drachmen.

ZWEITER BÜRGER   Oh edler Cäsar! – Kommt, rächt seinen Tod!

DRITTER BÜRGER   Oh königlicher Cäsar!

ANTONIUS   Hört mich mit Geduld!

BÜRGER   Still da!

ANTONIUS   Auch lässt er alle Lustgehege,
Verschlossne Lauben, neugepflanzte Gärten,
Diesseits des Tiber, euch und euren Erben
Auf ewge Zeit, damit ihr euch ergehn
Und euch gemeinsam dort ergötzen könnt.
Das war ein Cäsar: wann kommt seinesgleichen?

ERSTER BÜRGER   Nimmer! nimmer! – Kommt! hinweg!
hinweg!
Verbrennt den Leichnam auf dem heilgen Platze
Und mit den Bränden zündet den Verrätern
Die Häuser an. Nehmt denn die Leiche auf!

ZWEITER BÜRGER   Geht! holt Feuer!

DRITTER BÜRGER   Reißt Bänke ein!

VIERTER BÜRGER   Reißt Sitze, Läden, alles ein!

Die Bürger mit Cäsars Leiche ab.

ANTONIUS   Nun wirk' es fort. Unheil, du bist im Zuge:

Nimm, welchen Lauf du willst!

(Aus: William Shakespeare: *Julius Cäsar.* Übersetzung: August Wilhelm von Schlegel. In: *William Shakespeare: Gesammelte Werke.* Vierter Band. Aufbau Verlag, Berlin und Weimar, 1989.)

 ## ZUSAMMENFASSUNG

1   Beginnen Sie, indem sie eine Verständigungsbasis zum Publikum herstellen, einen gemeinsamen Nenner finden, bei dem alle Ihnen zustimmen können.

2   Bringen Sie Ihre Argumente nicht in einer Weise vor, dass die Zuhörer gleich zu Anfang »Nein, nein« sagen. Hat ein Mensch einmal Nein gesagt, verlangt es sein Stolz, dass er bei seiner Meinung bleibt. »Je öfter wir von Anfang an bei unseren Zuhörern Ja-Reaktionen auslösen, desto größer wird ihre Aufgeschlossenheit gegenüber dem eigentlichen Ziel unserer Argumentation sein.«

3   Beginnen Sie niemals mit der Ankündigung, dieses und jenes beweisen zu wollen. Damit wecken Sie bei den Zuhörern nur unnötigen Widerstand. Sie sagen sich dann: »Das wollen wir doch mal sehen, ob ihm das gelingt!« Werfen Sie lieber spannende Fragen auf und lassen Sie die Zuhörer mit Ihnen auf Jagd nach den Antworten gehen. »Die besten Argumente sind solche, die lediglich Erklärungen zu sein scheinen.«

4   Die berühmteste Rede, die Shakespeare schrieb, ist Marcus Antonius' Leichenrede für Cäsar. Sie ist ein klassisches Beispiel für

überragendes psychologisches Geschick und Einfühlungsvermö-
gen. Zunächst steht das römische Volk auf der Seite der Ver-
schwörer. Doch mit großer Raffinesse gelingt es Antonius, diese
Sympathie in wütenden Hass umschlagen zu lassen. Das tut er
nicht, indem er den Zuhörern seine Argumente aufnötigt, sondern
indem er ihnen die Fakten präsentiert und sie selbst ihre Schlüsse ziehen lässt.

Der gelungene
Abschluss

11

»Auch der Schluss einer Rede spielt eine große Rolle. Er rundet den
Vortrag ab. Für einen kurzen Moment lenkt er die Aufmerksamkeit des
Publikums noch einmal auf die ganze Rede. In ihm vereinigen sich die
Fäden, die der Redner gesponnen hat. Der Schluss verknüpft und vollendet das Gewebe einer Rede. (...) Formulieren Sie daher Ihren Schluss
unbedingt sorgfältig im Voraus. Brechen Sie Ihre Rede niemals unbeholfen und eilig ab mit einem dahingemurmelten: ›Das ist wohl alles,
was ich dazu zu sagen habe.‹ Vollenden Sie Ihre Rede und lassen Sie das
Publikum spüren, dass sie vollendet ist.«

George Rowland Collins: *Platform Speaking*

»Die Zeit hat überhaupt nichts mit der Länge einer Predigt zu tun. Nicht
das Geringste! (...) Eine lange Predigt ist eine Predigt, die lang wirkt. (...)
Und eine kurze Predigt endet dann, wenn die Zuhörer nach mehr verlangen. Sie mag zwanzig Minuten gedauert haben oder eineinhalb Stunden.
Wenn die Zuhörer am Schluss noch den Wunsch nach Mehr verspüren,
werden Sie nicht danach fragen, wie viel Zeit vergangen ist. Daher können Sie die Länge einer Predigt nicht von Ihrer Uhr ablesen – beobachten Sie lieber die Zuhörer. Beobachten Sie deren Verhalten und ihre
Mimik. Wenn sie immer wieder auf die Uhr schauen, ist das ein schlechtes Zeichen. Wenn sie gelangweilt dreinblicken oder erkennbar mit
den Gedanken woanders sind, dann wissen Sie genau, was die Stunde
für die betreffende Predigt geschlagen hat: Der Prediger sollte schleu-
nigst zum Schluss kommen!«

Charles R. Brown: *The Art of Preaching*

Möchten Sie wissen, bei welchen Teilen Ihrer Rede sich am
ehesten Ihre Unerfahrenheit und Ungeschicklichkeit verrät,
oder aber Ihre Erfahrung und Ihr Können? Das will ich Ihnen
sagen: Am Anfang und am Ende. Unter Theaterschauspie-
lern gibt es ein altes Sprichwort: »An ihrem Auftritt und an
ihrem Abgang wirst du sie erkennen.«

Der Anfang und das Ende! Bei nahezu allen Aktivitäten
sind es diese beiden Dinge, die uns am schwersten fallen.
Sind nicht beispielsweise bei Empfängen die gelungene
Ankunft auf dem gesellschaftlichen Parkett und die höf-
liche und charmante Verabschiedung am schwierigsten?
Und stellen nicht bei Verkaufsgesprächen der gewinnende
erste Eindruck und der erfolgreiche Abschluss die größten
Herausforderungen dar?

In der Tat ist der Abschluss der strategisch entscheidende
Punkt einer Rede. Was jemand zuletzt sagt, die abschließenden Worte, werden in den Zuhörer am längsten nachklingen – sie bleiben am ehesten im Gedächtnis haften. Anfänger sind sich dessen jedoch selten bewusst. Bei ihnen lässt
der Abschluss ihrer Reden oft sehr zu wünschen übrig.

Schauen wir uns einmal die häufigsten Fehler an und
überlegen wir gemeinsam, wie sie sich vermeiden lassen.

Erstens gibt es da den Redner, der mit den folgenden Worten schließt: »Das ist so ungefähr alles, was ich zu sagen
habe, und darum höre ich jetzt wohl besser auf.« Das ist kein
Schluss. Das ist ein Fehler. Das verrät den Amateur. Es ist
nahezu unverzeihlich. Wenn Sie weiter nichts zu sagen
haben, warum hören Sie dann nicht einfach auf und setzen
sich wieder hin, statt darüber zu reden, dass Sie nun gleich
aufhören werden. Das Urteil, ob Sie alles Nötige gesagt
haben, können Sie getrost dem Publikum überlassen.

Dann ist da noch der Redner, der alles sagt, was er zu
sagen hat, aber kein Ende findet. Ich glaube, es war Josh

Billings, der den Leuten empfahl, den Stier besser beim Schwanz zu packen als bei den Hörnern, weil man ihn dann leichter wieder loslassen kann! Ein solcher Redner hat den Stier bei seinen vordersten Extremitäten gepackt, würde gern von ihm loskommen, findet aber keinen freundlichen Zaun oder Baum. Also wirbelt er schließlich im Kreis herum, wiederholt sich und hinterlässt kurzum einen ziemlich schlechten Eindruck.

Das Gegenmittel? Ein bisschen Vorausplanung wäre nicht schlecht, oder? Ist es weise, sich erst Gedanken über den Schluss der Rede zu machen, wenn man bereits vor dem Publikum steht, mitten im Stress des Auftritts ist und sich ganz auf das konzentrieren muss, was es von Moment zu Moment zu sagen gilt? Rät uns da nicht der gesunde Menschenverstand, den Schluss lieber in aller Ruhe im Voraus zu formulieren?

Selbst die berühmten Redner unterziehen sich der Mühe, die genauen Worte, mit denen sie einen Vortrag beschließen, vorher zu notieren oder sie sich zumindest gründlich einzuprägen.

Wenn der Anfänger ihrem Beispiel folgt, wird er das bestimmt nicht bereuen. Er sollte sich vorher ganz genau überlegen, mit welchen Worten er seine Rede beenden will. Er sollte die Schlussworte mehrere Male proben. Dabei muss er nicht immer die exakt gleiche Formulierung benutzen, aber seine Gedanken stets klar und unmissverständlich in Worte fassen.

Vorausplanung ist empfehlenswert

Eine Stegreifrede muss mitunter während des Vortrages spontan verändert werden. Man muss auf unvorhersehbare Entwicklungen oder Publikumsreaktionen eingehen und deshalb kann es ratsam sein, zwei oder drei alternative Schlussworte vorzubereiten. Wenn eines dieser Schlussworte nicht passt, dann vielleicht ein anderes.

Manche Redner kommen überhaupt nicht zum Schluss. In der Mitte beginnen sie zu stottern und Fehlzündungen von sich zu geben wie ein Auto, dem gleich das Benzin ausgeht. Es folgt noch etwas verzweifeltes Geruckel, und dann kommt es zum Stillstand, zum völligen Zusammenbruch. Solche Redner benötigen natürlich eine bessere Vorbereitung, mehr Übung – kurz: besseres und mehr Benzin im Tank.

Zu schroffes Ende vermeiden Viele Anfänger beenden ihre Reden zu abrupt. Ihre Schlussworte wirken ungelenk und schlecht durchdacht. Es gibt gar keinen wirklichen Schlusspunkt, sondern sie hören einfach mit einem Ruck auf. Die Wirkung ist unangenehm, amateurhaft. Es ist, als würden Sie sich auf einer Party mit einem Freund unterhalten, der das Gespräch plötzlich brüsk abbricht und einfach grußlos davongeht.

Keinem geringeren Redner als Lincoln unterlief dieser Fehler beim ersten Entwurf seiner Rede zum ersten Amtsantritt als Präsident. Die politische Lage zu der Zeit, als diese Rede gehalten werden musste, war höchst angespannt. Die schwarzen Gewitterwolken von Gewalt und Hass ballten sich bereits bedrohlich zusammen. Einige Wochen später brach ein Wirbelsturm aus Blut und Zerstörung über die Nation herein. Lincoln, dessen abschließende Worte sich an die Bürger aus dem Süden richteten, beabsichtigte zunächst, die Rede wie folgt zu beenden:

»In Ihren Händen, meine unzufriedenen Landsleute, nicht in meinen, liegt die schwer wiegende Frage, ob es einen Bürgerkrieg gibt oder nicht. Die Regierung wird keinen Angriff starten. Einen Konflikt wird es nur geben, wenn Sie selbst die Aggressoren sind. Es gibt keinen himmlischen Eid, der Sie dazu verpflichtet, den Staat zu zerstören. Ich dagegen habe einen höchst ernsten Eid geschworen, den Staat zu bewahren, zu schützen und zu verteidigen. Es liegt an Ihnen, vom einem Angriff abzusehen. Ich kann nicht vor der Pflicht zurückweichen, diesen Staat zu verteidigen. Die Entscheidung über Krieg oder Frieden liegt bei Ihnen, nicht bei mir.«

Er fragte Minister Seward bezüglich dieser Rede um Rat. Seward warnte, der Schluss sei zu schroff, zu abrupt, zu provozierend. Also machte Seward sich selbst daran, einen Schluss zu schreiben. Er schrieb sogar zwei Versionen. Lincoln übernahm eine davon und verwendete sie, mit leichten Modifikationen, anstelle der letzten drei Sätze des ursprünglichen Schlusses. Dadurch verlor seine erste Amtsantrittsrede ihre provozierende Schroffheit und endete mit einem freundlichen Ton, in wirklich ansprechender poetischer Eloquenz:

Eine freundliche Note

»Es fällt mir schwer, zu einem angemessenen Schluss zu gelangen. Wir sind keine Feinde, sondern Freunde. Wir sollten keine Feinde sein. Auch wenn die Gefühle angespannt sein mögen, sollte unsere Freundschaft darüber nicht zerbrechen. Die mystischen Saiten der Erinnerung, die von jedem Schlachtfeld, jedem Grab eines Patrioten zu jedem lebendigen Herz und jedem Herd dieses großen Landes gespannt sind, werden den großen Chor der Union anschwellen lassen, wenn sie, was zweifellos geschehen wird, wieder vom besseren Engel unseres Wesens angeschlagen werden.«

Wie kann der Anfänger nun ein Gespür für gute Schlussworte entwickeln? Durch die Anwendung mechanischer Regeln?

Feingefühl ist gefragt

Nein. Dafür ist diese Kunst viel zu sensibel. Es gilt, Feingefühl zu entwickeln, Intuition. So lange ein Redner kein Gespür dafür hat, ob die Art, wie andere ihre Reden beenden, harmonisch und geschickt ist, wie kann er dann hoffen, diese Aufgabe selbst zu meistern?

Dieses Gespür jedoch lässt sich durchaus kultivieren. Indem Sie die Art und Weise studieren, wie erfolgreiche Redner ihre Schlusspunkte setzen, können Sie Ihre eigene diesbezügliche Geschicklichkeit verbessern. Hier ist ein Beispiel – eine Rede des Prinzen von Wales vor dem Empire Club in Toronto:

»Ich fürchte, meine Herren, ich habe meine Zurückhaltung fahren lassen und viel zu viel über mich selbst geredet. Aber ich wollte Ihnen, der größten Zuhörerschaft, vor der ich in Kanada zu sprechen die Gelegenheit hatte, deutlich machen, wie ich meine Position und die sich aus ihr ergebende Verantwortung sehe. Ich kann Ihnen nur versichern, dass ich stets danach streben werde, dieser großen Verantwortung gerecht zu werden und mich Ihres Vertrauens als würdig zu erweisen.«

Keine losen Enden Selbst ein Blinder, der diesem Vortrag lauscht, würde sofort merken, dass dies der Schluss ist. Nichts bleibt in der Luft hängen wie ein loser Strick. Die letzten Worte sind nicht zerfasert und unzusammenhängend. Sie sind abgerundet, bringen die Ansprache zu einem gelungenen Abschluss.

Am Sonntag nach der Eröffnung der sechsten Vollversammlung des Völkerbundes predigte der berühmte Dr. Harry Emerson Fosdick in Genf in der Kathedrale St. Pierre. Als Bibelmotto wählte er: »Wer das Schwert nimmt, der soll durchs Schwert umkommen.« Beachten Sie, wie schön, erhaben und kraftvoll er seine Predigt beschließt:

»Wir können nicht Jesus Christus und den Krieg in Einklang bringen – darum geht es im Grunde. Das ist die Herausforderung, die heute das Gewissen der Christenheit beschäftigen sollte. Der Krieg ist die kolossalste und ruinöseste soziale Sünde, von der die Menschheit betroffen ist. Der Krieg ist mit dem Christentum überhaupt nicht zu vereinbaren. In seiner ganzen Art und in seinen Auswirkungen widerspricht er allem, was Jesus wollte, und verkörpert alles,

236

was Jesus nicht wollte. Der Krieg stellt eine eklatantere Leugnung jeder christlichen Lehre über Gott und den Menschen dar als alles, was alle atheistischen Theoretiker dieser Welt sich je ausdenken könnten. Wäre es nicht ein lohnendes Unterfangen, wenn die christliche Kirche sich diese größte moralische Frage der Gegenwart zu eigen machte? Wenn sie einmal mehr, wie in den Tagen unserer Väter, dem Heidentum der heutigen Welt einen klaren Standard entgegensetzte und nicht länger nach der Pfeife der Krieg führenden Staaten tanzte, sondern ihrem Gewissen folgte und das Königreich Gottes über den Nationalismus stellte und die Welt zum Frieden gemahnte? Das wäre keine Leugnung des Patriotismus, sondern seine Apotheose.

Ich kann hier und heute als Amerikaner unter diesem hohen und gastlichen Dach nicht für meine Regierung sprechen, aber als Amerikaner wie auch als Christ spreche ich für Millionen meiner Landsleute, wenn ich dem Wunsch Ausdruck verleihe, dass Ihrer großen Aufgabe, an die wir glauben, für die wir beten, Erfolg beschieden sein möge. Wir bedauern es zutiefst, dass unser Land daran nicht beteiligt ist. Aber wir arbeiten in vielfältiger Weise für das gleiche Ziel – eine Welt des Friedens. Nie gab es ein Ziel, auf das hinzuarbeiten sich mehr gelohnt hätte. Die Alternative dazu wäre die entsetzlichste Katastrophe, der die Menschheit sich je gegenübersehen könnte. Wie die Schwerkraft im Bereich der Physik bevorzugt auch das Gesetz Gottes im moralischen Bereich keinen Menschen und keine Nation: ›Wer das Schwert nimmt, der soll durchs Schwert umkommen.‹«

Diese Sammlung von Redeabschlüssen wäre unvollständig ohne die königlichen Töne, die orgelhafte Melodie der Schlussworte von Lincolns Antrittsrede anlässlich seiner zweiten Amtszeit als Präsident. Earl Curzon von Keddleston,

Königliche Töne

Kanzler der Universität Oxford, hat gesagt, diese Rede gehöre »zu den wahren Schätzen der Menschheit (...) zum reinsten Gold menschlicher Redekunst, nein, einer nahezu göttlichen Redekunst«:

»Kühn hoffen wir, inständig beten wir, dass diese schlimme Geißel des Krieges rasch vorübergehen möge. Doch wenn Gott es will, dass dieser Krieg weitergeht, bis all der Reichtum, den die Sklaven in zweihundertfünfzigjähriger Mühsal erarbeiteten, vernichtet und bis jeder Tropfen Blut, der durch die Peitsche vergossen wurde, mit einem durch das Schwert vergossen Tropfen Blut vergolten ist, wie es seit dreitausend Jahren geschrieben steht, so muss dennoch gesagt werden, dass ›das Urteil des Herrn wahr und gerecht ist‹.

Mit Bosheit gegenüber niemandem, mit Mildtätigkeit gegenüber allen, mit Festigkeit des Rechtes, so wie Gott uns gewiesen hat, was Recht ist, wollen wir gemeinsam danach streben, unsere Aufgabe zu Ende zu führen: Die Wunden der Nation zu verbinden, für jene Sorge zu tragen, die Krieg geführt haben, für ihre Witwen und Waisen – alles zu tun, um einen gerechten und dauerhaften Frieden in unserer Nation und mit allen anderen Nationen herbeizuführen.«

Beispielhafte Menschlichkeit

Sie haben, werte Leserin, werter Leser, soeben die meines Erachtens schönsten Schlussworte einer Rede gelesen, die je über die Lippen eines Sterblichen gekommen sind. Pflichten Sie meiner Einschätzung bei? Wo, in der ganzen Geschichte der Redekunst, finden sich mehr Menschlichkeit, mehr Liebe, mehr Mitgefühl?

In *Life of Abraham Lincoln* schreibt William E. Barton: »So nobel die Ansprache von Gettysburg gewesen sein mag, hier erreichte Lincoln noch mehr Größe. (...) Es ist die großartigste Rede, die er gehalten hat, und seine intellektuelle und spirituelle Kraft zeigen sich hier auf dem allerhöchsten Niveau.«

238

»Diese Rede war wie ein heiliges Gedicht«, schrieb Carl Schurz. »Nie zuvor hatte ein amerikanischer Präsident etwas Derartiges zum amerikanischen Volk gesagt. Nie zuvor hatte Amerika einen Präsidenten, der in der Tiefe seines Herzens solche Worte fand.«

Nun, vermutlich werden Sie keine historischen Reden als Präsident in Washington oder als Premierminister in Ottawa oder Melbourne halten. Vermutlich geht es bei Ihnen lediglich darum, einen einfachen Vortrag vor einer Gruppe von Geschäftsleuten wirkungsvoll zu beenden. Wie stellen Sie das nun an? Schauen wir einmal, ob wir nicht zu ein paar fruchtbaren Vorschlägen gelangen.

Fruchtbare Praxis-Vorschläge

Zusammenfassen der wichtigsten Punkte

Selbst in einem kurzen Vortrag von drei bis fünf Minuten Dauer bringen Redner es leicht fertig, so viele Themen anzusprechen, dass den Zuhörern der Kopf schwirrt und sie am Ende gar nicht mehr genau wissen, was denn nun eigentlich die Hauptargumente waren. Leider machen sich das die wenigsten Redner klar. Da sie ihre Punkte selbst kristallklar vor sich sehen, verleitet sie das zu der irrigen Annahme, den Zuhörern müssten sie ebenso einleuchten. Doch der Redner hat sich längere Zeit mit seinen Ideen auseinandergesetzt. Den Zuhörern dagegen sind seine Gedanken völlig neu. Er schleudert sie ihnen entgegen wie eine Ladung Schrot. Manche Kugeln werden ihr Ziel treffen, doch der größte Teil der Ladung wird sich wirkungslos in der Landschaft verstreuen. Die Zuhörer werden sich, wie Jago in Shakespeares *Othello*, »an eine Masse von Dingen erinnern, aber an nichts davon deutlich«.

Ein anonymer irischer Politiker soll folgendes Rezept für eine gute Rede verraten haben: »Sag ihnen zuerst, dass du ihnen etwas sagen wirst. Dann sag es ihnen. Dann sag ihnen,

Zusammenfassung schafft Klarheit

dass du es ihnen gesagt hast.« Das ist gar kein schlechter
Tipp! In der Tat ist es oft sehr anzuraten, ›ihnen zu sagen,
dass Sie es ihnen gesagt haben‹. Natürlich nur kurz – eine
bloße Skizzierung, eine Zusammenfassung.

Hier folgt ein gutes Beispiel. Der Redner besuchte Mr. Bills
Rhetorik-Seminare in Chicago und war Fahrbetriebsleiter
der Chicagoer Eisenbahn:

»Kurz zusammengefasst, meine Herren: Die Erfahrungen
mit dieser Signaltechnik in unserem eigenen Hinterhof, die
Erfahrungen damit im Osten, im Westen, im Norden – die
vernünftigen Konstruktionsmerkmale und die jährlichen
Einsparungen durch Unfallverhütung veranlassen mich, die
unverzügliche Einführung dieser Signaltechnik auch auf unserem südlichen Streckennetz nachdrücklich zu empfehlen.«

Sehen Sie, was er gemacht hat? Dazu brauchen Sie den Rest
der Rede gar nicht zu lesen. Er hat in wenigen Sätzen praktisch alle Punkte noch einmal zusammengefasst, die er zuvor
in der Rede ausführlich erläutert hat.

Finden Sie nicht auch, dass eine solche Zusammenfassung
sehr hilfreich ist? Wenn ja, dann sollten Sie diese Methode
in Ihr Repertoire auf nehmen.

Aufforderung zum Handeln

Konkreter Appell Das eben zitierte Schlusswort ist ein ausgezeichnetes Beispiel für einen Schluss, der eine Aufforderung zum Handeln
beinhaltet. Der Redner wollte, dass etwas Konkretes getan
werden sollte: Eine bestimmte neue Signaltechnik sollte auf
dem südlichen Streckennetz seiner Bahngesellschaft instal-
liert werden. Als Gründe führte er an, dass sich dadurch Geld
einsparen ließe und Zugunglücke verhindert würden. Der
Redner wollte eine konkrete Handlung und bekam sie auch.
Das war keine Übungsrede in einem Seminar. Sie wurde auf

der Vorstandssitzung der betreffenden Eisenbahngesellschaft gehalten und die erwähnte Signaltechnik wurde daraufhin tatsächlich angeschafft.

Im 15. Kapitel werden wir genauer erörtern, was der
Redner beachten muss, wenn er zu konkretem Handeln auf-
fordert.

Ein prägnantes, aufrichtiges Kompliment

»Der großartige Staat Pennsylvania sollte auf dem Weg in die
neue Zeit die Führung übernehmen. Pennsylvania, dieser
mächtige Eisen- und Stahlstandort, Mutterland der größten
Eisenbahngesellschaft der Welt und unter den Agrarstaaten
immerhin an dritter Stelle – Pennsylvania ist der Grund-
pfeiler unseres wirtschaftlichen Lebens. Nie waren die Aus-
sichten dieses Staates besser, nie boten sich ihm glänzendere
Chancen, die Führungsrolle zu übernehmen.«

Mit diesen Worten schloss der Stahlmagnat Charles **Die Kunst des**
Schwab seine Rede vor der Pennsylvania Society von New **Kompliments**
York. So versetzte er seine Zuhörer in eine angenehme,
erfreute, optimistische Stimmung. Das ist eine bewunderns-
werte Art des Abschlusses. Sie ist aber nur wirkungsvoll,
wenn sie aufrichtig gemeint ist. Keine plumpe Schmeiche-
leien. Keine Übertreibungen. Wenn ein solcher Schluss nicht
durch und durch ehrlich gemeint ist, wird er falsch klingen,
sehr falsch. Und so etwas mögen die Leute überhaupt nicht,
genauso wenig wie Falschgeld.

Ein humorvoller Schluss

»Sorgen Sie beim Abschied immer für Heiterkeit«, sagte der **Der heitere**
Schauspieler und Produzent George Cohan. Wenn Sie das **Schlussakkord**
Talent dazu haben, und die entsprechenden Inhalte, prima!
Aber wie wird es gemacht? Das ist ja gerade die Frage. Jeder
von uns muss hier seine individuelle Methode finden.

Der englische Politiker Lloyd George schaffte es sogar, eine Versammlung von Methodisten zum Lachen zu bringen, als es um ein eigentlich sehr ernstes Thema ging: das Grab von John Wesley, dem Begründer der Methodisten-Bewegung. Achten Sie einmal darauf, wie geschickt er eine humorvolle Wirkung erzielt – und wie elegant und schön die Rede abgeschlossen wird:

»Ich freue mich, dass Sie die Aufgabe übernommen haben, sich um die Restaurierung seines Grabes zu kümmern. Dieses Grab verdient es, in Ehren gehalten zu werden. Er war ein Mann, der eine ausgeprägte Abneigung gegen jede Art von Unordentlichkeit und Ungepflegtheit hatte. Er war es, glaube ich, der einmal sagte: ›Niemand soll je einen verkommenen Methodisten zu Gesicht bekommen.‹ Ihm verdanken wir es also, dass man tatsächlich nie einen solchen sieht. (Gelächter.) Daher wäre es umso rücksichtsloser, sein Grab verkommen zu lassen. Wissen Sie, was er zu einem Mädchen aus Derbyshire sagte, das, als er des Weges kam, zur Haustür rannte und ihm zurief: ›Gott segne Sie, Mr. Wesley!‹? – ›Junge Frau‹, antwortete er, ›Ihr Segen wäre von größerem Wert, wenn Ihr Gesicht und Ihre Schürze sauberer wären.‹ (Gelächter.) So dachte er über Ungepflegtheit. Daher sollte sein Grab keinen ungepflegten Eindruck machen. Wenn er des Weges käme, würde ihn das mehr kränken als alles andere. Kümmern Sie sich also gut darum. Es ist ein denkwürdiger und heiliger Schrein. Es Ihr Erbe.« (Beifallrufe.)

Mit einem lyrischen Zitat schließen

Ein krönender Vers
Von allen Methoden eine Rede zu beenden, sind eine Prise Humor oder einige Verse besonders wirkungsvoll – aber nur, wenn es gut gemacht ist. Wenn Sie einen treffenden, passenden Vers als Schlusswort Ihrer Rede wählen, ist das nahezu ideal. Es wird die Wirkung des Ganzen abrunden. Es ist

würdevoll. Es erzeugt eine individuelle Note und verleiht dem Schluss eine besondere Schönheit.

Der Rotarier Sir Harry Lauder schloss seine Rede vor den amerikanischen Rotary-Delegierten in Edinburgh so:

»Und wenn Sie wieder zu Hause sind, werden einige von Ihnen mir eine Postkarte schicken. Und wenn nicht, werde ich Ihnen eine schicken. Sie werden sofort wissen, dass sie von mir ist, weil ich mir das Porto sparen werde. (Gelächter). Aber etwas darauf schreiben werde ich, und zwar Folgendes:

›Winter und Sommer gehen ins Land,
Die Zeit eilt dahin, doch eins ist bekannt:
Ewig sprießen wird wie des Frühlings Triebe
Unsere unverbrüchliche Freundschaft und Liebe.‹«

Dieser kleine Vers passte zu Harry Lauders Persönlichkeit, und zweifellos passte er zum ganzen Tenor seiner Rede. Daher war das ein exzellenter, ihm völlig angemessener Schluss. Hätte ein sehr förmlicher und steifer Rotarier am Ende eines ernsten Vortrages diesen Vers verwendet, hätte das unpassend und geradezu lächerlich gewirkt. Je länger ich öffentliches Reden lehre, desto klarer erkenne ich, desto lebhafter spüre ich, dass es unmöglich ist, allgemeingültige Regeln aufzustellen, die für alle Gelegenheiten passen. So viel hängt ab von Thema, Zeit und Ort, und der von Persönlichkeit des Redners. Jeder von uns muss sich, wie es der heilige Paulus ausdrückte, »sein Seelenheil selbst erarbeiten«.

J.A. Abbott, Vizepräsident der L.A.D. Motor Corporation in Brooklyn, hielt vor den Beschäftigten seines Unternehmens einen Vortrag zum Thema Loyalität und Kooperation. Er schloss seine Ansprache mit diesem eindrucksvollen Gedicht aus Rudyard Kiplings zweitem *Dschungelbuch:*
»Dies ist das Gesetz des Dschungels –
so alt und so wahr wie das Licht.

Der Wolf, der ihm folgt, wird gedeihen,
und sterben muss der, der es bricht.
Wie die Liane den Baumstamm umwindet,
läuft auch das Gesetz vor und zurück
– denn die Wölfe sind die Stärke des Rudels
und des Rudels Macht ist ihr Glück.«

Wenn Sie eine öffentliche Bibliothek aufsuchen und der Bibliothekarin sagen, dass Sie eine Rede zu einem bestimmten Thema vorbereiten wollen und nach einigen passenden Zitaten suchen, kann sie Ihnen helfen, etwas Geeignetes in Bartlett's Buch der Zitate oder anderen Zitatensammlungen zu finden.

Die Kraft von Bibelzitaten

Der bibelfeste Bankier Wenn Sie eine geeignete Stelle aus der Heiligen Schrift finden, die Ihrer Rede zusätzliche Kraft verleiht, können Sie damit oft eine tiefgreifende Wirkung erzielen. Der Bankier Frank Vanderlip wandte diese Methode am Ende einer Rede an, die sich mit den Kriegsschulden der Alliierten gegenüber den USA befasste:

»Wenn wir unsere Ansprüche ohne jeden Abstrich geltend machen, werden wir sie vermutlich nie vollständig zurückerhalten. Wenn wir selbstsüchtig auf Rückzahlung der gesamten Summe bestehen, wird uns das statt Geld nur Hass einbringen. Sind wir dagegen großzügig, auf kluge Weise großzügig, können alle unsere Ansprüche sich bezahlt machen, und das Gute, das wir mit unseren Krediten bewirken, wird uns materiell mehr einbringen als alles, was man uns andernfalls schuldig bliebe. ›Denn wer sein Leben erhalten will, der wird es verlieren: wer aber sein Leben verliert um meinetwillen, der wird's finden.‹«

Der Höhepunkt

Der Höhepunkt ist eine beliebte Art, eine Rede zu beenden. Er ist oft schwierig zu bewerkstelligen und eignet sich nicht für alle Redner und für alle Themen. Gut gemacht, ist seine Wirkung aber exzellent. Es geht dabei darum, eine Steigerung zu erzielen, die sich Satz für Satz bis zum Gipfel aufbaut. Ein gutes Beispiel für diese Technik sind die Schlusssätze der preisgekrönten Rede über Philadelphia im 3. Kapitel.

Lincoln nutzte den Höhepunkt als Stilmittel bei einem Vortrag über die Niagarafälle. Beachten Sie, wie jeder Vergleich stärker ausfällt als der vorhergehende, wie Lincoln eine kumulative Wirkung erzielt, indem er das Alter der Wasserfälle mit Kolumbus, Christus, Moses, dann mit Adam in Beziehung setzt:

Lincolns Niagarafälle

»Sie gemahnen uns an eine unbestimmbare Vergangenheit. Als Kolumbus zum ersten Mal diesen Kontinent erreichte – als Christus am Kreuz litt – als Moses das Volk Israel durch das Rote Meer führte, nein, selbst schon als Gott Adam erschuf, tosten hier, so wie heute noch, die Niagarafälle. Die Augen jener riesenhaften Spezies, deren Knochen unter den Hügeln Amerikas liegen, haben bereits auf Niagara geschaut wie wir heute. Als Zeitgenossen der ersten Menschenrasse und doch älter als der erste Mensch, sind die Niagarafälle heute so mächtig und frisch wie vor zehntausend Jahren. Nur die Fragmente ihrer Knochen bezeugen, dass Mammut und Mastodon je gelebt haben, doch auch diese lange ausgestorbenen Geschöpfe haben auf die Niagarafälle geblickt, die in dieser langen, langen Zeit nicht für einen Moment stillstanden, niemals austrockneten, niemals einfroren, niemals schliefen, niemals ruhten.«

Auch Wendell Phillips wandte diese Technik in seiner Rede über Toussaint L'Ouverture an, die häufig in Rhetorik-

Wendell Phillips' Rede-Höhepunkt

büchern zitiert wird. Sie besitzt Kraft und Vitalität. Sie ist interessant, auch wenn sie für die heutige, praktisch orientierte Zeit etwas zu blumig erscheinen mag:

»Ich würde ihn Napoleon nennen, aber Napoleon erkämpfte sich sein Imperium durch gebrochene Eide und einen ganzen Ozean aus Blut. Dieser Mann dagegen brach niemals sein Wort. ›Keine Vergeltung‹ war sein großes Motto, seine Lebensmaxime. Und in Frankreich lauteten seine letzten Worte an seinen Sohn: ›Mein Junge, eines Tages wirst du nach Santo Domingo zurückkehren. Vergiss, dass Frankreich deinen Vater ermordet hat.‹ Ich würde ihn Cromwell nennen, aber Cromwell war nur ein Soldat und den Staat, den er gründete, nahm er mit ins Grab. Ich würde ihn Washington nennen, aber der große Mann aus Virginia war ein Sklavenhalter. Dieser Mann hier setzte dagegen lieber seine Macht aufs Spiel, als den Sklavenhandel auch nur in einem Dorf seines Herrschaftsbereiches zu dulden.

Vielleicht klinge ich für Sie heute Abend wie ein Fanatiker, weil Sie Geschichte nicht mit unvoreingenommenem Blick lesen, sondern durch die Brille Ihrer Vorurteile. Doch dereinst in fünfzig Jahren, wenn man bereit sein wird, die Wahrheit zu hören, wird die Muse der Geschichte Phocion für die Griechen nennen, Brutus für die Römer, Hampden für England, Lafayette für Frankreich. Washington wird sie als leuchtende, vollendete Blume unserer frühen Zivilisation nennen, John Brown wird sie als reife Frucht unseres Mittags betrachten. Wenn sie dann ihren Federhalter ins Sonnenlicht taucht, wird sie ins klare Blau über allen diesen großen Persönlichkeiten den Namen des Soldaten, des Staatsmannes, des Märtyrers schreiben: Toussaint L'Ouverture.«

Wenn der Zeh den Boden berührt

Suchen und experimentieren Sie, bis Sie einen guten Schluss und einen guten Anfang gefunden haben. Und achten Sie dann darauf, dass die beiden nicht zu weit voneinander entfernt sind.

Ein Redner, der sich nicht kurz fasst, wird in unserer hektischen Zeit auf Ablehnung stoßen.

Selbst ein Heiliger wie Saulus von Tarsus machte sich dieser Sünde schuldig. Er predigte so lange, bis schließlich jemand aus dem Publikum, »ein junger Mann namens Eutychus« einschlief, aus dem Fenster fiel und sich dabei fast das Genick brach. Und womöglich hat Saulus selbst dann noch weitergeredet. Wer weiß? Ich erinnere mich an einen Redner, einen Arzt, der eines Nachts im University Club von Brooklyn aufstand und das Wort ergriff. Ein langes Bankett lag hinter uns. Es waren bereits viele Reden gehalten worden. Als er an die Reihe kam, war es schon zwei Uhr morgens. Wäre er ein Mann von Takt, Feingefühl und Bescheidenheit gewesen, hätte er fünf oder sechs Sätze gesagt und uns dann nach Hause entlassen. Doch was tat er? Er erging sich in einer fünfundvierzig Minuten dauernden Predigt gegen die Vivisektion. Schon nach der Hälfte seines Vortrags wünschte sich das Publikum, er möge wie einst Eutychus aus dem Fenster fallen und sich etwas brechen, irgendetwas, wenn es ihn nur zum Schweigen brachte.

Mr. Lorimer, der Chefredakteur der *Saturday Evening Post*, erzählte mir, er habe Artikelserien in seiner Zeitung immer dann gestoppt, wenn sie gerade den Höhepunkt ihrer Popularität erreicht hatten und die Leute nach mehr verlangten. Warum gerade dann aufhören? »Weil«, sagte Mr. Lorimer als jemand, der es wissen muss, »nach der größten Popularität schnell der Punkt der Sättigung erreicht wird.«

Fasse dich kurz!

Zu langes Reden ist taktlos

Diese Weisheit sollten sich auch Redner hinter die Ohren schreiben. Hören Sie auf, wenn das Publikum noch begierig darauf ist, mehr zu hören.

Die größte Rede, die Jesus je hielt, die Bergpredigt, lässt sich in fünf Minuten wiederholen. Lincolns *Gettysburg Address* besteht aus lediglich zehn Sätzen. Die ganze Schöpfungsgeschichte in der Genesis ist schneller gelesen als eine Mord-Reportage in der Morgenzeitung. In der Kürze liegt die Würze!

Dokor Johnson, Erzdiakon von Nyasa, schrieb ein Buch über die Eingeborenenvölker Afrikas. Er hat neunundvierzig Jahre unter ihnen gelebt und sie beobachtet. Wenn bei einer Dorfversammlung ein Redner zu lange spricht, ruft das Publikum »Imetosha! Imetosha!« – »Aufhören! Aufhören!«

Bei einem anderen Stamm darf der Redner nur so lange sprechen, wie er auf einem Bein stehen kann. Sobald der Zeh des hochgehobenen Fußes den Boden berührt, ist Schluss. Dann muss er sofort aufhören.

Amerikanern und Europäern missfallen lange Reden ebenso, auch wenn sie ihren Unmut vielleicht etwas zurückhaltender und höflicher äußern.

 ## ZUSAMMENFASSUNG

1   Der Abschluss ist der strategisch entscheidende Punkt einer Rede. Was jemand zuletzt sagt, die abschließenden Worte, werden in den Zuhörern am längsten nachklingen.

2   Beenden Sie Ihre Rede nicht mit Sätzen wie: »Das ist so ungefähr alles, was ich zu sagen habe, und darum höre ich jetzt wohl besser auf.« Hören Sie auf, aber sagen Sie nicht, dass Sie aufhören.

3 Planen Sie den Schluss Ihrer Rede sorgfältig im Voraus wie nahezu alle berühmten Redner. Proben Sie ihn. Prägen Sie in sich gut ein. Sorgen Sie dafür, dass Ihre Rede am Ende gut abgerundet ist. Der Schluss sollte nicht schroff und uneben sein wie ein rauer Felsen.

4 Sieben Vorschläge für einen gelungenen Schluss:

a Zusammenfassung der wichtigen Punkte.

b Konkrete Handlungsaufforderung.

c Ein aufrichtiges Kompliment ans Publikum.

d Heiterkeit erzeugen.

e Einen passenden Vers zitieren.

f Ein Bibelzitat anbringen.

g Einen Höhepunkt aufbauen.

5 Denken Sie sich einen guten Anfang und einen guten Schluss aus und sorgen Sie dafür, dass zwischen beidem nicht zu viel Abstand liegt. Hören Sie auf, bevor das Publikum sich wünscht, dass Sie aufhören. »Nach der größten Popularität wird schnell der Punkt der Sättigung erreicht.«

Wie man sich verständlich macht

12

»Neun von zehn Lesern halten eine klar verständliche Aussage für wahr.«

Encyclopedia Britannica

»Machen Sie sich gründlich mit dem vertraut, worüber Sie zu sprechen beabsichtigen. Formulieren Sie es schriftlich aus oder tragen Sie Ihre Ideen einem imaginären Gesprächspartner laut vor. Bringen Sie Ihre Punkte in eine logische Reihenfolge. Bleiben Sie bei dieser Ordnung. Widmen Sie den wichtigsten Punkten Ihrer Rede auch die meiste Zeit. Hören Sie auf, wenn das Erforderliche gesagt ist.«

Edward Everett Hale

»Wenn Sie zu einer Gruppe von Geschäftsleuten über Salomon sprechen, sollten Sie ihn als den J. P. Morgan seiner Zeit darstellen. Wenn Sie zu Baseball-Fans über Samson sprechen, nennen Sie ihn den Babe Ruth damaliger Tage. Als Frank Simonds die Strategie Marschall Fochs beschrieb, mit der dieser im Ersten Weltkrieg die Hindenburgsche Linie durchbrach, benutzte er das Bild, dass jemand mit voller Wucht gegen die beiden Riegel eines Tores hämmert. In ähnlicher Weise benutzte Hugo den Buchstaben I, um das Schlachtfeld von Waterloo zu beschreiben, und Elson das Hufeisen zur Beschreibung der Schlacht von Gettysburg. Auch wenn viele von uns keine Ahnung von Kriegsführung haben, kennen wir doch Tore, Hufeisen und das Alphabet.«

Glenn Clark: *Self Cultivation in Extemporaneous Speaking*

»Ein Bild sagt mehr als zehntausend Worte.«

Chinesisches Sprichwort

»Mein Vater war ein Mann von großem Intellekt. Er war mein bester
Lehrer. Er ließ keinerlei vage Unbestimmtheit zu, seit der Zeit, als ich zu
schreiben begann, bis zu seinem Tod im Alter von dreiundachtzig Jahren
zeigte ich ihm alles, was ich schrieb. Er wollte immer, dass ich es ihm
laut vorlas, was sehr schmerzhaft für mich war. Immer wieder unterbrach er mich. ›Was meinst du damit?‹ Ich erklärte es ihm, was natürlich
bewirkte, dass ich mich einfacher und deutlicher ausdrückte als auf dem
Papier. ›Warum hast du das nicht gleich so geschrieben?‹, fragte er dann.
›Wenn du mit einer Schrotladung auf das schießt, was du sagen willst,
triffst du die ganze Landschaft. Gib einen gezielten Schuss mit dem
Gewehr ab.‹«

Woodrow Wilson

| Der unverständliche Bischof | Während des Ersten Weltkriegs hielt ein berühmter engli- |

Der unverständliche Bischof

Während des Ersten Weltkriegs hielt ein berühmter engli-
scher Bischof in Camp Upton auf Long Island eine Ansprache vor schwarzen Soldaten, die weder lesen noch schreiben
konnten. Sie waren auf dem Weg in die Schützengräben,
aber nur wenige von ihnen hatten eine klare Vorstellung
davon, warum man sie dorthin schickte. Das weiß ich genau,
denn ich habe sie selbst dazu befragt. Doch dieser Bischof
sprach zu ihnen über »Internationale Freundschaft« und
»Servias Recht auf einen Platz an der Sonne«. Dabei wusste
die Hälfte dieser Farbigen noch nicht einmal, ob Servia eine
Stadt war oder eine Krankheit. Mit gleichem Resultat hätte
er ihnen etwas über die Spiralnebel-Hypothese erzählen
können. Trotzdem verließ kein einziger Soldat während seiner Rede den Saal: Mit Revolvern bewaffnete Militärpoli-
zisten standen an allen Ausgängen, um einen solchen Aufstand zu verhindern.

Es liegt mir fern, diesen Bischof schlecht zu machen. Er ist ein wirklich hochgebildeter Mann. Hätte er seine Rede vor Hochschulabsolventen gehalten, wäre sie vermutlich ein voller Erfolg geworden. Aber bei diesen Farbigen versagte er, und zwar auf der ganzen Linie – weil er nicht über sein Publikum Bescheid wusste und weil er offenkundig auch nicht wusste, was eigentlich der genaue Zweck seiner Rede war.

Was meinen wir, wenn wir vom Zweck einer Rede sprechen? Einfach nur das: Jede Rede, ob sich der Redner dessen bewusst ist oder nicht, hat eines von den folgenden vier Hauptzielen:

1. Etwas erklären.
2. Beeindrucken und überzeugen.
3. Zum Handeln auffordern.
4. Unterhalten.

Der Zweck einer Rede

Das möchte ich anhand einiger konkreter Beispiele erläutern.

Lincoln, der sich immer sehr für mechanische Dinge interessiert hatte, erfand einmal eine Apparatur, die er sich patentieren ließ. Diese Apparatur diente dazu, gestrandete Boote von Sandbänken und anderen Hindernissen herunterzuhieven. In einer Werkstatt nahe bei seiner Anwaltskanzlei baute er ein Modell seines Apparats. Letztlich wurde nichts aus der Sache, aber er malte sich mit großer Begeisterung die technischen Möglichkeiten seiner Erfindung aus. Wenn Freunde ihn im Büro besuchten, um sich das Modell anzuschauen, wurde er nicht müde, ihnen dessen Vorzüge zu erläutern. Klares, deutliches Erklären war der Hauptzweck dieser kleinen Ansprachen.

Als er seine unsterblichen Sätze von Gettysburg sprach, als er seine beiden Antrittsreden als Präsident hielt, als er eine Totenrede für den Senator Henry Clay hielt – bei all diesen Anlässen bestand Lincolns Hauptabsicht darin, seine Zuhörer zu beeindrucken und zu überzeugen. Natürlich musste er sich klar und unmissverständlich ausdrücken, um überzeugen zu können. Aber bei diesen Anlässen war klares Erklären nicht seine wichtigste Absicht.

Bei seinen Plädoyers im Gerichtssaal bemühte er sich, Urteile im Sinne seiner Mandanten zu erwirken. Bei seinen politischen Reden versuchte er, Wählerstimmen zu gewinnen. Dabei bestand seine Hauptabsicht also darin, zum Handeln aufzufordern.

Zwei Jahre vor seiner Wahl zum Präsidenten bereitete Lincoln einen Vortrag zum Thema menschlicher Erfindungsgeist vor. Dabei bestand seine Absicht darin zu unterhalten. Oder jedenfalls hätte das sein Ziel sein sollen! Allerdings war er damit nicht sonderlich erfolgreich. Sein Karriereversuch als populärer Vortragsredner misslang ihm ziemlich gründlich. In einer Stadt kam nicht ein einziger Zuhörer zu Lincolns Vortrag.

Das Geheimnis von Lincolns Erfolg   Mit den anderen Reden, die in diesem Buch erwähnt wurden, erzielte er dagegen Erfolge, außerordentliche Erfolge. Und warum? Weil er in diesen Fällen sein Ziel, seine Absicht genau kannte und wusste, wie er dieses Ziel erreichen konnte. Und weil so viele Redner sich genau darüber nicht im Klaren sind, scheitern sie.

Beispielsweise habe ich einmal miterlebt, wie ein Kongressabgeordneter der Vereinigten Staaten vom Publikum schmachvoll von der Rednertribüne des alten New York Hippodrome gejagt wurde, weil er, zweifellos unbewusst aber nichtsdestotrotz mit fataler Wirkung, das deutliche Erklären eines Sachverhaltes zu seinem Hauptziel gewählt hatte. Das geschah während des Krieges. Er informierte die Zuhörer darüber, wie die USA sich auf den Krieg vorbereiteten. Die Menge wollte aber nicht sachlich informiert werden. Sie wollte Unterhaltung. Zehn Minuten hörten ihm die Leute geduldig und höflich zu, eine Viertelstunde, hoffend, sein Vortrag möge nun bald zum Ende kommen. Doch er redete immer weiter, bis ihnen der Geduldsfaden riss. Die Leute wollten sich das nicht länger anhören. Jemand begann ironische Hochrufe anzustimmen. Andere stimmten mit ein. Nach wenigen Augenblicken pfiff und schrie die ganze tausendköpfige Menge. Doch der begriffstutzige Redner, unsensibel für die Verärgerung, die er auslöste, setzte seinen heillosen Vortrag unbeirrt fort. Jetzt fühlte die Menge sich provoziert. Eine Schlacht begann. Aus ihrer Ungeduld wurde blanker Zorn. Sie waren nun fest entschlossen ihn zum Schweigen zu bringen. Immer lauter schwoll ihr Proteststurm an. Schließlich verschluckte das Geschrei seine Worte völlig, sodass auch in drei Metern Entfernung von der Tribüne nichts mehr zu verstehen war. Das zwang ihn zur Aufgabe. Er gab sich geschlagen und verließ gedemütigt das Pult.

Lernen Sie aus seinem Beispiel. Werden Sie sich genau über Ihr Ziel klar. Treffen Sie diesbezüglich eine kluge Wahl, ehe Sie Ihre Rede vorbereiten. Fragen Sie sich, ob Ihr Ziel dem Anlass und dem Publikum angemessen ist und was Sie bei den Zuhörern auslösen möchten. Machen Sie sich dann mit Sachverstand und Durchblick an die Arbeit.

Wissen, warum man redet

All das erfordert Wissen, Sachwissen und Wissen über das Reden. Diese Phase der Redevorbereitung ist so wichtig, dass ihr die nächsten vier Kapitel des Buches gewidmet sind. Im Rest dieses Kapitels werde ich Ihnen zeigen, wie Sie einen Sachverhalt klar und deutlich erklären können. Im 13. Kapitel werden Sie lernen, wie Sie eine Rede eindrucksvoll und überzeugend gestalten. Das 14. Kapitel wird Ihnen zeigen, wie Sie das Interesse Ihrer Zuhörer wecken. Und im 15. Kapitel wird Ihnen eine wissenschaftliche Methode präsentiert, wie Sie Menschen zu konkretem Handeln veranlassen können.

Benutzen Sie Vergleiche, um Ihre Aussagen deutlicher zu machen

Am Publikum vorbei

Unterschätzen Sie nicht, wie wichtig und wie schwierig zu erzeugen Klarheit ist. Kürzlich besuchte ich eine Abendveranstaltung, bei der ein irischer Dichter einige seiner Gedichte vorlas. Noch nicht einmal zehn Prozent der Zuhörer wussten wenigstens die halbe Zeit, wovon er redete. Viele Redner, im öffentlichen und im privaten Bereich, sind genau wie er.

Als ich einmal mit dem Physiker Sir Oliver Lodge, der über eine vierzigjährige Erfahrung als Universitätsdozent verfügte, über die Grundlagen guten öffentlichen Redens sprach, betonte er, am wichtigsten seien, erstens, umfassendes Wissen und, zweitens, »das Bestreben, sich klar und deutlich auszudrücken«.

Beim Ausbruch des französisch-preußischen Krieges sagte der große General von Moltke zu seinen Offizieren: »Denken Sie immer daran, meine Herren, jeder Befehl, der missverständlich ist, wird auch missverstanden werden.«

Napoleon war sich dieser Gefahr ebenfalls bewusst. Seine häufigste, oft wiederholte Ermahnung an seine Sekretäre lautete: »Klarheit! Klarheit!«

Gleichnisse als Hilfsmittel

Als die Jünger Jesus fragten, warum er in Gleichnissen zu den Menschen spreche, antwortete er: »Denn mit sehenden Augen sehen sie nicht, und mit hörenden Ohren hören sie nicht; und sie verstehen es auch nicht.«

Können Sie also darauf hoffen, von Zuhörern verstanden zu werden, denen das Thema Ihres Vortrags fremd ist, wenn dies nicht einmal Jesus gelang?

Wohl kaum. Was tun wir also dagegen? Was tat Jesus in einer solchen Situation? Er löste das Problem auf die einfachste und natürliche Art, die man sich nur vorstellen kann: Er beschrieb den Leuten Dinge, die sie nicht kannten, indem er Vergleiche anstellte mit Dingen, die sie kannten. Das Himmelreich – wie wird es wohl aussehen? Wie konnten die ungebildeten Bauern Palästinas das wissen? Also beschrieb Jesus es ihnen mithilfe von Dingen und Handlungen, die ihnen vertraut waren:

»Das Himmelreich ist einem Sauerteig gleich, den ein Weib nahm, und vermengte ihn unter drei Scheffel Mehl, bis dass es ganz durchsäuert ward.«

»Abermals ist das Himmelreich gleich einem Kaufmann, der gute Perlen suchte ...«

»Abermals ist das Himmelreich gleich einem Netze, das ins Meer geworfen ward ...«

Das war klar und deutlich. Das konnten sie verstehen. Die Hausfrauen unter den Zuhörern benutzten allwöchentlich Sauerteig. Die Fischer warfen jeden Tag ihre Netze aus. Die Kaufleute handelten mit Perlen.

Und wie gelang es David seinen Zeitgenossen die Fürsorge und liebende Güte Gottes klar zu machen?

»Der Herr ist mein Hirte, mir wird nichts mangeln. Er weidet mich auf einer grünen Aue und führet mich zum frischen Wasser.«

Grüne Weidegründe in einem dürren, fast kahlen Land. Frisches Wasser, um die Schafe zu tränken – das waren Bilder, die die Hirten verstehen konnten.

Hier ist ein verblüffendes und geradezu erheiterndes Beispiel für die Anwendung dieses Prinzips: Einige Missionare übersetzten die Bibel in die Sprache eines Stammes in Äquatorial-Afrika. Sie kamen zu dem Vers: »Wenn eure Sünde auch blutrot ist, soll sie doch weiß werden wie Schnee.« Wie sollten sie das übersetzen? Diese Ein-

Unbekanntes mit Vertrautem erklären

Vom Schnee zur Kokosnuss

257

geborenen hatten noch nie im Winter den Schnee vom Bürgersteig gefegt. Sie besaßen nicht einmal ein Wort für Schnee. Sie hätten nicht einmal sagen können, was der Unterschied zwischen Schnee und Steinkohlenteer war. Aber sie waren schon oft auf Kokosbäume geklettert und hatten sich ein paar Nüsse für das Mittagessen heruntergeschüttelt. Also verknüpften die Missionare das Unbekannte mit dem Bekannten und veränderten den Vers folgendermaßen: »Wenn eure Sünde auch blutrot ist, soll sie doch weiß werden wie das Fleisch einer Kokosnuss.«

Eine unter den gegebenen Umständen geniale Lösung des Problems, nicht wahr?

Am Lehrerkolleg von Warrensburg, Missouri, hörte ich einmal einen Vortrag über Alaska. Der Vortragende schaffte es weder für Klarheit zu sorgen noch Interesse zu wecken, weil er es anders als jene afrikanischen Missionare versäumte in Begriffen zu reden, die seinen Zuhörern geläufig waren. Zum Beispiel erzählte er uns, das Alaska 590804 Quadratmeilen groß sei und seine Bevölkerungszahl 64356 betrage.

Abstrakte Zahlen veranschaulichen

Eine halbe Million Quadratmeilen – was bedeutet das für den Durchschnittsmenschen? Herzlich wenig. Er ist es nicht gewohnt in Quadratmeilen zu denken. Sie rufen kein geistiges Bild hervor. Er hat keine Ahnung, ob eine halbe Million Quadratmeilen der Größe von Maine oder der Größe von Texas entsprechen. Angenommen, der Vortragende hätte gesagt, dass die Küstenlinie Alaskas und seiner Inseln länger ist als der Erdumfang und dass seine Fläche größer ist als Vermont, New Hampshire, Maine, Massachussetts, Rhode Island, Connecticut, New York, New Jersey, Pennsylvania, Delaware, Maryland, West Virginia, North Carolina, South Carolina, Georgia, Florida, Mississippi und Tennessee zusammen! Vermittelt das nicht eine viel klarere Vostellung von der Größe Alaskas?

Er sagte, dass die Bevölkerungszahl 64 356 betrage. Es ist gut möglich, dass diese Zahl keinem der Zuhörer länger als fünf oder zehn Minuten im Gedächtnis haften blieb. Warum? Weil das schnelle Herunterbeten der Zahl »vierundsechzigtausenddreihundertsechsundfünfzig« keinen sehr großen geistigen Eindruck hervorruft. Die Wirkung ist so schwach und unsicher wie Worte, die jemand in den Sand des Meeresstrandes schreibt. Die nächste Welle der Aufmerksamkeit wird sie auslöschen. Wäre es nicht besser gewesen, diese Bevölkerungszahl mit etwas zu verknüpfen, das den Zuhörern vertraut war?

Zum Beispiel: Die Stadt St. Joseph liegt nicht weit von der Kleinstadt in Missouri entfernt, in der die Zuhörer des Vortrages lebten. Viele von ihnen waren schon in St. Joseph gewesen, und in ganz Alaska lebten damals zehntausend Menschen weniger als in St. Joseph. Und noch besser wäre es natürlich, Alaska in direkten Bezug zu dem Ort zu setzen, wo man seinen Vortrag hält. Wäre es nicht viel klarer gewesen, wenn der Redner gesagt hätte: »Alaska ist achtmal so groß wie der Staat Missouri, und doch leben dort nur dreizehnmal mehr Menschen als hier in Warrensburg«?

Welche der folgenden Illustrationen ist deutlicher – die a-Variante oder die b-Variante?

(a) Der nächste Stern ist 56 Billionen Kilometer entfernt.

(b) Ein Zug, der 1,6 Kilometer (eine Meile) pro Minute zurücklegt, wäre bis zum nächsten Stern 48 Millionen Jahre unterwegs. Würde dort ein Lied gesungen und könnte der Schall dieses Liedes bis zur Erde reisen, dann könnten wir ihn nach drei Millionen achthunderttausend Jahren hören. Ein Spinnwebfaden von hier zum nächsten Stern wöge fünfhundert Tonnen.

(a) Der Petersdom, die größte Kirche der Welt, ist 211 Meter lang und 132 Meter hoch.

(b) In den Petersdom würde das Capitol in Washington ungefähr zweimal hineinpassen, und zwar aufeinandergestapelt.

Tropfen im Mittelmeer

Sir Oliver Lodge benutzt diese Methode gern, wenn er wissenschaftlichen Laien die Größe und Natur der Atome erklärt. Bei einem Vortrag in Europa hörte ich ihn sagen, in einem Tropfen Wasser gäbe es so viele Atome wie Wassertropfen im Mittelmeer. Viele seiner Zuhörer hatten über eine Woche damit zugebracht, mit dem Schiff von Gibraltar zum Suezkanal zu reisen. Um die Angelegenheit noch deutlicher zu machen, sagte er, in einem Wassertropfen gäbe es so viele Atome wie auf der ganzen Welt Grashalme.

Richard Harding Davis erzählte einem New Yorker Publikum, die Moschee Hagia Sophia sei »ungefähr so groß wie der Saal des Theaters an der Fifth Avenue«. Er sagte, Brindisi »sieht aus wie Long Island City, wenn man sich von hinten nähert«.

Wenden Sie dieses Prinzip ab jetzt in Ihren Reden an. Wenn Sie die Cheops-Pyramide beschreiben möchten, sagen Sie Ihren Zuhörern zuerst, dass sie 137 Meter hoch ist, und sagen Sie ihnen dann, wie hoch das ist im Vergleich zu einem Gebäude, das sie jeden Tag sehen. Sagen Sie ihnen, wie viele Häuserblocks das Fundament der Pyramide lang ist. Sprechen Sie nicht über so und so viele tausend Liter davon und so und so viele hunderttausend Tonnen hiervon, ohne den Leuten zu sagen, wie viele Säle von der Größe desjenigen, in dem Sie gerade sprechen, man mit dieser Menge Flüssigkeit füllen könnte. Statt sechs Meter hoch können Sie doch sagen: eineinhalbmal so hoch wie dieser Raum. Ist es nicht viel anschaulicher, wenn Sie, statt lediglich Entfernungsangaben in Kilometern zu machen, davon sprechen, dass die Distanz so weit ist wie vom Vortragsort bis zum Bahnhof oder bis zur nächsten Stadt?

Vermeiden Sie Fachchinesisch

Wenn Sie Angehöriger eines Berufszweiges mit eigenem Fachjargon sind – also Anwalt, Arzt, Ingenieur oder ein anderer Spezialist –, sollten Sie, wenn Sie zu Uneingeweihten sprechen, besonders darauf achten, sich allgemeinverständlich und mithilfe von anschaulichen Beschreibungen auszudrücken.

Die Sprache des Publikums sprechen

Das kann ich gar nicht genug betonen, denn ich habe aus beruflichen Gründen hunderten von Vorträgen solcher Fachleute gelauscht, die in dieser Hinsicht schmählich versagten. Diese Vortragenden hatten sich anscheinend nie Gedanken über die in der breiten Öffentlichkeit herrschende Unkenntnis bezüglich der Spezialitäten ihres Fachgebiets gemacht. Was war die Folge? Sie redeten und redeten, benutzten dabei Fachausdrücke und berichteten über Ideen, die für sie selbst höchst bedeutungsvoll waren. Für uneingeweihte Laien war dieser Fachjargon aber so klar wie der Fluss Missouri, nachdem über den frisch gepflügten Maisfeldern von Iowa und Kansas der Juniregen niedergegangen ist.

Was sollte ein solcher Redner tun? Er sollte den folgenden Rat lesen und beachten, der dem Ex-Senator Beveridge aus der kundigen Feder geflossen ist:

»Picken Sie sich den am wenigsten intelligent aussehenden Menschen im Publikum heraus und versuchen Sie, ihn für Ihre Sache zu interessieren. Das wird Ihnen nur durch klare, einleuchtende Aussagen und einfache, vernünftige Argumente gelingen. Noch besser ist es, wenn Sie Ihre Rede an ein kleines Mädchen oder einen kleinen Jungen richten, der oder das mit seinen Eltern im Saal sitzt.

Die Dümmsten und die Kleinsten ansprechen

261

Sagen Sie sich im Stillen – Sie können es aber ruhig auch laut zum Publikum sagen –, dass Sie versuchen werden sich so klar auszudrücken, dass auch dieses Kind Ihren Ausführungen folgen kann und hinterher in der Lage ist wiederzugeben, was Sie vorgetragen haben.«

Ein Arzt findet zur Klarheit

Ich erinnere mich, wie ein Teilnehmer eines Rhetorikseminars, ein Arzt, in seiner Übungsrede davon sprach, dass »die diaphragmatische Atmung die peristaltische Aktivität fördert und daher medizinisch äußerst angezeigt ist«. Er wollte diesen Satz so im Raum stehen lassen und sich schon dem nächsten Punkt seines Textes zuwenden, als ich ihn unterbrach. Ich bat alle Teilnehmer um ein Handzeichen, die eine klare Vorstellung davon hätten, wie sich die diaphragmatische Atmung von anderen Arten der Atmung unterscheidet, warum sie medizinisch zu empfehlen ist und um was es sich bei peristaltischer Aktivität handelt. Das Abstimmungsergebnis war eine ziemliche Überraschung für den Arzt. Also nahm er sich diesen Punkt noch einmal vor und gab folgende Erläuterung:

»Das Diaphragma oder Zwerchfell ist ein Muskel, der unterhalb der Lungenflügel den Boden des Brustkorbes bildet und zugleich das Dach der Bauchhöhle darstellt. Wenn er inaktiv ist und während der Brustatmung, ist er nach innen gewölbt wie eine umgestülpte Waschschüssel.

Bei der Bauchatmung zwingt jedes Einatmen diesen Muskel, sich abwärts zu wölben, bis er nahezu flach wird und Sie spüren können, wie Ihre Bauchmuskeln sich gegen den Hosengürtel pressen. Der durch die Abwärtsbewegung des Zwerchfells ausgeübte Druck massiert und stimuliert die Organe der oberen Bauchhöhle – den Magen, die Leber, die Bauchspeicheldrüse, die Milz und den Solarplexus.

Wenn Sie wieder ausatmen, werden Magen und Darm nach oben gegen das Zwerchfell gepresst und erhalten so erneut eine Massage. Diese Massage fördert eine gesunde Verdauung.

Zahlreiche gesundheitliche Probleme haben im Magen-Darm-Trakt ihren Ursprung. Verstopfung und viele andere Verdauungsstörungen und Beeinträchtigungen des Stoffwechsels würden verschwinden, wenn Sie Magen und Darm durch eine tiefe Zwerchfellatmung regelmäßig massieren und trainieren würden.«

Das Geheimnis von Lincolns Klarheit

Lincoln besaß eine große Vorliebe dafür, Vorschläge so zu formulieren, dass sie für jedermann sofort klar verständlich waren. Dem Rektor des Knox College, Dr. Gulliver, gegenüber erläuterte er, wie er seine »Leidenschaft« für eine klare und schlichte Sprache entwickelt hatte, wie er es nannte:

Lincolns Liebe zum deutlichen Wort

»Zu meinen frühesten Kindheitserinnerungen gehört es, dass ich mich ärgerte, wenn jemand etwas zu mir sagte, das ich nicht verstand. Ich glaube, das ist das Einzige im Leben, was mich wirklich wütend machen kann, und das ist bis heute so geblieben. Ich weiß noch, wie ich als kleiner Junge eine Unterhaltung meines Vaters mit unseren Nachbarn belauschte und dann einen nicht geringen Teil der Nacht damit verbrachte, über den Sinn dieses rätselhaften Erwachsenengesprächs nachzugrübeln. Wenn ich auf solche Weise über für mich neue Ideen oder Begriffe nachsann, konnte ich oft erst einschlafen, wenn ich mir über den Sinn des Gesagten klar geworden war und an dieser neuen Einsicht so lange herumgefeilt hatte, bis es mir gelungen war, sie in so schlichte Worte zu kleiden, dass alle Jungen, die ich kannte, sie verstehen konnten. Das war und ist eine richtige Leidenschaft von mir.«

Eine Leidenschaft? Ja, es muss diese Ausmaße angenommen haben, denn der Schulmeister von New Salem bestätigte: »Ich weiß, dass Lincoln oft stundenlang darüber brütete, auf welche von drei möglichen Weisen er eine Idee am besten erläutern konnte.«

Allzu oft drücken sich Redner aus einem einzigen Grund unklar aus: Sie haben selbst keine klare Vorstellung vom Gegenstand ihrer Rede. Ungenaue Eindrücke! Vage, verschwommene Ideen! Und das Ergebnis? Ihr Verstand funktioniert bei mentalem Nebel genauso schlecht wie ein Fotoapparat bei echtem Nebel. Solche Redner sollten sich einmal der Mühe unterziehen, über unpräzise Formulierungen und unklare Ideen so intensiv nachzusinnen, wie Lincoln es tat! Sie sollten sich seine Vorgehensweise aneignen.

Sprechen Sie den Gesichtssinn am

Die Nervenstränge, die vom Auge zum Gehirn führen, sind, worauf wir bereits im 4. Kapitel hingewiesen haben, um ein Vielfaches dicker als jene zwischen Gehirn und Ohr. Und wissenschaftlichen Erkenntnissen zufolge widmen wir Augenreizen fünfundzwanzigmal mehr Aufmerksamkeit als akustischen Reizen.

»Etwas zu sehen«, weiß ein altes japanisches Sprichwort, »ist hundert mal mehr wert als es zu hören.«

Wenn Sie sich also klar und verständlich mitteilen möchten, sollten Sie Ihre Argumente und Ideen so bildhaft wie möglich zum Ausdruck bringen. Darauf legte auch John H. Patterson größten Wert, der Generaldirektor der bekannten National Cash Register Company. In einem Artikel für das *System Magazine* beschrieb er, welche Methoden er in der Kommunikation mit seinen Arbeitern und Verkäufern anwandte:

»Ich bin der Auffassung, dass man sich nicht allein auf die Sprache verlassen sollte, wenn man verstanden werden und die volle Aufmerksamkeit der Zuhörer gewinnen möchte. Etwas zusätzliche Dramatik tut Not. Diese erzielt man durch den Einsatz von Bildern, die jeweils den richtigen und den falschen Weg illustrieren. Diagramme sagen mehr als rein mündlich vorgetragene Fakten, und Bilder sind noch einmal überzeugender als Diagramme. Idealerweise sollte man ein Thema so präsentieren, dass jeder Unterpunkt bebildert ist und die Worte lediglich dazu dienen, die einzelnen Bilder miteinander zu verknüpfen. Ich habe schon früh gelernt, dass im Umgang mit Mitarbeitern und Geschäftspartnern Bilder mehr wert waren als alles, was ich mit Worten ausdrücken konnte.

Kleine groteske Strichzeichnungen können sehr wirkungsvoll sein. (...) Ich besitze ein ganzes System von Cartoons oder ›Bilder-Sets‹. Ein Kreis mit einem Dollar darin steht für ein Geldstück, ein Sack mit einem Dollarzeichen darauf bedeutet viel Geld. Mit Mondgesichtern lassen sich viele gute Effekte erzielen. Zeichnen Sie einfach einen Kreis und stellen Sie dann mit ein paar Strichen Augen, Nase, Mund und Ohren dar. Bei einem Menschen, der nicht mehr up to date ist, zeigen die Mundwinkel nach unten. Beim gut gelaunten Menschen, der auf der Höhe der Zeit ist, zeigen sie natürlich nach oben. Diese Zeichnungen sind natürlich sehr schlicht, aber bei solchen Cartoons kommt es nicht darauf an, besonders kunstvolle Bilder zu malen, sondern eine Idee und einen Kontrast klar zu veranschaulichen.

Der große und der kleine Geldsack nebeneinander zeigen auf simple, schnell zu deutende Weise, welcher Weg richtig und welcher der falsche ist. Der eine Weg bringt viel Geld ein, der andere wenig. Wenn Sie während Ihres Vortrags immer wieder rasch solche Zeichnungen auf die Tafel skiz-

265

zieren, sichern Sie sich damit die ständige Aufmerksamkeit Ihrer Zuhörer. Die Leute können dann gar nicht anders, als gebannt hinzuschauen, und folgen Ihnen so durch Ihre gesamte Argumentation. Und obendrein sorgen die witzigen Cartoons für gute Laune.

Ich habe einmal einen Zeichner engagiert, der mit mir auf Inspektionstour ging und rasche Skizzen von dem anfertigte, was die Angestellten falsch machten. Nach diesen Skizzen wurden Zeichnungen hergestellt, und dann rief ich die Leute zusammen und zeigte ihnen genau, was sie nicht richtig machten. Als die ersten Projektoren auf den Markt kamen, kaufte ich sofort einen und projizierte die Zeichnungen auf die Leinwand, was natürlich noch wirkungsvoller war als sie lediglich auf Papier zu präsentieren. Dann kam der Film. Ich glaube, ich besaß einen der ersten Filmprojektoren, die je hergestellt wurden, und heute verfügen wir über ein großes Archiv mit Filmen und über 60 000 Diapositiven.«

Natürlich sind Zeichnungen oder Dias nicht bei allen Anlässen passend. Aber wir sollten sie verwenden, wo wir können. Sie wecken Aufmerksamkeit, erzeugen Interesse und bewirken, dass unsere Botschaft besser ankommt.

Als Rockefeller Münzen warf

John D. Rockefeller nutzte ebenfalls das *System Magazine*, um zu beschreiben, wie er an den Gesichtssinn der Mitarbeiter der Colorado Fuel and Iron Company appellierte, um ihnen die finanzielle Lage der Firma klarzumachen:

»Ich musste feststellen, dass sie (die Arbeiter der Colorado Fuel and Iron Co.) dachten, die Rockefellers würden aus ihren Anteilen an der Firma immensen Profit ziehen. Das war ihnen immer wieder erzählt worden. Ich klärte sie auf, wie die Lage in Wirklichkeit aussah. Ich führte ihnen vor

Augen, dass wir in den vierzehn Jahren, seit wir an der Colorado Fuel and Iron Co. beteiligt waren, nicht einen Cent an Dividenden erhalten hatten.

Eine anschauliche Demonstration

Bei einem der Treffen veranschaulichte ich die finanzielle Situation der Firma anhand einer praktischen Demonstration. Ich warf einen kleinen Haufen Geldmünzen auf den Tisch. Als erstes nahm ich von dem Haufen einen Teil weg, der ihre Löhne repräsentierte – denn die Löhne sind die erste Zahlungsforderung innerhalb einer Firma. Dann nahm ich weitere Münzen weg für die Gehälter der Büroangestellten, dann noch Münzen für die Saläre der Direktoren. Danach blieben keine Münzen für die Aktionäre mehr übrig. Ich fragte: ›Männer, ist es fair, wenn in dieser Firma, in der wir alle Partner sind, drei Partner alles Geld erhalten, wenn auch die Summen verschieden sind – der vierte aber leer ausgeht?‹

Nach dieser anschaulichen Demonstration hielt einer der Männer eine Rede, in der er höhere Löhne forderte. Ich fragte ihn: ›Ist es fair, wenn Sie Lohnerhöhungen verlangen, während einer der Partner überhaupt nichts bekommt?‹ Er gab zu, dass das wirklich nicht wie ein fairer Deal aussah. Von da an war das Thema Lohnerhöhungen vom Tisch.«

Vom Hund zur Bulldogge

Achten Sie darauf, dass die Bilder, die Sie benutzen, konkret und treffend sind. Malen Sie geistige Bilder, die so scharf und deutlich herausragen wie ein Hirschgeweih vor der untergehenden Sonne. Das Wort »Hund« beispielsweise ruft oft kein besonders klares Bild hervor. Es könnte sich um einen Cockerspaniel handeln, einen Scotchterrier, einen Bernhardiner oder einen Spitz. Spreche ich dagegen von einer »Bulldogge« entsteht ein weitaus prägnanteres Bild, nicht wahr? Ist es nicht viel lebendiger, wenn Sie von einem »schwarzen Shetlandpony« sprechen, statt einfach nur von einem »Pferd«? Vermittelt uns die Beschreibung »ein weißer

Bantam-Hahn mit gebrochenem Bein« nicht ein viel ein-deutigeres und deutlicheres Bild als das Wort »Geflügel«?

*Wiederholen Sie Ihre wichtigsten Ideen mehrfach
in unterschiedlicher Formulierung*

Das Wieder-
holungsprinzip

Napoleon sagte, Wiederholung sei das einzige echte Prinzip der Rhetorik. Wenn eine Idee ihm selbst klar war, bedeutete das, wie er nur zu gut wusste, noch lange nicht, dass sie auch von anderen sofort verstanden wurde. Er wusste, dass der Mensch etwas Zeit braucht, um neue Ideen zu verarbeiten, dass seine Aufmerksamkeit anfangs immer wieder darauf gelenkt werden muss, bis er sie wirklich aufgenommen hat. Kurz gesagt: Napoleon wusste, dass Wiederholung vonnö-ten ist. Nicht mit genau den gleichen Worten! Dagegen würden die Leute zu Recht rebellieren. Wird die Wiederho-lung dagegen in eine neue Formulierung verpackt, wird für Abwechslung gesorgt, und die Zuhörer werden sie überhaupt nicht bemerken.

Verdeutlichen wir das an einem Beispiel. Der verstorbene Außenminister. Bryan sagte:

»Sie können Menschen ein Thema nur dann verständlich machen, wenn Sie selbst etwas davon verstehen. Je besser Sie über den Gegenstand Ihres Vortrages Bescheid wissen, desto besser können Sie anderen diesen Gegenstand vermitteln.«

Mehrfach-
Formulierungen
sind hilfreich

Der zweite Satz ist hier lediglich eine Neuformulierung des bereits im ersten Satz ausgesprochenen Gedankens. Werden diese Sätze aber in einem mündlichen Vortrag verwendet, haben die Zuhörer gar keine Zeit die Wiederholung zu be-merken. Stattdessen haben sie den Eindruck, dass das Ge-sagte durch den zweiten Satz klarer verständlich wird.

In jeder Stunde meiner Rhetorikseminare höre ich fünf oder sechs Übungsreden, die klarer und eindrucksvoller gewesen wären, wenn der Redner dieses Prinzip der umformulierten Wiederholung angewendet hätte. Wie schade, dass so viele Neulinge diese wirkungsvolle Technik nicht nutzen!

Allgemeine Illustrationen und konkrete Beispiele verwenden

Ein besonders einfacher und effektiver Weg zur Klarheit in Ihrem Vortrag besteht darin, dass Sie allgemeine Illustrationen und konkrete Beispiele benutzen. Verdeutlichen wir den Unterschied zwischen den beiden:

Nehmen wir die Aussage: »Es gibt Männer und Frauen, die ein erstaunlich hohes Einkommen erzielen.«

Ist diese Aussage sehr klar? Vermittelt sie Ihnen eine klar umrissene Vorstellung davon, worauf der Redner hinaus will? Nein, und der Redner kann seinerseits nicht wissen, was eine solche vage Bemerkung in den Köpfen seiner Zuhörer auslöst. Einen Landarzt in den Ozark-Bergen könnte sie veranlassen, an einen Hausarzt in einer mittleren Kleinstadt zu denken, dessen Jahreseinkommen bei vielleicht fünftausend Dollar liegt. Ein erfolgreicher Bergbauingenieur denkt vielleicht an besonders herausragende Mitglieder seines Berufsstandes, die es auf hunderttausend Dollar im Jahr bringen. Wir sehen also, dass diese Aussage für sich allein zu vage und ungenau ist. Sie muss näher definiert werden. Ein paar erhellende Details sind nötig, damit wir wissen, welche Berufsgruppen der Redner meint und was er unter »erstaunlich hoch« versteht.

»Es gibt Anwälte, Berufsboxer, Komponisten, Romanschriftsteller, Theaterautoren, Maler, Schauspieler und Sänger, die mehr verdienen als der Präsident der Vereinigten Staaten.«

Nun, jetzt wissen wir schon etwas genauer, worauf der Redner hinaus will. Das Ganze ist aber noch anonym, nicht

Vom Allgemeinen zum Besonderen

Allgemeine Illustration

individualisiert. Er hat allgemeine Illustrationen benutzt, aber keine spezifischen Beispiele. Er hat »Sänger« gesagt, nicht Caruso oder Melba oder Geraldine Farrar.

Spezifische
Beispiele

Daher bleibt die Aussage noch immer relativ vage. Uns fehlen konkrete Beispiele, die uns die Behauptung des Redners anschaulich machen. Warum sollte der Redner diese Beispiele seinen Zuhörern vorenthalten? Besser ist es doch, wenn er so spezifisch wird wie in dem folgenden Absatz:

»Samuel Untermyer und Max D. Steuer, die großen Prozessanwälte, verdienen angeblich eine Million Dollar im Jahr. Benny Leonard macht schätzungsweise eine Drittelmillion jährlich. Jack Dempsey soll inzwischen eine halbe Million pro Jahr verdienen. Irving Berlins Ragtime-Musik soll ihm in nur zwölf Monaten eine Viertelmillion Dollar eingespielt haben. Avery Hopwood hat für die Tantiemen seiner Stücke fünftausend Dollar in der Woche erhalten. Harold Bell Wright hat in einem Interview zugegeben, dass sein schriftstellerisches Talent ihm hunderttausend Dollar jährlich eingebracht hat. Eine ebensolche Summe hat Childe Hassam im gleichen Zeitraum aus dem Verkauf seiner Bilder erzielt. Ethel Barrymore ließ sich für eine Gage von zweitausendfünfhundert Dollar pro Woche zu Vaudeville-Auftritten überreden. Von Caruso und McCormick heißt es, sie hätten mit ihren Gagen und Plattentantiemen ein Jahreseinkommen von über dreihunderttausend Dollar erwirtschaftet.«

Nun, was ist? Haben Sie jetzt eine klare und lebhafte Vorstellung davon, was der Redner uns mitteilen möchte?

Konkret!
Bestimmt!
Spezifisch!

Seien Sie konkret! Seien Sie bestimmt! Seien Sie spezifisch! Das wird bei Ihren Zuhörern nicht nur für Klarheit sorgen, sondern wird sie obendrein beeindrucken und überzeugen, sodass sie Ihrem Vortrag mit großem Interesse lauschen werden.

Keine Sprünge machen wie eine Bergziege

William James hielt in einem seiner Vorträge für Lehrer einmal inne und sagte, man könne in einem Vortrag nicht mehr als einen Punkt wirklich überzeugend präsentieren – und der Vortrag, auf den er sich bezog, dauerte eine Stunde. Trotzdem musste ich mir kürzlich einen Redner anhören, dem lediglich mit der Stoppuhr gemessene drei Minuten zur Verfügung standen und der seinen Kurzvortrag dennoch mit dem Satz begann, er wolle uns nun elf Punkte erläutern. Das bedeutete, dass ihm für jeden dieser elf Aspekte seines Themas lediglich sechzehneinhalb Sekunden zur Verfügung standen! Es erscheint unglaublich, dass ein intelligenter Mensch überhaupt auf die Idee kommen kann, etwas derartig Absurdes zu versuchen. Sicher, es handelt sich hier um ein extremes Beispiel, aber die Neigung zu viel in eine Rede zu packen, ist leider weit verbreitet. Das ist, als wollte man sich Paris an einem einzigen Tag anschauen. Das geht, so wie man auch in nur dreißig Minuten durch das Amerikanische Museum für Naturgeschichte laufen kann. Aber es macht wenig Freude und verhilft nicht zu tiefer gehenden Erkenntnissen. Viele Redner scheitern daran, dass sie offenbar beabsichtigen einen Weltrekord darin aufzustellen, wie sich in eine vorgegebene Zeit so viel Inhalt wie möglich hineinstopfen lässt. Mit der Schnelligkeit und Behändigkeit einer Bergziege springen sie von einem Punkt zum nächsten.

Übungsreden in einem Rhetorikseminar müssen wegen der knapp bemessenen Zeit kurz sein. Schneidern Sie also Ihren Stoff dementsprechend zurecht. Wenn Sie beispielsweise zum Thema Gewerkschaften sprechen sollen, ist es nicht zu empfehlen, dass Sie uns in drei bis sechs Minuten zu erzählen versuchen, warum die Gewerkschaften gegründet wurden, wie sie aufgebaut sind, was sie Gutes bewirkt haben, welchen Schaden sie angerichtet haben und wie sie helfen Konflikte

Zu viel Inhalt ist schwer verdaulich

zwischen Beschäftigten und Unternehmern zu lösen. Bitte nicht! Das hätte nur zur Folge, dass die Zuhörer am Ende kein klares Bild haben, worauf Sie eigentlich hinauswollen. Der ganze Vortrag würde einen verworrenen, unklaren, zu skizzenhaften und stichwortartigen Eindruck machen.

Wäre es da nicht viel klüger, sich einen einzigen Aspekt gewerkschaftlicher Arbeit herauszugreifen und diesen in angemessener Form und mit illustrierenden Beispielen zu erörtern? Ja, das wäre es. Eine solche Rede hinterlässt einen deutlichen Eindruck. Sie ist leicht verständlich, angenehm anzuhören und der Inhalt prägt sich gut ein.

Falls es unumgänglich ist, mehrere Aspekte des Themas zu behandeln, ist es oft ratsam, den Vortrag mit einer kurzen Zusammenfassung zu beschließen. Schauen wir uns das jetzt in der Praxis an. Hier ist die Zusammenfassung dieses Kapitels. Hilft Ihnen das Lesen dieser Zusammenfassung die Botschaft klarer und deutlich zu verstehen?

 ## ZUSAMMENFASSUNG

1   Sich klar und deutlich auszudrücken ist äußerst wichtig und oft sehr schwierig. Jesus sagte, er müsse in Gleichnissen lehren, »denn mit sehenden Augen sehen sie nicht, und mit hörenden Ohren hören sie nicht; und sie verstehen es auch nicht.«

2   Jesus machte das Unbekannte verstehbar, indem er es zu Bekanntem, Vertrautem in Bezug setzte. Er verglich das Himmelreich mit einem Sauerteig, mit ins Meer geworfenen Netzen, mit Kaufleuten, die Perlen kaufen. Machen Sie es ebenso.

3   Vermeiden Sie Fachausdrücke, wenn Sie es mit einem Publikum aus Laien zu tun haben. Machen Sie es wie Lincoln und formulieren Sie Ihre Ideen in einer so schlichten und klaren Sprache, dass auch ein kleiner Junge sie versteht.

4   Sie sollten erst dann zu einem Thema Vorträge halten, wenn Ihre Kenntnis dieses Themas so klar ist wie der Mittagssonnenschein.

5   Sprechen Sie den Gesichtssinn des Publikums an. Verwenden Sie nach Möglichkeit Anschauungsmaterial, Bilder, illustrierende spezifische Beispiele. Sagen Sie nicht »Hund«, wenn Sie einen »Foxterrier mit einem schwarzen Fleck über dem rechten Auge« meinen.

6   Kommen Sie mehrfach auf die zentralen Ideen Ihres Vortrags zurück, jedoch ohne sich dabei zu wiederholen und die gleiche Formulierung zweimal zu verwenden. Variieren Sie die Sätze, aber wiederholen Sie die Idee, ohne dass es den Zuhörern auffällt.

7   Verdeutlichen Sie eine abstrakte Feststellung, indem Sie sie anhand von allgemeinen Illustrationen oder – was oft noch besser ist – mithilfe spezifischer Beispiele und konkreter Fälle näher erläutern.

8   Versuchen Sie nicht zu viele Punkte und Themen in Ihre Rede hineinzupacken. In einem kurzen Vortrag ist es kaum möglich, mehr als ein oder zwei Aspekte eines Themas angemessen zu beleuchten.

9   Beenden Sie den Vortrag mit einer kurzen Zusammenfassung seiner zentralen Ideen.

Die Zuhörer beeindrucken und überzeugen

13

»Das Geheimnis des Erfolges besteht darin Menschen zu überzeugen. Diese Fähigkeit macht den erfolgreichen Anwalt, Verkäufer, Politiker oder Prediger aus.«

Dr. Frank Crane

»Nie war die Fähigkeit Menschen durch Reden zu überzeugen wirkungsvoller als heute, nie war sie nützlicher und nie wurde sie mehr bewundert.«

Earl Curzon von Keddleston, Kanzler der Universität Oxford

»Das Rezept für dauerhafte Unwissenheit besteht darin, sich mit den eigenen Anschauungen und dem eigenen Wissen zufrieden zu geben.«

Elbert Hubbard

»Der öffentliche Redner muss jene Themen wirkungsvoll und attraktiv vorbringen, über die andere in allzu zahmer und blutleerer Weise diskutieren.«

Cicero

»Nichts vermag die inneren Qualitäten eines Menschen so schnell und wirkungsvoll zum Vorschein zu bringen wie die ständige Anforderung, beim öffentlichen Reden sein Bestes zu geben. Wenn jemand es auf sich nimmt, vor einem Publikum klar und ruhig zu denken und seine Gedanken spontan in Worte zu fassen, werden seine Kraft und seine Fähigkeiten einer harten Prüfung unterzogen.

Praxis im öffentlichen Sprechen, das Bemühen, alle seine Ideen in logische und kraftvolle Worte zu kleiden, die eigene Kraft auf ein klares Ziel auszurichten, weckt im Menschen alle seine latenten Fähigkeiten. Das Gefühl der Macht, das sich einstellt, wenn es gelingt die Aufmerksamkeit des Publikums auf sich zu ziehen, Emotionen zu wecken oder den Verstand der Zuhörer durch vernünftige Argumentation anzusprechen, lässt den Ehrgeiz erwachen und macht einen Menschen in jeder Hinsicht effektiver.

Urteilskraft, Erziehung, Männlichkeit, Charakter, all das, was einen Menschen zu dem macht, was er ist, entfalten sich zu ihrem ganzen Panorama, wenn jemand sich der Herausforderung stellt, ein guter Redner zu werden. Alle geistigen Fähigkeiten beschleunigen sich, die Kraft des Denkens und das Ausdrucksvermögen werden angeregt und zur Blüte gebracht.«

Dr. Orison Swett Marden

Gute Autoreifen Zunächst möchte ich Ihnen eine höchst bedeutsame psychologische Erkenntnis vor Augen führen: »Jede Idee, jedes Konzept, jede Schlussfolgerung, die in unseren Verstand Einlass findet«, schrieb Walter Dill Scott, Rektor der Northwestern University, »wird von uns für wahr gehalten, solange sich keine dazu im Widerspruch stehende Idee in den Weg stellt. (...) Wenn wir einem Menschen irgendeine Idee präsentieren, ist es nicht notwendig ihn von der Wahrheit dieser Idee zu überzeugen, solange wir es vermeiden, dass sich dazu im Widerspruch stehende Ideen in ihm regen. Wenn ich Sie dazu bringe, dass Sie den Satz ›Amerikanische Autoreifen sind gute Autoreifen‹ lesen, werden Sie ohne jeden weiteren Beweis glauben, dass dies wahr ist, solange keine dem widersprechenden Ideen in Ihnen geweckt werden.«

276

Dr. Scott äußert sich hier zum Thema Suggestion, einer besonders wirksamen Macht, von der wir bei öffentlichen Reden – aber natürlich auch im privaten Gespräch – Gebrauch machen können.

Drei Jahrhunderte bevor die Weisen aus dem Morgenland sich vom Stern von Bethlehem zur ersten Weihnacht leiten ließen, lehrte Aristoteles, dass der Mensch ein vernunftbegabtes Tier sei – dass sein Handeln dem Diktat der Logik gehorche. Damit hat Aristoteles uns sehr geschmeichelt. Strikt logisches Handeln ist so selten wie romantische Gedanken vor dem Frühstück. Die meisten unserer Handlungen basieren auf Suggestion.

Suggestion heißt, einen Menschen dazu zu bewegen, eine Behauptung für wahr zu halten, ohne dass dafür ein Beweis erbracht wird. Wenn ich zu Ihnen sage: »Royal-Backpulver ist absolut rein«, jedoch nicht den Versuch unternehme, dies zu beweisen, handelt es sich um eine Suggestion. Wenn ich dagegen eine chemische Analyse des Produktes vorlege und die eidesstattlichen Erklärungen mehrerer angesehener Chefköche, die dessen Qualität bestätigen, dann versuche ich meine Behauptung zu beweisen.

Jene, die bei der Beeinflussung anderer besonders erfolgreich sind, stützen sich dabei stärker auf Suggestionen als auf belegbare Beweisführungen. Das moderne Marketing und die Werbung beruhen in erster Linie auf Suggestion.

Glauben ist viel leichter als Anzweifeln. Um auf intelligente Weise etwas anzuzweifeln oder in Frage zu stellen, sind Kenntnisse und Denkaufwand nötig. Wenn Sie einem Kind sagen, dass der Nikolaus durch den Schornstein kommt, oder wenn Sie einem Wilden erzählen, beim Donner handele es sich um den Zorn der Götter, dann werden das Kind und der Wilde diese Behauptungen für wahr halten, bis sie genug Kenntnisse erlangt haben, die dagegen

Die Macht der Suggestion

277

sprechen. Millionen von Indern glauben inbrünstig, dass das Wasser des Ganges heilig ist, Schlangen verkleidete Gottheiten sind und das Töten einer Kuh so falsch ist wie das Töten eines Menschen – weswegen der Verzehr von Rindfleisch für sie an Kannibalismus grenzt. Sie akzeptieren diese nicht etwa, weil ihnen Beweise dafür vorlägen, sondern weil die entsprechenden Suggestionen tief in ihrem Bewusstsein verankert wurden und sie nicht über das Wissen und die Erfahrungen verfügen, die erforderlich sind, um derartige Überzeugungen in Frage zu stellen.

Von Vorurteilen geprägt Wir lächeln. – Diese armen unterbelichteten Toren! Bei näherer Betrachtung werden Sie und ich aber feststellen, dass auch unsere Ansichten viel stärker auf Suggestionen beruhen als auf objektiven Beweisen. Das gilt für unsere am höchsten geschätzten Überzeugungen, die Prinzipien, auf denen manche von uns ihr ganzes Leben aufbauen. Nehmen wir ein Beispiel aus dem Wirtschaftsleben: Wir betrachten heute Arrow-Hemdkragen, Royal-Backpulver, Heinz-Ketchup, Gold-Medal-Mehl und Ivory-Seife als die führenden, wenn nicht sogar besten Produkte ihrer Art. Warum? Haben wir angemessene Gründe für diese Ansicht? Vernünftige Argumente? Nein, das ist bei den meisten von uns nicht der Fall. Haben wir die Qualität dieser Markenprodukte sorgfältig mit Konkurrenzprodukten anderer Firmen verglichen? Nein! Wir glauben also an Dinge, für deren Richtigkeit keinerlei Beweis erbracht wurde. Unsere Überzeugungen haben wir uns nicht auf Basis der Logik gebildet, sondern anhand von Vorurteilen und unbewiesenen, ständig wiederholten Behauptungen.

Wir sind Geschöpfe der Suggestion. Das lässt sich nicht leugnen. Hätte man Sie und mich im Alter von sechs Monaten aus unseren Wiegen hier genommen und an die Ufer das mächtigen Brahmaputra verfrachtet, um dort von einer Hindu-Familie großgezogen zu werden, wäre uns von Kind an eingeimpft worden, dass Kühe heilig sind, dann würden auch wir Kühe küssen, wenn sie uns auf den Straßen von Benares begegnen. Auch wir würden voller Abscheu auf die »christlichen Hunde« blicken, die Beefsteak nicht verschmähen. Auch wir würden uns vor Affengöttern und Elefantengöttern und Göttern aus Holz und Stein verneigen. Unser Überzeugungen sind demnach nur selten von der Vernunft geprägt, sondern in erster Linie von Suggestionen und von unserer geographischen Herkunft.

Lassen Sie mich Ihnen am folgenden Beispiel verdeutlichen, wie die meisten von uns täglich durch Suggestion beeinflusst werden:

Gewiss haben Sie schon oft gelesen, dass Kaffee schädlich ist. Nehmen wir einmal an, Sie beschließen, künftig darauf zu verzichten. Nun gehen Sie zum Abendessen in Ihr Lieblingsrestaurant. Wenn die Kellnerin nicht in die Geheimnisse geschickter Verkaufspsychologie eingeweiht ist, fragt sie vielleicht: »Möchten Sie Kaffee?« Dann wird sich ein kurzer Widerstreit zwischen den Pro- und Contra-Argumenten in Ihrem Kopf abspielen, wobei Ihre Selbstkontrolle möglicherweise den Sieg davonträgt. Eine gute, beschwerdefreie Verdauung erscheint Ihnen wichtiger als die kurzfristige Befriedigung Ihres Gaumens. Wenn sie verneinend fragt: »Sie wollen doch keinen Kaffee, nicht wahr?«, fällt Ihnen das Nein sagen noch leichter. Sie sind dann ihrem Vorschlag schon automatisch abgeneigt, weil sie selbst ihn negativ formuliert hat. (Haben Sie nicht auch schon erlebt, dass schlecht ausgebildete oder unfähige Verkäufer einen möglichen Kunden gleich mit einer solchen negativen Aussage begrüßen?) Angenommen, die Kellnerin fragt Sie: »Möchten Sie Ihren Kaffee jetzt oder später?« Was passiert dann? Sie hat bereits stillschweigend vorausgesetzt, dass Sie ohne Frage Kaffee wol-

Der Kaffee-Trick

len, und lenkt Ihre ganze Aufmerksamkeit ausschließlich darauf, ob Sie ihn jetzt trinken wollen oder später. So sorgt sie dafür, dass dem widersprechende Gedanken bei Ihnen gar nicht erst aufkommen, wodurch der Gedanke, sich Kaffee zu bestellen, freie Bahn hat. Das Ergebnis? Nun, Sie sagen: »Bringen Sie ihn mir jetzt.« Und das, obwohl Sie doch eigentlich gar keinen bestellen wollten! So ging es jedenfalls mir, und vermutlich den meisten Leserinnen und Lesern dieses Buches. Dies, und tausend ähnliche Dinge, geschehen jeden Tag.

Nicht nur neigen wir dazu, jede Idee, die die Schwelle unseres Bewusstseins passiert, für wahr zu halten, es ist auch eine wohlbekannte psychologische Tatsache, dass wir außerdem dazu neigen, dieser Idee entsprechende Aktivitäten folgen zu lassen. Beispielsweise können wir nicht an einen Buchstaben des Alphabets denken, ohne ganz leicht die Muskeln zu bewegen, die wir einsetzen, um ihn laut auszusprechen. Sie können nicht ans Schlucken denken, ohne die betreffenden Muskeln ganz leicht zu bewegen. Auch wenn diese Bewegungen für Sie selbst unmerklich ablaufen, gibt es doch Geräte, mit denen solche unbewussten Bewegungen sich messen und nachweisen lassen. Der einzige Grund, warum Sie nicht alles tun, woran Sie denken, besteht darin, dass andere Gedanken sich dazwischendrängen und den Impuls blockieren – Gedanken, dass die aktive Umsetzung bestimmter Gedanken Kosten oder Ärger nach sich ziehen würde, unsinnig, völlig absurd oder gar gefährlich wäre.

Unser Hauptproblem

Ideen
widerspruchsfrei
vermitteln

Letztlich läuft unser Problem, die Leute dazu zu bringen, dass sie unsere Überzeugungen übernehmen und entsprechend unseren Suggestionen handeln, also auf eines heraus: Wir müssen Ihnen die Idee so vermitteln, dass sich bei ihnen keine widersprechenden Ideen regen. Wenn jemand über

280

diese Fertigkeit verfügt, wird ihm das Erfolg als Redner und in geschäftlichen Dingen bescheren.

Hilfe aus der Psychologie

Gibt es seitens der Psychologie hilfreiche Vorschläge zu diesem Thema? Eindeutig ja! Erstens ist Ihnen gewiss schon aufgefallen, dass widersprechende Ideen uns dann weniger leicht in die Quere kommen, wenn eine Idee mit viel Gefühl und ansteckendem Enthusiasmus vermittelt wird. Ich sage »ansteckend«, weil Enthusiasmus genau so funktioniert: ansteckend. Er lullt die Kritikfähigkeit ein. Er ist ein wirksames Gegenmittel gegen alle abweichenden, negativen oder widerstreitenden Vorstellungen. Wenn das Ziel Ihres Vortrags darin besteht, die Leute zu beeindrucken, ist es an Ihnen, produktive Emotionen zu wecken, statt den Intellekt anzusprechen. Gefühle sind kraftvoller als kühle, rationale Ideen. Um Gefühle zu wecken, müssen Sie mit aufrichtiger Intensität sprechen. Unaufrichtigkeit raubt unserem Vortrag die Energie. Auch wenn jemand wunderschöne Sätze formuliert, seine Sprache sehr bildhaft ist, seine Stimme harmonisch und seine Gesten graziös: Diese Eigenschaften werden, wenn es seiner Rede an Aufrichtigkeit mangelt, von den Zuhörern als das empfunden, was sie sind: hohle, verlockend glitzernde Fallen. Wenn Sie ein Publikum beeindrucken wollen, müssen Sie selbst beeindruckt sein. Dann wird Ihr Geist aus Ihren Augen leuchten und in Ihrer Stimme mitschwingen, sodass sie Ihr Publikum unmittelbar erreichen.

Ansteckende Begeisterung

Knüpfen Sie Ihre Botschaft an etwas, woran die Zuhörer ohnehin schon glauben

Ein Atheist erklärte einmal gegenüber dem Theologen William Paley, dass Gott nicht existiere. Darauf zog Paley seelenruhig seine Uhr aus der Tasche, öffnete das Gehäuse, zeig-

Paleys Uhrwerk-Beispiel

281

te dem Ungläubigen das Uhrwerk und sagte: »Angenommen, ich behaupte, dass diese kleinen Hebel, Zahnräder und Federn sich selbst erschaffen und zusammengebaut und von alleine zu laufen begonnen haben, würden Sie dann nicht an meiner Intelligenz zweifeln? Natürlich würden Sie das. Schauen Sie empor zu den Sternen. Jeder davon zieht seine perfekt auf alle anderen abgestimmte Bahn – die Erde und die anderen Planeten kreisen um die Sonne, und das ganze Sonnensystem wiederum bewegt sich mit einer Geschwindigkeit von eineinhalb Millionen Kilometern pro Tag. Jeder andere Stern ist ebenfalls eine Sonne mit ihren eigenen Planeten, die durch den Weltraum rasen wie unser Sonnensystem. Trotzdem gibt es keine Zusammenstöße, keine Störungen, kein Durcheinander. Das alles funktioniert still, effizient und kontrolliert. Was ist nun leichter zu glauben – dass der Weltraum zufällig entstanden ist oder dass ein Schöpfer dahinter steckt?«

Ziemlich eindrucksvoll, nicht wahr? Welche Technik hat Paley benutzt? Zunächst beginnt er auf für beide vertrautem Gelände, wodurch er den Atheisten dazu bringt, gleich zu Anfang Ja zu sagen, so wie im 10. Kapitel empfohlen. Dann fährt er fort und zeigt, dass es so leicht und so unvermeidlich ist, an die Existenz Gottes zu glauben wie an die Existenz von Uhrmachern.

Angenommen, Paley hätte entgegnet »Kein Gott? Seien Sie doch nicht albern! Sie wissen ja überhaupt nicht, wovon Sie reden!« Was wäre dann passiert? Zweifellos wäre es zu einem hitzigen Wortgefecht gekommen, das letztlich zu nichts geführt hätte. Der Atheist hätte in unheiliger Heftigkeit seine Auffassung verteidigt. Warum? Weil, wie Professor Robinson uns gezeigt hat, es sich eben um seine Auffassung handelte. Sie aufzugeben wäre eine Bedrohung für seine kostbare, unverzichtbare Selbstachtung gewesen. Sein Stolz hätte auf dem Spiel gestanden.

Wäre es, da der Stolz ein so grundlegendes und potenziell explosives Charakteristikum der menschlichen Natur ist, nicht sehr weise, den Stolz anderer für uns arbeiten zu lassen, statt gegen uns? Wie gelingt uns das? Indem wir wie Paley zeigen, dass die Idee, die wir unserem Gegenüber nahe bringen wollen, Ideen sehr ähnlich ist, an die der Betreffende bereits glaubt. Das macht es den Zuhörern leichter, unseren Standpunkt wohlwollend aufzunehmen als ihn zurückzuweisen. Es verhindert, dass sich im Bewusstsein der Zuhörer gegenteilige Ideen regen und sie das von uns Gesagte in Zweifel ziehen.

Wohlwollen wecken

Paley verfügte offenkundig über ein tiefes Verständnis für die Funktionsweise des menschlichen Geistes. Den meisten Leuten mangelt es an dieser feinfühligen Fähigkeit, Hand in Hand mit einem Menschen die Zitadelle seiner Überzeugungen zu betreten. Irrtümlich glauben sie die Zitadelle nur einnehmen zu können, wenn sie sie mit einem Frontalangriff erstürmen. Was ist die Folge? Unverzüglich wird die Zugbrücke hochgeklappt, die Tore der Zitadelle werden zugeschlagen und verriegelt, die gepanzerten Schützen spannen ihre langen Bögen – eine Schlacht aus verletzenden Worte beginnt. Solche Schlagabtausche enden immer unentschieden. Keiner der beiden Parteien gelingt es, den anderen von irgendetwas zu überzeugen.

Die Klugheit des heiligen Paulus

Die vernünftige Vorgehensweise, die ich Ihnen soeben empfohlen habe, ist keineswegs neu. Sie wurde schon vor langer Zeit vom heiligen Paulus benutzt, und zwar in seiner berühmten Ansprache an die Athener – mit einer Geschicklichkeit und Finesse, die auch etliche Jahrhunderte später

Starker Auftritt in Athen

283

noch Bewunderung verdient. Paulus war ein hoch gebildeter Mann. Nach seiner Bekehrung zum Christentum machte sein Talent als Redner ihn zu dessen führendem Verkünder. Eines Tages kam er nach Athen – das Athen der Nach-Perikles-Zeit, ein Athen, dessen ruhmreiche Zeit lange vergangen war und das sich im Niedergang befand. In der Bibel wird das damalige Athen so beschrieben:

»Die Athener aber alle, auch die Fremdlinge, die bei ihnen wohnten, waren gerichtet auf nichts andres, als etwas Neues zu sagen oder zu hören.«

Mit anderen Worten: Redner waren bei ihnen willkommen. Das kam Paulus natürlich sehr gelegen, denn deswegen reiste er ja schließlich umher. Vermutlich stellte er sich auf einen großen Stein. Etwas nervös, wie es alle guten Redner kurz vor dem Beginn sind, hat er vielleicht die Handflächen gegeneinander gerieben und sich geräuspert.

Anknüpfen an Bekanntes

Mit der Art, wie sie ihn aufgefordert hatten zu sprechen, war er überhaupt nicht einverstanden: »Fremde Götter ... eine neue Lehre.« Das war Gift. Er musste solche Vorstellungen ausmerzen. Sie waren fruchtbarer Boden für Widerspruch und Streit. Er wollte ihnen seinen Glauben nicht als etwas Fremdes nahe bringen. Er wollte ihn mit etwas Bekanntem verknüpfen, etwas, woran sie bereits glaubten. Das würde abweichenden, gegenteiligen Suggestionen den Boden entziehen. Aber wie? Er dachte einen Moment nach. Dann kam ihm eine brillante Idee in den Sinn und er begann seine unsterbliche Rede:

»Ich sehe, dass ihr in allen Stücken gar sehr die Götter fürchtet.«

In manchen Übersetzungen heißt es: »... dass ihr sehr religiös seid.« Die Athener verehrten viele Götter. Sie waren sehr religiös und Stolz darauf. Er machte ihnen also ein Kompliment, was sie in eine freundlichere Stimmung versetzte. Eine der Regeln öffentlicher Redekunst lautet, eine Behauptung durch ein konkretes, bildhaftes Beispiel zu illustrieren. Genau das tut Paulus:

»Ich bin umhergegangen und habe gesehen eure Heiligtümer und fand einen Altar, darauf war geschrieben: Dem unbekannten Gott.«

Sehen Sie, dass dies ein Beweis für ihre Religiosität ist? Sie waren so besorgt, eine Gottheit auszulassen, dass sie eigens einen Altar für den unbekannten Gott errichtet hatten, eine Art Rückversicherung gegen unbeabsichtigte Versäumnisse. Indem Paulus diesen speziellen Altar erwähnte, unterstrich er, dass es sich bei seinen Worten nicht um pure Schmeichelei handelte. Er zeigte, dass seine Bemerkung über die Religiosität der Athener ein aufrichtiges Kompliment war, das auf Beobachtung beruhte.

Aufrichtiges Kompliment

Hier folgt nun als Abschluss seiner Redeeröffnung ein vollendet ins Schwarze treffender Satz:

»Nun verkündige ich euch, was ihr unwissend verehrt.«

Fremde Götter, eine neue Lehre? Keine Spur. Er war lediglich gekommen, um ihnen ein paar Wahrheiten über einen Gott mitzuteilen, den sie bereits anbeteten, ohne sich dessen bewusst zu sein. Seine Botschaft mit etwas verknüpfen, voran das Publikum bereits glaubt – das war Paulus' ausgezeichnete Taktik.

Dann stellte er ihnen seine Lehre von Seelenheil und Auferstehung vor, zitierte ein paar Worte eines ihrer griechischen Poeten, und das war's. Die ganze Ansprache dauerte weniger als zwei Minuten. Einige Zuhörer spotteten, etliche aber sprachen: »Wir wollen davon noch ein andermal hören.«

Nebenbei bemerkt, ist das einer der Vorteile einer zweiminütigen Rede: So wie Paulus wird man gebeten wiederzukommen und erneut zu reden. Ein Politiker aus Philadel-

Kurze Reden kommen an

285

phia hat einmal zu mir gesagt, die beiden wichtigsten Regeln für öffentliche Reden lauteten: Sprich kurz und mit Elan. Damals in Athen beherzigte Paulus beide Regeln.

Heute wird die Methode des Paulus von den verständigeren Geschäftsleuten unserer Tage eingesetzt. Als Beispiel folgt hier ein Absatz aus einer Briefwerbung, die mir kürzlich ins Haus flatterte:

»Das Old Hampshire Bond kostet weniger als einen halben Cent mehr als das billigste Papier auf dem Markt. Wenn Sie einem Kunden zehn Briefe im Jahr schicken, wird Old Hampshire sie pro Kunde weniger als eine Straßenbahnkarte kosten – weniger als würden Sie dem betreffenden Kunden alle fünf Jahre eine gute Zigarre schenken.«

Wer könnte etwas dagegen haben, einem Kunden einmal jährlich eine Fahrt mit der Straßenbahn zu spendieren oder ihm zweimal pro Jahrzehnt eine Havanna anzubieten? Gewiss niemand. Und die Verwendung von Old Hampshire Bond zöge nur so geringe Kosten nach sich? Da lassen sich widerstreitende Ideen zur Kosteneinsparung ziemlich gut ausblenden, nicht wahr?

Kleine Summen groß und große Summen klein erscheinen lassen

Aus groß wird klein Auf die gleiche Weise kann man eine große Summe klein wirken lassen – wenn man sie nämlich auf einen langen Zeitraum verteilt und die tägliche Ausgabe mit etwas kombiniert, das trivial erscheint. Dem Generaldirektor einer Versicherung gelang es zum Beispiel die Versicherungsagenten seiner Firma auf folgende Weise mit den niedrigen Kosten von Policen zu beeindrucken:

»Wenn ein Mann unter dreißig seine Schuhe selbst putzt, statt den Schuhputzer zu bemühen, kann er dadurch fünf

Cent pro Tag sparen und seiner Familie bei seinem Tod tausend Dollar hinterlassen. Ein Mann von vierunddreißig, der täglich Zigarren im Wert eines Vierteldollars raucht, lebt erstens länger, sodass er mehr von seiner Familie hat, und zweitens kann er ihnen dreitausend weitere Dollar hinterlassen, wenn er sein Geld in einer Versicherung anlegt.«

Andererseits kann man kleine Summen groß erscheinen lassen, wenn man sie zu riesigen Massen auftürmt. Der Manager einer Telefongesellschaft häufte für sich genommen unbedeutend erscheinende Minuten zusammen, um dem Publikum eindrucksvoll zu demonstrieren, welche gewaltige Menge Zeit von jenen New Yorkern vergeudet wird, die nicht sofort ans Telefon gehen:

Aus klein wird groß

»Von hundert hergestellten Telefonverbindungen dauert es bei sieben mehr als eine Minute, bis der Teilnehmer den Hörer abhebt. Auf diese Weise werden täglich 280 000 Minuten vergeudet. In nur sechs Monaten entspricht diese Minutenverschwendung der New Yorker der gesamten Wochenarbeitszeit, die geleistet wurde, seit Kolumbus Amerika entdeckte.«

Zahlen beeindruckend darstellen

Bloße Zahlenwerte und Mengen sind, für sich genommen, nur wenig beeindruckend. Sie müssen bildhaft veranschaulicht werden. Sie sollten, wenn möglich, erfahrbar gemacht werden und in Bezug zu unseren Alltagserfahrungen und unseren Gefühlen gesetzt werden. Diese Methode benutzte beispielsweise Alderman Lambeth, als er vor dem Borough Council in London eine Rede über Arbeitsbedingungen hielt. Mitten in seinem Vortrag hielt er abrupt inne, zog seine Taschenuhr heraus und starrte das Publikum eine Minute und zwölf Sekunden schweigend an. Die Mitglieder des

Zahlen erfahrbar machen

Borough Councils rutschten unbehaglich auf ihren Stühlen hin und her und tauschten verwunderte Blicke aus. Was war los? Hatte Alderman Lambeth plötzlich den Verstand verloren? Dann setzte er seine Rede mit den Worten fort: »Sie haben jetzt soeben jene siebzig Sekunden während Ewigkeit durchlitten, die der durchschnittliche Bauarbeiter benötigt, um einen einzigen Ziegelstein zu vermauern.«

War das effektiv? Es war so effektiv, dass Lambeths Äußerung von Zeitungen auf der ganzen Welt zitiert wurde. Es war so effektiv, dass die Vereinigte Baugewerkschaft sofort einen Streik ausrief, um damit »gegen diese Verletzung unserer Würde« durch Lambeth zu protestieren.

Welche der beiden folgenden Aussagen beeindruckt stärker?

1. Im Vatikan gibt es 15 000 Räume.

2. Der Vatikan hat so viele Räume, dass man vierzig Jahre lang täglich in ein anderes Zimmer ziehen könnte und selbst dann noch immer nicht alle bewohnt hätte.

Welche der beiden folgenden Erläuterungen gibt Ihnen eine eindrucksvollere Vorstellung von der unglaublichen Summe, die England während des Ersten Weltkrieges ausgab?

1. Während des Krieges gab England ungefähr sieben Milliarden Pfund oder vierunddreißig Milliarden Dollar aus.

2. Überrascht es Sie nicht, wenn Sie erfahren, dass England in den viereinhalb Jahren des Weltkrieges eine Geldsumme ausgab, die vierunddreißig Dollar pro Minute entspricht – und zwar an jedem Tag und in jeder Nacht, die verstrichen sind, seit die Pilgrim Fathers in Plymouth Rock landeten? Die Summe ist sogar noch riesiger. England hat im Weltkrieg vierunddreißig Dollar pro Minute ausgegeben, und zwar für alle Minuten, die verstrichen, seit Kolumbus Amerika entdeckte. Die Summe ist sogar noch gigantischer.

England hat im Weltkrieg vierunddreißig Dollar pro Minute ausgegeben, für alle Minuten, die verstrichen, seit William, der Herzog der Normandie, im Jahre 1066 England eroberte. Die Summe ist sogar noch unglaublicher. England hat im Weltkrieg vierunddreißig Dollar pro Minute ausgegeben, und zwar für alle Minuten, die seit Christi Geburt verstrichen sind. Mit anderen Worten: England hat vierunddreißig Milliarden Dollar ausgegeben, und seit Christi Geburt sind nur etwa eine Milliarde Minuten verstrichen.

Was Wiederholungen bewirken können

Wiederholung ist eine weitere Keule, die wir schwingen können, um widerstreitenden oder abweichenden Ideen in den Köpfen unserer Zuhörer vorzubeugen. Der berühmte irische Politiker und Redner Daniel O'Connell hat gesagt, »damit die Öffentlichkeit eine politische Wahrheit akzeptiert, genügt es nicht, sie ein- oder zweimal, ja sogar nicht, sie zehnmal zu wiederholen«. O'Connell verfügte über große Erfahrung im Umgang mit der Öffentlichkeit. Seine Einschätzung hat also Gewicht. Er fuhr fort: »Unablässige Wiederholung ist erforderlich, um politische Wahrheiten in den Köpfen der Leute zu verankern. Wenn Menschen immer das Gleiche hören, machen sie es unbewusst zu einem Teil ihres Denkens. Die betreffenden Fakten bekommen dann einen festen Platz in einem Winkel ihres Bewusstseins, und sie zweifeln künftig so wenig an ihnen wie an ihren religiösen Überzeugungen.«

Rat eines erfahrenen Redners

Woodrow Wilson war sich der Tatsache, die O'Connell hier anspricht, sehr bewusst und machte bei seinen Reden von ihr Gebrauch.

Beachten Sie, dass er in den letzten beiden Sätzen lediglich die im ersten Satz vorgebrachte Idee in neu formulierter Weise wiederholt:

»Sie wissen, dass die Studenten unserer Colleges in den letzten Jahrzehnten nicht erzogen wurden. Sie wissen, dass wir mit unserem ganzen Unterricht niemandem wirklich etwas beibringen. Sie wissen, dass wir mit all unseren Lehrmethoden eigentlich niemanden erziehen.«

Wortwörtliche Wiederholungen langweilen

Bei allem, was wir zum Lobe der Wiederholung gesagt haben, gilt es aber zu beachten, dass sie sich in den Händen eines unerfahrenen Redners als gefährliches Werkzeug erweisen kann. Wenn er über keinen ausreichenden Wortschatz verfügt und es ihm an Formulierungsgeschick fehlt, wird er möglicherweise zu platten, allzu wortwörtlichen Wiederholungen greifen. Das ist tödlich. Dann fangen die Leute im Publikum an ungeduldig in den Sitzen herumzurutschen und auf die Uhr zu schauen.

Allgemeine Illustrationen und konkrete Beispiele

Lebendige, interessante Wirkung

Wie bereits im vorigen Kapitel angesprochen, ist die Gefahr Ihr Publikum zu langweilen dann besonders gering, wenn sie allgemeine Illustrationen und spezifische, konkrete Beispiele benutzen. Weil sie interessant sind und das Zuhören dabei leicht fällt, sind sie besonders wertvoll, wenn es das Ziel Ihrer Rede ist, das Publikum zu beeindrucken und zu überzeugen. Diese zwei Mittel verhindern, dass in den Köpfen der Zuhörer widerstreitende Ideen aufkommen.

Beispielsweise erklärte Dr. Newell Dwight Hillis in einer seiner Reden: »Ungehorsam ist Sklaverei. Gehorsam ist Freiheit.« Er spürte, dass diese Äußerung näherer Erklärung bedurfte und fuhr fort: »Ungehorsam gegen das Gesetz des Feuers oder des Wassers oder der Säure bedeutet den Tod. Der Gehorsam gegenüber dem Gesetz der Farben verhilft dem Maler zu künstlerischer Freiheit. Gehorsam gegenüber dem Gesetz der Eloquenz verleiht dem Redner seine Kraft.

Gehorsam gegenüber dem Gesetz des Eisens verhilft dem Erfinder zu seinen Werkzeugen.«

Diese Illustrationen sind hilfreich, nicht wahr? Und sie beeindrucken. Können wir Hillis' Aussage noch mehr Leben und Vitalität einhauchen, indem wir konkrete Beispiele zitieren? Probieren wir es aus: »Gehorsam gegenüber dem Gesetz der Farben ermöglichte es Leonardo da Vinci das Letzte Abendmahl zu erschaffen. Gehorsam gegenüber dem Gesetz der Eloquenz versetzte Henry Ward Beecher in die Lage seine große Predigt in Liverpool zu halten. Gehorsam gegenüber dem Gesetz des Eisens verhalf McCormick zu seinem Mähdrescher.«

Ist das nicht deutlich besser?

Die Leute mögen es, wenn ein Redner Namen und Daten nennt – etwas, das sie, wenn sie möchten nachschlagen und überprüfen können. Das wirkt auch offen und ehrlich. Es schafft Vertrauen. Es beeindruckt.

Nehmen wir an, ich sage: »Viele Reiche führen ein sehr einfaches Leben.« Das ist keine sehr eindrucksvolle Aussage. Sie ist zu vage, nicht wahr? Sie springt nicht von der Seite an und trifft Sie mitten zwischen die Augen. Sie wird Ihnen nicht lange im Gedächtnis haften bleiben. Sie ist weder klar noch interessant, noch überzeugend. Vermutlich werden in Ihnen Erinnerungen an gewisse Zeitungsartikel aufsteigen, die in deutlichem Widerspruch zu dieser Aussage stehen.

Wie bin ich zu meiner Auffassung gelangt, dass viele reiche Männer eine einfaches Leben führen? Indem ich konkrete Beispiele beobachtete. Der beste Weg, Sie dazu zu bringen, dass Sie meine Auffassung übernehmen, besteht also darin, Ihnen die von mir beobachteten Beispiele vor Augen zu führen. Wenn ich Ihnen zeige, was ich gesehen habe, gelangen Sie höchstwahrscheinlich zum selben Schluss wie ich, und zwar ohne dass ich irgendwelchen Druck ausüben muss.

Zuhörer eigene Schlüsse ziehen lassen Wenn ich Sie anhand des Ihnen präsentierten Materials, der von mir vorgebrachten Beweise, Ihre eigenen Schlüsse ziehen lasse, ist die Wirkung um ein Vielfaches stärker als wenn ich Ihnen die Schlüsse bereits fertig auf dem Tablett serviere. Zur Veranschaulichung:

John D. Rockefeller sen. hielt jeden Tag auf dem Ledercouch in seinem Büro am Broadway 26 ein Mittagsschläfchen.

George F. Baker, der mehr Firmen beherrscht als jeder andere lebende Mensch, hat noch nie einen Cocktail angerührt. Erst vor wenigen Jahren hat er mit dem Rauchen angefangen.

Der verstorbene John H. Patterson, Generaldirektor der National Cash Register Company, rauchte nicht und trank keinen Alkohol.

Frank Vanderlip, eine Zeit lang Chef der größten Bank in Amerika, gönnte sich nur zwei Mahlzeiten am Tag.

Das Mittagessen des Eisenbahnmagnaten Harriman bestand aus Milch und altmodischen Ingwerwaffeln.

Der Bankier Jacob H. Schiff nahm mittags lediglich ein Glas Milch zu sich.

Die Lieblingsspeise des großen Unternehmers Andrew Carnegie waren Haferflocken mit Sahne.

Cyrus H. Curtis, Verleger der *Saturday Evening Post* und des *Ladies Home Journal*, liebt Baked Beans über alles.

Wie wirken diese konkreten Beispiele auf Sie? Untermauern sie die Behauptung, dass reiche Männer oft ein einfaches Leben führen? Wird diese Tatsache nicht so für Sie viel greifbarer, sodass widersprüchliche Ideen, bei Ihnen gar nicht erst aufkommen?

Das Kumulationsprinzip

Sie sollten nicht hoffen, dass oberflächliche, kurze Hinweise auf ein oder zwei spezifische Beispiele genügen, um den gewünschten Effekt zu erzielen.

»Es muss«, schreibt Professor Phillips in *Effective Speaking*, »eine Abfolge von Eindrücken sein, die alle den ersten Eindruck unterstreichen und bestätigen. Immer wieder muss die Aufmerksamkeit des Geistes auf diesen Gedanken gelenkt werden. Erfahrung auf Erfahrung muss aufgetürmt werden, bis dieses ganze Gewicht den Gedanken tief dem Hirngewebe aufgeprägt hat. Dann wird er zu einem festen Bestandteil des Denkens und weder Zeit noch Erfahrung können ihn auslöschen. Das Prinzip, das hierbei wirkt, nennt man Kumulation.«

Schauen Sie sich an, wie dieses Prinzip im vorigen Abschnitt eingesetzt wurde, um zu beweisen, dass reiche Menschen oft ein einfaches Leben führen. Schauen Sie sich an, wie es im 3. Kapitel eingesetzt wurde, um zu zeigen, dass Philadelphia »das weltweit führende Industriezentrum« ist. Auch Senator Thornton nutzte im folgenden Zitat dieses Prinzip, um zu beweisen, dass die Menschheit Ungerechtigkeit und Unterdrückung nur durch Gewalt beseitigen konnte. Wie wäre wohl die Wirkung seiner Behauptung gewesen, wenn er zwei Drittel der von ihm genannten konkreten Beispiele weggelassen hätte?

»Wann wäre je ein Kampf um Menschlichkeit und Freiheit anders gewonnen worden als mit Gewalt? Welche Barrikaden des Bösen, der Ungerechtigkeit und der Unterdrückung wären je beseitigt worden ohne den Einsatz von Gewalt?

Gewalt erzwang die Unterschrift des widerstrebenden Königshauses unter die Magna Charta. Gewalt hauchte der Unabhängigkeitserklärung Leben ein. Gewalt hämmerte mit nackten Fäusten an das eiserne Tor der Bastille und übte

Prägnante Abfolge von Eindrücken

während einer schrecklichen Stunde Vergeltung für die jahrhundertelange Verbrechensherrschaft der Könige. Gewalt schwenkte die Fahne der Revolution über Bunker Hill und zog blutige Fußspuren durch den Schnee von Valley Forge. Gewalt hielt die durchbrochene Linie von Shiloh aufrecht, erstieg den Feuerhügel von Chattanooga und erstürmte auf Lookout Heights die Wolken. Gewalt marschierte mit Sherman zum Ozean, ritt mit Sheridan ins Tal des Shenandoah und verhalf Grant zum Sieg in Appomattox. Gewalt rettete die Union, hielt die Sterne auf dem Banner und machte aus ›Niggern‹ Menschen.«

Anschauliche Vergleiche

Ein unauslösch-
liches Bild

Vor vielen Jahren hielt in einem meiner Seminare in Brooklyn ein Teilnehmer eine Rede, in der er die Zahl der Häuser nannte, die während des vorangegangenen Jahres durch Feuer zerstört worden waren. Dann sagte er, dass man mit diesen Häusern, würde man sie Seite an Seite aufreihen, eine Kette von New York bis Chicago bilden könnte. Und würde man die Menschen, die bei diesen Bränden umgekommen waren, im Abstand von einer halben Meile aufbahren, würde diese grausige Reihe von Chicago wieder zurück bis nach Brooklyn reichen.

Die Zahlen, die er nannte, hatte ich bald darauf wieder vergessen. Aber selbst heute, nach über zehn Jahren, sehe ich immer noch das Bild dieser Kette aus brennenden Häusern vor mir, die sich von Manhattan bis nach Cook County, Illinois, erstreckt.

Warum ist das so? Weil rein akustische Eindrücke sich uns nur schwer einprägen. Sie rollen davon wie Hagelkörner, die von der glatten Rinde eines Baumes abprallen. Und wie ist es mit visuellen Eindrücken? Vor einigen Jahren sah ich am Ufer der Donau ein altes Haus, in dessen Wand eine Kanonenkugel steckte – eine Kanonenkugel, die in der Schlacht von Ulm durch Napoleons Artillerie abgefeuert worden war. Visuelle Eindrücke sind wie diese Kanonenkugel: Sie schlagen mit gewaltiger Wucht ein. Sie bleiben tief im Bewusstsein stecken. Sie prägen sich unauslöschlich ein. Sie besitzen die Kraft, alle ihnen widersprechende Suggestionen zu verjagen, so wie Napoleon die Österreicher verjagte.

Dass die Antwort, die William Paley dem Atheisten gab, eine solche starke Wirkung hat, liegt zum großen Teil an ihrem starken visuellen Charakter. Burke setzte diese Methode ein, als er mit prophetischem Weitblick die Besteuerung der amerikanischen Kolonien anprangerte: »Wir scheren kein Schaf, sondern einen Wolf.«

Stützen Sie sich auf Autoritäten

Als kleiner Junge im Mittleren Westen machte ich mir einen Spaß daraus, einen Stock vor ein offenes Gatter zu halten, durch das Schafe hindurchgetrieben wurden. Nachdem die ersten paar Schafe über den Stock gesprungen waren, nahm ich ihn weg, und trotzdem sprangen auch alle anderen Schafe der Herde über die nun imaginäre Barriere. Der einzige Grund für ihre Sprünge bestand darin, dass die Schafe vor ihnen ebenfalls gesprungen waren. Schafe sind nicht die einzigen Tiere mit dieser Neigung. Auch fast alle Menschen tendieren dazu, das zu tun, was andere tun, zu glauben, was andere glauben und, ohne kritisches Hinterfragen, die Äußerungen prominenter Persönlichkeiten für richtig zu halten.

Wenn Sie Autoritäten zitieren, sollten Sie aber die folgenden vier Punkte beachten:

1. SEIEN SIE KONKRET.
Welche dieser beiden Aussagen ist beeindruckender und überzeugender?

Der Herdentrieb

295

(a) Statistiken belegen, dass Seattle die gesündeste Stadt der Welt ist.

(b) »Der offiziellen amtlichen Sterbestatistik zufolge lag Seattles jährliche Sterberate in den letzten fünfzehn Jahren bei 9,78 je tausend Einwohner. In Chicago betrug sie 14,65, in New York 18,83, in New Orleans 21,02.«

Hüten Sie sich vor unbestimmten Aussagen wie »Statistiken belegen«. Welche Statistiken? Von wem wurden sie erhoben und warum? Zu Recht begegnen viele Menschen Zahlen und Statistiken mit einem gesunden Misstrauen: »Mit Statistiken lässt sich alles beweisen!«

Die oft benutzten Phrasen »Fachleute haben herausgefunden« und »wissenschaftliche Untersuchungen haben ergeben« sind lächerlich vage. Werden Sie konkret. Nennen Sie wenigstens einen oder zwei Namen. Wenn Sie selbst nicht genau wissen, wen Sie da eigentlich zitieren, wie können Sie dann sicher sein, ob die Angaben richtig sind?

Genauigkeit schafft Vertrauen Seien Sie genau und konkret, denn das schafft Vertrauen. Das Publikum gewinnt so den Eindruck, dass Sie wissen, wovon Sie reden. Selbst Theodore Roosevelt glaubte sich vage Unverbindlichkeiten nicht leisten zu können. In einer Rede in Louisville, Kentucky, während der Präsidentschaft von Woodrow Wilson sagte er:

»Mr. Wilsons Versprechungen vor seiner Wahl, sowohl jene, die er in seinen Wahlkampfreden machte als auch jene seines Wahlprogramms, wurden alle so ausnahmslos gebrochen, dass dies inzwischen selbst unter seinen Freunden für Gesprächsstoff sorgt. Einer von Mr. Wilsons prominenten demokratischen Unterstützern im Kongress sagte mit erfrischender Offenheit die Wahrheit bezüglich Mr. Wilsons Wahlversprechen und den Versprechungen im demokratischen Wahlprogramm. Als man ihn nach den offenkundigen Widersprüchen zur jetzigen Politik fragte, antwortete er: ›Unser Wahlprogramm diente dazu die Präsidentschaft zu gewinnen – und in der Tat haben wir gewonnen.‹ *Diese Bemerkung finden Sie auf Seite 4618 des Kongress-Sitzungsprotokolls, in der dritten Sitzung des zweiundsechzigsten Kongresses.*«

2. ZITIEREN SIE EINE BEKANNTE PERSÖNLICHKEIT

Unsere Sympathien und Abneigungen haben mehr mit unseren Überzeugungen zu tun als die meisten von uns zugeben mögen. Ich erlebte einmal, wie der berühmte Anwalt Samuel Untermyer während einer sozialistischen Debatte in der New Yorker Carnegie Hall ausgebuht wurde. Was er sagte, war durchaus höflich und schien mir recht harmlos, doch im Publikum saßen fast nur Sozialisten. Sie verachteten ihn. Vermutlich hätten sie sogar die Glaubwürdigkeit eines Rechenschiebers in Zweifel gezogen, hätte er einen solchen als Beweismittel eingesetzt.

Überlegen Sie also gut, wen Sie wo zitieren, damit das Publikum in der von Ihnen gewünschten Weise reagiert.

Zitate klug einsetzen

3. ZITIEREN SIE ÖRTLICHE AUTORITÄTEN

Wenn Sie eine Rede in Detroit halten, zitieren Sie nach Möglichkeit einen prominenten Detroiter. Dann können die Zuhörer das Zitat nachprüfen, sich vor Ort weiter informieren. Seine Worte werden sie stärker beeindrucken als das Zitat eines ihnen weitgehend unbekannten Individuums aus Spokane oder San Antonio.

Lokalbezug

4. ZITIEREN SIE JEMANDEN, DESSEN QUALIFIKATION UNSTRITTIG IST

Stellen Sie sich Fragen wie diese: Ist diese Person als Autorität auf dem fraglichen Gebiet allgemein anerkannt? Warum? Oder könnte man ihr Parteilichkeit vorwerfen? Verfolgt sie eigennützige Interessen?

297

Der Teilnehmer meines Seminars bei der Handelskammer
von Brooklyn, der seine Rede mit dem folgenden Zitat von
Andrew Carnegie eröffnete, traf eine kluge Wahl. Warum?
Weil die Geschäftsleute, aus denen sich das Publikum zusammensetzte, großen Respekt für den herausragenden
Stahlmagnaten hegten. Zudem wurde Carnegie zur Frage
geschäftlichen Erfolges zitiert, einem Thema, zu dem er aus
der immensen Erfahrung seines langen Arbeitslebens gewiss
qualifiziert Stellung nehmen konnte.

»Ich glaube, dass der wahre Weg zu außerordentlichem
Erfolg in jedem Berufszweig darin besteht, sich zum Meister auf dem jeweiligen Fachgebiet heranzubilden. Ich glaube nicht daran, dass es sinnvoll ist, seine Reserven breit
aufzufächern. Ich habe selten einen finanziell äußerst erfolgreichen Menschen kennen gelernt, und ganz sicher
nicht im produzierenden Gewerbe, der sich für viele verschiedene Bereiche interessiert hätte. Die besonders erfolgreichen Menschen sind jene, die sich für ein bestimmtes
Gebiet entschieden haben und dann konsequent dabei geblieben sind.«

 **ZUSAMMENFASSUNG**

»Jede Idee, jedes Konzept, jede Schlussfolgerung, die in unseren
Verstand Einlass findet, wird von uns für wahr gehalten, solange
sich keine dazu im Widerspruch stehende Idee in den Weg stellt.«
Wenn unsere Rede darauf abzielt zu beeindrucken und zu überzeugen, sehen wir uns also mit folgenden Herausforderungen konfrontiert: Erstens müssen wir unsere eigenen Ideen gut präsentieren. Zweitens müssen wir verhindern, dass sich widerstreitende
Ideen in unseren Zuhörern regen. Hier folgen acht Vorschläge, die
uns bei der Erreichung dieses Zieles helfen können:

1   Überzeugen Sie sich selbst, ehe Sie versuchen andere zu überzeugen. Sprechen Sie mit ansteckender Begeisterung.

2   Zeigen Sie den Leuten, dass das, wovon Sie sie überzeugen möchten, Dingen ähnelt, an die sie bereits glauben. (Beispiele: Paley und der Atheist, Paulus in Athen, das Old Hampshire Bond.)

3   Wiederholen Sie Ihre Ideen in variierenden Formulierungen. (Beispiel: Woodrow Wilson: »Wir erziehen niemanden.«)
    Wenn Sie Zahlen wiederholen, sollten Sie sie veranschaulichen. Beispiel: England hat im Weltkrieg vierunddreißig Dollar pro Minute ausgegeben, und zwar für alle Minuten, die seit Christi Geburt verstrichen sind.

4   Verwenden Sie allgemeine Illustrationen. (Beispiel: Dr. Hillis: »Der Gehorsam gegenüber dem Gesetz der Farben verhilft dem Maler zu künstlerischer Freiheit.«)

5   Verwenden Sie spezifische Beispiele, zitieren Sie konkrete Fälle. (Beispiel: Viele reiche Menschen führen ein sehr einfaches Leben. – Frank Vanderlip gönnte sich nur zwei Mahlzeiten am Tag ... etc.)

6   Setzen Sie das Kumulationsprinzip ein. »Erfahrung auf Erfahrung muss aufgetürmt werden, bis dieses ganze Gewicht den Gedanken tief dem Hirngewebe aufgeprägt hat.« (Beispiel: »Gewalt erzwang die Unterschrift des widerstrebenden Königshauses unter die Magna Charta ...« und so weiter.)

7   Verwenden Sie anschauliche Vergleiche. Akustische Eindrücke werden rasch wieder vergessen. Visuelle Eindrücke bleiben dagegen so fest in unserem Gedächtnis haften wie die von mir erwähnte Kanonenkugel in der Hausmauer. (Beispiel: Die lange Kette brennender Häuser, die von Brooklyn bis Chicago reicht.)

8   Stützen Sie Ihre Aussagen auf als neutral geltende Autoritäten. Zitieren Sie so genau wie Roosevelt. Zitieren Sie jemanden, der beim Publikum populär ist. Zitieren Sie jemanden aus der Stadt, in der Sie sprechen. Zitieren Sie jemanden, dessen Sachkenntnis außer Zweifel steht.

Interesse wecken 14

»Bei jeder schriftlichen oder mündlichen Kommunikation gibt es eine Schwelle des Interesses. Wenn es uns gelingt diese Schwelle zu überschreiten, gehört uns die Welt – jedenfalls vorübergehend. Gelingt es uns nicht, können wir uns ebensogut ins Privatleben zurückziehen. Die Welt wird sich dann nicht für uns interessieren.«

Prof. H. A. Overstreet: *Influencing Human Behavior*

»Stets sollten Sie etwas zu sagen haben. Dem, der etwas zu sagen hat und dafür bekannt ist, nur dann das Wort zu ergreifen, wenn er etwas zu sagen hat, werden die Leute ganz sicher zuhören. Überlegen Sie sich immer im Voraus, was Sie sagen wollen. Wenn Ihr Denken verschwommen und unklar ist, werden Sie auch in den Köpfen der Zuhörer nur Verwirrung stiften. Ordnen Sie Ihre Gedanken. Auch wenn Ihr Redebeitrag nur kurz ist, sollte er über Anfang, Mitte und Schluss verfügen. Vor allem aber: Streben Sie nach Klarheit, danach, sich den Zuhörern eindeutig verständlich zu machen. Bei Debatten und Diskussionen sollten Sie sich bemühen, die Argumente Ihres Kontrahenten vorherzusehen. Antworten Sie mit Ernst auf seinen Spott und mit Spott auf seine ernsthaften Argumente. Machen Sie sich rechtzeitig Gedanken darüber, welcher Art das Publikum ist, vor dem Sie reden werden. (...) Und seien Sie, wenn es irgend geht, niemals langweilig.«

Lord Bryce (britischer Botschafter in den USA)

Alltägliches in China

Wenn Sie in bestimmten Gegenden Chinas von einem reicher Mann nach Hause zum Essen eingeladen werden, empfiehlt es sich, dass Sie während der Mahlzeit Hühnerknochen und Olivenkerne über Ihre Schulter auf den Boden werfen. Damit machen Sie Ihrem Gastgeber ein großes Kompliment. Sie signalisieren ihm, dass Sie ihn für reich genug halten, sich viele Bedienstete leisten zu können, die nach dem Essen den Boden aufwischen. Er wird also hocherfreut sein.

Im Haus eines reichen Chinesen können Sie also mit den Überresten eines üppigen Mahles ziemlich rücksichtslos verfahren, doch arme Chinesen müssen mitunter sogar ihr Badewasser sparen. Wasser zu Hause heiß zu machen ist so teuer, dass sie dieses Luxusgut eigens in einem Laden für heißes Wasser kaufen müssen. Nachdem sie darin gebadet haben, bringen sie es dem Händler zurück, der es dann zurückkauft. Sogar wenn es von zwei Kunden nacheinander benutzt wurde, besitzt das Wasser noch einen Marktwert, auch wenn der Preis dann natürlich ein wenig gesunken ist.

Fanden Sie diese Informationen über das Leben in China interessant? Wenn ja, ist Ihnen klar, warum? Weil es sich dabei um ungewöhnliche Umgangsweisen mit Ihnen gut vertrauten Dingen handelt. Sie erfahren sonderbare Wahrheiten über so alltägliche Dinge wie Essen und Baden.

Das ist es, was die Menschen interessiert – etwas Neues über etwas Altes zu erfahren.

Neuigkeiten über Vertrautes Nehmen wir ein anderes Beispiel. Diese Buchseite, die Sie gerade lesen, dieses Blatt Papier, ist sehr gewöhnlich, nicht wahr? Vermutlich haben Sie in Ihrem Leben schon tausende Blatt Papier gesehen. So ein Blatt Papier für sich genommen erscheint uninteressant und langweilig. Dann lassen Sie mich Ihnen etwas sehr Eigenartiges über dieses Blatt Papier erzählen. Bei dieser Buchseite scheint es sich um solide Materie zu handeln. In Wahrheit haben wir es aber eher mit einer spinnenwebartigen Struktur zu tun. Die Physiker wissen, dass Papier sich wie alle Materie aus Atomen zusammensetzt. Und wie klein ist ein Atom? Im 12. Kapitel haben wir gelernt, dass sich in einem einzigen Wassertropfen so viele Atome befinden wie Wassertropfen im Mittelmeer, oder dass sich in einem Wassertropfen so viele Atome befinden, wie es auf der ganzen Welt Grashalme gibt. Und woraus setzen sich die Atome zusammen, aus denen diese Buchseite besteht? Aus noch kleineren Objekten, die Elektronen und Protonen genannt werden. Die Elektronen kreisen um das zentrale Proton des Atoms, wobei sie von diesem Proton, maßstäblich ausgedrückt, so weit entfernt sind wie der Mond von der Erde. Und diese Elektronen in ihrem winzigen Universum wirbeln mit der irrwitzigen Geschwindigkeit von etwa sechzehntausend Kilometern in der Sekunde auf ihren Umlaufbahnen. Seit Sie anfingen diesen Satz zu lesen, haben demnach die Elektronen, aus denen sich diese Buchseite zusammensetzt, eine Strecke zurückgelegt, die von New York bis nach Tokio reicht ...

Und vor nur zwei Minuten haben Sie dieses Blatt Papier noch für uninteressant, langweilig und leblos gehalten! Doch in Wahrheit ist es eines von Gottes Geheimnissen. Es ist ein echter Wirbelsturm aus Energie.

Wenn Sie sich jetzt für das Papier interessieren, dann weil Sie etwas Neues und Merkwürdiges darüber erfahren haben. Das ist eines der Geheimnisse interessanter Menschen. Es handelt sich um eine höchst bedeutsame Wahrheit, aus der wir in unserem täglichen Austausch mit unseren Mitmenschen unbedingt Nutzen ziehen sollten. Das vollkommen Neue ist nicht interessant. Das alte, völlig Bekannte vermag uns nicht zu locken. Wir wollen etwas Neues über etwas Altes erfahren. Beispielsweise können Sie einen Farmer aus Illinois nicht für die Kathedrale von Bourges oder die Mona Lisa interessieren. Sie sind zu neu für ihn. Sie stehen in keinem Bezug zu seinen bisherigen Interessen. Sie können aber sein Interesse wecken, indem Sie ihm erzählen, dass die

Spitzengardinen für Kühe

Bauern in Holland abgedeichte Ackerflächen bebauen, die unterhalb des Meeresspiegels liegen, dass sie anstelle von Umzäunungen Gräben ziehen und Brücken bauen, die als Tore dienen. Mit offenem Mund wird Ihr Farmer aus Illinois zuhören, wenn Sie ihm berichten, dass holländische Bauern in Gehöften leben, wo Mensch und Vieh im Winter unter einem Dach untergebracht sind, und dass die Kühe manchmal durch Spitzengardinen in die Schneelandschaft blicken. Von Kühen und Zäunen versteht er etwas – es handelt sich also um Neuigkeiten bezüglich ihm bereits vertrauter Dinge. »Spitzengardinen für Kühe!«, wird er rufen. »Na so was!« Und er wird diese Geschichte seinen Freunden erzählen.

Hier folgt nun eine Rede, die ein Teilnehmer meiner Seminare in New York hielt. Beobachten Sie während des Lesens, ob der Text bei Ihnen Interesse weckt. Wenn ja, warum ist das so?

Die Bedeutung der Schwefelsäure für unser Leben

»Es gibt eine Flüssigkeit, die in solchen Mengen hergestellt und verbraucht wird, dass die für sie verwendete Maßeinheit die Tonne ist. Diese Flüssigkeit ist die Schwefelsäure. Sie ist für unseren Alltag in zahlreicher Hinsicht von Bedeutung. Ohne Schwefelsäure würde Ihr Auto nicht fahren, denn sie spielt bei der Herstellung von Kerosin und Benzin eine wichtige Rolle. Das elektrische Licht, das Ihr Büro beleuchtet, Ihren Esstisch erhellt und Ihnen nachts den Weg ins Bett zeigt, wäre ohne Schwefelsäure nicht möglich.

Wenn Sie morgens aufstehen und sich Badewasser einlassen, benutzen Sie vernickelte Wasserhähne, zu deren Herstellung Schwefelsäure benötigt wird. Auch bei der Produktion Ihrer emaillierten Badewanne wurde sie verwendet. Die Seife, die Sie benutzen, wurde vermutlich aus Fetten und

Ölen hergestellt, die mit der Säure behandelt wurden. (...) Ihr Badetuch hat die Bekanntschaft der Schwefelsäure gemacht, ehe Sie Bekanntschaft mit Ihrem Badetuch machten. Die Borsten Ihrer Haarbürste benötigten Schwefelsäure zu ihrer Herstellung, und Ihr Zelluloidkamm hätte sich ebenfalls nicht ohne sie produzieren lassen. Und zweifellos wurde Ihre Rasierklinge nach dem Ausglühen darin gebeizt.

Dann ziehen Sie Ihre Unterwäsche und Ihre Oberbekleidung an. Bei der Textilbleiche, bei der Herstellung der Textilfarben und bei der Färbung selbst wird Schwefelsäure eingesetzt. Der Knopfmacher benötigte Schwefelsäure zur Herstellung der Knöpfe an Ihrer Kleidung. Bei der Gerbung Ihres Schuhleders wurde Schwefelsäure eingesetzt, und sie dient Ihnen erneut, wenn Sie die Schuhe putzen.

Sie setzen sich an den Frühstückstisch. Wenn Ihre Tasse und Untertasse nicht rein weiß sind, kamen die Farben nur mithilfe der Schwefelsäure zustande. Sie wird benutzt, um die Vergoldung und andere Verzierungen des Geschirrs herzustellen. Wenn Löffel, Messer und Gabel versilbert sind, haben sie ein Bad in Schwefelsäure über sich ergehen lassen müssen.

Der Weizen, aus dem Brot und Brötchen gebacken wurden, wurde vermutlich mit Phosphat gedüngt, dessen Herstellung ohne diese Säure unmöglich wäre. Wenn Sie Waffeln mit Sirup essen, wurde sie auch zur Erzeugung des Sirup benutzt. (...)

Und so geht es den ganzen Tag weiter. Produkte, für deren Erzeugung Schwefelsäure gebraucht wird, begegnen Ihnen auf Schritt und Tritt. Nirgendwo können Sie sich ihrem Wirken entziehen. Es erscheint daher kaum vorstellbar, dass die meisten Menschen so gut wie nichts über diese für die Menschheit so wichtige Säure wissen. (...) Und doch ist dies der Fall.«

**Das große
Eigeninteresse**

Was sind Ihrer Meinung die drei interessantesten Dinge auf der Welt? Sex, Besitz und Religion. Durch das Erste schaffen wir Leben, durch das Zweite erhalten wir es und durch Letzteres hoffen wir es in der jenseitigen Welt fortsetzen zu können.

Aber es sind *unser* Sex, *unser* Besitz, *unsere* Religion, die uns interessieren. Unsere Interessen kreisen um unser eigenes Ego.

Wir interessieren uns nicht für Vorträge zum Thema, wie Erbschaftsangelegenheiten in Peru geregelt werden. Sehr wohl können wir aber an einem Vortrag interessiert sein, der den Titel trägt: Wie ich meine eigenen Erbschaftssachen regele. Für die hinduistische Religion interessieren wir uns, wenn überhaupt, lediglich aus purer Neugierde. Aber wir besitzen ein ernstes Interesse an der Religion, die *uns* einen sicheren Platz im Himmel verschafft.

Als Lord Northcliffe gefragt wurde, wofür die Menschen sich am meisten interessieren, antwortete er kurz und bündig: »Für sich selbst.« Northcliffe dürfte sich ausgekannt haben, denn immerhin war er der reichste Zeitungsverleger Großbritanniens.

**Selbsterkenntnis
durch Tagträume**

Möchten Sie wissen, was für ein Mensch Sie sind? Oh, da sind wir bei einem interessanten Thema angelangt. Wir sprechen über *Sie*. Hier ist eine Methode, wie Sie sich selbst den Spiegel vorhalten können, um sich so zu sehen, wie Sie wirklich sind. Beobachten Sie, welchen Tagträumen Sie nachhängen. Warum sind diese Tagträume so wichtig? Lesen Sie, was Professor James Harvey Robinson dazu in seinem Buch *The Mind in the Making* schreibt:

»Die meisten von uns sind der Ansicht, dass sie während ihrer wachen Stunden unablässig denken, und auch im Schlaf denken wir offensichtlich, wenn auch auf etwas dümmlichere Weise als in wachem Zustand. Wenn wir uns nicht gerade einer praktischen Tätigkeit widmen, geben wir uns Tagträumen hin. Das ist unsere spontane und besonders geliebte Art des Denkens. Wir lassen unseren Ideen freien Lauf, und dieser Lauf wird von unseren Hoffnungen und Ängsten, unseren spontanen Wünschen, ihrer Erfüllung oder Frustration bestimmt, von unseren Vorlieben und Abneigungen, von Liebe, Hass oder Groll. Es gibt nichts, für das wir uns mehr interessieren als für uns selbst. Alle Gedanken, die wir nicht mit bewusster Willensanstrengung in andere Bahnen lenken, kreisen unvermeidlich um unser geliebtes Ego. Es ist amüsant und bemitleidenswert zugleich, diese Tendenz bei uns selbst und bei anderen zu beobachten. Wir lernen höflich und großzügig über diese Wahrheit hinwegzusehen, doch wenn wir ehrlich sind, strahlt sie so unübersehbar hell wie die Mittagssonne. Tagträume bilden die zentralen Inhalte unseres Wesens. Sie sind ein Spiegelbild unserer Natur, so wie sie durch oft verdrängte oder vergessene Erfahrungen geformt wurde. (...) Unsere Tagträume, in denen wir uns mit hartnäckigem Eifer vor allem der Selbstüberhöhung und Selbstrechtfertigung widmen, beeinflussen unser gesamtes Denken.«

Bei der Vorbereitung einer Rede oder eines Vortrags sollten Sie sich also bewusst sein, dass das Denken Ihrer Zuhörer, wenn sie sich nicht gerade mit geschäftlichen Fragen auseinandersetzen, vor allem um die Rechtfertigung und Glorifizierung des eigenen Selbst kreist. Denken Sie daran, dass es den Durchschnittsmenschen stärker berührt, wenn sein Lieblingsitaliener um die Ecke schließt, als wenn Italien seine Kriegsschulden an die USA nicht zahlt. Eine stumpfe Rasierklinge wird ihn stärker verstimmen als eine Revolution in Südamerika. Sein eigener Zahnschmerz wird ihm

Das Ego der Zuhörer streicheln

größeres Unbehagen bereiten als ein Erdbeben in Asien, bei dem eine halbe Million Menschen ihr Leben lassen. Wenn Sie etwas Nettes über ihn persönlich sagen, ist ihm das viel lieber als ein langer Vortrag über die zehn wichtigsten Männer der Weltgeschichte.

Wie man gut Konversation macht

Die Kunst des Zuhörens Viele Leute sind schlechte Gesellschafter, weil sie ständig nur von dem reden, was für sie selbst von Interesse ist. Das kann für andere tödlich langweilig sein. Tun Sie genau das Gegenteil! Bringen Sie Ihren Gesprächspartner dazu von *seinen* Interessen zu erzählen, von *seinem* Beruf, *seinem* Golfspiel, *seinem* Erfolg oder, wenn es sich um eine Mutter handelt, von *ihren* Kindern. Hören Sie aufmerksam zu. Damit machen Sie Ihren Mitmenschen eine echte Freude. Dann werden Sie von ihnen als angenehmer Gesprächspartner empfunden – obwohl Sie selbst ja gar nicht viel geredet haben.

Eine Idee, die zwei Millionen Leser begeisterte

Vor ein paar Jahren erfreute sich das *American Magazine* eines erstaunlichen Auflagenanstiegs. Dieser plötzliche Erfolg sorgte in der Zeitschriftenbranche für beträchtliches Aufsehen. Was war das Geheimnis? Es war John M. Siddall und seine Ideen. Als ich Siddall zum ersten Mal begegnete, leitete er einen Redaktionsbereich, der sich »Abteilung für interessante Menschen« nannte. Ich schrieb ein paar Artikel für ihn und eines Tages setzte er sich hin und sagte zu mir:

Siddalls Erfolgsrezept »Die Leute sind selbstsüchtig. Sie interessieren sich vor allem für sich selbst. Es ist ihnen ziemlich egal, ob die Eisenbahnen in Privatbesitz oder verstaatlicht sind, aber sie wollen wissen, wie sie selbst im Leben weiterkommen, wie sie viel Geld verdienen und gesund bleiben können. Wenn ich Chefredakteur unseres Magazins wäre, würde ich dafür sorgen, dass wir genau über diese Dinge schreiben: Wie die Leute ihre Zähne gesund erhalten oder sich durch Kräuterbäder Entspannung verschaffen können, wie man die Sommerhitze gut übersteht, wie man Karriere macht, wie man am besten mit Angestellten klarkommt, was beim Hauskauf zu beachten ist, wie sie ihr Gedächtnis verbessern oder Grammatikfehler vermeiden können, und so weiter. Die Leute interessieren sich immer für faszinierende Schicksale, also würde ich einen reichen Mann bitten uns zu erzählen, wie er es im Immobiliengeschäft zum Millionär gebracht hat. Ich würde prominente Bankiers und Vorstände großer Unternehmen bitten, uns zu erzählen, wie es war als sie klein angefangen und sich dann bis an die Spitze hochgearbeitet haben.«

Bald darauf wurde Siddall tatsächlich zum Chefredakteur ernannt. Bis dahin hatte das *American Magazine* nur bescheidene Auflagen erreicht und war kein wirklicher kommerzieller Erfolg gewesen. Siddall setzte seine Ideen in die Tat um. Und das Ergebnis? Einfach überwältigend! Die Verkaufszahlen des Blattes schnellten nach oben – zweihunderttausend, dreihunderttausend, eine halbe Million ... Er hatte ganz offensichtlich den Geschmack des Publikums getroffen. Bald schon wurde die Zeitschrift allmonatlich von einer Million Menschen gekauft, dann von eineinhalb, schließlich von zwei Millionen. Und die Auflagenzahlen steigen immer noch. Niemand weiß, bis in welche Höhen. Siddall hat die selbstsüchtigen Interessen seiner Leser befriedigt.

Warum sich Millionen von Menschen für Dr. Conwells Vortrag interessierten

Worin bestand das Geheimnis des beliebtesten Vortrages aller Zeiten, »Diamantenfelder«? Genau in dem, was wir soeben besprochen haben. Schlagen Sie im Anhang dieses

Warum
Conwell überall
Gehör fand

309

Buches nach. Dort finden Sie den Vortrag vollständig abgedruckt.

Conwell sagte den Leuten, wie sie es im Leben zu etwas bringen können, wie sie in ihrer momentanen Situation mehr aus sich machen können.

Dieser Vortrag wurde nie in statischer, unabänderlicher Weise gehalten. Dr. Conwell passte den Text jeweils an die Stadt an, wo er auftrat. Das war außerordentlich wichtig. Der örtliche Bezug ließ den Vortrag frisch und neu erscheinen. Die jeweilige Stadt und das dortige Publikum erfuhren dadurch eine Aufwertung. Aber lassen wir Conwell selbst zu Wort kommen:

»Wenn ich in eine kleine oder größere Stadt komme, versuche ich immer so früh einzutreffen, dass ich noch auf die Post und zum Friseur gehen kann. Und ich möchte noch Zeit haben mit dem Hotelbesitzer, dem örtlichen Schulleiter und den Geistlichen einiger Kirchen zu sprechen. Ich besuche ein paar Firmen und Geschäfte, unterhalte mich mit den Leuten dort und mache mich mit den Verhältnissen der jeweiligen Stadt vertraut. So erfahre ich etwas über die Geschichte des Ortes, über die genutzten Chancen, aber auch über die Versäumnisse – in jeder Stadt gibt es verpasste Chancen. Wenn ich dann meinen Vortrag halte, kann ich auf die lokalen Besonderheiten eingehen und die Zuhörer dadurch unmittelbar erreichen.

Die grundlegende Idee der Diamantenfelder – die Idee – ist die ganze Zeit über immer gleich geblieben. Diese Idee besagt, dass in diesem Land jeder Mensch die Chance hat, mehr aus sich zu machen, als er es gegenwärtig tut; die Chance, seine Talente auf erfolgreichere Wiese einzusetzen, und zwar dort, wo er lebt, innerhalb seines Freundeskreises und seines familiären und beruflichen Umfelds.«

Inhalte, die immer für Aufmerksamkeit sorgen

Wenn Sie über Dinge und Ideen sprechen, besteht die Gefahr das Publikum zu langweilen, doch Sie können sich ungeteilter Aufmerksamkeit nahezu sicher sein, wenn Sie über Menschen sprechen. Auch am morgigen Tag werden in Amerika Millionen Gespräche am Gartenzaun stattfinden, an Kaffeetafeln und beim Abendessen. Und worum wird es in all diesen Gesprächen in erster Linie gehen? Um Klatsch und Tratsch. Er hat dieses gesagt, Frau So-und-so hat jenes gesagt. Ich habe sie dies und das tun sehen. Er hat gerade eine neue »Flamme«, und so weiter.

> Menschen interessieren sich für Menschen

Ich habe in den Vereinigten Staaten und in Kanada viele Schulklassen unterrichtet. Dabei fand ich schnell heraus, dass ich den Kindern, wollte ich ihr Interesse wecken, Geschichten über Leute erzählen musste. Sobald ich allgemein wurde und über abstrakte Ideen zu reden anfing, wurde Johnny zappelig, Tommy schnitt Grimassen, Billy warf Papierkugeln durchs Klassenzimmer.

Gut, bei diesem Publikum handelte es sich um Kinder. Aber die Intelligenztests, die von der Armee während des Ersten Weltkrieges eingesetzt wurden, offenbarten, dass sich 49 % der Bevölkerung der Vereinigten Staaten auf dem geistigen Reifegrad von Dreizehnjährigen befinden! Daher ist es gewiss kein Fehler, wenn Sie in Ihren Vortrag menschliche Schicksalsberichte einflechten. Zeitschriften wie *American*, *Cosmopolitan*, oder die *Saturday Evening Post*, die Millionenauflagen erzielen, sind voll davon.

Während eines Seminars in Paris forderte ich einmal eine Gruppe von amerikanischen Geschäftsleuten auf, zum Thema *Wie wird man erfolgreich* zu sprechen. Die meisten von ihnen priesen wohlbekannte Tugenden, predigten, dozierten, kurz: Sie langweilten die Zuhörer.

311

Also sagte ich zu diesen Kursteilnehmern: »Wir wollen keine trockenen Gelehrtenvorträge von Ihnen hören. Das macht wenig Spaß. Wenn es Ihnen nicht gelingt, ihr Publikum zu unterhalten, wird man Ihnen nicht zuhören. Denken Sie also daran, dass eine der interessantesten Sachen auf der Welt Klatschgeschichten sind, veredelte, glorifizierte Klatschgeschichten. Erzählen Sie uns also die Lebensgeschichten von zwei Menschen aus Ihrem Heimatort. Erzählen Sie uns, wer von den beiden Erfolg hatte und wer scheiterte. Solchen Schilderungen werden wir sehr gerne zuhören, sie werden uns im Gedächtnis bleiben und möglicherweise werden wir davon profitieren. Und Ihnen wird solches Erzählen viel leichter fallen als das Herunterleiern irgendwelcher wortreichen, abstrakten Predigten.«

Einem Mitglied dieses Seminars fiel es besonders schwer, sich selbst und die Zuhörer für irgendein Thema zu interessieren. An diesem Abend aber griff er meinen Schicksalsgeschichten-Vorschlag auf und berichtete uns von zwei Studienkameraden aus seinem Ingenieurs-College. Der eine der beiden war so sparsam gewesen, dass er bei jedem gekauften Hemd genau Buch führte, in welchem Laden er es gekauft hatte, wie gut es sich reinigen ließ, wie lange es hielt und wie gut der Kauf sich auf den Cent genau bezahlt machte. Er war ein Geizkragen, dessen ganzes Denken nur darum kreiste, so viel wie möglich aus jedem Dollar herauszuschinden. Als er dann sein Examen in der Tasche hatte, war er so eingebildet, dass er es nicht nötig zu haben glaubte, wie seine Mitschüler klein anzufangen und sich allmählich nach oben zu arbeiten. Noch drei Jahre später führte er weiter pingelig über seine Hemden Buch, wartete ansonsten aber untätig darauf, dass man ihm ein außergewöhnliches Job-Angebot machen würde. Doch dieses Angebot kam nie. Seither sind fünfundzwanzig Jahren vergangen, doch dieser inzwischen zutiefst unzufriedene und verbitterte Mann befindet sich immer noch in einer untergeordneten, schlecht bezahlten Anstellung.

Dem stellte der Redner als Kontrast die Lebensgeschichte eines anderen Klassenkameraden gegenüber, der alle Erwartungen übertroffen hatte. Dieser Junge war von angenehmem Wesen und alle mochten ihn. Zwar hatte er durchaus den Ehrgeiz etwas aus sich zu machen, doch er zog es vor klein anzufangen: als technischer Zeichner. Doch dabei hielt er stets für gute Gelegenheiten die Augen offen. Damals liefen die Planungen für die Pan-America-Ausstellung in Buffalo. Er wusste, dass dort Ingenieurstalent gefragt war. Also kündigte er seine Anstellung in Philadelphia und zog nach Buffalo. Seine sympathische Art verhalf ihm rasch zur Freundschaft mit einem Mann, der in Buffalo über großen politischen Einfluss verfügte. Sie wurden Geschäftspartner und hatten schon bald Erfolg als Bauunternehmer. Einer ihrer Kunden war die Telefongesellschaft, und es dauerte nicht lange, da erhielt unser Mann einen hoch dotierten Posten bei dieser Gesellschaft. Heute ist er Multimillionär und einer der Haupteigentümer bei Western Union.

Ich habe das, was der Redner uns erzählte, hier nur kurz umrissen wiedergegeben. Er reicherte seinen Vortrag mit amüsanten menschlichen Details an, die das Ganze interessant und aufschlussreich machten. Dieser Redner, dem es zuvor nicht einmal gelungen war, genug Material für eine dreiminütige Rede zu finden, sprach jetzt immer weiter, und als er schließlich zum Ende kam, stellte er zu seiner Verblüffung fest, dass eine halbe Stunde vergangen war. Sein Vortrag war so interessant gewesen, dass wir uns keinen Augenblick gelangweilt hatten. So gelangte er zu seinem ersten Erfolgserlebnis als öffentlicher Redner.

Erfolgserlebnis

Lassen Sie sich von der Erfahrung dieses Seminarteilneh-
mers inspirieren. Für fast alle Reden gilt, dass sie erheblich
gewinnen, wenn man sie mit menschlichen Anekdoten und
konkreten Erlebnissen und Beobachtungen anreichert. Der
Redner sollte sich auf einige wenige inhaltliche Punkte
beschränken und diese dann anhand von konkreten Beispielen veranschaulichen. Dann wird seine Rede gebührende
Aufmerksamkeit finden.

Konflikte erzeugen Spannung
Nach Möglichkeit sollten diese Geschichten von menschlichen Herausforderungen handeln, von Kämpfen, die es zu
bestehen galt, und von mühsam errungenen Siegen. Wir
alle interessieren uns enorm für die inneren und äußeren
Konflikte anderer Menschen. Es gibt ein altes Sprichwort,
wonach alle Welt die Liebenden liebe. Aber das stimmt nicht.
In Wahrheit liebt alle Welt den Streit. Sie will sehen, wie zwei
Liebhaber um die Gunst einer Frau kämpfen. Lesen Sie einen
beliebigen Roman oder eine Klatschspaltengeschichte oder
gehen Sie ins Kino. Wenn alle Hindernisse überwunden sind
und der Held seine Heldin endlich in die Arme schließen
darf, steht das Publikum auf und greift nach Mänteln und
Hüten. Fünf Minuten später ist der Saal leer und die Putz-
frauen tratschen über ihren Besenstielen.

Alle in Magazinen abgedruckten Fortsetzungsgeschichten
basieren auf dieser Formel. Sorge dafür, dass der Leser den
Held oder die Heldin mag. Lass den Helden oder die Heldin
dann etwas sehnsüchtig begehren. Lass es etwas sein, das
nur unter allergrößten Schwierigkeiten zu erlangen ist.
Zeige, wie Held oder Heldin kämpfen und schließlich ihr Ziel
erreichen.

Vom Teller-wäscher zum Millionär
Eine Geschichte über einen Mann, der größten Herausforderungen trotzt und sich von ganz unten an die Spitze
empor kämpft, ist immer inspirierend, immer interessant. Ein
Zeitschriftenredakteur sagte mir einmal, dass eine wahre

314

Story mitten aus dem Leben eines anderen Menschen immer interessant ist, egal um wen es sich handelt. Wenn jemand gekämpft und sich abgemüht hat – und wer hätte das nicht? –, wird seine Geschichte, richtig aufbereitet, das Publikum ansprechen. Daran gibt es keinen Zweifel.

Seien Sie konkret

Einmal nahmen an meinem Seminar ein Doktor der Philosophie teil und ein raubeiniger Bursche, der vor dreißig Jahren seine Jugend in der britischen Kriegsmarine verbracht hatte. Bei dem äußerst gebildeten Gelehrten handelte es sich um einen Universitätsprofessor. Der ehemalige Seebär dagegen betrieb eine kleine Möbelspedition. Die Übungsreden des Möbelspediteurs wären viel eher imstande gewesen ein öffentlichen Publikum zu unterhalten als die Reden des Professors. Warum? Der Hochschulgelehrte sprach ein wunderschönes Englisch, kultiviert, mit Logik und bestechender Klarheit. Aber seinen Reden fehlte es an einer entscheidenden Zutat: Sie waren nicht konkret genug. Sie waren zu vage, zu allgemein. Der Möbelfuhrmann dagegen besaß überhaupt nicht genug Gehirnschmalz für intellektuelle Generalisierungen. Wenn er den Mund aufmachte, kam er ohne Umschweife zur Sache. Er war klar und bestimmt. Er war konkret. Diese Eigenschaft, gepaart mit seinem kraftvollen Auftreten und seiner erfrischenden Ausdrucksweise, machte seine Reden höchst unterhaltsam.

Ich erwähne dieses Beispiel nicht, weil dergleichen typisch für Hochschulprofessoren oder Möbelspediteure wäre, sondern weil es deutlich macht, dass demjenigen interessierte Aufmerksamkeit zuteil wird, der sich, ungeachtet von Herkunft und Ausbildung, einer konkreten, bestimmten Sprache befleißigt.

Der Gelehrte und der Möbelpacker

315

Dieses Prinzip ist so immens wichtig, dass Sie es hoffentlich niemals vergessen, niemals vernachlässigen.

Ist es beispielsweise interessanter zu sagen, dass Martin Luther als Kind »störrisch und eigensinnig« war, oder ist es besser, wenn wir über ihn berichten, dass er zugab, seine Lehrer hätten ihn »mit fünfzehn Stockhieben an einem Vormittag« bestraft?

**Stockhiebe sehen
und spüren**

Worte wie »störrisch und eigensinnig« besitzen nur wenig Aufmerksamkeitswert. Die Szenerie mit den fünfzehn Stockhieben ist dagegen so plastisch, dass wir geradezu selbst mitzählen können, nicht wahr?

Die alte Methode, Biografien zu schreiben, bestand darin, eine Menge Phrasen und Allgemeinplätze anzuhäufen, das, was Aristoteles zu Recht »die Zuflucht schwächlichen Denkens« nannte. Die neue Methode dagegen befasst sich mit konkreten Fakten, die für sich selbst sprechen. Der altmodische Biograf schrieb, das die Eltern von John Doe »arm, aber ehrlich« waren. Nach der neuen Methode würde man schreiben, dass John Does Vater sich keine Überschuhe leisten konnte und deshalb im Winter Sackleinen um seine Schuhe band, um seine Füße vor Schnee und Nässe zu schützen. Doch trotz seiner Armut streckte er die Milch, die er verkaufte, niemals mit Wasser und hätte nie versucht, beim Pferdeverkauf einen höheren Preis zu erzielen, indem er ein dämpfiges Tier als gesund ausgab. So zeigt man, dass Does Eltern »arm, aber ehrlich« waren. Das ist viel interessanter und vermittelt eine anschauliche, sinnlich greifbare Erfahrung.

Wenn diese Methode bei modernen Biografien funktioniert, wird sie auch bei heutigen Rednern funktionieren.

Ein weiteres Beispiel: Angenommen, Sie möchten sagen, dass die mögliche nutzbare Energie, die an den Niagarafällen täglich vergeudet wird, gewaltig ist. Angenommen, Sie sagen genau das und fügen hinzu, dass die Nutzung der Niagarafälle zur Energiegewinnung enormen Profit einbringen würde, mit dem sich ganze Menschenmassen ernähren und kleiden ließen. Wäre das interessant und unterhaltsam? Nein, nein. Ist das folgende Zitat nicht viel besser? Wir zitieren aus einem Artikel von Edwin E. Slosson im *Daily Science Bulletin*:

»Wie es heißt, leiden in unserem Land Millionen von Menschen an Armut und Unterernährung, doch hier an den Niagarafällen wird pro Stunde das Äquivalent zu 25 000 Brotlaiben vergeudet. Stellen Sie sich vor, dass 600 000 frische Eier pro Stunde mit den Wassermassen in die Tiefe jagen und unten im Strudel zu einem gigantischen Omelette verrührt werden. Wenn ständig Kattunstoff auf der ganzen Breite des Flusses Niagara, also eintausendzweihundert Meter, von Webstühlen nutzlos in die Landschaft gespult würde, entspräche das dem möglichen Wohlstand, der hier einfach davonfließt. Würde man eine öffentliche Bibliothek unter die Wassermassen halten, wäre sie nach ein bis zwei Stunden mit guten Büchern angefüllt. Oder wir können uns ein großes Kaufhaus vorstellen, das täglich vom Erie-See flussabwärts treibt und dessen Waren auf den Felsen am Fuß des Wasserfalls zerschmettert werden. Das wäre ein äußerst interessantes und unterhaltsames Spektakel, für die Besuchermassen ebenso attraktiv wie die gegenwärtigen Wasserspiele, und nicht teurer im Unterhalt. Doch auch dagegen hätten einige der Leute, die sich jetzt gegen die Energiegewinnung aus den Wasserfällen aussprechen, vermutlich etwas einzuwenden und würden Extravaganz und Verschwendung anprangern.«

Bildhafte Worte

Um das Interesse der Zuhörer zu wecken, ist ein bestimmtes Hilfsmittel von größter Wichtigkeit, das jedoch viel zu oft ignoriert wird. Die meisten Redner scheinen sich seiner Exis-

In Bildern sprechen

317

tenz überhaupt nicht bewusst zu sein. Vermutlich haben sie sich darüber noch nie Gedanken gemacht. Ich spreche von dem Gebrauch von Worten, die bei den Zuhörern innere Bilder hervorrufen. Die Leute hören solchen Rednern besonders gerne zu, denen es gelingt, vor ihrem inneren Auge einen Strom von Bildern vorbeiziehen zu lassen. Wer dagegen nebelhafte, abgegriffene, farblose Symbole verwendet, wird nur bewirken, dass die Zuhörer vor Langeweile einnicken.

Bilder. Bilder. Bilder. Sie kosten so wenig wie die Luft, die Sie atmen. Gehen Sie deshalb verschwenderisch mit ihnen um und streuen Sie sie großzügig in Ihre Vorträge und Gespräche ein. Man wird Sie dann weitaus unterhaltsamer finden und Ihr Einfluss auf andere Menschen wird wachsen.

Nehmen wir einen Auszug aus dem Artikel über die Niagarafälle. Schauen Sie sich die bildhaften Worte an. Sie springen uns aus jedem Satz förmlich entgegen, so dick wie Kaninchen in Australien: »25 000 Brotlaibe, 600 000 Eier, die in die Tiefe jagen, ein gigantisches Omelette im Strudel, Kattunstoff, der auf eintausendzweihundert Meter Breite von Webstühlen nutzlos in die Landschaft gespult wird, eine öffentliche Bibliothek, die, unter die Wassermassen gehalten, nach ein bis zwei Stunden mit guten Büchern angefüllt wäre, ein großes Kaufhaus, das flussabwärts treibt, Waren, die auf den Felsen am Fuß des Wasserfalls zerschmettert werden.«

Einen solcher Artikel oder Vortrag lässt sich so schwer ignorieren wie die riesigen Filmszenen auf einer Kinoleinwand.

Schon vor langer Zeit wies Herbert Spencer in seinem berühmten kleinen Essay über die *Philosophie des Stils* darauf hin, wie überlegen Ausdrücke sind, die bei Lesern oder Zuhörern lebhafte Bilder entstehen lassen:

»Wir denken nicht allgemein, sondern konkret. (...) Sätze wie den folgenden sollten wir unbedingt vermeiden: ›In dem

Maße, wie die Manieren, Bräuche und Vergnügungen einer Nation grausam und barbarisch sind, werden auch die Strafen, die sie verhängt, grausam sein.‹

Stattdessen sollten wir schreiben:

›Je mehr Freude die Menschen an Kriegen, Stierkämpfen und Gladiatorenspielen haben, desto mehr werden sie dazu neigen, Galgen, Scheiterhaufen und die Streckbank als Strafinstrumente zu benutzen.‹«

Bildhafte Worte und Formulierungen ziehen so zahlreich über die Seiten der Bibel und durch die Stücke Shakespeares wie Bienen um eine Apfelsaftkelterei. Ein uninspirierter Schriftsteller würde vielleicht schreiben, etwas sei »so überflüssig wie die Vervollkommnung des Perfekten«. Wie hat Shakespeare diesen Gedanken formuliert? Durch einen Satz von unsterblicher Bildhaftigkeit: »Reines Gold vergolden, die Lilie bemalen, das Veilchen parfümieren.«

Schlag nach bei Shakespeare!

Haben Sie nicht auch schon bemerkt, dass viele Sprichwörter, die von Generation zu Generation weitergereicht werden, sehr bildhaft sind? »Besser ein Spatz in der Hand als eine Taube auf dem Dach.« – »Wenn es dem Esel zu wohl ist, geht er aufs Eis tanzen.« – »Man soll die Perlen nicht vor die Säue werfen.« Und dieses bildhafte Element findet sich auch in den Vergleichen, die seit Jahrhunderten so stark in Gebrauch sind, dass sie längst Patina angesetzt haben: »Schlau wie ein Fuchs.« – »Dumm wie Bohnenstroh.« – »Hart wie Stein.« – »Vergnügt wie ein Fisch im Wasser.«

Durch Gegensätze Interesse wecken

Lesen Sie die folgenden Sätze, mit denen der Historiker Macaulay den englischen König Karl I. verdammte. Beachten Sie, das Macaulay nicht nur Bilder verwendet, sondern

Spiel der Gegensätze

319

auch Gegensätze. Starke Gegensätze ziehen fast immer Interesse und Aufmerksamkeit auf sich.

»Wir beschuldigen ihn, seinen Krönungseid gebrochen zu haben; und uns erzählt man, er habe aber sein Ehegelübde eingehalten! Wir klagen ihn an, sein Volk den skrupellosen Machenschaften hitzköpfiger Prälaten überantwortet zu haben; und als Verteidigung bekommen wir zu hören, er habe aber seinen kleinen Sohn auf dem Knie gehalten und liebevoll geherzt! Wir werfen ihm vor, gegen die Artikel der Petition of Rights verstoßen zu haben, die er zuvor aus guten Gründen zu befolgen gelobt hatte; und man informiert uns, er habe aber fromm morgens um sechs Uhr den Frühgebeten gelauscht! Dies sind die Gründe, die zusammen mit seinen Van-Dyck-Kostümen, seinem gut aussehenden Gesicht und seinem Spitzbart zu Karls Beliebtheit bei der heutigen Generation beitragen.«

Interesse ist ansteckend

Nun haben wir die Hilfsmittel erörtert, die man braucht, um das Interesse des Publikums zu wecken. Dennoch kann jemand mechanisch alle meine Anregungen befolgen, alles genau nach Lehrbuch machen und trotzdem eine schalen, langweiligen Eindruck hinterlassen. Das Interesse eines Publikums zu gewinnen erfordert Fingerspitzengefühl und Geist. Es gibt dafür keine Betriebsanleitung, die man einfach nur Punkt für Punkt befolgen muss, damit alles funktioniert.

Interessiert sein macht interessant

Vergessen wir nie: Interesse ist ansteckend. Wenn Sie selbst sich wirklich für den Gegenstand Ihres Vortrages interessieren, davon zutiefst fasziniert sind, wird der Funke mit an Sicherheit grenzender Wahrscheinlichkeit auch auf Ihre Zuhörer überspringen. Als ich kürzlich in Baltimore eines meiner Seminare hielt, stand ein Herr auf und warnte seine Zuhörer, dass der Steinfisch in der Chesapeake Bay bald ausgerottet sei, wenn weiterhin im bisherigen Ausmaß dort gefischt werde. Und zwar schon in wenigen Jahren! Das Thema lag diesem Mann wirklich am Herzen, er war emotional engagiert und das merkte man jedem Satz und jeder Geste an. Als er das Wort ergriff, hatte ich nicht einmal gewusst, dass in der Chesapeake Bay eine Tierart namens Steinfisch lebte. Ich nehme an, die meisten Zuhörer teilten meine Unwissenheit und meinen Mangel an Interesse. Als er endete, hatte er uns alle mit seiner aufrichtigen Besorgnis angesteckt. Jeder von uns hätte vermutlich eine Petition an das Parlament unterzeichnet, wenn darin gefordert worden wäre den Steinfisch unter Naturschutz zu stellen.

Ich habe den US-Botschafter in Italien, Richard Washburn Child, einmal nach dem Geheimnis seines Erfolges als interessanter Schriftsteller gefragt. Er erwiderte: »Ich finde das Leben so aufregend, dass ich darüber einfach nicht schweigen kann. Ich kann gar nicht anders, als den Leuten davon zu erzählen.« Und die Leute können gar nicht anders, als von einem solchen Redner oder Schriftsteller gefesselt zu sein!

Als ich mir unlängst in London einen Vortrag anhörte, sagte einer aus unserer Gruppe, der bekannte englische Romanautor E. F. Benson, anschließend, der zweite Teil des Vortrags habe ihm viel besser gefallen als der erste. Als ich ihn nach dem Grund fragte, antwortete er: »Weil der Redner selbst sich für den zweiten Teil mehr zu interessieren schien als für den ersten. Und was Begeisterung und Interesse angeht, verlasse ich mich immer auf den Redner.«

Alle tun das. Denken Sie immer daran.

ZUSAMMENFASSUNG

1 Wir möchten gerne Außergewöhnliches über Dinge erfahren, die uns aus unserem Alltag vertraut sind.

2 Wir interessieren uns in erster Linie für uns selbst.

3 Wer andere bittet, von sich und seinen Interessen zu erzählen, und dann aufmerksam zuhört, wird als angenehmer Gesprächspartner angesehen, obwohl er selbst gar nicht viel sagt.

4 Menschliche Schicksalsberichte erzeugen fast immer Aufmerksamkeit. Beschränken Sie Ihren Vortrag daher auf wenige inhaltliche Punkte, die Sie dann mit konkreten Alltagsgeschichten und Erlebnissen veranschaulichen können.

5 Seien Sie konkret und bestimmt. Beschränken Sie sich nicht auf abstrakte adjektivische Beschreibungen. Sagen Sie nicht bloß, dass Martin Luther als Junge »störrisch und eigensinnig« war. Informieren Sie die Zuhörer über diese Tatsache, aber veranschaulichen Sie sie dann mit der Schilderung, dass ihm von seinen Lehrern an einem Vormittag fünfzehn Stockhiebe verabreicht wurden. Dadurch wird die zuvor allgemeine Information greifbar, eindrucksvoll und interessant.

6 Reichern Sie Ihren Vortrag so oft wie irgend möglich mit bildhaften Worten und Formulierungen an, um bei den Zuhörern innere Bilder erzeugen, die ihnen geradezu plastisch vor den Augen schweben.

7 Arbeiten Sie nach Möglichkeit mit starken Kontrasten und Gegenüberstellungen.

8 Interesse ist ansteckend. Wenn sich der Redner selbst für sein Thema begeistert, wird der Funke auch auf das Publikum überspringen.

Wie man sein
Ziel erreicht

15

»Die wirklich erfolgreichen Redner haben sich niemals von blinden Impulsen leiten lassen. Sie habe ihre rednerische Kraft bewusst kontrolliert und gesteuert, gemäß ihren Erkenntnissen über die Gesetze von Glauben und Handeln.«

Arthur Edward Phillips: *Effective Speaking*

»Wenn wir im geschäftlichen Bereich einen Vortrag halten oder in anderer Weise mit Menschen kommunizieren, ob es sich nun darum handelt einen Herd zu verkaufen oder eine Entscheidung im Aufsichtsrat durchzusetzen, stets gibt es ein konkretes Ziel, das wir erreichen wollen. Wir wollen eine Entscheidung in unserem Sinne – ein Produkt oder eine Idee verkaufen. Genau wie bei einem Geschäftsbrief oder einer Straßenreklame gilt es also, an die Eigeninteressen der Zuhörer zu appellieren, ihnen die Vorteile vor Augen zu führen, die ihnen eine Entscheidung in unserem Sinne bringen wird. Wenn wir das bedenken und unsere Worte so vorbereiten wie dies auch bei einer Werbeanzeige geschieht, verschafft uns das einen beträchtlichen Vorteil gegenüber Leuten, die solche geschäftlichen Besprechungen völlig ungeplant angehen.«

How To Talk Business to Win

»Was verlangt also ein kultiviertes modernes Publikum von einem Redner? Erstens besteht es darauf, dass sein Auftreten authentisch und glaubwürdig sein muss. Zweitens soll er etwas wissen, das von Wert ist, und er soll dieses Wissen wirklich gut beherrschen. Drittens soll er wirklich mit dem Herzen bei der Sache sein, die Gegenstand seiner Rede ist.

Und viertens soll er in einfacher, klarer, kraftvoller Sprache die Dinge auf den Punkt bringen.«

Lockwood-Thorpe: *Public Speaking Today*

»Das große Ziel des Lebens ist nicht Wissen, sondern das Handeln.«

Aldous Huxley

»Die Größe eines Menschen offenbart sich in dem, was er tut.«

E. St. Elmo Lewis

»Einsichten, zu denen wir selbst gelangt sind, überzeugen uns im Allgemeinen eher als solche, die uns von anderen vorgesetzt werden.«

Blaise Pascal

»Die Kunst guten, kraftvollen Redens ist eine der edelsten Herausforderungen, denen ein Mensch sich stellen kann.«

Newell Dwight Hillis

Eine Erfolg versprechende Gabe

Wenn Sie den Wunsch frei hätten, dass die Qualität eines Ihrer Talente wie durch Zauberhand verdoppelt oder verdreifacht würde, welche Ihrer Gaben würden Sie dafür wählen? Würden Sie sich nicht für Ihr Talent entscheiden andere Menschen zu beeinflussen, sodass sie in Ihrem Sinne handeln? Das würde Ihnen zu größerer Macht verhelfen, einem höheren Einkommen und mehr Lebensfreude.

Muss die Kunst, andere unseren Wünschen entsprechend zu beeinflussen, sodass wir bekommen, was wir wollen, auf immer dem Zufall überlassen bleiben? Sind wir dabei ganz auf unseren blinden Instinkt angewiesen, auf vage Mutmaßungen? Oder gibt es einen intelligenteren Weg diese Kunst zu erlangen?

Diesen Weg gibt es in der Tat, eine Methode, die auf den Gesetzen des gesunden Menschenverstandes beruht, auf den Gesetzen der menschlichen Natur, Ihrer Natur und meiner, eine Methode, die ich selbst mit Erfolg eingesetzt und in der ich tausende erfolgreich unterrichtet habe.

Die vernünftige, wissenschaftliche Methode

Der erste Schritt dieser Methode besteht darin, die interessierte Aufmerksamkeit der Zuhörer zu gewinnen. Wenn Ihnen das nicht gelingt, werden die Leute Ihnen nicht aufmerksam zuhören.

Interessierte Aufmerksamkeit

Wie man das macht, haben wir im 9. und im 14. Kapitel ausführlich besprochen. Es wäre also sicher keine schlechte Idee, wenn Sie sich diese beiden Kapitel noch einmal durchlesen.

Der zweite Schritt besteht darin, das Vertrauen der Zuhörer zu gewinnen. Wenn Ihnen das nicht gelingt, werden sie Ihren Worten keinen Glauben schenken. Das ist genau der Punkt, an dem viele Redner scheitern. Viele Werbeanzeigen scheitern hier, viele Geschäftsbriefe, viele Verkäufer, ja ganze Unternehmen. Hier scheitert so mancher Mensch und schafft es nicht, seinen Wünschen an die Umwelt auf angemessene Weise Geltung zu verschaffen.

Vertrauen

Gewinnen Sie das Vertrauen anderer, indem Sie es sich verdienen

Der beste Weg das Vertrauen anderer zu gewinnen besteht darin, es sich zu verdienen. J. Pierpoint Morgan senior sagte, der Charakter eines Menschen sei der entscheidende Grund, ihm Kredit zu gewähren. Er ist auch der wichtigste Grund dafür, dass das Publikum Ihren Worten Glauben schenkt. Ungezählte Male habe ich erlebt, wie geschickte und intelligente Redner – wenn das ihre besonders herausragenden Merkmale waren – weniger bewirkten als jene, die zwar weniger brillant redeten, dafür aber aufrichtiger und ehrlicher waren.

Ehrlichkeit
wichtiger als
Rhetorik
Ein Teilnehmer meiner Kurse hatte beispielsweise ein sehr gewinnendes Äußeres, und bei seinen Reden glänzte er durch ausgezeichneten Sprachstil. Doch hinterher sagten die Leute: »Ja, ja – ein cleverer Bursche.« Der Eindruck, den er hinterließ, blieb oberflächlich, es bliebt nichts haften. Im selben Kurs gab es einen Versicherungsvertreter, einen kleinwüchsigen Mann, der manchmal unbeholfen nach Worten suchte und dem es an glänzender rhetorischer Begabung fehlte. Doch seine tiefe Ehrlichkeit und Aufrichtigkeit leuchtete aus seinen Augen und schwang in seiner Stimme mit. Die Leute hörten ihm aufmerksam zu, vertrautem ihm, erwärmten sich für ihn, ohne sich bewusst zu sein, woran das lag.

»Kein Mirabeau, Napoleon, Burns, Cromwell, kein Mensch, kann irgendetwas bewegen«, schrieb Thomas Carlyle 1841 in seiner Schrift *Über Helden, Heldenverehrung und das Heldentümliche in der Geschichte*, »wenn er keine aufrichtige Entschlossenheit mitbringt, wenn er nicht das ist, was ich einen aufrichtigen Menschen nenne. Ich sage, dass Aufrichtigkeit, eine große, tiefe, echte Aufrichtigkeit das wichtigste Charaktermerkmal aller in irgendeiner Weise heldenhaften Menschen ist. Damit meine ich nicht jene Aufrichtigkeit, die sich selbst rühmt. Das wäre nur ärmliche Aufschneiderei. Jemand, der sich auf seine Aufrichtigkeit etwas einbildet, unterliegt oft der Selbsttäuschung. Die Aufrichtigkeit des großen Menschen ist von der Art, dass er nicht über sie sprechen kann, sich ihrer nicht bewusst ist.«

Aufrichtigkeit ist
nicht käuflich
Vor ein paar Jahren starb einer der brillantesten und kultiviertesten Redner seiner Generation. Als jungem Mann wurden ihm große Hoffnungen entgegengebracht, man prophezeite ihm eine glorreiche Zukunft, doch nichts davon

verwirklichte sich. Er besaß mehr Kopf als Herz. Er verkaufte sein unbestreitbares Talent, lieh seine Rednerstimme jeder Sache, die ihm einen momentanen Vorteil und finanziellen Profit versprach. So haftete ihm bald der Ruf der Unaufrichtigkeit an. Seine Karriere war ruiniert.

Es besteht kein Grund, Sympathie oder Ehrlichkeit zu heucheln, die man nicht wirklich empfindet. Das funktioniert nicht. Die eigenen Empfindungen müssen echt sein, sonst werden auch die schönsten Worte immer falsch klingen.

Albert J. Beveridge, der berühmte Redner aus Indiana, sagte: »Das tiefste Gefühle der Massen, das den Charakter der Menschen am meisten beeinflusst, ist das religiöse Element. Es ist so instinktiv und elementar wie der Selbsterhaltungstrieb. Es formt den Intellekt und die Persönlichkeit der Menschen. Nur wer dieses große, sich der Analyse entziehende Band der Sympathie aufzubauen vermag, wird die Gefühle der Menschen beeinflussen können, indem er ihren noch unklaren, ungeformten Gedanken bewussten Ausdruck verleiht.«

Lincoln besaß diese Sympathie des Volkes. Er war als Redner selten brillant. Ich glaube, niemand sah in ihm überhaupt einen »Redner«. In seinen Debatten mit Senator Douglas ließ er die Gewandtheit und rhetorische Geschicklichkeit seines Gegners vermissen. Douglas wurde von den Leuten »der kleine Riese« getauft. Und wie nannten sie Lincoln? Den »ehrlichen Abe«.

Douglas verfügte über eine charmante Persönlichkeit, er war ein Mann von außerordentlichem Geist und enormer Vitalität. Aber er versuchte, allen nach dem Mund zu reden, es allen recht zu machen. Er stellte Politik über Prinzipien, Eigennutz über Gerechtigkeit. Das ließ ihn schließlich als Präsidentschaftskandidaten scheitern.

Und Lincoln? Nun, wenn er redete, strahlte er eine gewisse unbeholfene Schroffheit aus, die seinen Worten doppeltes Gewicht verlieh. Die Menschen spürten seine Ehrlichkeit und Aufrichtigkeit und seinen christusartigen Charakter. Was juristische Sachkenntnis anging, wurde Lincoln gewiss von hunderten anderer Männer übertroffen. Doch nur wenige waren imstande, in einer Gerichtsverhandlung die Geschworenen so zu beeindrucken und zu beeinflussen wie er. Er verschwendete wenig Gedanken darauf Abe Lincoln zu dienen. Der Gerechtigkeit und der ewigen Wahrheit zu dienen war ihm tausendmal wichtiger. Und das spürten die Leute, wenn er redete.

Sprechen Sie aus eigener Erfahrung

Der zweite Weg das Vertrauen der Zuhörer zu gewinnen besteht darin, auf bescheidene Art und Weise über eigene Erfahrungen zu sprechen. Das ist eine immense Hilfe. Wenn Sie lediglich Meinungen verkünden, werden die Leute diese Meinungen möglicherweise infrage stellen. Wenn Sie aus dem Hörensagen berichten oder Gelesenes zitieren, fehlt es Ihrem Vortrag an Authentizität. Was Sie aber selbst durchgemacht und erlebt haben ist echt, es schmeckt nach Wahrheit. Das mögen die Leute. Sie finden es glaubwürdig. Was Ihre eigenen, persönlichen Erfahrungen angeht, wird man Sie als weltweit führende Autorität anerkennen!

Lesen Sie *Eine Nachricht für Garcia* im Anhang. Die Welt brachte dem, was Elbert Hubbard bei dieser Gelegenheit sagte, enormes Vertrauen entgegen. Er spricht aus eigener Erfahrung. Das weiß man. Man spürt es. Der ganze Artikel atmet diese persönliche Erfahrung. »Ich habe in meinem Leben schon in der Armenküche essen und als Tagelöhner arbeiten müssen, und ich bin Unternehmer gewesen. Daher weiß ich, dass man stets beide Seiten angemessen berücksichtigen muss.«

Die angemessene Ankündigung

Viele Redner erhalten nicht sofort die ihnen gebührende Aufmerksamkeit des Publikums, weil sie nicht angemessen vorgestellt und eingeführt werden.

Derjenige, der Sie ankündigt und vorstellt, sollte Ihre Kompetenz als Redner unterstreichen, zu dem betreffenden Thema zu sprechen. Mit anderen Worten: Er sollte das Thema »verkaufen« und Sie, den Redner, »verkaufen«. Und das sollte er kurz und bündig tun, ohne große Umschweife.

So sollte es sein. Aber wie sieht es in der Praxis aus? In neun von zehn Fällen misslingt die Ankündigung. Die Begrüßungsworte sind schwach und absolut unangemessen.

Einmal hörte ich beispielsweise, wie ein bekannter Redner, jemand also, der es hätte besser wissen müssen, den Dichter W. B. Yeats ankündigte, der aus seinen Werken lesen sollte. Drei Jahre zuvor war Yeats der Literaturnobelpreis verliehen worden. Ich bin sicher, dass dieser Umstand nicht einmal zehn Prozent der Zuhörer bekannt war. Deswegen hätte Yeats' Nobelpreis in der Begrüßung unbedingt erwähnt werden müssen, auch wenn sonst nichts weiter gesagt worden wäre. Doch was tat der Begrüßungsredner stattdessen? Er verlor darüber kein Wort, sondern holte unverdrossen zu weitschweifigen Ausführungen über Mythologie und griechische Dichtkunst aus. Vermutlich war er sich überhaupt nicht bewusst, dass sein Ego ihn dazu trieb, dem Publikum mit seinem eigenen Wissen, seiner eigenen Bedeutung zu imponieren.

Obgleich dieser Begrüßungsredner einen internationalen Ruf genoss und selbst vermutlich schon tausendmal begrüßt und vorgestellt worden war, versagte er bei der Aufgabe,

Die Bedeutung der guten Einführung

einen anderen angemessen vorzustellen, total. Wenn einem Mann seines Kalibers ein solcher Fauxpas unterläuft, was ist dann vom durchschnittlichen Gastgeber oder Begrüßungsredner zu erwarten?

Selbst Fakten liefern

Gibt es etwas, das Sie vorbeugend tun können? Ich empfehle Ihnen, dass Sie vorher zu demjenigen gehen, der Sie ankündigen soll, und ihn mit aller gebotenen Bescheidenheit fragen, ob Sie ihm einige Fakten nennen sollen, die er für die Begrüßung verwenden kann. Solche Vorschläge wird er im Allgemeinen zu schätzen wissen. Sagen Sie ihm dann, was Sie gerne erwähnt haben möchten: die Dinge, die zeigen, warum Sie berufen sind, zu dem betreffenden Thema zu sprechen, jene einfachen Fakten, die das Publikum über Sie wissen sollte, damit man Ihnen bereitwillig zuhört. Natürlich wird der Begrüßungsredner, wenn Sie ihm diese Dinge einmal kurz nennen, die eine Hälfte davon gleich wieder vergessen und die andere Hälfte durcheinanderbringen. Daher ist es eine gute Idee, wenn Sie ihm ein maschinengeschriebenes Blatt mit den wichtigsten Fakten in die Hand drücken. Nun gut, in einigen Fällen wird auch das nichts nützen. Aber damit müssen Sie dann leider leben.

Rispengras aus Hickory-Asche

Eine unerschütterliche Überzeugung

Als ich einmal einen meiner Rhetorikkurse in New York abhielt, befand sich der Star-Verkäufer einer der bekanntesten Handelsorganisationen der Stadt unter den Teilnehmern. Eines Abends stellte er in einer Übungsrede die unglaubliche Behauptung auf, er sei in der Lage, ohne Zuhilfenahme von Samen oder Wurzeln Rispengras heranzuziehen. Er erzählte uns, er habe die Asche von Hickoryholz auf frisch gepflügten Boden gestreut. Und Simsalabim! Es wuchs Rispengras. Er glaubte steif und fest, allein die Hickory-Asche habe das Rispengras hervorgebracht.

Als ich seine Rede kritisierte, wies ich ihn lächelnd darauf hin, dass diese phänomenale Entdeckung ihn zum Millionär machen könne, da ein Scheffel Rispengras mehrere Dollar wert war. Auch sagte ich, diese Entdeckung werde ihn unsterblich machen, zum bedeutendsten Wissenschaftler aller Zeiten. Kein Mensch, lebend oder tot, habe je das Wunder vollbracht, das ihm angeblich gelungen sein sollte. Niemandem sei es, betonte ich, je gelungen, aus einer unbelebten Substanz Leben zu erzeugen.

Ich sagte ihm das sehr ruhig, da ich seinen Irrtum für so offensichtlich hielt, dass dies gar keiner besonderen Betonung bedurfte. Als ich gesprochen hatte, stimmten alle anderen Kursteilnehmer mit mir darin überein, wie dumm seine Behauptung war. Er aber sah das nicht ein, nicht für eine Sekunde. Er sprang auf und hielt mir entgegen, dass ein Irrtum völlig ausgeschlossen sei. Seine Behauptung sei keinesfalls bloße Theorie, sondern beruhe auf solider Erfahrung. Er wisse, wovon er spreche. Er lieferte weitere Informationen, türmte zusätzliche Beweise auf, und die ganze Zeit schwang eine tiefe Aufrichtigkeit und Überzeugung in seiner Stimme mit.

Wieder wies ich ihn darauf hin, dass es schlichtweg unmöglich sei, aus Holzasche Rispengras zu erzeugen. Es gäbe auch nicht die Spur einer Chance, dass seine Behauptung wahr sein könne. Sofort sprang er wieder auf und sagte, er sei bereit, mit mir um fünf Dollar zu wetten und seine Angaben durch das US-Landwirtschaftsministerium nachprüfen zu lassen.

Tatsächlich gelang es ihm so, mehrere Kursteilnehmer auf seine Seite zu ziehen. Ich staunte über ihre Leichtgläubigkeit und fragte sie, warum sie nun bereit waren, seine Behauptung für wahr zu halten. Die einzige Erklärung, die sie mir geben konnten, war, dass seine Ernsthaftigkeit, der aufrichtige Eindruck, den er machte, sie überzeugt habe.

Ernsthaftigkeit, Aufrichtigkeit – damit kann man eine unglaubliche Macht über das Publikum ausüben.

Ernsthaftigkeit hat großen Einfluss Nur sehr wenige Menschen besitzen die Fähigkeit selbstständig zu denken. Diese Fähigkeit ist so selten wie der äthiopische Topas. Doch wir verfügen alle über Gefühle und Emotionen, und wir alle lassen uns von den Gefühlen eines Redners beeinflussen. Wenn er *ernsthaft genug* von einer Sache überzeugt ist und mit dieser *ernsthaften* Überzeugung spricht, wird er Anhänger finden, Leute, die seinen Worten Glauben schenken – selbst wenn er behauptet, aus Staub und Asche Rispengras wachsen lassen zu können. Und das ist sogar möglich, wenn es sich bei seinem Publikum um erfolgreiche New Yorker Geschäftsleute handelt, die man doch eigentlich für aufgeklärt und gebildet halten müsste.

Wenn Sie die interessierte Aufmerksamkeit und das Vertrauen des Publikums gewonnen haben, beginnt die eigentliche Arbeit:

Das Herz Ihres Vortrags *Die Vorteile überzeugend darlegen*
Der dritte Schritt besteht nun darin die Zuhörer über die Vorteile zu informieren, die sich für sie ergeben, wenn sie Ihren Vorschlägen folgen. Das ist das Herz Ihres Vortrags, das Fleisch. Dieser Teil wird die meiste Zeit in Anspruch nehmen. Nun müssen Sie all das anwenden, was Sie im 12. Kapitel über Klarheit und im 13. Kapitel darüber gelernt haben, wie man die Zuhörer beeindruckt und überzeugt.

Hier zeigt sich, wie gut Sie sich vorbereitet haben. Eine schlechte Vorbereitung wird Sie nun heimsuchen wie der Geist Banquos in Shakespeares *Macbeth* und Sie dem Spott preisgeben.

Jetzt sind Sie voll in der Schusslinie. Und »ein Schlachtfeld«, schrieb Marschall Foch, »lässt uns keine Gelegenheit nachzudenken und unser Wissen aufzufrischen. Es bleibt uns nur, das anzuwenden, was wir bereits gelernt haben. Deswegen sollte man gut vorbereitet sein und dieses Wissen sicher beherrschen.«

Deshalb sollten Sie viel, viel mehr über Ihr Thema wissen, als Sie in Ihrem Vortrag einsetzen können. Als der Weiße Ritter in *Alice hinter den Spiegeln* zu seiner Reise aufbrach, war er auf alle Eventualitäten vorbereitet: Er nahm eine Mausefalle mit für den Fall, dass ihn nachts Mäuse belästigten. Und er trug einen Bienenstock bei sich für den Fall, dass er auf einen streunenden Bienenschwarm stieß. Hätte der Weiße Ritter auf diese Weise öffentliche Reden vorbereitet, wären sie garantiert ein voller Erfolg geworden. Gewiss hätte er mit einer ganzen Flut von Informationen alle möglichen Einwände schon im Keim erstickt. Er hätte sich so umfassend über sein Thema informiert und seinen Vortrag so gut geplant, dass ein Fehlschlag praktisch ausgeschlossen gewesen wäre.

Vorbereitet wie der Weiße Ritter

Wie Patterson Einwänden begegnete

Wenn Sie Geschäftsleuten einen Vorschlag machen wollen, der sich unmittelbar auf ihren Erfolg auswirkt, sollten Sie nicht nur sie informieren, sondern sich auch von ihnen informieren lassen. Wenn Sie nicht herausfinden, was ihr Zielpublikum denkt, kann es geschehen, dass Sie an ihm vorbei oder über es hinweg reden. Hören Sie sich die Meinung der Leute an, gehen Sie auf ihre Einwände ein. Dann werden sie viel eher bereit sein, sich Ihre Vorschläge wohlwollend anzuhören. Lesen Sie, wie John H. Patterson, der erste Generaldirektor der National Cash Register Company, mit einer solchen Situation umging. Wir zitieren aus seinem Artikel im *System Magazine*:

Einwände ernst nehmen

»Es bestand die Notwendigkeit, die Preise für unsere Registrierkassen zu erhöhen. Unsere Handelsvertreter und Verkäufer protestierten. Sie meinten, dann würden die Verkaufszahlen zwangsläufig zurückgehen. Deshalb dürften die Preise auf keinen Fall erhöht werden. Ich lud sie alle zu einer Versammlung in Dayton ein. Hinter mir auf der Bühne ließ ich einen riesigen Bogen weißes Papier aufhängen und stellte einen Schildermaler daneben.

Ich forderte die Leute auf, ihre Einwände gegen die Preiserhöhung vorzubringen. Die Einwände prasselten aus dem Publikum nach vorn wie Maschinengewehrfeuer, und der Schildermaler musste sie alle auf das riesige Papier schreiben. Ich beschränkte mich darauf die Leute zu ermahnen, nur ja keinen Einwand auszulassen. Am Ende der Versammlung hatten wir eine Liste mit hundert unterschiedlichen Gründen erstellt, warum die Preise nicht erhöht werden sollten. Alle diese Gründe standen den Leuten schwarz auf weiß vor Augen. Sie mussten damit rechnen, dass eine Preiserhöhung nun keine Chance mehr hätte und alles beim Alten bleiben würde. Nun erklärte ich den ersten Versammlungstag für beendet.

Am nächsten Morgen nahm ich mir jeden einzelnen Einwand vor und erläuterte mithilfe von Diagrammen genau, warum er unvernünftig war. Das überzeugte die Leute. Warum? Weil wirklich alle Einwände schwarz auf weiß aufgelistet waren und ich Stück für Stück jeden davon entkräften konnte. Es blieben keine Fragezeichen übrig. Alles wurde geklärt.

Aber bei einer solch heiklen Frage hielt ich es nicht für ausreichend, mich allein auf rationale Argumente zu verlassen. Die Vertreterversammlung brauchte einen krönenden Abschluss, der alle mit neuem Enthusiasmus erfüllte. Daher ließ ich am Ende der Veranstaltung hundert Männer einen nach dem anderen über die Bühne marschieren. Jeder der Männer trug ein Transparent, und auf jedem Transparent war ein Teil unseres neuesten Registrierkassenmodells abgebildet, immer mit einem kurzen Werbeslogan. Als alle hundert Männer vorbeimarschiert waren, kamen sie wieder zurück und stellten sich zu einem großen Finale auf, bei dem sie ihre Transparente zu einer riesigen Registrierkasse vereinigten. Unsere Vertreter sprangen auf und jubelten begeistert!«

Zwei Wünsche in Widerstreit

Der vierte Schritt dieser Methode besteht darin, an jene inneren Beweggründe zu appellieren, aus denen heraus die Menschen handeln.

Die menschlichen Motive kennen

Diese Erde und alles in ihr und auf ihr und in den sieben Meeren wird nicht von Zufällen gelenkt, sondern durch das unabänderliche Gesetz von Ursache und Wirkung.
»Denn Gottes heil'ge Schöpfung führt eine feste Hand,
Der die Atome folgen zu Wasser und zu Land.«

Alles, was jemals geschah oder geschehen wird, war oder wird sein: logische und unvermeidliche Wirkung einer Ursache, die ihm voranging, und logische und unvermeidliche Ursache einer Wirkung, die ihm folgt. Wie die Gesetze der Medäer und Perser ist dieses Gesetz ehern und unwandelbar. Es ist so wahr wie Erdbeben, so wahr wie Josephs Mantel aus vielen Farben, wie der Ruf der Wildgänse, die Eifersucht und der Preis für Baked Beans, wie der Kohinoor-Diamant und der wunderschöne Hafen von Sydney, so wahr wie die Tatsache, dass Sie ein Päckchen Kaugummi bekommen, wenn Sie eine Münze in den Automaten werfen. Hat man sich das einmal verdeutlicht, versteht man ein und für alle Mal, warum Aberglauben so unaussprechlich dumm und albern ist. Denn wie könnten die unveränderlichen Naturgesetze im

Ursache und Wirkung

Geringsten aufgehalten, verändert oder aufgehoben werden durch dreizehn Leute, die Stühlerücken spielen, oder dadurch, dass ein Spiegel zerbricht?

Jede bewusste auf einem Entschluss beruhende Handlung, die wir ausführen, wird verursacht durch was? Durch einen Wunsch. Die einzigen Menschen, auf die das nicht zutrifft, sind in Irrenanstalten eingesperrt. Die Dinge, die uns zum Handeln veranlassen, sind gar nicht so zahlreich. Eine überraschend kleine Anzahl von Sehnsüchten ist es, die uns Stunde um Stunde beherrscht, uns Tag und Nacht leitet.

All das bedeutet schlicht und einfach Folgendes: Wenn jemand diese grundlegenden menschlichen Beweggründe kennt und in der Lage ist, mit genügendem Nachdruck an sie zu appellieren, verfügt er über außergewöhnliche Macht. Der kluge Redner versucht genau das zu tun. Der Stümper dagegen sucht sich blind einen Weg, der ins Nichts führt.

Da findet beispielsweise ein Vater heraus, dass sein Sohn heimlich Zigaretten raucht. Der Vater wird zornig, tobt, befiehlt dem Jungen, das ja nie wieder zu tun, und warnt ihn, dass er sich die Gesundheit ruinieren wird.

Sich in andere hineinversetzen

Was ist, wenn der Sohn sich über seine Gesundheit keine Gedanken macht, den Geschmack des Tabaks liebt und der Reiz des Abenteuers größer ist als die Angst vor nachteiligen körperlichen Folgen? Der Appell des Vaters wird sich als fruchtlos erweisen. Warum? Weil er nicht klug genug war sich in seinen Sohn hineinzuversetzen und eine starke Motivation des Jungen ins Spiel zu bringen. Der Vater hat sich nur für die Beweggründe interessiert, die ihn selbst antrieben. Er hat sich nicht die Mühe gemacht, zu seinem Sohn auf die andere Seite des Zauns hinüberzusteigen.

Angenommen, dass dieser Sohn unbedingt in die Leichtathletik-Mannschaft seiner Schule aufgenommen werden möchte und davon träumt, Meister im Hundertmeterlauf zu werden. Wenn der Vater also, statt bloß seine eigenen Gefühle zu entladen, seinem Sohn begreiflich macht, dass das Rauchen seinen sportlichen Ambitionen im Weg stehen könnte, würde das vermutlich zu der gewünschten Verhaltensänderung führen, und zwar ganz leicht und ohne viel Geschrei. Der Vater macht dann nämlich Gebrauch von der sehr vernünftigen Methode, einen stärkeren Wunsch gegen einen schwächeren auszuspielen. Genau das geschieht bei einem der größten Sportereignisse der Welt, dem Oxford-Cambridge-Bootsrennen. Während des Trainings verzichten die Ruderer freiwillig auf den Tabakgenuss. Gegenüber dem Wunsch beim Rennen zu siegen, sind alle anderen Wünsche zweitrangig.

Eines der größten heutigen Menschheitsprobleme stellt der Kampf gegen schädliche Insekten dar. Vor ein paar Jahren wurden an einem See in Washington zur Zierde Kirschbäume angepflanzt, die unserem Land von der japanischen Regierung geschenkt worden waren. Leider kam mit diesen Bäumen die Orientalische Motte ins Land. Diese Motte breitete sich aus und wurde zu einer Bedrohung für die Obsternte in einigen Bundesstaaten an der Ostküste. Schädlingsbekämpfungsmittel erwiesen sich als erfolglos, und so war die Regierung gezwungen, ein anderes Insekt aus Japan zu importieren und es hier auszusetzen, damit es den Motten den Garaus machte. Unsere Landwirtschaftsexperten bekämpfen also eine Pest mit einer anderen.

Redner, die bekommen, was sie wollen, die sich also darauf verstehen, andere Menschen in gewünschter Weise zum Handeln zu veranlassen, wenden eine ähnliche Strategie an. Sie spielen eine Motivation ihrer Zuhörer gegen eine andere aus. Diese Methode ist so vernünftig, so einfach, so einleuchtend, dass man meinen sollte, ihr Gebrauch wäre allgemein verbreitet. Doch das ist bei weitem nicht der Fall. Im

**Motive
gegeneinander
ausspielen**

337

Gegenteil, wenn man, wie ich, viele Reden zu hören bekommt, beschleicht einen der Verdacht, dass die meisten öffentlichen Redner von diesem Prinzip überhaupt nichts verstehen!

Ein konkretes Beispiel: Kürzlich nahm ich an einem Vereinstreffen teil. Dabei ging es unter anderem darum, sich an einem Golfturnier in der benachbarten Stadt zu beteiligen. Bislang hatten sich erst wenige Vereinsmitglieder in die Teilnehmerliste eingetragen. Der Vereinsvorsitzende war unzufrieden. Eine Sache, die ihm wichtig war, drohte zu scheitern. Sein Prestige stand auf dem Spiel. Also richtete er einen Appell – oder das, was er für einen Appell hielt – an die Mitglieder, sich doch bitte für das Turnier anzumelden. Leider stellte er sich dabei höchst ungeschickt an, denn er sprach fast ausschließlich davon, wie wichtig es *für ihn* war, dass sie an dem Turnier teilnahmen. Das war kein kluger Umgang mit der menschlichen Natur. Dieser Mann reagierte lediglich seine eigenen Gefühle ab. Wie der wütende Vater mit dem Zigaretten rauchenden Sohn versuchte er gar nicht erst, sich in seine Zuhörer hineinzuversetzen und deren mögliche Wünsche in seine Argumentation einzubeziehen.

Anreize schaffen Was hätte er stattdessen tun sollen? Seinen gesunden Menschenverstandes einsetzen! Er hätte ein wenig in sich gehen sollen, ehe er das Wort an andere richtete. Folgende Überlegungen wären hilfreich gewesen: »Warum melden sich so wenige Leute zu dem Turnier an? Einige halten die Teilnahme vielleicht für zu zeitaufwendig. Andere denken an die Teilnehmergebühren und weitere Unkosten. Wie kann ich diese Einwände überwinden? Ich muss sie überzeugen, dass ein unterhaltsames, erholsames Golfturnier keine Zeitverschwendung ist, dass Leute, die nicht auch mal ausspannen und sich Ausgleichssport gönnen, damit ihren beruflichen Erfolg und ihre Gesundheit aufs Spiel setzen.

Wer frisch, gut gelaunt und erholt ist, kann in fünf Tagen so viel schaffen wie ein anderer in sechs. Natürlich wissen sie das bereits. Aber sie müssen daran erinnert werden. Ich werde Argumente ins Feld führen, die ihnen mehr bedeuten als die paar Dollar, die sie einsparen, wenn sie auf die Teilnahme verzichten. Ich werde ihnen zeigen, dass sie dieses Geld für ihr eigenes Wohlbefinden investieren, in Gesundheit und Vergnügen. Ich werde ihre Phantasie ansprechen und sie dazu anregen, sich die Teilnahme an dem schönen Turnier lebhaft vorzustellen, den erfrischenden Wind im Gesicht, das grüne Gras unter ihren Füßen, sodass sie all die armen Leute bedauern werden, die zu Hause in der heißen, stickigen Stadt bleiben und nur Geldverdienen im Kopf haben.«

Hätte eine solche Herangehensweise nicht viel mehr Aussicht auf Erfolg gehabt als der rein egoistische Appell des Vorsitzenden, dass die Mitglieder mitfahren sollten, weil er wollte, dass sie mitfahren?

Die Wünsche, die uns motivieren

Welche grundlegenden Wünsche und Bedürfnisse sind es denn nun, die unser Verhalten bestimmen und dafür sorgen, dass wir uns wie menschliche Wesen benehmen? Wenn unser Erfolg als Redner so entscheidend davon abhängt, dass wir diese Wünsche unserer Mitmenschen kennen und sie geschickt zu orchestrieren verstehen – dann her mit ihnen! Holen wir sie ans Licht, untersuchen, sezieren und analysieren wir sie!

Zu den stärksten dieser Motive gehört das Streben nach persönlichem Gewinn. Dieses Streben ist die Haupttriebfeder dafür, dass ein paar hundert Millionen Menschen allmorgendlich zwei bis drei Stunden früher aus dem Bett steigen, als sie es ohne den entsprechenden Ansporn täten. Gibt

Gewinnstreben

es einen deutlicheren Beweis für die Macht und Kraft dieses Motivs?

Selbst-
erhaltungstrieb Und noch stärker als das Motiv finanziellen Zugewinns ist der Wunsch nach Selbstschutz. Alle Gesundheitsappelle zielen auf diesen Wunsch. Wenn eine Stadt ihr gesundes Klima anpreist, wenn ein Nahrungsmittelhersteller die Reinheit und den Nährwert seiner Produkte herausstellt, wenn der Verkäufer eines rezeptfreien Wundermittels all die Leiden aufzählt, gegen die seine Quacksalber-Rezeptur angeblich hilft, wenn die Molkereien uns erzählen wie vitaminreich Milch ist, wenn der Sprecher der Nichtraucher-Liga uns sagt, dass Tabak 3% Prozent Nikotin enthält und dass ein Tropfen Nikotin genügt, um einen Hund zu töten und acht Tropfen ein Pferd erledigen – dann appellieren alle diese Leute an unseren angeborenen Selbsterhaltungstrieb.

Damit der Appell an dieses Motiv wirkungsvoll ist, soll er persönlicher, nicht allgemeiner Natur sein. Wenn Sie etwa vor Krebs warnen wollen, sollten Sie dazu nicht einfach Statistiken zitieren. Stellen Sie einen unmittelbaren Bezug zu den Zuhörern her, indem Sie zum Beispiel sagen: »In diesem Raum sitzen dreißig Personen. Wenn Sie alle das fünfundvierzigste Lebensjahr erreichen, werden drei von Ihnen medizinischen Statistiken zufolge an Krebs erkranken. Ich frage mich, ob Sie das sein werden, oder Sie hier, oder der Herr dort drüben.«

Stolz So stark wie der Wunsch nach Geld – bei vielen Menschen sogar noch viel stärker – motiviert uns der Wunsch nach Anerkennung und Bewunderung. Mit anderen Worten: Stolz. STOLZ.

Welche Verbrechen sind in seinem Namen nicht schon begangen worden! Lange Zeit mussten abertausende junge Mädchen in China schreckliche Schmerzen erleiden und taten dies bereitwillig, weil der Stolz ihnen diktierte, dass

340

ihre Füße gebunden werden mussten und nicht wachsen durften. Noch heute tragen Eingeborenenfrauen in bestimmten Gebieten Afrikas Holzscheiben in den Lippen. Es mag sich unglaublich anhören, aber diese Lippenscheiben sind so groß wie die Teller, von denen Sie heute Morgen Ihr Frühstück verzehrt haben! Wenn die kleinen Mädchen dieser Stämme acht Jahre alt sind, werden ihnen die Lippen aufgeschnitten und die ersten Scheiben hineingesteckt. Von Jahr zu Jahr werden immer größere Scheiben eingeführt. Schließlich müssen den jungen Frauen sogar die Zähne gezogen werden, um Platz für den beliebten Schmuck zu schaffen. Wegen ihrer lästigen Lippenanhänge ist diesen dunkelhäutigen Schönheiten das Sprechen praktisch unmöglich. Die übrigen Stammesmitglieder verstehen von ihrem mühsamen Gestammel kaum ein Wort. Doch das alles, selbst das erzwungene Schweigen, wird von den Frauen um eines bizarren Schönheitsideales willen auf sich genommen – weil sie bewundert werden möchten, weil ihr Stolz dadurch befriedigt wird.

Auch wenn die Mode in Melbourne, Montreal oder Cleveland nicht ganz so seltsame Blüten treibt, nehmen auch bei uns Frauen und Männer zur Befriedigung ihres Stolzes und um Anerkennung zu erlangen häufig Erstaunliches auf sich.

Wenn wir als Redner daher die Zuhörer geschickt bei ihrem Stolz packen, ihr Bedürfnis nach Anerkennung ansprechen, kann das eine geradezu explosive Wirkung entfalten, fast so stark wie Dynamit.

Fragen Sie sich doch mal, warum Sie dieses Buch lesen. Geht es dabei nicht zu einem gewissen Grad darum, einen besseren Eindruck auf andere zu machen und mehr Anerkennung zu erhalten? Streben Sie etwa nicht nach der tiefen Zufriedenheit, die sich einstellt, wenn man eine gute

Warum lesen Sie dieses Buch?

341

Rede hält, die beim Publikum gut ankommt? Wird Sie das nicht mit einem – durchaus verständlichen und verzeihlichen – Stolz erfüllen, wenn Ihre Fähigkeiten als öffentlicher Redner Ihnen mehr Macht, Autorität und Ansehen verschaffen?

Der Herausgeber eines Fachmagazins für den Versandhandel sagte kürzlich in einem Vortrag, dass von allen Verkaufsargumenten, die man in Werbebriefen und Anzeigen verwenden könne, die Appelle an den Stolz und den materiellen Gewinn der Kunden am wirkungsvollsten seien.

Wie Lincoln einen Prozess gewann

Lincoln gewann einmal einen Prozess, indem er auf sehr geschickte Weise an den Stolz der Jurymitglieder appellierte. Die Geschichte ereignete sich 1847 in Tazewell County. Zwei Brüder namens Snow hatten von einem Mr. Case zwei Ochsengeschirre und einen Präriepflug gekauft. Obgleich sie beide noch minderjährig waren, akzeptierte Case einen von beiden unterschriebenen Schuldschein über zweihundert Dollar. Als das Geld fällig wurde und Case es eintreiben wollte, erntete er von den Snow-Brüdern spöttisches Gelächter aber kein Bargeld. Also engagierte er Lincoln und verklagte die beiden. Die Brüder argumentierten, dass sie noch minderjährig seien und Cale das gewusst habe, als er den Schuldschein akzeptierte. Lincoln gab dieser Argumentation in jedem Punkt recht. »Ja, Gentlemen, das ist wohl richtig«, sagte er mehrfach. Es schien, als würde er den Fall bereits als verloren betrachten. Als dann sein Plädoyer kam, wandte er sich wie folgt an die Jury: »Meine Herren Geschworenen, wollen Sie wirklich diese beiden jungen Männer ihr Leben mit einem solchen schamvollen Makel beginnen lassen, der an ihnen haften und ihren Charakter beschmutzen würde? Von Shakespeare, dem besten Kenner der menschlichen Natur, der je gelebt hat, sind uns die folgenden Zeilen überliefert:

›Der gute Name, Herr, ist für jeden Mann und jede Frau
der Seele kostbarster Juwel:
Wer mir die Börse stiehlt, raubt nichts von wahrem Wert,
Denn solch' Ding ist wie gewonnen, so zerronnen.
War mein, ist des Diebes nun
und war schon Sklave von Tausenden.
Wer aber meines guten Namens mich beraubt,
Stiehlt mir, was ihn niemals bereichern kann,
Wiewohl mich der Verlust in echte Armut stürzt!‹«

Dann legte er dar, dass die beiden unerfahrenen Jungen sich
nicht von allein zu diesem Gaunerstück hatten hinreißen lassen, sondern dazu durch den schlechten Rat ihres Anwalts
angestiftet worden waren. Lincoln wandte sich dem gegnerischen Anwalt zu und tadelte ihn heftig, klagte darüber, wie
bedauerlich es sei, dass es im noblen Berufsstand der Juris-
ten leider manche gäbe, die aus niederen Motiven verhin-
derten, dass Gerechtigkeit geschähe. »Und nun, meine Herren Geschworenen«, fuhr er fort, »liegt es bei Ihnen, den
Charakter dieser beiden Jungen in den Augen der Welt wieder reinzuwaschen.« Gewiss wollten doch die Mitglieder der
Jury ihren guten Namen nicht dafür hergeben, offenkundi-
ge Unehrlichkeit zu dulden oder gar zu belohnen. Würden
die Geschworenen das zulassen, schloss er sein Plädoyer,
verrieten sie damit ihre eigenen Ideale. Sehen Sie? Er appellierte an ihren Stolz. Und das Resultat? Ohne sich überhaupt
zur Beratung zurückzuziehen, stimmte die Jury dafür, dass
die Snow-Brüder ihre Schulden bei Mr. Case zu bezahlen
hatten.

Gleichzeitig appellierte Lincoln auch an das Gerechtig-
keitsempfinden der Geschworenen. Dieser Sinn für Gerechtigkeit ist uns allen angeboren. Wenn wir auf der Straße Zeuge werden, wie ein großer Junge einen kleinen, schwächeren

Gerechtigkeitssinn

343

verprügelt, ergreifen wir unwillkürlich zugunsten des kleineren Partei.

Streben nach Freude Wir alle lassen uns von Gefühlen leiten. Wir sehnen uns nach Wohlbehagen und Freude. Wir trinken Kaffee, tragen Seidenhemden, gehen ins Theater und schlafen in einem bequemen Bett, statt auf dem Boden, nicht weil wir uns rational und verstandesgesteuert gesagt haben, dass diese Dinge gut für uns sind, sondern weil wir sie als angenehm empfinden. Machen Sie Ihren Zuhörern also deutlich, dass das, was Sie ihnen vorschlagen, zu ihrem Wohlbefinden beitragen und ihre Lebensfreude steigen wird, dann wecken Sie in ihnen ein starkes Motiv, das sie in gewünschter Weise zum Handeln veranlasst.

Sentimentale Regungen Als die Stadtverwaltung von Seattle in einer Werbekampagne herausstellte, dass ihre Stadt die niedrigste Sterberate aller amerikanischen Städte aufzuweisen habe und dass ein in Seattle geborenes Kind die besten Chancen für ein langes Leben habe, an welches Motiv appellierten die Stadtväter da? An ein sehr starkes, das für das menschliche Handeln eine wesentliche Rolle spielt: Zuneigung. Auch der Patriotismus beruht auf den Motiven der Zuneigung und der Sentimentalität.

Manchmal kann ein Appell an Gefühl und Sentimentalität die Menschen zum Handeln veranlassen, wenn alles andere versagt. Der bekannte New Yorker Immobilienmakler Joseph P. Day musste einmal diese Erfahrung machen. Es gelang ihm, den größten Handel seines Lebens abzuschließen, indem er an die sentimentalen Regungen eines Kunden appellierte. Hier ist die Geschichte, so wie er sie selbst erzählt hat:

»Expertenwissen ist nicht das einzige Argument, das bei Immobilienverkäufen eine Rolle spielt. Beim größten Einzel-Verkaufsobjekt meiner Karriere setzte ich zur Argumentation keinerlei technisches Fachwissen ein. Ich hatte mit Richter Gary über den Verkauf des Gebäudes Nr. 71 am Broadway an die United States Steel Corporation verhandelt, deren Büros sich immer schon in diesem Haus befunden hatten. Ich glaubte den Abschluss schon unter Dach und Fach, als mir Richter Gary nach ein paar Tagen sehr leise, aber bestimmt sagte:

›Mr. Day, wir haben ein Angebot für ein erheblich moderneres Gebäude ganz in der Nähe erhalten. Wie es scheint, entspricht es weitaus besser unseren Ansprüchen. Und es befindet sich baulich in einem viel besseren Zustand. Dieses Gebäude hier ist zu alt und unmodern. Einige meiner Vorstandskollegen sind der Ansicht, dass dieses andere Gebäude für uns einfach das geeignetere Objekt ist.‹

Mir drohte also ein 5-Millionen-Dollar-Abschluss durch die Lappen zu gehen! Ich antwortete einen Moment nicht, und Richter Gary sprach nicht weiter. Er hatte eine Entscheidung gefällt. Man hätte im Raum eine Stecknadel fallen hören können. Ich versuchte gar nicht erst zu antworten. Stattdessen fragte ich ihn:

›Richter Gary, wo war Ihr erstes Büro, als Sie nach New York kamen?‹

›Genau hier in diesem Gebäude‹, sagte er. ›Auf der anderen Seite des Flurs, um genau zu sein.‹

›Wo wurde die Steel Corporation aufgebaut?‹

›Na, hier in diesen Büros natürlich‹, antwortete er, in Erinnerungen versunken. ›Einige der jüngeren Manager hatten ab und zu etwas besser ausgestattete Büros als dieses hier. Die alten Möbel waren ihnen nicht gut genug. Aber‹, fügte er hinzu, ›von diesen Managern arbeitet jetzt keiner mehr bei uns.‹

Damit war der Handel perfekt. In der nächsten Woche fand die Unterzeichnung des Kaufvertrags statt.

Natürlich kannte ich das andere Gebäude, das ihm zum Kauf angeboten worden war. Ich hätte also mit ihm über die baulichen Vorzüge des einen und des anderen diskutieren können. Aber dann hätte Richter Gary sich gedanklich mit materiellen, technischen Fragen auseinandergesetzt. Stattdessen appellierte ich an seine sentimentalen Regungen.«

Religiöse Motive

Ewige religiöse Wahrheiten

Es gibt noch eine weitere Sorte von Beweggründen, die starke Motivationsfaktoren darstellen können. Sollen wir sie religiöse Motive nennen? Damit meine ich nicht religiös im Sinne von Strenggläubigkeit und dem strikten Befolgen bestimmter kirchlicher Gebote. Vielmehr meine ich die schönen und ewigen Wahrheiten, die Jesus uns lehrte: Gerechtigkeit, Vergebung und Gnade, der Dienst am Nächsten, den wir lieben wie uns selbst.

Niemand mag zugeben, nicht einmal sich selbst gegenüber, dass er kein guter Mensch, nicht freundlich und edelmütig ist. Daher lieben wir es, wenn diese Qualitäten in uns angesprochen werden. Damit zeigt ein Redner, dass er uns eine gewisse seelische Größe und einen edlen Charakter unterstellt. Das erfüllt uns mit Stolz.

Edelmut als Motiv

Viele Jahre war C. S. Ward Sekretär des Internationalen Komitees der Y.M.C.A. (in Deutschland C.V.J.M., Christlicher Verein Junger Menschen; Anm. d. Übers.). Er widmete seine ganze Zeit der Organisation von Spendenkampagnen für den Bau von Y.M.C.A.-Häusern. Wenn jemand einen Scheck über tausend Dollar zur Unterstützung des örtlichen Y.M.C.A. ausstellt, dient das weder seinem Selbsterhaltungstrieb noch steigert es sein Einkommen. Aber viele Menschen spenden aus dem Wunsch edel, anständig und hilfsbereit zu sein.

Während einer Kampagne im Nordwesten wandte sich Mr. Ward an einen sehr wohlhabenden Geschäftsmann, der in dem Ruf stand, für Religion und soziales Engagement nichts übrig zu haben. Was? Ward hatte die Stirn ihn zu bitten, eine ganze Woche lang seine Arbeit ruhen zu lassen, um Spenden für ein Y.M.C.A.-Haus zu sammeln? Geradezu eine Unverschämtheit! Schließlich ließ er sich aber doch überreden, zur Auftaktveranstaltung der Spendenaktion zu kommen. Als Ward dort an seinen Edelmut und seinen Altruismus appellierte, berührte ihn das so, dass er tatsächlich eine ganze Woche begeistert Spenden sammelte. Noch vor Ende der Woche begann dieser Mann, der bislang für seinen Atheismus bekannt gewesen war, für den Erfolg der Aktion zu beten!

Ein anderes Mal wurde der Eisenbahnunternehmer James J. Hill gebeten, entlang seiner Bahnlinien im Nordwesten Y.M.C.A.-Häuser einzurichten. Dafür wurden beträchtliche Geldsummen benötigt. Da die Männer, die Hill für diese Sache gewinnen wollten, ihn für einen knallharten, berechnenden Geschäftsmann hielten, argumentierten sie unklugerweise mit dem möglichen Profit, den er aus dem Bau der Y.M.C.A.-Heime schlagen könne. Die Heime würden, setzten sie ihm auseinander, seine Bahnarbeiter zufriedener und glücklicher machen, was sich günstig auf den Erfolg seiner Bahngesellschaft auswirken werde.

Mr. Hill entgegnete: »Den Grund, der mich wirklich dazu veranlasst, alle diese Y.M.C.A-Häuser zu bauen, haben Sie noch gar nicht erwähnt: Es ist mein Wunsch, Rechtschaffenheit und Anständigkeit in der Welt zu fördern und zur Verbreitung der christlichen Botschaft beizutragen.« **Mr. Hills wahrer Beweggrund**

Ein lang anhaltender Konflikt wegen des Grenzverlaufs in einer bestimmten Region brachte Argentinien und Chile im Jahr 1900 an den Rand eines Krieges. Beide Länder hatten bereits Kriegsschiffe gebaut, ihre Armeen aufgerüstet, die Steuern erhöht, um mit Waffengewalt eine blutige Ent- **Der Appell der Bischöfe** scheidung herbeizuführen. An Ostern richtete ein argentinischer Bischof im Namen Christi einen leidenschaftlichen Friedensappell an beide Länder. Auf der anderen Seite der Anden schloss sich der chilenische Bischof dem Appell an. Die Bischöfe zogen von Dorf zu Dorf und plädierten für Frieden und brüderliche Liebe. Anfangs hörten nur die Frauen zu, doch schließlich erfasste der Appell die ganze Bevölkerung der beiden Nationen. Petitionen und der Druck der öffentlichen Meinung zwangen beide Regierungen, den Konflikt friedlich beizulegen und militärisch abzurüsten. Die Grenzbefestigungen wurden abgebaut, die dortigen Kanonen eingeschmolzen. Aus ihnen goss man eine große Bronzefigur von Jesus Christus. Heute ragt hoch oben in den Anden diese Statue des Friedefürsten auf und wacht über die zuvor so umstrittene Grenze. Auf dem Podest steht: »Eher sollen diese Berge niederstürzen und zu Staub zerfallen, als dass die Völker Chiles und der Argentinischen Republik das feierliche Friedensversprechen vergessen, das sie einander zu Füßen von Jesus Christus gegeben haben.«

So mächtig kann die Wirkung sein, wenn an religiöse Gefühle und Überzeugungen appelliert wird.

ZUSAMMENFASSUNG

Hier ist also die Methode, mit der Sie als Redner die Leute in Ihrem Sinne zum Handeln bewegen können, sodass Sie bekommen, was Sie wollen:

Erstens, wecken Sie die interessierte Aufmerksamkeit der Zuhörer.

Zweitens, gewinnen Sie das Vertrauen der Zuhörer, indem Sie es sich verdienen: durch Aufrichtigkeit, indem Sie gut angekündigt und eingeführt werden, indem Sie sich Kompetenz auf dem

Gebiet erwerben, über das Sie sprechen wollen, und indem Sie möglichst über das sprechen, was Ihre eigene, unmittelbare Erfahrung Sie gelehrt hat.

Drittens, halten Sie sich an die Fakten, klären Sie das Publikum über die Vorteile auf, die Ihr Vorschlag zu bieten hat, gehen Sie auf Einwände und Gegenargumente ein.

Viertens, appellieren Sie an jene Motive, die den Menschen zum Handeln veranlassen: das Streben nach materiellem Zugewinn, der Selbsterhaltungstrieb, Stolz, Freude, sentimentale Regungen, Zuneigung sowie religiöse Ideale wie Gerechtigkeit, Gnade, Vergebung und Liebe.

Wer diese Methode klug anwendet, wird nicht nur als Redner Erfolg haben. Sie wird sich auch im Privatleben als segensreich erweisen. Und im Beruf wird sie Ihnen dabei helfen, gute Geschäftsbriefe und Werbetexte zu schreiben und in geschäftlichen Besprechungen zu überzeugen.

Hat der Autor die hier beschriebene Methode selbst erfolgreich angewendet?

Erster Schritt: Hat der Autor Ihre interessierte Aufmerksamkeit geweckt, indem er Ihnen klar vor Augen führte, wie wichtig es ist, die Gesetze zur Beeinflussung der menschlichen Natur zu kennen und zu verstehen? Hat er Sie neugierig gemacht, indem er erklärte, dass es eine wissenschaftliche Methode hierfür gibt, die in diesem Kapitel genau erläutert werden würde?

Zweiter Schritt: Hat der Autor Ihr Vertrauen gewonnen, indem er Ihnen sagte, dass diese Methode auf den Regeln des gesunden Menschenverstandes beruht und dass er selbst sie mit Erfolg eingesetzt und tausende in ihrer Anwendung unterrichtet hat?

Dritter Schritt: Hat der Autor die Fakten klar und verständlich dargelegt? Hat er Ihnen die Anwendung der Methode gut vermittelt und Sie über die Vorteile aufgeklärt?

 Vierter Schritt: Hat der Autor Sie überzeugen können, dass die Anwendung dieser Methode Ihnen größeren Einfluss und zusätzlichen Gewinn einbringen wird? Werden Sie, als Reaktion auf die Lektüre dieses Kapitels, die Methode also nun in die Tat umsetzen? Mit anderen Worten: Hat der Autor Sie in seinem Sinne zum Handeln veranlassen können und somit sein Ziel erreicht?*

* Die Anregung zu dieser Methode verdankt der Autor Arthur Dunn und dessen Buch *Scientific Selling and Advertising*.

Anhang

Russel H. Conwell

Diamantenfelder

*Kein anderer Vortrag ist von seinem Verfasser so häufig
gehalten worden wie »Diamantenfelder«. Würde jemand diesen Vortrag fünfzehn Jahre lang jeden Abend halten, käme
er damit immer noch nicht an Dr. Conwells Auftrittsrekord
heran. Der bekannte Geistliche aus Philadelphia predigte
seine Diamantenfelder-Philosophie mehr als fünftausend-
siebenhundert Mal. Wären die Einnahmen aus diesen Vorträgen als Kapitalanlage benutzt worden, hätten sie einen
Ertrag von acht Millionen Dollar ergeben. Conwell, der als
Kind selbst bitter um seine Ausbildung hatte kämpfen müssen, ermöglichte mit den Profiten aus seinen Vorträgen über
dreitausend jungen Menschen den College-Besuch.*

Als ich vor vielen Jahren mit einer englischen Reisegruppe
im Gebiet von Euphrat und Tigris unterwegs war, wurden
wir von einem Araber geführt, den wir in Bagdad angeheuert hatten. Er hielt es nicht nur für seine Pflicht, uns an den
beiden Flüssen hinabzuführen, wofür wir ihn bezahlten,
sondern uns außerdem mit Geschichten zu unterhalten, die
interessant und absonderlich, alt und modern, fremd und
vertraut waren. Viele davon habe ich inzwischen vergessen,
doch es war eine darunter, die mir immer unvergesslich bleiben wird.

»Ich werde euch jetzt eine Geschichte erzählen, die nur meinen besonderen Freunden vorbehalten ist.« Als er die Worte »besondere Freunde« betonte, hörte ich aufmerksam zu und werde immer froh sein, dass ich es tat.

Einst lebte nicht weit vom Indus entfernt ein alter Perser namens Ali Hafed. Ali Hafed besaß eine sehr große Landwirtschaft mit Obstplantagen, Getreidefeldern und Gärten; auch hatte er Geld zu guten Zinsen angelegt und war reich und zufrieden. Er war zufrieden, weil er reich war, und reich, weil er zufrieden war.

Eines Tages besuchte diesen alten persischen Bauern ein buddhistischer Priester, einer von den weisen Männern des Ostens. Er setzte sich ans Feuer und erzählte dem alten Bauern, wie unsere Welt erschaffen wurde. Er sagte, dass diese Welt ursprünglich bloß eine Nebelbank gewesen war. Der Allmächtige steckte Seine Finger in diese Nebelbank und fing an, darin zu rühren, langsam zunächst, doch dann immer schneller, bis sich die Nebelbank schließlich in einen soliden Feuerball verwandelte. Dann rollte dieser Ball durch das Universum und zog eine brennende Bahn durch andere Nebelbänke. Die Feuchtigkeit kondensierte und ergoss sich als Regen auf die heiße Oberfläche des Balles, wodurch seine äußere Kruste abgekühlt wurde. Dann durchbrachen seine inneren Feuer die Kruste, und so entstanden die Berge, Hügel, Täler, Ebenen und Prärien unserer wunderschönen Welt. Wenn diese geschmolzene Masse aus dem Erdinneren hervorbrach und sich sehr rasch abkühlte, wurde sie zu Granit; wenn sie weniger rasch abkühlte, zu Kupfer, wenn sie noch langsamer abkühlte, zu Silber, dann zu Gold, und nach dem Gold entstanden die Diamanten.

Der alte Priester sagte: »Ein Diamant ist ein erstarrter Tropfen Sonnenlicht.« Das ist auch wissenschaftlich zutref-

354

fend. Ein Diamant ist tatsächlich eine von der Sonne erzeugte Kohlenstoffablagerung. Der alte Priester sagte zu Ali Hafed, dass er mit einem Diamanten von der Größe seines Daumens das ganze Land kaufen könne. Und wenn er eine Diamantenmine besäße, könne er mit diesem Reichtum seine Söhne zu Königen machen.

Nachdem Ali Hafed von den Diamanten und ihrem Wert erfahren hatte, ging er an diesem Abend als ein armer Mann zu Bett. Er hatte nichts von seinem Besitz eingebüßt, aber er war arm, weil er unzufrieden war, und unzufrieden, weil er fürchtete, arm zu sein. Er sagte: »Ich will eine Diamantenmine besitzen« und lag die ganze Nacht wach.

Früh am nächsten Morgen suchte er den Priester auf. Ali Hafed sagte zu ihm: »Verrate mir, wo ich Diamanten finden kann!«

»Diamanten! Was willst du mit Diamanten?«

»Nun, ich möchte ungeheuer reich werden.«

»Gut, dann musst du dich aufmachen und welche finden. Das ist alles, was du tun musst; dich aufmachen und Diamanten finden. Dann gehören sie dir.«

»Aber ich weiß nicht, wo ich suchen soll.«

»Suche einen Fluss mit einem Bett aus weißem Sand, zwischen hohen Bergen. In solchem weißen Sand wirst du immer Diamanten finden.«

»Ich bezweifle, dass es einen solchen Fluss gibt.«

»O doch, es gibt viele von ihnen. Alles, was du tun musst, ist, dich aufzumachen und sie zu finden.«

Ali Hafed sagte: »Ich werde gehen.«

Also verkaufte er seine Farm, nahm sein Geld, ließ seine Familie in der Obhut eines Nachbarn zurück und machte sich auf die Suche nach Diamanten. Er begann seine Suche im Mondgebirge. Danach kam er nach Palästina, wanderte schließlich nach Europa, und schließlich war all sein Geld verbraucht. Zerlumpt, unglücklich und mittellos stand er am Strand von Barcelona. Eine große Welle rollte zwischen den Säulen des Herkules heran, und der arme, leidende, verzweifelte Mann konnte der Versuchung nicht widerstehen, sich in den schäumenden Fluten zu ertränken.

Nachdem unser alter Führer mir diese schrecklich traurige Geschichte erzählt hatte, hielt er das Kamel an, auf dem ich ritt, und ging nach hinten, um an einem anderen Kamel das Gepäck festzuzurren, das sich gelöst hatte. Währenddessen hatte ich Zeit, um über seine Geschichte nachzugrübeln. Ich weiß noch, wie ich zu mir sagte: »Wieso hebt er sich ausgerechnet diese Geschichte für seine ›besonderen Freunde‹ auf?« Sie schien keinen Anfang, keine Mitte und keinen Schluss zu besitzen, überhaupt nichts. Das war die erste Geschichte, die ich je gehört oder gelesen hatte, in der der Held gleich im ersten Kapitel starb. Ich kannte erst ein Kapitel der Geschichte, doch der Held war bereits tot.

Als der Führer zurückkehrte und die Zügel meines Kamels nahm, fuhr er sofort mit dem zweiten Kapitel der Geschichte fort, so als habe es keine Unterbrechung gegeben.

Der Mann, der Ali Hafeds Bauernhof gekauft hatte, führte eines Tages sein Kamel zum Trinken in den Garten. Als das Kamel seine Nase in den Bach steckte, der dort hindurchfloss, bemerkte Ali Hafeds Nachfolger ein Aufblitzen im weißen Sand des Baches. Er fand einen schwarzen Stein mit einem Auge, in dem sich das Licht in allen Farben des Regenbogens spiegelte. Er nahm den Stein mit ins Haus, legte ihn auf den Kaminsims und dachte nicht weiter darüber nach.

Ein paar Tage später besuchte derselbe alte Priester Ali Hafeds Nachfolger, und als er über dem Kamin den Stein funkeln sah, rief er aus: »Da ist ja ein Diamant! Ist Ali Hafed zurückgekehrt?«

»O nein, Ali Hafed ist nicht zurückgekehrt, und das ist kein Diamant. Das ist bloß ein Stein, den wir gleich hier draußen in unserem Garten gefunden haben.«

»Aber«, sagte der Priester, »ich weiß genau, wie ein Diamant aussieht. Ich bin sicher, dass das hier ein Diamant ist.«

Dann liefen sie gemeinsam hinaus in den alten Garten und wühlten mit den Händen in dem weißen Sand. Und tatsächlich fanden sie noch schönere und wertvollere Edelsteine als den ersten!

»Auf diese Weise«, sagte der Führer zu mir, und, Freunde, das ist eine historische Tatsache, »wurde die größte Diamantenmine in der Geschichte der Menschheit entdeckt. Sie übertrifft sogar noch die Mine von Kimberley. Der Kohinoor und der Orloff von den Kronjuwelen Englands und Russlands, die größten Diamanten der Welt, stammen aus dieser Mine.«

Nachdem der alte Araber mir das zweite Kapitel der Geschichte erzählt hatte, nahm er seine Mütze ab und schwang sie durch die Luft, um dadurch meine Aufmerksamkeit auf die Moral der Geschichte zu lenken. Während er seine Mütze schwang, sagte er: »Wäre Ali Hafed zu Hause geblieben und hätte in seinem eigenen Keller, oder unter seinen Weizenfeldern, oder in seinem Garten gesucht, statt in einem fremden Land elend und verhungert Selbstmord zu begehen, hätte er ein ganzes ›Diamantenland‹ sein eigen nennen können. Denn das ganze Land seines alten Grundbesitzes, jeder Acre davon, enthielt Schaufel für Schaufel kostbare Edelsteine, die später die Kronen von Königen schmückten.«

Als er die Moral seiner Geschichte erzählt hatte, verstand ich, warum er sie für seine »besonderen Freunde« aufhob.

Aber ich sagte ihm nicht, dass ich begriffen hatte. Es war nun einmal die Art dieses schlauen alten Arabers, dass er eine Sache wie ein Rechtsanwalt umkreiste und indirekt andeutete, was er nicht offen zu sagen wagte, dass nämlich »seiner Meinung nach ein ganz bestimmter junger Mann, der gerade am Tigris reiste, zu Hause in Amerika besser aufgehoben war«. Ich sagte ihm nicht, dass ich seinen Wink verstanden hatte. Stattdessen sagte ich, dass seine Geschichte mich an eine andere erinnerte, die ich ihm dann rasch erzählte. Und ich denke, ich werde sie Ihnen auch erzählen.

Ich erzählte ihm von einem Mann, dem 1847 drüben in Kalifornien eine Ranch gehört hatte. Er hörte, in Südkalifornien sei Gold gefunden worden. Seine Leidenschaft für Gold war geweckt, daher verkaufte er seine Ranch an Colonel Sutter, machte sich auf und kehrte nie zurück. Colonel Sutter baute an einem Fluss, der durch das Land der Ranch floss, eine Mühle. Eines Tages brachte seine kleine Tochter etwas nassen Sand aus der Mühlrinne mit ins Haus, setzte sich vor den Kamin und ließ den Sand durch ihre Finger gleiten. Und in diesem rieselnden Sand sah ein Besucher zufällig die ersten Goldkörner glitzern, die je in Kalifornien gefunden wurden. Der Vorbesitzer der Ranch hatte Gold gewollt, und es hatte sich gleich vor seiner Nase befunden. Er hätte lediglich zugreifen müssen. Tatsächlich sind aus diesen wenigen Acres inzwischen achtunddreißig Millionen Dollar herausgeholt worden.

Vor etwa acht Jahren hielt ich diesen Vortrag in einer Stadt, die auf dem Land jener Ranch steht. Dort erzählte man mir, dass ein Teilhaber, dem ein Drittel der Mine gehörte, seit Jahren damit alle fünfzehn Minuten hundertundzwanzig Dollar in Gold verdiente.

Ich möchte das, worauf ich hinauswill, noch mit einer weiteren Geschichte illustrieren. Sie trug sich in Massachussetts zu, was ich sehr bedauere, denn ich selbst stamme von dort. Dieser junge Mann aus Massachussetts, um den es hier geht, ging auf das Yale-College und studierte dort Bergbau. Während seines Studiums zeigte er solche Fähigkeiten als Bergbauingenieur, dass man ihn damit beauftragte, Studenten, die mit dem Stoff Schwierigkeiten hatten, Nachhilfe zu erteilen. Während seines letzten Studienjahres verdiente er damit nebenher 15 Dollar in der Woche. Als er sein Examen bestanden hatte, erhöhten sie seine Bezahlung von 15 auf 45 Dollar pro Woche und boten ihm eine Professur an. Doch als sie das taten, kündigte er und ging zurück zu seiner Mutter. *Wenn Sie die Bezahlung dieses Jungen von $ 15 auf $ 15,60 erhöht hätten, wäre er geblieben und stolz auf seinen Job gewesen. Doch als sie sein Honorar auf einen Schlag auf $ 45 anhoben, sagte er:* »Mutter, für 45 Dollar die Woche arbeite ich nicht. Wozu soll ein Mann mit meinen Fähigkeiten für 45 Dollar die Woche arbeiten? Lass uns nach Kalifornien gehen, dort nach Gold und Silber schürfen und ungeheuer reich werden.«

Seine Mutter sagte: »Charlie, glücklich zu sein ist besser als reich zu sein.«

»Ja«, sagte Charlie, »aber noch besser ist es, glücklich und reich zu sein.« Und beide hatten sie Recht. Da sie Witwe war und er ihr einziger Sohn, ließ sie ihm natürlich seinen Willen. Das ist immer so.

Sie verkauften ihr Land in Massachussetts. Statt nach Kalifornien gingen sie nach Wisconsin, wo er, wieder für 15 Dollar die Woche, in die Dienste der Superior Copper Mining Company trat, aber mit der vertraglichen Zusicherung, Anteile an jeder Mine zu erhalten, die er für die Gesellschaft entdeckte.

Er hatte eben erst mit seiner Mutter ihre alte Farm verlassen, als der neue Besitzer damit begann, Kartoffeln zu ernten. Die Kartoffeln waren bereits im Boden gewesen, als er die Farm gekauft hatte. Als der alte Farmer mit einem Korb voller Kartoffeln vom Feld kam, blieb er mit dem Korb in der engen Toröffnung der Steinmauer hinter dem Haus hängen. Der Farmer zerrte und zog an dem Korb und entdeckte dabei in einer Ecke am Boden der Steinmauer, gleich neben dem Tor, einen achtundzwanzig Quadratzentimeter großen Block natürliches, reines Silber. Dieser Professor für Bergbau und Mineralogie, der so viel Ahnung von diesen Dingen hatte, dass er nicht für 45 Dollar die Woche arbeiten wollte, hatte, als er seine Farm in Massachussets verkaufte, genau auf diesem Silber gesessen, ohne es zu wissen.

Meine Freunde, dieser Fehler wird sehr oft gemacht, und warum sollten wir deswegen über den jungen Mann lächeln? Ich frage mich manchmal, was wohl aus ihm geworden ist.

Wenn ich mich heute Abend hier unter meinen Zuhörern umschaue, sehe ich wieder einmal, was ich in den letzten fünfzig Jahren immer wieder gesehen habe – Männer, die alle genau den gleichen Fehler machen. Ich sage Ihnen, dass Sie hier in Philadelphia, genau hier, wo Sie leben, »Diamantenland« haben. »Oh«, werden Sie antworten, »Sie wissen wirklich nicht viel über unsere Stadt, wenn Sie behaupten, dass es hier irgendwo ›Diamantenland‹ geben soll.« Doch wenn Sie hier auch nicht buchstäblich Diamantenminen haben, so ist dennoch alles vorhanden, was gut für Sie ist.

Erneut sage ich, dass die Chance, reich zu werden, großen Wohlstand zu erwerben, hier und jetzt in Philadelphia besteht. Sie befindet sich in Reichweite von beinahe allen Männern und Frauen, die mich heute Abend hier sprechen hören, und das meine ich ernst. Ich bin nicht auf dieses Podium gestiegen, um Ihnen Märchen zu erzählen. Ich bin gekommen, um Ihnen zu sagen, was ich, Gott ist mein Zeuge, für die Wahrheit halte. Und wenn meine vielen Lebensjahre mich auch nur ein bisschen Verstand gelehrt haben, weiß ich, dass ich Recht habe; jeder Mann und jede Frau in diesem Saal haben ein »Diamantenland« in ihrer Reichweite. Es hat auf Erden nie einen Ort gegeben, der hierfür geeigneter gewesen wäre als die Stadt Philadelphia heute. Noch nie in der Menschheitsgeschichte hatte ein armer Mann ohne Kapital so große Chancen, rasch und auf ehrliche Weise reich zu werden, als es heute in unserer Stadt der Fall ist. Ich sage Ihnen, dass das die Wahrheit ist, und ich möchte, dass Sie diese Wahrheit akzeptieren; denn wenn Sie glauben, ich wollte Ihnen nur etwas erzählen, was sich anderswo zugetragen hat, dann wäre ich besser gar nicht hergekommen. Mit derartigem Gerede meine Zeit zu vergeuden, kann ich mir nicht leisten. Wenn das, was ich heute hier sage, nicht bewirkt, dass wenigstens ein paar von Ihnen reicher werden, habe ich meine Zeit verschwendet.

Ich sage: Sie müssen reich werden. Es ist Ihre Pflicht, reich zu werden. Wie viele meiner frommen Glaubensbrüder sagen zu mir: »Sie, ein christlicher Geistlicher, verbringen Ihre Zeit damit, im Land herumzureisen und allen jungen Leuten zu sagen, sie sollten reich werden?« – »Ja, selbstverständlich tue ich das.« Sie sagen: »Aber das ist ja furchtbar! Warum verkünden Sie nicht das Evangelium, statt zu predigen, dass die Menschen Geld verdienen sollen?« – »Weil auf ehrliche Weise Geld verdienen heißt, nach dem Evangelium zu leben.« Das ist der Grund. Die Menschen, die reich werden, sind meistens die ehrlichsten Menschen, die man in einer Gemeinde antrifft.

»Oh«, höre ich irgendeinen jungen Mann hier heute Abend sagen, »mir wurde immer gesagt, dass ein Mensch, der Geld hat, sehr unehrlich, hinterhältig und verachtenswert sein muss.« Mein Freund, das ist der genau der Grund, warum du selbst keines hast, weil du ein solches Menschenbild hast.

Deine Auffassung geht von völlig falschen Voraussetzungen aus. Ich will es hier klar und deutlich sagen, ohne mich auf lange Diskussionen einzulassen: Achtundneunzig von hundert reichen Amerikanern sind ehrliche Menschen. Genau deshalb sind sie reich. Genau deshalb vertraut man ihnen in geschäftlichen Dingen. Genau deshalb leiten sie große Unternehmen und finden viele Leute, die bereit sind, für sie zu arbeiten. Einfach weil sie ehrliche Menschen sind.

Mein Freund, fahre mich hinaus in die Vororte von Philadelphia und stelle mich jenen Leuten vor, die in den schönen Häusern mit Gärten und Blumen wohnen, den hübschen, kunstvoll gebauten Häusern. Ich weiß, dass das die charakterlich und unternehmerisch besten Männer unserer Stadt sind.

Geld ist Macht, und Sie sollten ehrgeizig danach streben, und zwar deshalb, weil Sie mit Geld mehr Gutes tun können als ohne. Geld ermöglicht es, unsere Bibel zu drucken, Geld ermöglicht es, unsere Kirchen zu bauen, Missionare loszuschicken, Priester zu bezahlen, und wir hätten nicht viele Priester, wenn wir sie nicht bezahlen würden.

Darum sage, dass Sie Geld haben sollten. Wenn es möglich ist, in Philadelphia auf ehrliche Weise Reichtum zu erwerben, dann ist es Ihre christliche und göttliche Pflicht, es zu tun. Es ist ein schrecklicher Fehler dieser frommen Leute, dass sie glauben, man müsse schrecklich arm sein, um fromm sein zu können.

Manche Leute sagen: »Haben Sie denn kein Mitgefühl mit den Armen?« Natürlich habe ich das, sonst würde ich nicht schon so viele Jahre Vorträge halten. Doch die Zahl der Armen, die Mitgefühl verdienen, ist nicht sehr groß. Mit jemandem Mitgefühl zu haben, den Gott für seine Sünden bestraft, ihm zu helfen und damit zu verhindern, dass er seine gerechte göttliche Strafe erhält, ist falsch. Und wir tun das öfter, als dass wir denjenigen helfen, die unsere Hilfe verdienen. Wenn es auch wünschenswert ist, Mitgefühl mit Gottes Armen zu haben – mit jenen, die sich nicht selbst helfen können –, so sollten wir darüber doch nicht vergessen, dass es keinen einzigen armen Menschen in den Vereinigten Staaten gibt, der nicht aufgrund seines eigenen Versagens arm ist oder durch das Versagen eines anderen. Es ist in jedem Fall völlig falsch, arm zu sein. Daran kann kein Zweifel bestehen.

Hinten steht ein Herr auf und sagt: »Glauben Sie denn nicht, dass es Dinge auf der Welt gibt, die wertvoller sind als Geld?« Natürlich gibt es die. Dinge, die höher und lieblicher und reiner sind. Liebe ist die größte Sache auf Gottes Erde, doch gesegnet ist der Liebende, der über viel Geld verfügt. Geld ist Macht, Geld ist Kraft, Geld kann Gutes bewirken oder Schaden anrichten. In den Händen guter Männer und Frauen wird es Gutes bewirken.

Auf einer Gebetsversammlung in unserer Stadt stand ein Mann auf und dankte dem Herrn dafür, dass er einer von »Gottes Armen« sei. Nun, ich frage mich, wie seine Frau wohl darüber denkt? Sie verdient in diesem Haushalt das ganze Geld und er verpafft einen Teil dieses Geldes auf der Veranda. Ich mag diese Art von »Gottes Armen« nicht und Gott mag sie vermutlich auch nicht. Und doch gibt es Leute, die glauben, dass man nur fromm sein kann, wenn man schrecklich arm ist. Das ist aber überhaupt nicht folgerichtig. Auch wenn wir Mitgefühl mit den Armen haben, sollten wir nicht eine solche Lehre verbreiten.

Und dennoch ist in unserer Zeit das Vorurteil verbreitet, ein Christ dürfe keine Reichtümer erwerben. Dieses Vorurteil ist so weitverbreitet, und der Vorfall liegt schon so lange zurück, dass ich es, denke ich, wagen kann, von einem jungen Studenten zu berichten, den wir vor Jahren an der

Tempel-Universität hatten. Er hielt sich für den einzigen frommen Studenten der Fakultät. Eines Abends kam er in mein Büro und sagte zu mir: »Herr Rektor, ich denke, es ist mein Pflicht, Ihnen zu widersprechen.« – »Um was geht es denn?« Da sagte er: »Ich hörte, wie Sie in der Akademie sagten, dass Sie es für ehrenwert halten, wenn ein junger Mann nach Reichtum strebt, und dass Sie der Ansicht sind, das würde ihn beherrscht, ehrenwert und fleißig machen. Sie sprachen davon, dass der Wunsch nach Reichtum helfen würde, aus ihm einen guten Menschen zu machen. Sir, ich bin gekommen, um Ihnen zu sagen, dass in der Heiligen Schrift steht: ›Geld ist die Wurzel allen Übels.‹«

Ich erwiderte, dass ich diesen Satz in der Bibel noch nie gesehen hätte, und riet ihm, eine Bibel aus der Kapelle zu holen und mir die Stelle zu zeigen. Er ging hinaus, und kurze Zeit später stolzierte er mit aufgeschlagener Bibel und dem ganzen bigotten Stolz eines engstirnigen Sekretärs wieder in mein Büro. Er klatschte die Bibel auf meinen Schreibtisch und sagte mit schriller Stimme: »Hier ist es, Herr Rektor, Sie können es selbst nachlesen.« Ich sagte zu ihm: »Lesen Sie es vor, und achten Sie auf die richtige Betonung.«

Er nahm die Bibel und las stolz: »Die Liebe zum Geld ist die Wurzel allen Übels.«

Richtig zitiert, handelte es sich hier zweifellos um die absolute Wahrheit. »Die *Liebe* zum Geld ist die Wurzel allen Übels.« Demjenigen, der zu schnell und auf unehrliche Weise zu Geld kommen will, drohen viele Fallstricke, das ist nicht zu bestreiten. Die Liebe zum Geld. Was ist das? Es bedeutet, dass man das Geld zum Götzen erhebt, und Götzenanbetung, in welcher Form auch immer, verstößt gegen die Heilige Schrift und gegen den gesunden Menschenverstand. Der Mensch, der das Geld anbetet, statt zu überlegen, wozu man es verwenden sollte, der Geizhals, der sein Geld im Keller hortet, statt es zum allgemeinen Wohl zu investieren, der Mensch, der den Dollar umklammert, bis der Adler darauf zu kreischen anfängt, trägt in sich die Wurzel allen Übels.

Ich denke, es ist nun an der Zeit, mich der Frage zuzuwenden, die Sie alle interessiert: »Gibt es hier in Philadelphia eine Möglichkeit, reich zu werden?« Nun, es ist ganz einfach, zu erkennen, wo sich möglicher Reichtum befindet, und sobald Sie das erkennen, gehört er Ihnen. Irgendein alter Gentleman steht auf und sagt: »Mr. Conwell, Sie leben jetzt schon einunddreißig Jahre in Philadelphia und haben trotzdem noch nicht erkannt, dass die Zeiten lange vorbei sind, als man in dieser Stadt noch Geld machen konnte.« – »Nein, da bin ich anderer Meinung.« – »Doch, es ist so; ich habe es selbst versucht.« – »Was für ein Gewerbe betreiben Sie denn?« – »Ich besitze seit zwanzig Jahren einen Laden und habe in der ganzen Zeit nie mehr als tausend Dollar verdient.«

»Nun, Sie können das, was Sie Gutes für diese Stadt geleistet haben, daran messen, wie viel Geld die Stadt Ihnen gibt. Denn daran, was er verdient, kann ein Mann sehr gut erkennen, was er wert ist. Wenn Sie in zwanzig Jahren in Philadelphia nicht mehr als tausend Dollar verdient haben, dann wäre es besser für Philadelphia gewesen, wenn man Sie vor neunzehn Jahren und neun Monaten aus der Stadt gejagt hätte. Niemand hat das Recht, zwanzig Jahre lang in Philadelphia einen Laden zu betreiben, ohne dabei wenigstens fünfhunderttausend Dollar zu verdienen, auch wenn es nur ein kleines Lebensmittelgeschäft in einer Seitenstraße ist.« Sie sagen: »Heutzutage kann man mit einem Laden keine fünftausend Dollar verdienen.« Oh, meine Freunde, wenn Sie sich auch nur die Mühe machen herauszufinden, was die Leute im Umkreis von vier Häuserblocks benötigen und wie

Sie diesen Bedarf decken können, und dann sorgfältig kalkulieren, wie viel Sie dabei verdienen werden, würden Sie es rasch selbst erkennen: Reichtum ist zum Greifen nahe.

Der Mann dort drüben, der sagte, er könne mit einem Laden in Philadelphia nichts verdienen, hat seinen Laden nach den falschen Prinzipien geführt. Angenommen, ich käme morgen in Ihren Laden und würde fragen: »Kennen Sie Nachbarn A, der einen Block weiter in Haus Nr. 1240 wohnt?« – »O ja, der ist mir schon begegnet. Er betreibt den Laden an der Ecke.« – »Woher stammt er?« – »Das weiß ich nicht.« – »Wie groß ist seine Familie?« – »Das weiß ich nicht.« – »Welche Kirche besucht er?« – »Das weiß ich nicht, und es ist mir auch egal. Warum fragen Sie mich das alles?«

Würden Sie mir so antworten, wenn Sie in Philadelphia ein Geschäft betreiben? Sie wissen nicht, woher Ihr Nachbar kam, als er nach Philadelphia zog, und es ist Ihnen egal. Wenn es Ihnen nicht egal gewesen wäre, wären Sie jetzt reich. Wenn er Ihnen nicht egal gewesen wäre, dann hätten Sie sich für ihn interessiert und herausgefunden, welche Bedürfnisse er hat. Auf diese Weise hätten Sie reich werden können. Doch Sie laufen durch die Welt und sagen: »Ich habe keine Chance, reich zu werden.« Doch daran sind Sie selbst schuld.

Nun steht ein anderer junger Mann auf und sagt: »Ich kann aber kein Kaufmann werden« – natürlich gilt das auch für alle anderen Berufszweige –, »weil ich kein Kapital habe.« Oh, was für ein Dummkopf, der nicht weiter schauen kann als bis zu seiner Nasenspitze! Es macht mich ganz krank, alle diese kleinen Dummköpfe untätig herumstehen zu sehen und sagen zu hören: »Oh, wenn ich genügend Kapital hätte, dann würde ich bestimmt reich werden.« – »Junger Mann, glauben Sie wirklich, mit Kapital könnten Sie reich werden?« – »Natürlich.« Und ich sage: »Natürlich nicht.« Wenn

Ihre Mutter viel Geld hat und Ihnen damit zu einem geschäftlichen Start verhilft, verhelfen in Wahrheit Sie ihr zu einem solchen Start, denn es ist ihr Geld.

Wenn ein junger Mann oder eine junge Frau über mehr Geld verfügt, als es seiner oder ihrer praktischen Lebenserfahrung entspricht, ist das wie ein Fluch. Geld zu erben, ist für einen jungen Mann oder eine junge Frau überhaupt keine Hilfe. Es hilft Ihren Kindern nicht, wenn Sie ihnen Geld hinterlassen. Wenn Sie ihnen eine gute Erziehung vererben, einen christlichen und edlen Charakter, einen großen Freundeskreis, einen ehrenwerten Namen, ist das viel besser für sie als viel Geld zu erben. Keine Sorte Menschen ist so bemitleidenswert wie die unerfahrenen Söhne und Töchter der Reichen meiner Generation.

Zu den schönsten Dingen in unserem Leben gehört es, wenn ein junger Mann sich selbst seinen Lebensunterhalt verdient, sich mit einer liebenswerten jungen Frau verlobt und beschließt, einen eigenen Haushalt zu gründen. Mit dieser Liebe kommt auch die Inspiration zum Besseren, und er fängt an, sein Geld zu sparen. Er gibt seine schlechten Gewohnheiten auf und bringt sein Geld auf die Bank. Wenn er einige hundert Dollar angespart hat, sucht er draußen in den Vororten nach einem schönen Haus. Und wenn er dann seine Frau über die Schwelle trägt, sagt er mit einer Beredsamkeit, die ich nur schwer nachahmen kann: »Ich habe das Geld für dieses Haus selbst verdient. Es gehört alles mir, und ich will es mit dir teilen.« Das ist vielleicht der großartigste Augenblick im Leben eines Menschen.

Der Sohn eines reichen Mannes kann das nie erleben. Es mag sein, dass er mit seiner Braut in ein größeres und schöneres Haus ziehen kann, doch wenn er sie darin herumführt, muss er sagen: »Meine Mutter hat mir dieses geschenkt, meine Mutter hat mir jenes geschenkt«, bis sich seine Frau am Ende wünscht, sie hätte seine Mutter geheiratet. Ich bedaure den Sohn eines reichen Mannes.

Die Statistiken von Massachussetts zeigen, dass von siebzehn Söhnen reicher Eltern nicht einer selbst reich stirbt. Ich bedaure den Sohn reicher Eltern, es sei denn, er hat den Verstand des älteren Vanderbilt, was manchmal vorkommt. Er ging zu seinem Vater und sagte: »Hast du all dein Geld selbst verdient?« – »Das habe ich, mein Sohn. Am Anfang habe ich für fünfundzwanzig Cent pro Tag auf einem Fährboot gearbeitet.« – »Dann«, sagte der Sohn, »will ich nichts von deinem Geld.« Und noch am selben Abend versuchte er, Arbeit auf einem Fährboot zu finden. Dort war zwar gerade nichts frei, aber er fand einen anderen Job, wo man ihm drei Dollar die Woche zahlte.

Wenn der Sohn eines reichen Vaters das tut, erwirbt er sich die Disziplin eines armen Jungen, und das ist mehr wert als jede Hochschulbildung. Dann wird er wirklich fähig sein, mit den Millionen seines Vaters verantwortungsbewusst umzugehen. Doch in der Regel lassen reiche Männer ihre Söhne nicht das tun, was sie selbst groß gemacht hat. In der Regel wird der reiche Mann es seinem Sohn nicht erlauben zu arbeiten – und dann erst seine Mutter! Sie würde es als soziale Schande betrachten, wenn ihr armer, kleiner, ängstlicher, verweichlichter Junge seinen Lebensunterhalt mit harter, ehrlicher Arbeit verdienen müsste. Mit solchen Kindern reicher Eltern habe ich kein Mitleid.

Ich möchte Ihnen von so einem reichen Sohn erzählen, der mir in Niagara Falls begegnet ist. Als ich von einem Vortrag ins Hotel zurückkam, stand an der Rezeption ein Millionärssohn aus New York. Er war wirklich ein unvergleichlich seltenes Exemplar, eine anthropologische Rarität. Er hatte ein Käppchen auf, mit einer goldenen Quaste daran, und hielt einen Spazierstock mit goldenem Knauf im Arm.

Dieser junge Mann ist wirklich schwer zu beschreiben. Er trug ein Monokel, durch das er nicht hindurchsehen konnte, Lackstiefel, in denen er nicht laufen konnte, und Hosen, in denen er sich nicht hinsetzen konnte – er war angezogen wie ein Grashüpfer.

Diese menschliche Grille baute sich, als ich eintrat, gerade vor der Rezeption auf, rückte sein undurchsichtiges Monokel zurecht und sagte Folgendes zum Empfangschef (wobei er seine sonderbare Sprechweise wohl für den letzten Schrei hielt): »Siir, würden Sie vielleicht die Güte haben, mich mit Papiier und Briiefumschlägen zu versorgen!« Der Hotelangestellte musterte ihn abschätzig, holte Papier und Briefumschläge aus einer Schublade, warf sie auf die Theke und wandte sich dann wieder seiner Arbeit zu.

Sie hätten den jungen Mann sehen sollen, als die Briefumschläge vor ihm auf der Theke landeten! Er plusterte sich auf wie ein Truthahn, rückte sein undurchsichtiges Monokel zurecht und schrie: »Kommen Sie sofort zurück, Siir! Wollen Sie gefälligst einen Diiener anweisen, Papiier und Briefumschläge zu jenem Tisch dort drüben zu briingen!« Oh, was für ein armer, elender, verachtenswerter amerikanischer Affe! Er war nicht in der Lage, Papier und Briefumschläge sechs Meter weit zu tragen. Wahrscheinlich waren seine Arme zu schlaff dazu. Ich habe kein Mitleid mit solchen menschlichen Witzfiguren. Wenn Sie kein Kapital besitzen, junger Mann, freue ich mich für Sie. Was Sie brauchen, ist gesunder Menschenverstand, sonst nützt Ihnen alles Kapital nichts.

Am Besten verdeutliche ich Ihnen an Ihnen wohlbekannten Beispielen, worauf ich hinaus will. A. T. Stewart, ein armer Junge in New York, hatte lediglich $ 1,50 als Startkapital. Bei seinem ersten Unternehmen verlor er davon 87 $^1/_2$ Cent. Wie glücklich ist doch jeder junge Mann, der bei seinem ersten Spiel verliert. Dieser Junge sagte sich: »Ich werde mich nie wieder auf riskante Spiele einlassen.« Und daran hielt er sich. Wie hatte er 87 $1/_2$ Cent verloren? Wahrscheinlich kennen Sie alle diese Geschichte. Er hatte dafür Nadeln, Garn und Knöpfe gekauft, um damit zu handeln, doch niemand wollte sie ihm abkaufen. Er blieb darauf sitzen, ein totales Verlustgeschäft. Der Junge sagte sich: »Nie wieder werde auf solche Weise Geld verlieren.« Dann ging er von Tür zu Tür und fragte die Leute, was sie brauchten. Als er das herausgefunden hatte, investierte er seine restlichen 62 $1/_2$ Cent, um einen ihm nun bekannten Bedarf zu befriedigen.

Wohin Sie auch blicken – im Handel, in Ihrem Berufszweig, in Ihrem Haushalt, in allen Lebensbereichen ist diese eine Sache das Geheimnis des Erfolges. Man muss zuerst den Bedarf kennen. Man muss zuerst erkennen, was die Leute brauchen, und sich dann dort engagieren, wo man am meisten gebraucht wird. A.T. Stewart folgte diesem Prinzip, bis er schließlich ein Vermögen von vierzig Millionen Dollar erwirtschaftet hatte, als Besitzer jenes berühmten Geschäftes in New York, das heute von Mr. Wanamaker weitergeführt wird. Er machte sein Vermögen, nachdem er am Anfang etwas verloren und dadurch erkannt hatte, dass er nur sich selbst oder sein Geld in etwas investieren musste, das die Leute brauchen. Wann werdet ihr Geschäftsleute das endlich begreifen? Wann werdet ihr Fabrikanten lernen, dass ihr die sich wandelnden Bedürfnisse der Menschheit verstehen müsst, wenn ihr im Leben erfolgreich sein wollt? Christen, widmet euch als Produzenten, Kaufleute oder Handwerker der Befriedigung dieser Bedürfnisse. Das ist ein großes Prinzip, von entscheidender Bedeutung für die Menschheit und tief in der Heiligen Schrift verankert.

Das beste Beispiel für dieses Prinzip, von dem ich je gehört habe, verdanken wir John Jacob Astor. Er hatte sich für die Schiffspassage nach New York verschulden müssen, doch dieser arme Junge mit leeren Taschen erwirtschaftete das Vermögen der Familie Astor auf der Basis dieses einen Prinzips.

John Jacob Astor hat uns gezeigt, was man überall tun kann, sei es in New York oder in Philadelphia. Einmal besaß er eine Hypothek auf einen Hutsalon, und sie verkauften nicht genug Damenhüte, um die Zinsen für sein Geld bezahlen zu können. Also ließ er die Hypothek zwangsvollstrecken und nahm den Laden kurzerhand in Besitz. So wurde er zum Teilhaber derselben Leute, im selben Laden, mit demselben Kapital. Er schenkte ihnen keinen einzigen Dollar Kapital. Sie mussten Waren verkaufen, um an Geld zu kommen.

Dann ließ er sie in ihrem Laden allein und setzte sich draußen im Park auf eine schattige Bank. Was tat John Jacob Astor dort draußen, als Geschäftspartner von Leuten, die bislang kläglich versagt hatten? Er hatte den wichtigsten und in meinen Augen angenehmsten Part dieser Teilhaberschaft übernommen. Denn während John Jacob Astor dort auf der Bank saß, beobachtete er die Damen, die vorbeigingen; und welcher Mann könnte dabei nicht reich werden? Immer wenn eine Dame mit hocherhobenem Kopf, und ohne von ihrer Umwelt Notiz zu nehmen, an ihm vorbeistolzierte, betrachtete er sorgfältig ihren Hut. Und bis sie außer Sichtweite war, hatte er genau die Form, die Farbe und die Art des Federschmucks des betreffenden Hutes studiert. Dann ging er zu dem Hutsalon und sagte zu ihnen: »Legen Sie jetzt einen Hut ins Schaufenster, der genau so ist, wie ich ihn beschreibe, denn ich habe bereits eine Dame gesehen, der ein solcher Hut gefällt. Machen Sie keine weiteren Hüte, bis ich zurückkomme.« Dann ging er wieder und setzte sich auf die Bank. Eine andere Dame kam vorbei, die von anderer Gestalt war, mit anderer Gesichtsform, und einem Hut von anderer Farbe und Form. »Gut«, sagte er, »legen Sie auch einen solchen Hut ins Schaufenster.« Er wollte seine Schaufensterauslage nicht mit Hüten und Kappen füllen, die die Kundschaft verscheuchten, um dann auf der Hintertreppe zu sitzen und darüber zu jammern, dass die Damen bei der Konkurrenz, in Wanamakers Geschäft, kauften. Er duldete nur Hüte und Kappen in diesem Schaufenster, von denen er wusste, dass sie den Damen gefielen.

Schon bald stürmte die Kundschaft dieses Geschäft, und so entstand der erfolgreichste Laden dieser Art in New York. Sein Erfolg wurde nach dem anfänglichen geschäftlichen Fehlschlag von John Jacob Astor nicht dadurch ermöglicht, dass er ihnen noch mehr Geld lieh, sondern indem er herausfand, welche Hüte den Damen gefielen, anstatt Material für unverkäufliche Hüte zu vergeuden. Ich sage Ihnen, ein Mann, der bei Damenhüten Voraussicht zeigt, kann so ziemlich alles unter der Sonne vorhersehen!

Angenommen, ich würde heute Abend durch das Publikum gehen und Sie fragen, ob es in dieser großen Industriestadt keine Chancen gibt, als Unternehmer reich zu werden? »O ja«, antwortet mir ein junger Mann, »es gibt Chancen, wenn Sie mit einem Kartell zusammenarbeiten und über zwei bis drei Millionen Dollar Startkapital verfügen.« Junger Mann, die Geschichte von der Zerschlagung der mit dem »Big Business« verknüpften Kartelle zeigt doch gerade, worin heute die Chance der weniger finanzstarken Männer besteht. Es hat in der Weltgeschichte nie eine Zeit gegeben, wo man als Unternehmer ohne Kapital so rasch reich werden konnte wie heute.

Doch Sie werden sagen: »Das ist völlig unmöglich. Ohne Kapital können Sie nicht anfangen.« Junger Mann, denken

Sie immer daran: Wenn Sie wissen, was die Leute brauchen, verfügen Sie damit über einen Weg zum Erwerb von Vermögen, der mehr wert ist als das höchste Startkapital.

In Hingham, Massachussetts, lebte ein armer, arbeitsloser Mann. Er lungerte im Haus herum, bis seine Frau ihm eines Tages sagte, er solle gefälligst hinausgehen und arbeiten, und da er in Massachussetts lebte, gehorchte er seiner Frau. Er ging hinaus, setzte sich an den Strand und schnitzte aus einer aufgeweichten Holzschindel eine Kette. Seine Kinder zankten sich um sie, also schnitzte er noch eine, damit Frieden zwischen ihnen herrschte.

Während er die zweite Kette schnitzte, kam ein Nachbar zu ihm und sagte: »Warum schnitzt du kein Spielzeug und verkaufst es? Damit könntest du Geld verdienen.« – »Oh«, sagte er. »Ich wüsste nicht, was ich schnitzen sollte.« – »Warum fragst du denn nicht deine Kinder, was für ein Spielzeug sie sich wünschen?« – »Was soll das nützen?«, fragte der Mann. »Meine Kinder sind anders als die Kinder anderer Leute.« Doch er befolgte den Rat trotzdem, und als Mary am nächsten Morgen die Treppe hinunterkam, fragte er: »Was für ein Spielzeug hättest du gerne?« Sie zählte auf, dass sie gerne ein Puppenbett, einen Puppenwaschtisch, einen Puppenwagen, einen kleinen Puppenregenschirm hätte und noch viele andere Dinge, die herzustellen er sein ganzes Leben beschäftigt gewesen wäre. Nachdem er seine eigenen Kinder befragt hatte, sammelte er Brennholz, da er kein Geld für gutes Holz hatte, und schnitzte daraus jenes solide, unbemalte Hingham-Spielzeug, das später auf der ganzen Welt zum Begriff wurde.

Dieser Mann stellte zunächst Spielzeug für seine eigenen Kinder her, dann fertigte er davon Kopien an, die er über das Schuhgeschäft nebenan verkaufte. Er verdiente ein wenig Geld damit, und dann noch ein bisschen mehr, und Mr. Lawson schrieb in *Frenzied Finances*, dieser Mann sei der reichste Mann in Massachussetts, und ich glaube, das stimmt. Er ist heute hunderte Millionen Dollar schwer, und dabei arbeitet er erst vierunddreißig Jahre nach diesem einen Prinzip: dass man von dem, was den eigenen Kindern gefällt, darauf schließen soll, was auch die Kinder anderer Leute mögen werden; dass man die Bedürfnisse der Menschen an sich selbst, an der eigenen Frau, den eigenen Kindern erkennt. Das ist für jeden Unternehmer der Königsweg zum Erfolg. Aber Sie sagen: »Oh, hatte er denn gar kein Kapital?« Ja, ein Taschenmesser, aber ich glaube nicht, dass er dafür viel bezahlt hat.

Ich habe in einer Zeitung gelesen, dass noch nie eine Frau etwas erfunden hätte. Nun, ich finde, diese Zeitung sollte noch einmal ganz von vorn anfangen. Natürlich rede ich hier nicht vom Erfinden von Klatschgeschichten – da sind die Frauen auch nicht schlimmer als die Männer –, sondern vom Erfinden von Maschinen. Diese Zeitung hätte niemals erscheinen können, wenn tatsächlich noch nie eine Frau etwas erfunden hätte. Denkt nach, Freunde. Ihr Frauen, denkt nach! Ihr sagt, ihr könntet kein Vermögen verdienen, weil ihr lediglich in einer Wäscherei arbeitet oder eine Nähmaschine oder vielleicht einen Webstuhl bedient. Doch selbst in diesen Bereichen könnt ihr es zur Millionärin bringen, wenn ihr euch wirklich aufmerksam mit den Dingen eures Alltags befasst.

Wenn Sie sagen, Frauen hätten noch nie etwas erfunden, dann frage ich Sie, wer die Jacquard-Webmaschine erfunden hat. Die Druckwalze, die Druckerpresse wurden von Farmersfrauen erfunden. Wer erfand die Entkörnungsmaschine für Baumwolle, die unserem Land so viel Wohlstand beschert hat? Mrs. General Greene erfand die Entkörnungsmaschine. Sie zeigte ihre Idee Mr. Whitney, und er, ganz Mann, griff zu. Wer erfand die Nähmaschine? Wenn ich morgen in die Schule ginge und Ihre Kinder fragte, würden sie antworten: »Elias Howe.«

Wir kämpften zusammen im Bürgerkrieg, und Howe war oft bei mir im Zelt. Er hat mir oft erzählt, dass er vierzehn Jahre lang erfolglos versucht habe, eine Nähmaschine zu bauen. Eines Tages entschied seine Frau, dass es nun wirklich Zeit mit der Erfindung wurde, wenn sie nicht verhungern wollten, und so erfand sie innerhalb von zwei Stunden die Nähmaschine. Natürlich ließ er sich das Patent auf seinen Namen erteilen. So sind die Männer. Wer hat die Mähmaschine erfunden? Den kürzlich veröffentlichten vertraulichen Mitteilungen Mr. McCormicks zufolge war es eine Frau aus West Virginia. Seinem Vater und ihm war es nicht gelungen, eine Mähmaschine zu bauen, und sie hatten den Versuch schon aufgegeben. Da nahm besagte Frau ein paar Scheren und nagelte sie so an die Kante eines Brettes, dass jeweils eine Scherenhälfte frei beweglich war. Dann verband sie die Scheren mit Draht, sodass sie sich öffneten, wenn sie an dem Draht zog, und schon hatte sie das Prinzip der Mähmaschine entwickelt.

Wenn Sie sich eine Mähmaschine anschauen, sehen Sie, dass es sich dabei um nichts weiter handelt als um eine Menge Scheren. Wenn eine Frau die Mähmaschine erfinden kann, wenn eine Frau die Jacquard-Webmaschine erfinden kann, wenn eine Frau die Baumwollentkörnungsmaschine erfinden kann, wenn eine Frau, wie Mr. Carnegie sagte, jene großen Eisenpressen erfand, die zur Grundlage für die vielen Stahlmillionen der Vereinigten Staaten wurden, dann können »wir Männer« alles, aber auch wirklich alles erfinden! Das sage ich zur Ermutigung der Männer.

Wer sind die großen Erfinder dieser Welt? Die Antwort ist ganz einfach: Der große Erfinder sitzt gleich neben Ihnen, oder Sie selbst sind es. »Oh«, werden Sie sagen, »aber ich habe noch nie in meinem Leben etwas erfunden.« Das traf auch auf die großen Erfinder zu, bis zu dem Tag, an dem sie ihre große Entdeckung machten. Glauben Sie, so ein Erfinder sei ein Mann mit einem Kopf so groß wie ein Ballon, oder ein Mann wie ein Erdbeben? Keines von beiden. Der wirklich große Mann ist ein schlichter, redlicher, alltäglicher, vernünftiger Mensch. Man würde nicht vermuten, dass es sich bei ihm um einen großen Erfinder handelt, wenn man nicht eine seiner Erfindungen mit eigenen Augen sieht. Seinen Nachbarn erscheint er überhaupt nicht außergewöhnlich. Man sieht selten etwas Großes, wenn man über den Nachbarszaun blickt. Unter Ihren Nachbarn seien keine außergewöhnlichen Menschen, sagen Sie. Die gebe es nur anderswo. In der Tat sind die Großen oft so unkompliziert, so schlicht, so ehrlich, so praktisch, dass ihre Nachbarn und Freunde ihre Größe gar nicht bemerken.

Wahre Größe bleibt oft unerkannt. Das ist wahr. Man weiß nichts über die größten Männer und Frauen. Ich suchte einmal General Garfield auf, um mit ihm an seiner Biographie zu arbeiten. Vor der Vordertür seines Hauses war eine große Menschenmenge versammelt. Einer seiner Nachbarn, der wusste, dass ich in Eile war, führte mich zu General Garfields Hintereingang und rief: »Jim! Jim!« Und kurz darauf kam »Jim« an die Tür und bat mich herein. Ich schrieb an der Biografie eines der größten Männer unserer Nation, und doch war er für seinen Nachbarn bloß der gute, alte »Jim«. Wenn Sie hier in Philadelphia einen berühmten Mann kennen und ihn morgen auf der Straße treffen, würden Sie sagen: »Wie geht's, Sam?« Oder: »Guten Morgen, Jim.« Natürlich würden Sie das. Genau das würden Sie tun.

Einer meiner Soldaten im Bürgerkrieg war zum Tode verurteilt worden, und ich ging nach Washington zum Weißen

Haus – ging zum ersten Mal in meinem Leben dorthin –, um bei Präsident Abraham Lincoln deswegen vorzusprechen. Ich ging in das Wartezimmer und setzte mich dort zu den vielen anderen wartenden Besuchern. Der Sekretär fragte einen nach dem anderen nach seinen Wünschen. Nachdem der Sekretär alle Wartenden gefragt hatte, ging er hinein. Dann kam er zurück an die Tür und winkte mir zu. Ich ging ins Vorzimmer, und der Sekretär sagte: »Dort drüben ist die Tür des Präsidenten. Klopfen Sie einfach an und gehen Sie gleich hinein.« In meinem ganzen Leben war ich noch nie so sprachlos gewesen, Freunde, nie. Der Sekretär machte es mir noch schwerer, weil er, nachdem er mir gesagt hatte, ich solle einfach hineingehen, mich stehen ließ und in einem anderen Zimmer verschwand.

Da stand ich nun, ganz allein, vor der Tür des Präsidenten der Vereinigten Staaten von Amerika. Ich bin auf den Schlachtfeldern gewesen, wo mir die Kugeln um die Ohren pfiffen und mich auch manchmal trafen, aber ich wollte immer weglaufen. Der alte Mann ist mir unsympathisch, der sagt: »Den feindlichen Kanonenkugeln entgegenzumarschieren macht mir nicht mehr aus als zum Abendessen zu gehen.« Ich habe kein Vertrauen zu einem Mann, der nicht genug Verstand hat, um sich zu fürchten, wenn man auf ihn schießt. Aber als uns in Antietam die Geschosse um die Ohren flogen, habe ich mich nicht so gefürchtet wie in jenem Augenblick vor dem Zimmer des Präsidenten. Doch schließlich nahm ich allen Mut zusammen – ich weiß auch nicht, wie ich es geschafft habe – und klopfte mit ausgestrecktem Arm an die Tür. Der Mann in dem Zimmer half mir in keiner Weise, sondern schrie laut: »Kommen Sie rein und setzen Sie sich!«

Ich ging also hinein und setzte mich auf einen Stuhl, ganz vorn auf die Stuhlkante und wünschte mir, ich wäre in Europa, und der Mann am Schreibtisch würde nicht aufblicken. Er gehörte zu den größten Männern der Welt, und ein einziger Grundsatz hatte ihn groß gemacht. Oh, würden mir doch jetzt alle jungen Männer von Philadelphia zuhören. Dann könnte ich dieses eine zu ihnen sagen, und sie würden es hoffentlich nie vergessen. Ich gäbe mein Leben für die Wirkung, die die Befolgung dieses einen Grundsatzes für unsere Stadt und unsere ganze Zivilisation hätte. Abraham Lincolns Prinzip für persönliche Größe kann praktisch von jedermann angewendet werden. Seine Regel lautete folgendermaßen: Wenn es etwas zu erledigen gab, richtete er seine ganze Aufmerksamkeit darauf und ließ sich nicht ablenken, bis die Sache erledigt war. Das ist ein zuverlässiger Weg zu persönlichem Erfolg. Lincoln konzentrierte sich auf die Papiere auf seinem Tisch, ohne aufzublicken, und ich saß zitternd davor.

Schließlich schob er die Papiere zur Seite. Er schaute mich an, und ein Lächeln erschien auf seinem erschöpften Gesicht. Er sagte: »Ich bin ein sehr beschäftigter Mann und habe nur ein paar Minuten Zeit für Sie. Sagen Sie mir, welches Anliegen Sie haben, und fassen Sie sich dabei möglichst kurz.« Ich begann, ihm von dem Fall des Soldaten zu erzählen, und er sagte: »Ich bin bereits vollständig darüber informiert. Sie brauchen nicht mehr zu sagen. Mr. Stanton, der Kriegsminister, hat erst vor ein paar Tagen mit mir darüber gesprochen. Sie können unbesorgt in Ihr Hotel zurückkehren. Ich versichere Ihnen, der Präsident hat nie einen Befehl zur Erschießung eines Jungen von unter zwanzig Jahren unterzeichnet und wird das auch nie tun. Das können Sie auch seiner Mutter sagen.«

Dann sagte er zu mir: »Wie ist die Lage draußen auf dem Schlachtfeld?« Ich sagte: »Manchmal sind wir entmutigt.« Und er sagte: »Das ist in Ordnung. Wir werden jetzt gewinnen. Wir sind dem Licht jetzt sehr nahe. Niemand sollte sich wünschen, Präsident der Vereinigten Staaten zu sein, und ich bin froh, wenn ich es überstanden habe. Dann werden Tad und ich nach Springfield, Illinois gehen. Ich habe dort eine Farm gekauft, und es ist mir egal, wenn ich dann wieder nur fünfundzwanzig Cent am Tag verdiene. Tad hat Maultiere, und wir werden Zwiebeln anbauen.«

Dann fragte er mich: »Sind Sie auf einer Farm aufgewachsen?« Ich sagte: »Ja, in den Berkshire-Hills in Massachussetts.« Er schlug die Beine übereinander und sagte: »Seit ich ein Junge war, habe ich immer wieder sagen hören, dass man dort oben in diesen Hügeln die Nasen der Schafe anspitzen muss, damit sie die Grashalme zwischen den Steinen finden.« Er war so ungezwungen, so normal und wirkte so durch und durch wie ein Farmer, dass er sofort mein Vertrauen gewann.

Dann griff er nach einem weiteren Schriftstück, blickte zu mir auf und sagte: »Guten Morgen.« Ich verstand den Wink, erhob mich und ging hinaus. Hinterher konnte ich kaum fassen, dass der Mann, dem ich da gegenüber gesessen hatte, tatsächlich der Präsident der Vereinigten Staaten gewesen war. Doch ein paar Tage später sah ich, wie die Menschenmenge im East Room des Weißen Hauses am Sarg Abraham Lincolns vorbeizog. Und als ich in das nach oben gerichtete Gesicht des ermordeten Präsidenten blickte, spürte ich, dass dieser Mann, mit dem ich erst vor so kurzer Zeit gesprochen hatte, dieser so schlichte, so einfache Mann, doch unter jenen, die von Gott ausersehen wurden, eine Nation in die Freiheit zu führen, einer der größten war. Und dennoch war er für seine Nachbarn einfach nur »der alte Abe«. Ich gehörte zu den geladenen Gästen bei der Beerdigung, sodass ich dabei war, als Lincoln in Springfield beigesetzt wurde. Am Grab standen Lincolns alte Nachbarn, für die er einfach »der alte Abe« war. Anders hätten sie ihn nie genannt.

Kennen Sie auch solche Männer, die umherstolzieren und sich für zu wichtig halten, um von einem gewöhnlichen Arbeiter Notiz zu nehmen? Glauben Sie, dass das wahre Größe ist? Solche Männer sind nur aufgeblähte Ballons, die von ihren großen Füßen am Boden festgehalten werden. In ihnen ist keine Größe.

Wer sind die großen Männer und Frauen? Ein armer Fabrikarbeiter in Massachussetts hatte im Alter von achtunddreißig Jahren einen Unfall und konnte danach nur noch einfache Arbeiten verrichten. Man setzte ihn im Büro ein, wo er die Bleistiftvermerke auf den Rechnungen ausradieren musste. Er benutzte dazu einen großen Radiergummi, bis seine Hand müde wurde. Dann befestigte er ein Stück Radiergummi an der Spitze eines Holzstabes, sodass er ihn wie einen Hobel benutzen konnte. Seine Tochter kam und sagte: »Das solltest du dir patentieren lassen.« Der Vater erzählte hinterher: »Wenn meine Tochter nicht zu mir gesagt hätte, dass ich mir diesen Stab mit dem Radiergummi daran patentieren lassen sollte, wäre ich überhaupt nicht auf die Idee gekommen.« Er ging nach Boston und ließ seine Erfindung patentieren. Heute ist der Mann Millionär, und jeder von Ihnen, der einen Bleistift mit aufgesetztem Radiergummi bei sich trägt, zollt ihm dafür Anerkennung. Er war einmal ein armer Mann, der nachdachte – einfach nur nachdachte.

(Aus: Norman Vincent Peale, *Lass dir erzählen!*, München 1994.)

ELBERT HUBBARD

Eine Nachricht für Garcia

Dies ist eigentlich keine Rede. Es handelt sich um einen Zeitungsartikel, der im März 1899 im Philistine Magazine *erschien. Ich füge ihn bei, weil er repräsentativ ist für jene Botschaften, die in der Geschäftswelt populär sind.*

Von der New York Railroad wurden eineinhalb Millionen Exemplare dieses Artikels verteilt. Er ist in alle Schriftsprachen übersetzt worden.

Während des Krieges zwischen Russland und Japan gab man jedem russischen Soldaten, der an die Front geschickt wurde, ein Exemplar von Eine Nachricht für Garcia *mit.*

Als die Japaner das kleine Büchlein bei allen russischen Kriegsgefangenen fanden, sagten sie sich, dass es sich dabei wohl um eine gute Sache handeln müsse, und ließen es auch ins Japanische übersetzen.

Auf Anweisung des Tenno wurde das Büchlein an alle zivilen und militärischen Bediensteten der japanischen Regierung verteilt.

Die Buchfassung von Eine Nachricht für Garcia *ist in mehr als vierzig Millionen Exemplaren gedruckt worden und damit eines der verbreitetsten literarischen Erzeugnisse aller Zeiten.*

In dieser Kuba-Angelegenheit gab es einen Mann, der in meiner Erinnerung einen herausragenden Platz einnimmt.

Als der Krieg zwischen Spanien und den Vereinigten Staaten ausbrach, war es von großer Bedeutung, rasche Verbindung mit dem Anführer der Rebellen aufzunehmen. Garcia hielt sich irgendwo in den Bergen Kubas verborgen – niemand wusste wo. Weder per Post noch über Telegraf konnte man ihn erreichen. Der Präsident musste sich Garcias Unterstützung versichern, und zwar schnell.

Was konnte man tun?

Jemand sagte zum Präsidenten: »Es gibt da jemanden namens Rowan. Wenn jemand Garcia für Sie finden kann, dann er.«

Rowan wurde geholt. Man gab ihm einen Brief, den er Garcia überbringen sollte. Wie dieser »Jemand namens Rowan« den Brief an sich nahm, ihn in einer Kuriertasche verstaute, nach vier Tagen mit einem offenen Boot nachts die kubanische Küste erreichte, im Dschungel verschwand und nach drei Wochen auf der anderen Seite der Insel wieder auftauchte, nachdem er ein feindliches Land zu Fuß durchquert und den Brief Garcia überbracht hatte – auf diese Einzelheiten möchte ich hier nicht näher eingehen. Der Punkt, auf den es mir ankommt, ist folgender: McKinley gab Rowan einen Brief, der Garcia überbracht werden sollte; Rowan nahm den Brief, ohne zu fragen: »Wo ist Garcia denn?«

Beim Allmächtigen! Da gibt es einen Mann, von dem sollte man Bronzestatuen gießen und in allen Schulen des Landes aufstellen. Junge Männer brauchen kein Bücherwissen, keine Instruktionen über dieses und jenes, sondern man muss ihnen das Rückgrat stärken, damit sie sich des in sie gesetzten Vertrauens würdig erweisen, entschlossen handeln, ihre Energien konzentrieren: tun, was zu tun ist – »Garcia eine Nachricht überbringen«.

General Garcia ist tot, aber es gibt andere Garcias. Jeder, der es je auf sich genommen hat, ein Unternehmen auszuführen, bei dem viele Hände nötig waren, war bestimmt schon mehr als einmal entsetzt über die Beschränktheit des durchschnittlichen Menschen – die Unfähigkeit oder mangelnde Bereitschaft, sich auf eine Aufgabe zu konzentrieren und sie auszuführen.

Schlampige Ausführung, dumme Unaufmerksamkeit, nachlässige Gleichgültigkeit und halbherzige Arbeit scheinen die Regel zu sein; und niemand hat Erfolg, wenn er nicht andere mit List, Bestechung, Drohung oder Gewalt dazu bringt, ihm zu helfen; es sei denn, Gott in seiner Güte tut ein Wunder und sendet ihm einen Engel des Lichts zur Hilfe.

Probieren Sie es selbst aus, lieber Leser: Sie sitzen in Ihrem Büro – sechs Angestellte sind in Reichweite. Holen Sie einen von ihnen, und fordern Sie ihn auf: »Schauen Sie bitte im Lexikon nach, und fertigen Sie einen kurzen Bericht über das Leben Corregios für mich an.«

Wird der Angestellte einfach sagen »Ja, Sir«, und die Aufgabe ausführen?

Ich schwöre Ihnen, das wird er nicht tun. Er wird sie ausdruckslos anschauen und Ihnen eine oder mehrere der folgenden Fragen stellen:

Wer ist denn Corregio?

In welchem Lexikon?

Wo ist denn das Lexikon?

Gehört das zu meinen Aufgaben?

Meinen Sie nicht vielleicht Bismarck?

Kann Charlie das nicht übernehmen?

Ist Corregio tot?

Muss es jetzt gleich sein?

Soll ich Ihnen nicht lieber das Buch bringen, und Sie schauen selbst nach?

Wozu wollen Sie das denn wissen?

Und ich wette mit Ihnen zehn zu eins, dass der Angestellte, nachdem Sie ihm diese Fragen beantwortet und ihm
erklärt haben, wo er die Information findet und warum Sie
sie brauchen, sich doch noch von einem anderen Angestellten bei der Suche nach Corregio helfen lassen wird – und
dann wird er zurückkommen und Ihnen sagen, dass dieser
Corregio überhaupt gar nicht existiert. Mag sein, dass ich
meine Wette verliere, doch nach dem Gesetz des Durch-
schnittes ist das äußerst unwahrscheinlich.

Wenn Sie weise sind, werden Sie sich erst gar nicht damit
aufhalten, Ihrem »Mitarbeiter« zu erklären, dass man Corregio unter C nachschlagen muss, nicht unter K. Stattdessen
werden Sie freundlich lächeln, »schon gut« sagen und selbst
nachschauen gehen. Und diese Unfähigkeit, selbstständig
zu handeln, diese moralische Stupidität, diese Willens-
schwäche, wenn es darum geht, frohgemut mit anzupa-
cken ... Wenn Menschen noch nicht einmal für sich selbst
handeln können, wie werden sie sich dann verhalten, wenn
es gilt, etwas für das Allgemeinwohl zu tun?

Offenbar brauchen solche Leute eine harte Hand; und oft
lässt sie nur die Furcht, gefeuert zu werden, an ihrem
Arbeitsplatz ausharren. Wenn Sie eine Stenographenstelle
ausschreiben, beherrschen neun von zehn Bewerbern weder
Rechtschreibung noch Zeichensetzung – und halten das
auch nicht für erforderlich.

Könnte so jemand einen Brief an Garcia schreiben?

»Sehen Sie sich diesen Buchhalter an«, sagte der Direktor
einer großen Fabrik zu mir.

»Ja. Was ist mit ihm?«

»Nun, er ist ein sehr guter Buchhalter. Aber wenn ich ihn
für eine Besorgung in die Stadt schicke, kann es zwar sein,
dass er diesen Auftrag zufriedenstellend erledigt, ebenso gut
kann es aber auch vorkommen, dass er unterwegs in vier

Saloons einkehrt und bis zur Main Street vergessen hat, wozu er eigentlich losgeschickt wurde.«

Kann man einem solchen Mann die Aufgabe anvertrauen, Garcia eine Nachricht zu überbringen?

In letzter Zeit bekamen wir viel wehleidiges Mitgefühl mit den »unterdrückten, ausgebeuteten Arbeitern« und »den auf der Suche nach ehrlicher Arbeit heimatlos Umherirrenden« zu hören, verbunden mit vielen harten Worten gegen die Männer an der Spitze.

Niemand verliert ein Wort über den Unternehmer, den der vergebliche Versuch, schlampige Nichtsnutze zu intelligenter Arbeit zu bewegen, vor der Zeit altern lässt, und über seine langen, geduldigen Bemühungen, »Helfer« zu finden, die dann doch nur faulenzen, sobald er ihnen den Rücken zudreht. In jedem Laden und jeder Fabrik findet eine ständige Auslese statt. Unablässig schickt der Unternehmer »Helfer« wieder weg, die ihre Unfähigkeit demonstriert haben, den geschäftlichen Erfolg zu mehren, und stellt andere dafür ein. Wie gut die Zeiten auch sein mögen, dieses Aussortieren geht immer weiter: nur dass es sorgfältiger geschieht, wenn die Zeiten schwer sind und die Arbeit knapp ist – aber die Unfähigen und Wertlosen werden für immer ausgeschieden. Es gilt das Prinzip der natürlichen Auslese, nur die Besten überleben. Eigeninteresse veranlasst jeden Unternehmer, nur die Besten zu behalten – jene, die Garcia eine Nachricht überbringen können.

Ich kenne einen Mann mit ausgezeichneten Talenten, der dennoch unfähig ist, ein eigenes Geschäft zu gründen, und ebenso wenig als Angestellter zu gebrauchen ist, weil er den ständigen verrückten Verdacht hegt, sein Arbeitgeber wolle ihn unterdrücken oder zu unterdrücken versuchen. Er kann keine Anweisungen geben, will aber auch selbst keine befolgen. Gäbe man ihm eine Nachricht für Garcia, würde er vermutlich entgegnen: »Überbringen Sie sie ihm gefälligst selbst!«

Heute Abend läuft dieser Mann auf der Suche nach Arbeit durch die Straßen, und die Kälte dringt ihm durch den abgetragenen Mantel. Niemand, der ihn kennt, wagt es, ihn einzustellen, denn er stiftet Unfrieden, wo immer er arbeitet. Er ist keinem vernünftigen Argument zugänglich, und das Einzige, das ihn beeindrucken kann, ist die Spitze eines dick besohlten Stiefels.

Natürlich weiß ich, dass ein derartig moralisch deformierter Mensch genauso zu bemitleiden ist wie ein körperlicher Krüppel; doch bei allem Mitgefühl sollten wir auch eine Träne für jene Männer erübrigen, die sich damit abmühen, ein großes Unternehmen zu lenken und deren Arbeitszeit nicht durch die Signalpfeife begrenzt ist. Ihr Haar ergraut rasch im Kampf gegen schlampige Gleichgültigkeit und Stümperei und die herzlose Undankbarkeit derer, die hungrig und heimatlos wären, gäbe es nicht den Unternehmer, der ihnen Arbeit gibt.

Argumentiere ich zu einseitig? Möglicherweise ist das so, aber wenn alle Welt demgegenüber gleichgültig geworden ist, möchte doch wenigstens ich etwas Sympathie mit den Erfolgreichen bekunden – mit jenen Männern, die gegen alle Widrigkeiten die Arbeit anderer lenkten und dabei Erfolg hatten, nur um dann festzustellen: Es bringt ihnen nichts ein außer mühseliger Arbeit. Ich habe in meinem Leben schon in der Armenküche essen und als Tagelöhner arbeiten müssen, und ich bin Unternehmer gewesen. Daher weiß ich, dass man stets beide Seiten angemessen berücksichtigen muss. Armut an sich ist nichts Edles; Lumpen sind keine Empfehlung; es sind nicht alle Unternehmer habgierig und selbstherrlich, und ebenso wenig sind alle Armen tugendhaft. Meine Sympathie gilt jenen Männern, die ihre Arbeit auch dann gut machen, wenn der »Boss« einmal nicht da ist. Und jenen Männern, die, wenn man ihnen einen Brief an Garcia anvertraut, sich schweigend der Sache annehmen, ohne idiotische Fragen zu stellen, ohne die hinterhältige Absicht, den Brief in den nächsten Gully zu werfen; jenen Männern, die einen solchen Brief ganz einfach überbringen, ohne unterwegs »aufgehalten« zu werden oder für höhere Löhne zu streiken. Die Zivilisation ist eine lange, mühevolle Suche nach solchen Individuen. Einem solchen Mann stehen alle Türen offen. Er ist in jeder großen oder kleinen Stadt, jedem Dorf gefragt – in jedem Büro, jedem Geschäft, jeder Fabrik. Die Welt schreit nach einem solchen Mann; er wird gebraucht, dringend gebraucht – der Mann, der »Garcia eine Nachricht überbringen« kann.

(Aus: Norman Vincent Peale,
Lass dir erzählen!, München 1994.)

James Allen

Wie ein Mensch denkt ...

Der kleine Essay Wie ein Mensch denkt *hat das Leben vieler Menschen tief greifend beeinflusst.*

Lesen Sie ihn, nicht eilig, sondern nachdenklich und oft.

Sie werden darin keine einzige Stelle finden, die sich konkret auf die Kunst des öffentlichen Redens bezieht, aber sehr viel Wesentliches für den Aufbau der wichtigsten Requisiten eines erfolgreichen Redners: solides Selbstvertrauen, Ehrlichkeit und Persönlichkeit.

Effektives Reden und wahres Führungstalent sind immer das Ergebnis konstruktiven, effektiven Denkens.

Wir wissen von vielen Fällen, in denen die Lektüre dieses kurzen Textes wahre Wunder im Leben eines Menschen vollbrachte.

Gedanke und Persönlichkeit

Der Aphorismus »Wie ein Mensch in seinem Herzen denkt, so ist er«, betrifft nicht nur das innere Sein des Menschen, sondern bezieht auch alle äußeren Umstände seines Lebens mit ein. Ein Mensch ist ganz buchstäblich, *was er denkt*. Sein Charakter ist die Summe aller seiner Gedanken.

So wie die Pflanze aus dem Samen hervorsprießt und ohne ihn nicht ins Dasein treten könnte, so entspringt jede Handlung eines Menschen der verborgenen Saat seiner Gedanken

389

und hätte ohne sie niemals geschehen können. Das trifft auf Handlungen, die als »spontan« und »unüberlegt« bezeichnet werden, ebenso zu wie auf jene, die mit bewusster Absicht ausgeführt werden.

Die Tat ist die Blume des Denkens, und Freude und Leid sind seine Früchte. So legt der Mensch selbst den Samen für die süßen und bitteren Früchte, die er später erntet.

»Durch Denken erschaffen wir uns selbst. Was wir sind
Wurde durch Denken erschaffen und erbaut. Wer
    Böses denkt
Wird bald vom Schmerz verfolgt, so wie
Der Karren auf den Ochsen folgt.
Und dem, der Gutes denkt, folgt ebenso
Die Freude wie sein eigener Schatten.«

Der Mensch unterliegt dem göttlichen Gesetz, er ist keine unabhängige, freie Schöpfung. Im verborgenen Reich des Geistes ist das Gesetz von Ursache und Wirkung ebenso absolut und unbeirrbar in Kraft wie in der Welt der sichtbaren und materiellen Dinge. Eine edle und gottähnliche Persönlichkeit ist nicht besondere Gnade oder Zufall, sondern das natürliche Ergebnis steter Bemühung und richtigen Denkens, die Auswirkung einer seit langem gepflegten Ausrichtung des Geistes auf gottähnliche Gedanken. Ein verdorbener und übler Charakter ist, in gleicher Wirkungsweise, Resultat der steten Konzentration auf schlechte, lasterhafte Gedanken.

Der Mensch erschafft oder entäußert sich selbst. Auf dem Amboss seines Denkens schmiedet er die Waffen seiner Selbstzerstörung ebenso wie die Werkzeuge, mit denen er sich himmlische Paläste der Freude, der Stärke und des Friedens errichten kann. Durch die richtige Wahl seiner Gedanken und ihre kluge Anwendung steigt der Mensch empor zu göttlicher Vollkommenheit. Doch der Missbrauch und die falsche Anwendung seines Denkens ziehen ihn auf eine Stufe noch unter den wilden Tieren herab. Zwischen diesen beiden Extremen liegen alle Schattierungen der Persönlichkeit, und der Mensch selbst ist ihr Schöpfer und Meister.

Von allen schönen Wahrheiten über die Seele, die in diesem Zeitalter neu entdeckt und ans Licht gebracht wurden, ist keine erfreulicher und an göttlicher Verheißung und Zuversicht reicher als diese. Dass der Mensch der Meister seines Denkens, der Schmied seiner Persönlichkeit und der Schöpfer seiner Lebensumstände, seiner Umwelt und seines Schicksals ist.

Als ein Wesen von Macht, Intelligenz und Liebe und als Beherrscher seiner eigenen Gedanken hält der Mensch den Schlüssel zu jeder Situation, die Lösung für jedes Problem in Händen. In sich selbst findet er jene transformierende und heilende Kraft, mit deren Hilfe er werden kann, was er werden will.

Der Mensch ist immer Herr seiner Lage, mag sie sich auch noch so miserabel und elend darstellen. Doch in Schwäche und Elend zeigt sich der dumme Herr, der seinen »Haushalt« schlecht führt. Wenn er beginnt über seinen Zustand nachzusinnen und sich fleißig bemüht das Gesetz zu erkennen, auf dem sein Dasein beruht, wandelt er sich zum weisen Meister, der seine Energien mit Intelligenz lenkt und sein Denken auf fruchtbare Bahnen bringt. Das ist der bewusste Mensch, aber diesen Zustand erreicht nur, wer durch Selbstanalyse und Erfahrung die Gesetze des Denkens für sich entdeckt.

Allein durch diese Art des Suchens lassen sich die Gold- und Diamantenminen des Geistes finden. Wenn der Mensch nur tief genug in seiner Seele gräbt, kann er alle Wahrheiten entdecken, die sein wirkliches Sein ausmachen. So wird er zum Schöpfer seiner eigenen Persönlichkeit, zum Lenker seines Schicksals. Wenn er lernt seine Gedanken zu beobachten, zu beherrschen und zu verändern, wenn er ihre Auswirkungen auf sich selbst, seine Lebensumstände und seine Mitmenschen studiert, wenn er durch geduldiges Beobachten und Nachforschen die Zusammenhänge von Ursache und Wirkung begreift, wenn er diese Einsichten im Alltag konsequent anwendet, auch noch in den trivialsten Angelegenheiten, wird er Erkenntnis, Weisheit und Macht erlangen. So und nicht anders wirkt das absolute Gesetz, das da lautet: »Suchet, so werdet ihr finden; klopfet an, so wird euch aufgetan.« Nur durch Geduld, Übung und unermüdliche Ausdauer kann ein Mensch in den Tempel des Wissens gelangen.

Die Auswirkungen des Denkens
auf die äußeren Lebensumstände

Das menschliche Bewusstsein lässt sich mit einem Garten vergleichen, den man entweder mit Geist kultivieren oder aber verwildern lassen kann. Doch ganz gleich, ob der Garten kultiviert ist oder vernachlässigt, er muss, und wird, *Frucht tragen.* Werden keine nützlichen Samen in ihm ausgesät, wird stattdessen unnützes Unkraut in ihm sprießen und entsprechende Gesellschaft anziehen.

So wie der Gärtner seine Beete kultiviert, Unkraut jätet und für gutes Wachstum der erwünschten Blumen und Früchte sorgt, so soll man auch den Garten des Geistes pflegen. Alle falschen, unnützen und unreinen Gedanken müssen gejätet werden, während man die Blumen und Früchte richtigen, nützlichen und reinen Denkens zu immer größerer Vollkommenheit kultiviert. Wenn ein Mensch sich dieser Aufgabe widmet, wird er früher oder später entdecken, dass er tatsächlich der Meister-Gärtner seiner Seele ist, der Dramaturg seines Lebens. Er entdeckt in sich die Gesetze des Denkens und versteht immer deutlicher, wie die Gedankenkräfte und Bewusstseinselemente bei der Bildung von Persönlichkeit, Lebensumständen und Schicksal zusammenwirken.

Denken und Persönlichkeit sind eins, und da Letztere sich nur anhand der äußeren Lebensumstände manifestieren und ihrer selbst gewahr werden kann, befinden sich diese äußeren Lebensbedingungen eines Menschen stets in völliger Harmonie mit seinem inneren Zustand. Das bedeutet nicht, dass man aus den Lebensumständen eines Menschen jederzeit seine gesamte Persönlichkeit ablesen kann, wohl aber dass diese Umstände in intimer Verbindung zu einem gegenwärtig vorhandenen und für sein Leben bedeutsamen Gedanken-Element in ihm stehen und daher derzeit für seine persönliche Entwicklung unentbehrlich sind.

Jeder Mensch steht dort, wo er steht, auf Grund der Gesetze seines eigenen Seins. Die Gedanken, aus denen er seine Persönlichkeit aufgebaut hat, haben ihn in die gegenwärtige Situation gebracht. In der ganzen Gestaltung seines Lebens gibt es kein einziges zufälliges Element. Alles darin ist Folge eines Gesetzes, das niemals irrt. Das trifft auf jene, die das Gefühl haben »nicht in Harmonie mit ihrer Umwelt zu leben« ebenso zu wie auf jene, die mit ihren unmittelbaren Lebensumständen zufrieden sind.

Da der Mensch ein sich stetig wandelndes und weiterentwickelndes Wesen ist, steht er an seinem momentanen Platz, auf dass er dazulernt und wächst. Wenn er die spirituellen Lektionen gelernt hat, die seine momentane Lebenssituation für ihn bereithält, ändern sich die Umstände und es entsteht Raum für Neues.

Der Mensch wird so lange von seinen äußeren Lebensumständen beherrscht, wie er glaubt, ein Geschöpf dieser

Umstände zu sein. Macht er sich aber klar, dass er selbst die schöpferische Kraft ist und die Früchte seiner Lebensumstände in seinem inneren Garten selbst herangezogen hat, wird er zum rechtmäßigen Lenker seines Schicksals.

Dass die äußeren Lebensumstände eines Menschen Folge seines Denkens sind, weiß jeder, der einmal für eine gewisse Zeit Selbstkontrolle und Bewusstseins-Reinigung praktiziert hat. Dann nämlich tritt deutlich zutage, dass sich mit der geistigen Verfassung auch die äußeren Lebensumstände verändern. Wenn ein Mensch sich ernsthaft bemüht die Defekte seiner Persönlichkeit zu beheben und dabei gute Fortschritte macht, wird in seinem Leben ein tief greifender Wandel stattfinden.

Die Seele zieht das in ihren Erfahrungsbereich, womit sie sich insgeheim gedanklich beschäftigt: das, was sie liebt, und das, wovor sie sich fürchtet. Sie steigt empor zu ihren höchsten Bestrebungen. Sie stürzt hinab auf die Ebene ihrer unkeuschesten Begierden. Und die äußeren Lebensumstände sind der Bereich, wo die Seele die ihr gemäßen Gaben empfängt.

Jeder Gedankensame, der im Bewusstsein ausgesät wird oder den wir von außen dort hineinfallen und Wurzeln schlagen lassen, bringt früher oder später ihm gemäße Früchte an Handlungsmöglichkeiten und äußeren Umständen hervor. Gute Gedanken bringen gute Früchte hervor, schlechte Gedanken schlechte Früchte.

Die äußere Lebensumwelt formt sich nach der inneren Welt des Denkens, und angenehme wie unangenehme äußere Umstände sind Faktoren, die letztlich dem höchsten Guten des Individuums dienen. Der Mensch muss ernten, was er gesät hat, und so lernt er sowohl durch Leiden wie durch Glück.

Indem er den inneren Wünschen, Bestrebungen und Gedanken folgt, von denen er sich beherrschen lässt (launenhaften unreinen Phantasien hinterherlaufend oder aber aufrecht auf der Straße großer und edler Taten schreitend), gelangt der Mensch schließlich dorthin, wo diese sich in den äußeren Umständen seines Lebens sichtbar erfüllen. Die Gesetze von Wachstum und Anpassung gelten überall.

Ein Mensch wird nicht durch die Launen des Schicksals oder aufgrund einer Verkettung ungünstiger Umstände zum Trinker oder zum Kriminellen, sondern durch schlechte Gedanken und niederträchtige Begierden. Und niemals wird ein Mensch, der reinen Geistes ist, plötzlich durch äußere Belastungen zu verbrecherischen Taten getrieben. Vielmehr muss er das verbrecherische Denken schon lange heimlich in seiner Brust genährt haben, bis die Gunst der Stunde diese in ihm angesammelte kriminelle Energie ans Licht bringt. Nicht die äußeren Umstände formen den Menschen. Durch die äußeren Umstände offenbart sich dem Menschen seine eigene innere Natur. Niemand steigt ins Böse hinab und zieht entsprechende Leiden auf sich, der nicht zuvor böse Neigungen in sich gehegt hat. Niemand steigt zur Tugend und zum reinen Glück auf, der nicht zuvor tugendhafte Bestrebungen in sich kultiviert hat. Schon von Geburt an bekommt unsere Seele, was ihr zusteht, und auf jedem Schritt ihrer irdischen Pilgerfahrt zieht sie genau diejenige Kombination von Lebensbedingungen an, die das Wesen unserer Seele offenbaren, Spiegelbilder unserer Reinheit und Unreinheit, unserer Stärke und unserer Schwäche.

Die Menschen ziehen nicht das in ihr Leben, was sie sich *wünschen*, sondern das, was sie *sind*. Ihre Launen und ehrgeizigen Wünsche verändern sich mit jedem Schritt, aber ihre tieferen Gedanken und Sehnsüchte werden durch die ihnen gemäße Nahrung genährt, und diese Nahrung kann faulig sein oder rein. Das »Göttliche, das unser Leben lenkt« ist in uns. Es ist unser eigenes inneres Selbst. Der Mensch legt sich selbst die Fesseln an. Gedanken und die aus ihnen folgenden Taten sind die Gefängniswärter des Schicksals – wenn sie niedrig und schlecht sind, kerkern sie uns ein. Sie können aber auch die Engel der Freiheit sein – wenn sie gut und edel sind, befreien sie uns. Der Mensch bekommt nicht das, was er begehrt und worum er betet, sondern das, was er gerechterweise verdient. Seine Wünsche und Gebete werden nur dann erfüllt und erhört, wenn sie im Einklang mit seinen Gedanken und Handlungen stehen.

Was bedeutet also, im Licht der Wahrheit betrachtet, der »Kampf gegen die äußeren Umstände«? Er bedeutet, dass der Mensch ständig gegen eine Wirkung aufbegehrt, deren Ursache er beständig in seinem Herzen nährt und hegt. Diese Ursache kann die Form einer bewussten Bosheit annehmen oder eine unbewusste Schwäche sein. Doch was immer es sein mag, es stellt sich störrisch den Bemühungen seines Besitzers in den Weg, und deshalb bedarf es dringend der Heilung.

Die Menschen sind eifrig darauf bedacht ihre äußeren Lebensumstände zu verbessern, zeigen jedoch wenig Bereitschaft sich selbst zu verbessern. Daher bleiben sie gefesselt und unfrei. Wer aber nicht davor zurückschreckt sich selbst zu läutern, der wird immer die Ziele erreichen, auf die er sein Herz richtet. Das gilt für irdische wie für himmlische Dinge. Selbst ein Mensch, dessen einziges Ziel darin besteht Reichtum zu erlangen, muss bereit sein große persönliche Opfer zu bringen, ehe er dieses Ziel erreichen kann. Um wie viel mehr gilt das erst für jene, die es sich zum Ziel gesetzt haben, ein starkes Leben in Harmonie zu führen?

Nehmen wir einen Mann, der unter großer materieller Armut leidet. Er ist sehr darauf bedacht, dass seine Umgebung und sein häuslicher Komfort sich verbessern, doch die ganze Zeit über drückt er sich vor der Arbeit und hält es für gerechtfertigt seinen Arbeitgeber zu betrügen, weil er seine Bezahlung für viel zu niedrig hält. Ein solcher Mann hat die Prinzipien, die wahrem Wohlstand zugrunde liegen, in keinster Weise begriffen. Er ist nicht nur nicht dafür bereit, seiner Armut zu entrinnen, sondern wird sogar noch tiefer in ihr versinken, weil sie ein Spiegelbild seiner trägen, unehrlichen und feigen Gedanken ist.

Oder nehmen wir einen reichen Mann, der unter einer schmerzhaften und hartnäckigen Krankheit leidet, die Folge seiner Gefräßigkeit ist. Er ist bereit, viel Geld für eine ärztliche Kur auszugeben, doch von seiner Völlerei will er nicht lassen. Er will beides haben: hemmungslosen Genuss unnatürlich üppiger Gaumenfreuden und Gesundheit. Dieser Mann ist nicht bereit für ein gesundes Leben, weil er die Prinzipien eines solchen Lebens noch nicht verstanden hat.

Nehmen wir einen Unternehmer, der auf betrügerische Weise versucht, die Löhne seiner Arbeiter unter den ausgehandelten Tarif zu drücken, um selbst höhere Profite einzustreichen. Ein solcher Mann ist nicht bereit für wahren Wohlstand, und wenn er bankrott geht, Geld und Ansehen verliert, wird er den äußeren Umständen die Schuld geben, ohne sich bewusst zu sein, dass in Wahrheit er selbst der alleinige Urheber seiner misslichen Lage ist.

Ich habe diese drei Fälle lediglich angeführt, um die Wahrheit zu verdeutlichen, dass der Mensch (wenn auch meist unbewusst) seine Lebensumstände selbst verursacht und dass er, wiewohl er zumeist gute Ziele verfolgt, diese Ziele ständig unterläuft, indem er Gedanken und Wünsche hegt, die mit diesen unmöglich harmonieren können.

Die menschlichen Lebensumstände sind jedoch so kompliziert und die Glücksvorstellungen variieren von Mensch zu Mensch so stark, dass der Seelenzustand eines Menschen (auch wenn er ihm selbst sehr wohl bekannt sein mag) von anderen niemals anhand seiner äußeren Lebensumstände beurteilt werden kann. Ein Mensch mag in gewissen Lebensbereichen durchaus ehrlich und aufrichtig sein und dennoch an materiellem Mangel leiden. Ein anderer mag in gewissen Lebensbereichen unehrlich sein und es dennoch zu Reichtum bringen. Gewöhnlich wird daraus der Schluss gezogen, der eine Mann scheitere gerade *wegen seiner Ehrlichkeit* und der andere Mann sei gerade *wegen seiner Unehrlichkeit* reich geworden. Dies beruht auf dem oberflächlichen Urteil, der unehrliche Mann sei durch und durch korrupt und der ehrliche immer und überall ehrlich. Im Licht tieferen Wissens und größerer Erfahrung erweist diese Annahme sich jedoch als irrig. Der unehrliche Mann verfügt vielleicht durchaus über ein paar bewunderungswürdige Tugenden, an denen es dem anderen Mann mangelt. Und der ehrliche Mann weist vielleicht ein paar Laster auf, die dem anderen nicht zu eigen sind. Der ehrliche Mann erntet die guten Resultate seiner ehrlichen Gedanken und Handlungen. Aber er zieht auch jene Leiden auf sich, die Ergebnis seiner Laster sind. Der unehrliche Mann erntet ebenfalls die ihm zustehenden Leiden und Freuden.

Die Vorstellung, dass jemand für seine Tugenden leiden muss, schmeichelt der menschlichen Eitelkeit. Aber erst wenn ein Mensch wirklich alle kranken, bitteren und unreinen Gedanken aus seinem Bewusstsein ausgemerzt und seine Seele von allen sündigen Flecken reingewaschen hat, könnte er wirklich wissen und erklären, dass sein Leiden Ergebnis seiner guten und nicht seiner schlechten Eigenschaften sei. Doch auf dem Weg dorthin, schon lange bevor er eine solche überragende Vollkommenheit erlangt hat, wird er jenes Große Gesetz entdecken, das absolut gerecht ist und deshalb niemals Gutes mit Schlechtem oder Schlechtes mit Gutem belohnt. Wenn er im Licht dieser Erkenntnis auf seine frühere Unwissenheit und Blindheit zurückblickt, wird er wissen, dass sein Leben immer schon gerecht geordnet war und dass alle seine früheren Erfahrungen, die guten wie die schlechten, die angemessenen Früchte seines sich entwickelnden, aber noch unentwickelten Selbst darstellten.

Gute Gedanken und Taten können niemals schlechte Ergebnisse hervorbringen, schlechte Gedanken und Taten können niemals Gutes bewirken. Damit ist nichts anderes gesagt, als dass man aus einem Maisfeld immer nur Mais ernten kann, und das Brennnesseln immer nur Brennnesseln hervorbringen. Was die Natur angeht, versteht der Mensch dieses Gesetz sehr gut und arbeitet mit ihm. In der geistigen und moralischen Welt begreifen dieses Gesetz dagegen nur wenige (obgleich es dort ebenso einfach und unwandelbar am Werk ist) und handeln nicht bewusst danach.

Leiden ist *immer* eine Auswirkung falschen Denkens. Es ist ein Anzeichen dafür, dass das Individuum sich nicht in Harmonie mit sich selbst, mit dem Gesetz seines eigenen Seins, befindet. Der alleinige und große Sinn des Leidens ist die Läuterung. Es brennt alles aus der Seele heraus, das nutzlos und unrein ist. Wenn ein Mensch Reinheit erlangt, hört alles Leiden auf. Wenn die Schlacke entfernt ist, steht dem Gießen von reinem Gold nichts mehr im Wege, und ebenso kann ein reines und erleuchtetes Wesen nicht leiden.

Auf welche Umstände des Leidens ein Mensch trifft, hängt von der Art seiner geistigen Disharmonie ab. Die gesegneten Umstände im Leben eines Menschen sind die Folge seiner geistigen Harmonie. Richtiges Denken muss sich nicht unbedingt in weltlichem Besitz zeigen, sondern vor allem darin, wie glücklich und gesegnet ein Mensch sich fühlt. Und daran, in welchem Maße ein Mensch sich elend und schlecht fühlt, und nicht unbedingt an seinem geringem Besitz, zeigt sich das Ausmaß seines falschen Denkens. Ein Mensch kann sich verdammt fühlen, obwohl er reich ist. Ein anderer Mensch kann gesegnet und arm sein. Segen und Reichtum gehen nur miteinander einher, wenn der Reichtum weise und auf rechte Weise gebraucht wird. Und ein armer Mensch wird sich nur dann elend und verflucht fühlen, wenn er sein Los als ungerechte Last empfindet.

Bedürftigkeit und Maßlosigkeit sind die beiden Extreme des Elends. Beide sind gleichermaßen unnatürlich und Folge geistiger Unordnung. Ein Mensch hat erst dann seinen natürlichen, angemessenen Zustand erreicht, wenn er in Glück, Gesundheit und Wohlstand lebt. Und Glück, Gesundheit und Wohlstand sind wiederum Folge einer harmonischen Abstimmung der Innenwelt mit der Außenwelt, des Menschen mit seiner Umgebung.

Ein Mensch wird erst zum Menschen, wenn er aufhört zu jammern und zu schimpfen und stattdessen nach der verborgenen Gerechtigkeit zu suchen beginnt, die sein Leben harmonisiert. Wenn er sein Bewusstsein auf diesen harmonisierenden Faktor einstimmt, hört er auf, anderen die Schuld an seiner Lage zu geben und beginnt sich mithilfe starker und edler Gedanken selbst aufzurichten. Er kämpft nicht mehr gegen die äußeren Umstände an, sondern nutzt sie für seine persönliche Entwicklung, als Hilfen, seine verborgenen Kräfte und Möglichkeiten zu entdecken.

Das Universum wird nicht von Chaos und Verwirrung, sondern von allgemeingültigen Gesetzen regiert. Gerechtigkeit, nicht Ungerechtigkeit, ist die Seele und Substanz des Lebens. Und Rechtschaffenheit, nicht Korruption, ist die formende und treibende spirituelle Kraft in der Welt. Daher muss der Mensch nur selbst rechtschaffen werden, um zu erkennen, dass es im Universum gerecht zugeht. Und wenn er tatkräftig danach strebt rechtschaffen zu werden, wird er feststellen, dass sein Denken gegenüber den Dingen und seinen Mitmenschen sich ändert, und dann werden auch die Dinge und die Menschen sich zu ihm anders verhalten.

Der Beweis für diese Wahrheit findet sich in jedem Menschen und erschließt sich daher all jenen leicht, die bereit sind, sich systematischer Selbstprüfung zu unterziehen. Wenn ein Mensch sein Denken radikal ändert, wird er verblüfft sein, wie rasch dies auch intensive Veränderungen in den materiellen Umständen seines Lebens nach sich zieht. Die Menschen glauben, dass sie ihre Gedanken vor anderen verbergen könnten, aber das ist unmöglich. Diese Gedanken kristallisieren schnell zu Gewohnheiten, und diese Gewohnheiten schlagen sich in den äußeren Lebensumständen sichtbar nieder. Animalische Gedanken kristallisieren zu sinnlichen Gewohnheiten und Trunksucht, die zu Krankheit und bitterem Elend führen. Unreine Gedanken jeder Art kristallisieren zu Nerven schwächenden, verwirrenden Gewohnheiten, was zu ablenkenden, widrigen Lebensumständen führt. Gedanken der Furcht, des Zweifels und der Unentschlossenheit kristallisieren zu gewohnheitsmäßiger Feigheit, Verzagtheit und Entscheidungsschwäche, die in der Außenwelt zu Misserfolgen, Armut und sklavischer Abhängigkeit von anderen führen. Gedanken der Faulheit lassen Unsauberkeit und Unehrlichkeit zur Gewohnheit werden, wodurch Verdorbenheit und Bettlerei entstehen. Hasserfüllte und verdammende Gedanken kristallisieren zur gewohnheitsmäßigen Verurteilung anderer und zu Gewalttätigkeit, was den Menschen zum scheinbaren Opfer von Ungerechtigkeit macht oder ihn mit der Justiz in Konflikt bringt. Selbstsüchtige Gedanken aller Art kristallisieren zu egoistischen Gewohnheiten, die sich sehr schädlich auf die äußeren Lebensumstände auswirken. Andererseits kristallisieren schöne Gedanken aller Art zu gewohnheitsmäßiger Güte und Freundlichkeit, was sehr sonnige äußere Lebensumstände zur Folge hat. Reine Gedanken kristallisieren zu Selbstbeherrschung und innerer Ausgeglichenheit, wodurch im äußeren Leben Frieden einkehrt. Gedanken des Mutes, der Eigenverantwortung und Entscheidungsbereitschaft lassen mutiges, aufrechtes Verhalten zur festen Gewohnheit werden, was im Leben Erfolg, Wohlstand und Freiheit erzeugt. Energiegeladene, kraftvolle Gedanken machen Sauberkeit und Fleiß zu festen Gewohnheiten, wodurch das Leben einfacher und angenehmer wird. Sanftmütige, verzeihende Gedanken führen zu sanften Verhaltensmustern, die schützende und nährende äußere Lebensbedingungen anziehen. Liebevolle und selbstlose Gedanken kristallisieren zu Gewohnheiten der Nächstenliebe, was zu dauerhaftem Wohlstand und wahrem Reichtum führt.

Wer immer wieder bestimmten Gedanken nachhängt, seien sie gut oder schlecht, wird unfehlbar die entsprechenden Resultate in seinem Charakter und seinen Lebensumständen hervorbringen. Ein Mensch kann seine Lebensumstände nicht unmittelbar wählen, sondern sie durch die Wahl seiner Gedanken indirekt, aber absolut zuverlässig formen.

Die Natur hilft jedem Menschen, die Gedanken Gestalt annehmen zu lassen, denen er sich besonders widmet. Sie gibt ihm in der Außenwelt reichlich Gelegenheit, sowohl seine guten wie auch seine schlechten Gedanken ans Licht kommen zu lassen.

Lässt ein Mensch von seinen sündhaften Gedanken ab, wird alle Welt ihm mit neuer Sanftheit begegnen und ihm bereitwillig helfen. Befreit er sich von seinen schwachen und kranken Gedanken – schon werden sich ihm auf Schritt und Tritt Chancen bieten, seiner neuen Entschlossenheit Taten folgen zu lassen! Wendet er sich bewusst guten Gedanken zu, wird kein hartes Schicksal ihn mehr in Elend und Scham hinabziehen. Die Welt ist Ihr Kaleidoskop, und die verschiedenen Farbkombinationen, die sie Ihnen in jedem Augenblick Ihres Lebens zeigt, sind das vollkommen symmetrische Abbild Ihrer inneren Gedankenlandschaft.

Die Bedeutung der Gedanken für die Gesundheit

Der Körper ist der Diener des Geistes. Er gehorcht den Gedanken, ob diese bewusst gewählt oder automatisch ausgedrückt werden. Als Folge schlechter Gedanken fällt der Körper rasch Krankheit und Verfall anheim. Unter dem Regiment froher und schöner Gedanken kleidet er sich hingegen in Jugendlichkeit und Schönheit.

Krankheit und Gesundheit wurzeln, wie die äußeren Lebensbedingungen, im menschlichen Denken. Kranke Gedanken drücken sich in einem kranken Körper aus. Es ist bekannt, dass ein Mensch durch Furchtgedanken sterben kann und dass solche Gedanken tausende dahinraffen. Menschen, die sich vor Krankheiten fürchten, erleiden diese auch. Ängstlichkeit schwächt sehr schnell den ganzen Körper und macht ihn anfällig für Erkrankungen. Und unreine Gedanken, auch wenn sie nur gedacht und nicht in die Tat umgesetzt werden, zerrütten eher früher als später das Nervensystem.

Starke, reine und glückliche Gedanken bauen den Körper auf, verleihen ihm Anmut und Vitalität. Der Körper ist ein feinfühliges, formbares Instrument, das bereitwillig auf die Gedanken reagiert, die ihm aufgeprägt werden, sodass unser gewohnheitsmäßiges Denken sich im Guten wie im Schlechten unvermeidlich auf ihn auswirkt.

Die Menschen werden so lange unreines und vergiftetes Blut haben, wie sie unreine Gedanken hegen. Aus einem reinen Herzen entstehen ein reines Leben und ein reiner Körper. Ein moralisch verdorbener Geist bringt ein verdorbenes Leben und einen verunreinigten, dahinsiechenden Körper hervor. Das Denken ist der Brunnen aller Taten, allen Lebens und aller Manifestationen. Reinigen Sie den Brunnen, dann wird alles rein.

Eine Änderung des Speiseplans wird keinen Menschen heilen, der sein Denken nicht ändert. Wenn ein Mensch sein Denken reinigt, schwindet das Verlangen nach unreinem, ungesunden Essen.

Ich kenne eine Frau von sechsundneunzig Jahren, die das klare, unschuldige Gesicht eines jungen Mädchens hat. Ich kenne eine Mann, in dessen Gesicht sich bereits tiefe Falten der Disharmonie graben, obwohl er sich gerade erst in den mittleren Lebensjahren befindet. Ersteres ist die Folge eines gutherzigen und sonnigen Gemüts, Letzteres die Folge von ungezügelten Leidenschaften und Unzufriedenheit.

Die Gesichter alter Menschen zeigen entweder sympathische Lachfältchen und die starken Züge klaren und geordneten Denkens, oder aber die Verwerfungen der Leidenschaft: Wer könnte sie nicht unterscheiden? Mit jenen, die ein rechtschaffenes Leben geführt haben, geht das Alter sanft um und schenkt ihnen eine friedvolle Abgeklärtheit, sodass ihr Leben endet wie ein schöner Sonnenuntergang. Kürzlich sah ich einen Philosophen auf dem Sterbebett. Er war nur nach der Zahl seiner Jahre alt. Er starb so sanft und friedvoll, wie er gelebt hatte.

Für die Leiden des Körpers gibt es keinen besseren Arzt als freudvolle Gedanken. Nichts vermag Schmerz und Sorge besser zu lindern und zu trösten als der gute Wille. Wer sein Denken stets auf Übelwollen, Hohn, Misstrauen und Neid ausrichtet, sperrt sich damit in ein selbst erschaffenes Gefängnis ein. Wer aber gut von allen denkt, freundlich zu allen ist, geduldig lernt das Gute in allen Menschen und Dingen zu sehen – dem öffnet sein selbstloses Denken die Tore des Himmels.

Solange das Denken nicht auf klare Ziele ausgerichtet ist, kann der Mensch nichts Intelligentes vollbringen. Leider lassen die meisten Menschen das Schiff ihres Denkens steuerlos über den Ozean des Lebens treiben. Ziellosigkeit ist eine Untugend. Wer Katastrophen und bitteren Niederlagen entgehen will, darf seine Gedanken nicht ziellos treiben lassen.

Wer keine hauptsächliche Bestimmung wählt, auf die er sein Leben ausrichtet, wird allzu leicht Opfer fruchtloser Sorgen, Ängste und Grübeleien und neigt zu Selbstmitleid. All das sind Anzeichen von Schwäche, die genauso sicher wie absichtsvoll begangene Sünden (wenn auch auf anderen Wegen) zu Versagen, Unglück und Verlust führen, denn in einem sich kraftvoll entwickelnden Universum kann Schwäche nicht bestehen.

Jeder Mensch sollte sein Herz auf ein gutes Ziel, eine wohltätige Absicht richten und sich dann aufmachen, dieses Ziel zu verwirklichen. Er sollte diese Bestimmung zum Mittelpunkt seines Denkens machen. Sie kann die Form eines spirituellen Ideals annehmen oder in einer weltlichen Tätigkeit zum Ausdruck kommen, abhängig davon wie die momentane Natur des betreffenden Menschen beschaffen ist. Er sollte diese Bestimmung als seine höchste Pflicht betrachten und sich ihr mit aller Hingabe widmen ohne zu dulden, dass seine Gedanken sich in flüchtigen Launen, Sehnsüchten und Phantasien ergehen. Das ist der Königsweg zu Selbstbeherrschung und echter geistiger Konzentration. Selbst wenn Sie bei der Erfüllung Ihrer Bestimmung anfangs immer wieder versagen (was unvermeidlich ist, bis Sie alle Schwächen bezwungen haben), wird die *Charakterstärke*, die Sie auf diesem Weg gewinnen, das Maß Ihres *wahren* Erfolges sein. Damit schaffen Sie sich allmählich ein immer stärkeres Fundament für künftige Triumphe.

Jene, die noch nicht bereit dafür sind, sich einer *großen* Bestimmung hinzugeben, sollten ihr Denken auf die makellose Erfüllung ihrer täglichen Pflichten ausrichten, wie unbedeutend ihre Aufgabe auch erscheinen mag. Nur so lassen sich die Gedanken sammeln und Entschlusskraft und Energie aufbauen. Und wenn das einmal erreicht ist, steht höheren Zielen nichts mehr im Wege.

Stärke lässt sich nur durch Mühe und beharrliche Übung entwickeln. Auch die schwächste Seele kann, wenn sie an diesen Satz glaubt und sich ihrer Schwäche bewusst ist, sofort damit beginnen, sich durch beständiges Bemühen zu entwickeln, und mit viel Geduld allmählich Kraft aufbauen und so eines Tages göttliche Stärke erlangen.

So wie ein körperlich schwacher Mensch sich durch vorsichtiges und geduldiges Körpertraining kräftigen kann, steht es auch dem Menschen, der bislang schwache, niedrige Gedanken gehegt hat, offen, einen starken Geist zu entwickeln, indem er das richtige Denken trainiert.

Wenn ein Mensch dann seine Lebensbestimmung gefunden hat, sollte er auf einem *geraden* geistigen Weg seine Ziele anstreben, ohne nach rechts oder links zu schauen. Zweifel und Ängste sollten aus dem Denken verbannt werden. Sie sind zerstörerische Elemente, die die gerade Linie des Strebens verzerren, sodass sie in Nutzlosigkeit zerfasert. Durch zweifelnde und angstvolle Gedanken wird niemals etwas Gutes erreicht. Sie führen immer ins Versagen. Entschlossenheit, Energie, der Wille zur Tat und alle anderen starken Gedanken werden blockiert, wenn wir zulassen, dass sich Zweifel und Furcht in unseren Geist einschleichen.

Der Wille zur Tat entsteht aus dem Bewusstsein, dass wir zum Tun fähig sind, dass wir etwas vollbringen können. Zweifel und Furcht sind die großen Feinde der Erkenntnis.

Wer sie zu sich einlädt, wer sie nicht aus seinem Denken verjagt, verhindert damit seinen eigenen Erfolg.

Wer Zweifel und Furcht besiegt hat, schützt sich damit vor dem Versagen. Sein ganzes Denken ist nun von lebendiger Kraft durchdrungen, er stellt sich mutig allen Herausforderungen und meistert sie. Seine Ziele sind fest in seinem Bewusstsein verankert, sodass sie blühen und Früchte hervorbringen, die nicht unreif zu Boden fallen.

Stellen wir unser Denken furchtlos in den Dienst guter Ziele, wird es zu einer kreativen Kraft: Wer dies weiß, ist kein schwankendes Bündel aus wirren Gedanken und unsteten Gefühlen mehr, sondern bereit für größere, höhere Aufgaben. Er hat nun die Macht, seine geistigen Energien bewusst zu steuern.

Das Denken als entscheidender Faktor menschlichen Handelns

Alles, was der Mensch vollbringt, und alles, womit er scheitert, ist das direkte Ergebnis seines Denkens. In einem gerecht geordneten Universum, in dem der Verlust der Ausgewogenheit völliges Chaos und totale Zerstörung bedeuten würde, muss die individuelle Verantwortung absolut sein. Die Schwäche und Stärke, die Reinheit und Unreinheit eines Menschen stehen ausschließlich in seiner eigenen Verantwortung und sind keinerlei äußeren Einflüssen zuzuschreiben. Und nur er selbst kann an ihnen etwas verändern. Wie er denkt, so ist er. Wie er in Zukunft denkt, so bleibt er. Ein starker Mensch kann einem schwachen nur helfen, wenn der schwache *bereit ist,* sich helfen zu lassen, und auch dann muss der schwache Mensch lernen, sich seine eigene Stärke aufzubauen. Er muss aus eigenem Bemühen jene Stärke entwickeln, die er an anderen bewundert. Nur er selbst kann seinen Zustand verändern. Folgende

Meinung ist weit verbreitet: »Viele Menschen müssen als Sklaven leben, weil es jemanden gibt, der sie unterdrückt. Hassen wir also den Unterdrücker.« Eine allmählich wachsende Minderheit sagt jedoch: »Es gibt Unterdrücker, weil viele Menschen sich zu Sklaven machen lassen. Verachten wir also die Sklaven.« Die Wahrheit ist, dass Unterdrücker und Sklave unwissend miteinander dasselbe Werk vollenden. Sie scheinen sich gegenseitig zu missachten, aber in Wirklichkeit missachten sie jeweils sich selbst. Aus der Perspektive vollkommener Erkenntnis sieht man das gerechte Gesetz in beiden am Werk: in der Schwäche des Unterdrückten ebenso wie in der missbrauchten Macht des Unterdrückers. Vollkommene Liebe, die das Leiden erkennt, das mit beiden Zuständen einhergeht, verdammt beide nicht. Vollkommenes Mitgefühl nimmt sich des Unterdrückers und des Unterdrückten an.

Wer seine Schwäche überwunden und sich von allen selbstsüchtigen Gedanken gelöst hat, gehört weder zu den Unterdrückern noch zu den Unterdrückten. Er ist frei.

Ehe ein Mensch irgendetwas im Leben erreichen kann, selbst in weltlichen Dingen, muss er sich über Gedanken sklavischer animalischer Zügellosigkeit erheben. Für den Erfolg mag es nicht notwendig sein, das Animalische und die Selbstsucht vollständig aufzugeben, aber wenigstens zu einem gewissen Grad müssen sie geopfert werden. Ein Mensch, der vollkommen von triebhafter Zügellosigkeit beherrscht ist, kann weder klar denken noch methodisch planen. Er ist nicht in der Lage seine latenten Fähigkeiten zu kultivieren und wird wohl an allen Herausforderungen scheitern. Da er es noch nicht geschafft hat, mutig seinen Gedanken Zügel anzulegen, ist er nicht reif dafür, im Leben ernsthafte Verantwortung zu tragen. Er ist noch nicht fähig unabhängig zu handeln und für sich einzustehen. Doch es ist allein sein eigenes, von ihm selbst gewähltes Denken, das ihn einschränkt.

Ohne Opfer gibt es keinen Fortschritt, keine herausragenden Leistungen. Ein Mensch gelangt in dem Maße zu weltlichen Erfolgen, wie er seine wirren animalischen Gedanken opfert und sich auf die Realisierung seiner Pläne und auf die Stärkung seiner Willenskraft und seines Selbstvertrauens konzentriert. Und je höher er seine Gedanken anhebt, desto größer sein Erfolg, desto segensreicher und dauerhafter wird sein Wirken in der Welt sein.

Das Universum begünstigt keineswegs die Gierigen, Unehrlichen und Böswilligen, auch wenn es, oberflächlich betrachtet, manchmal so scheinen mag. Das Universum hilft den Ehrlichen, den Edelmütigen, den Tugendhaften. Die großen Lehrer aller Zeitalter haben dies in unterschiedlicher Form immer wieder verkündet. Um den Beweis dafür zu erhalten, muss ein Mensch lediglich hartnäckig seine eigene Tugend vermehren, indem er sich auf gute, rechtschaffene Gedanken konzentriert.

Intellektuelle Errungenschaften erlangen wir, wenn wir unser Denken auf die Suche nach Wissen ausrichten, oder auf das Schöne und Wahre im Leben und in der Natur. Solche Errungenschaften können manchmal mit Eitelkeit und Ehrgeiz einhergehen, aber sie sind nicht das Ergebnis dieser Eigenschaften. Vielmehr sind sie die natürliche Folge von langem, ausdauerndem Bemühen und von reinen, selbstlosen Gedanken.

Spirituelle Errungenschaften sind das Ziel heiliger Bestrebungen. Wer stets edle und erhabene Gedanken denkt, rein und selbstlos in seinem Wesen ist, wird so sicher, wie die Sonne ihren Zenit erreicht und der Mond seine Phasen durchläuft, einen weisen und edlen Charakter entwickeln und im Leben in eine einflussreiche, gesegnete Position gelangen.

Allerdings kann ein Mensch zu großem Erfolg in der Welt gelangen und sich sogar in die edlen Höhen der spirituellen Bereiche emporschwingen, dann jedoch wieder zu Schwäche und Niedertracht herabsinken, wenn er zulässt, dass hochtrabende, selbstsüchtige und verdorbene Gedanken von ihm Besitz ergreifen.

Durch Rechtschaffenheit errungene Siege lassen sich nur erhalten, wenn man wachsam bleibt. Wenn der Erfolg gesichert erscheint, lassen viele Menschen in ihrer geistigen Konzentration nach, wodurch sie wieder ins Versagen zurückfallen.

Visionen und Ideale

Die Träumer sind die Retter dieser Welt. Da es die unsichtbare Welt ist, die die sichtbare nährt und erhält, wird auch die Menschheit durch all ihre Prüfungen und Sünden und kleinlichen Beschäftigungen hindurch von den schönen Visionen ihrer einsamen Träumer aufrechterhalten. Die Menschheit kann ihre Träumer nicht vergessen. Sie kann deren Ideale nicht verblassen und sterben lassen. Sie lebt in ihnen. Sie weiß, dass sie diese erträumten Realitäten eines Tages verwirklicht sehen und erleben wird.

Komponisten, Bildhauer, Maler, Dichter, Propheten, Weise – sie sind die Schöpfer des Jenseits, die Erbauer des Himmels. Die Welt ist schön, weil sie gelebt haben. Ohne sie würde die Menschheit in Mühsal untergehen.

Wer in seinem Herzen ein schöne Vision und ein edles Ideal hegt, wird dies eines Tages wirklich werden sehen. Kolumbus hatte die Vision einer anderen Welt, und er entdeckte sie. Kopernikus hegte die Vision einer Vielfalt von Welten und eines größeren Universums, und er bewies die Existenz dieses Universums. Buddha hielt an seiner Vision einer spirituellen Welt makelloser Schönheit und vollkommenen Friedens fest, und er ging in diese Welt ein.

Halten Sie Ihre eigene Vision in Ehren. Halten Sie Ihre Ideale in Ehren. Hegen und pflegen Sie die Musik, die Ihr Herz erklingen lässt, die Schönheit, die in Ihrem Geist herangebildet wird, die Lieblichkeit Ihrer reinsten Gedanken, denn aus ihnen erwachsen alle freudvollen Lebensumstände, alle himmlischen Reiche. Aus ihnen wird, wenn Sie treu an ihnen festhalten, schließlich Ihre Welt gebaut werden.

Wer begehrt, erlangt etwas. Wer nach Höherem strebt, leistet etwas. Sollen die niedrigsten Begierden des Menschen befriedigt werden, seine höchsten Bestrebungen aber aus Mangel an Nahrung verdorren? Nein, so arbeitet das göttliche Gesetz nicht. So ist das Wort »Bittet, so wird euch gegeben« nicht gemeint.

Träumen Sie große, erhabene Träume. Denn Sie werden zu dem, was Sie erträumen. Ihre Vision ist die Verheißung dessen, was Sie eines Tages sein werden. Ihr Ideal ist die Prophezeiung dessen, was Sie schließlich in der Welt offenbaren werden.

Auch die größten menschlichen Errungenschaften und Leistungen existierten anfangs nur als Träume. Die Eiche schläft in der Eichel. Der Vogel wartet im Ei. Und in der höchsten Vision der Seele regt sich ein erwachender Engel. Träume sind die Samenkörner neuer Wirklichkeiten.

Möglicherweise ist Ihre gegenwärtige Lebenssituation unerfreulich, aber sie wird nicht so bleiben, wenn Sie sich ein Ideal setzen und danach streben es zu erreichen. Auch Sie können die Vision (nicht die trägen, eitlen Wünsche) Ihres Herzens erkennen, denn letztlich werden Sie immer dem entgegenstreben, was Sie wirklich lieben. Wie immer Ihre gegenwärtige Umwelt aussehen mag, mit Ihren Gedanken, Ihrer Vision, Ihrem Ideal werden Sie entweder fallen, verharren oder aufsteigen. Sie werden so klein werden wie die Begierden, von denen Sie sich beherrschen lassen, oder so groß wie Ihre edelsten Bestrebungen.

Die Gedankenlosen, die Ignoranten und die Faulenzer sehen nur auf die scheinbaren Wirkungen der Dinge und nicht auf die Dinge selbst, und dann reden sie von Glück, Schicksal und Zufall. Wenn sie einen Menschen reich werden sehen, sagen sie: »Welches Glück er hat!« Wenn sie beobachten, wie ein anderer zum hoch gebildeten Gelehrten wird, rufen sie: »Das Schicksal meint es wirklich gut mit ihm!« Und angesichts eines Menschen, der von großherzigem Wesen ist und zu hoher gesellschaftlicher Stellung aufsteigt, bemerken sie: »Der Zufall hilft ihm auf Schritt und Tritt!« Sie sehen nicht die Mühen, zeitweiligen Fehlschläge und Kämpfe, die diese Menschen freiwillig auf sich genommen haben, um durch Erfahrung zu lernen, wissen nichts von den erbrachten Opfern und dem Glauben, den diese Erfolgreichen aufbringen mussten, um das scheinbar Unmögliche zu schaffen und Ihre Herzensvisionen Wirklichkeit werden zu lassen. Sie wissen nichts von der Dunkelheit und der seelischen Not. Sie sehen nur das Licht und die Freude und nennen es »Glück«. Sie sehen nicht die lange und mühselige Reise, sondern nur das angenehme Ziel und nennen es »günstiges Schicksal«. Sie begreifen den zugrunde liegenden geistigen Prozess nicht, nehmen nur das Ergebnis wahr und nennen es »Zufall«.

In allen menschlichen Angelegenheiten gibt es *Bemühungen* und es gibt *Folgen*. Und die Stärke des Bemühens entscheidet über die Folge, nicht der Zufall. »Gaben«, Kräfte, materielle, intellektuelle und spirituelle Schätze sind die Früchte der Anstrengung, sie sind die zur Erfüllung gebrachten Gedanken, die ausgeführten Taten, die verwirklichten Visionen.

Die Vision, die Sie zum Zentrum Ihres Denkens machen, das Ideal, das Sie auf den Thron Ihres Herzens setzen – diese sind das Fundament, auf dem Sie Ihr Leben bauen werden, sie sind das, wozu Sie werden.

Innere Ruhe

Innere Ruhe ist einer der schönsten Schätze der Weisheit. Sie ist das Ergebnis lange und geduldig geübter Selbstbeherrschung. Ihre Gegenwart in einem Menschen ist Zeichen einer gereiften Erfahrung und tiefer Einsicht in die Gesetze des Denkens.

Ein Mensch wird in dem Maße innerlich ruhig, in dem er sich als ein Wesen begreift, das sich aus Gedanken entwickelt hat und entwickelt. Dieses Wissen bewirkt, dass er auch andere Menschen als Geschöpfe ihres Denkens betrachtet. So sieht der Mensch immer deutlicher die innere Beziehung der Dinge zueinander, die auf dem Gesetz von Ursache und Wirkung beruht. Er hört auf sich zu ärgern, zu sorgen und zu grämen und erlangt inneres Gleichgewicht, Standfestigkeit und Gelassenheit.

Wenn der Mensch innere Ruhe gewonnen, also Selbstbeherrschung und Selbstdisziplin erlernt hat, weiß er sich anderen Menschen gegenüber angemessen zu verhalten, und die anderen bewundern seine spirituelle Kraft und spüren, dass sie von ihm lernen und sich auf ihn verlassen können. Je gelassener ein Mensch wird, desto mehr wachsen sein Erfolg, sein Einfluss und seine Fähigkeit Gutes zu tun. Selbst ein ganz weltlicher Geschäftsmann wird feststellen, dass sein Geschäft besser gedeiht, wenn er größere Selbstbeherrschung und echten Gleichmut entwickelt, denn alle Menschen ziehen es vor, Geschäfte mit jemandem zu machen, der von ausgeglichenem Wesen ist.

Der starke, ruhige Mensch wird geliebt und verehrt. Er ist wie ein Schatten spendender Baum in einem ausgedörrten Land oder wie ein schützender Felsen im Sturm. »Liebt nicht jeder die Menschen, die ein ruhiges, friedvolles Herz haben und ein gütiges, ausgeglichenes Leben führen? Jene vorzügliche Ausgeglichenheit der Persönlichkeit, die wir heitere Gelassenheit nennen, ist die höchste Lektion der Kultur. Sie ist die Blüte des Lebens, die Frucht der Seele. Sie ist kostbar wie die Weisheit. Wie unbedeutend das bloße Streben nach Geld erscheint im Vergleich zu einem Leben in heiterer Gemütsruhe, einem Leben, das im Ozean der Wahrheit geborgen ist, tief unter den Wellen, wo Stürme es nicht erreichen können, im Ewigen Frieden!

Kennt nicht jeder von uns Menschen, die sich und anderen das Leben vergällen, alles Liebliche und Schöne ruinieren durch ihr explosives, unbeherrschtes Temperament, Menschen, die ihre innere Harmonie zerstören und böses Blut stiften? Es stellt sich durchaus die Frage, ob nicht mangelnde Selbstdisziplin bei der überwiegenden Mehrzahl der Menschen der Grund dafür ist, dass sie ihr Leben ruinieren und ihr Glück zerstören. Wie selten uns doch Menschen begegnen, die über ein gutes inneres Gleichgewicht verfügen, über jene Ausgeglichenheit, die die reife Persönlichkeit auszeichnet!«

Ja, die Menschheit lässt sich von hemmungslosen Leidenschaften beherrschen, gibt sich ungezügeltem Schmerz hin, wird von Sorge und Zweifel zerrissen. Nur der weise Mensch, der sein Denken gezügelt und gereinigt hat, vermag die Winde und Stürme der Seele zu bändigen und nach seinem Willen zu lenken.

Ihr vom Sturm getriebenen Seelen, wo immer ihr sein mögt, unter welchen Bedingungen ihr leben mögt, wisset dieses eine: Im Ozean des Lebens erwarten euch die schönen

Inseln der Glückseligkeit. Die sonnigen Strände eures Ideals liegen vor euch. Haltet das Ruder des Denkens fest in der Hand. Im Schiff eurer Seele ruht der Kapitän und Meister. Er schläft nur. Weckt ihn auf. Selbstbeherrschung ist Stärke. Richtiges Denken ist Meisterschaft. Ruhe ist Macht. Sagt zu eurem Herzen: »Sei friedvoll und still!«

Notizen

Notizen

Notizen

Notizen

Notizen

Notizen

Personenregister

425

426

427

HEYNE

Dr. Joseph Murphy
Das Erfolgsbuch

Die wichtigsten Erkenntnisse eines großen Meisters des Positiven Denkens, schlüssig und kompetent zusammengefasst – ein wahres Best-of-Programm, jetzt zum ersten Mal in deutscher Sprache!

Mit zahlreichen Meditationen für Reichtum und Erfolg in allen Lebensbereichen.

13/9893 · Lieferbar ab April 2002

HEYNE-TASCHENBÜCHER